MANUEL

DE

DROIT INTERNATIONAL

PUBLIC ET PRIVÉ

OUVRAGES DU MÊME AUTEUR

Droit international théorique et pratique, précédé d'un exposé historique des progrès de la science du droit des gens. 4e édition revue et complétée. Paris et Berlin 1887-88, 5 vol. gr. in-8.

Una Página de derecho internacional, ó la América del Sur ante la ciencia del derecho de gentes moderno. Paris 1864. 1 vol. in-8.

Annales historiques de la Révolution de l'Amérique latine, depuis l'année 1808 jusqu'à la reconnaissance de l'indépendance de ce vaste continent. Paris, 1864-67, 5 vol. in-8. (Edition espagnole.)

Derecho internacional teórico y práctico de Europa y América, precedido de un bosquejo histórico de los progresos de la ciencia del derecho de gentes. Paris, 1868, 2 vol. gr. in-8.

Examen des trois règles de droit international proposées dans le traité de Washington. Gand, 1874, 1 vol. in-8.

Etude sur l'émigration et la colonisation. Paris, 1875, 1 vol. in-4°.

Dictionnaire de Droit international public et privé. Paris et Berlin, 1885, 2 vol. gr. in-8.

Dictionnaire manuel de Diplomatie et de Droit international public et privé. Paris et Berlin, 1885, 1 vol. gr. in-8.

Recueil complet des Traités, Conventions, Capitulations, Armistices, Questions de limites et autres Actes diplomatiques de tous les Etats de l'Amérique latine, compris entre le golfe du Mexique et le cap Horn, depuis l'année 1493 jusqu'à nos jours, précédé d'un mémoire sur l'état actuel de l'Amérique, de tableaux statistiques, d'un dictionnaire diplomatique et d'une notice historique sur chaque traité important.

La première période embrasse l'époque coloniale et forme 11 volumes in-8 ; les quatre derniers contiennent les anciennes questions de limites entre l'Espagne et le Portugal, et un répertoire de documents et de cartes inédits sur la même matière.

La seconde s'étendra depuis la révolution jusqu'à la reconnaissance de l'indépendance.

La troisième commencera à la reconnaissance de l'indépendance et arrivera jusqu'à nos jours. Paris, 1862-69, 11 vol. in-8. Ont paru. (Edition espagnole.)

Saint-Quentin. — Imprimerie J. Moureau et Fils.

MANUEL

DE

DROIT INTERNATIONAL

PUBLIC ET PRIVÉ

CONFORME AU PROGRAMME DES FACULTÉS DE DROIT

PAR

M. CHARLES CALVO

ENVOYÉ EXTRAORDINAIRE ET MINISTRE PLÉNIPOTENTIAIRE DE LA RÉPUBLIQUE ARGENTINE AUPRÈS DE S. M. L'EMPEREUR D'ALLEMAGNE,
ASSOCIÉ ÉTRANGER DE L'INSTITUT DE FRANCE,
MEMBRE FONDATEUR DE L'INSTITUT DE DROIT INTERNATIONAL, ETC.

TROISIÈME ÉDITION REVUE ET AUGMENTÉE

PARIS

LIBRAIRIE NOUVELLE DE DROIT ET DE JURISPRUDENCE

ARTHUR ROUSSEAU

ÉDITEUR

14, rue Soufflot, et rue Toullier, 13

1892

TABLE DES MATIÈRES

PREMIÈRE PARTIE

ÉTAT DE PAIX

CHAPITRE PREMIER

PRINCIPES GÉNÉRAUX ET SOURCES DU DROIT INTERNATIONAL

CHAPITRE II

ATTRIBUTS ESSENTIELS DES ÉTATS.

SECTION I. — SOUVERAINETÉ

a..

SECTION II. — INDÉPENDANCE.

SECTION III. — ÉGALITÉ DES ÉTATS.

CHAPITRE III

PROPRIÉTÉ ET DOMAINE PUBLIC.

CHAPITRE IV

DROIT INTERNATIONAL PRIVÉ

SECTION I. — DROIT DE LÉGISLATION

SECTION II. — DE LA NATIONALITÉ ET DE LA NATURALISATION

SECTION III. — NATIONALITÉ DES NAVIRES

SECTION IV. — DU DOMICILE

SECTION V. — DES STATUTS RÉGISSANT LES PERSONNES ET LES BIENS

CHAPITRE V

DEVOIRS MUTUELS DES ÉTATS

CHAPITRE VI

DROIT DE REPRÉSENTATION

CHAPITRE VII

ACCORDS INTERNATIONAUX

CHAPITRE VIII

RÉGLEMENTS INTERNATIONAUX CONCERNANT LES INTÉRÊTS SOCIAUX ET ÉCONOMIQUES DES PEUPLES.

SECTION I. — PROPRIÉTÉ LITTÉRAIRE ET ARTISTIQUE.

SECTION II. — PROPRIÉTÉ INDUSTRIELLE. MARQUES DE FABRIQUE. BREVET D'INVENTION.

SECTION. III. — SERVICE DES POSTES.

SECTION IV. — TÉLÉGRAPHES.

SECTION V. — CHEMINS DE FER.

SECTION VI. — UNIFORMITÉ MONÉTAIRE.

SECTION VII. — DÉLITS FORESTIERS, RURAUX, DE CHASSE ET DE PÊCHE DANS LA ZONE FRONTIÈRE. CONTRAVENTIONS AUX RÈGLEMENTS DE DOUANE.

SECTION VIII. — MESURES SANITAIRES INTERNATIONALES.

CHAPITRE IX

DES MOYENS DE RÉGLER LES DIFFÉRENDS ENTRE LES ÉTATS

SECTION I. — NÉGOCIATION DIRECTE. MÉDIATION.

SECTION II. — CONGRÈS ET CONFÉRENCES.

SECTION III. — ARBITRAGE.

SECTION IV. — SOLUTIONS VIOLENTES.

RÉTORSION. — REPRÉSAILLES. EMBARGO.

SECONDE PARTIE

ÉTAT DE GUERRE

CHAPITRE PREMIER

DU BUT ET DES CAUSES JUSTIFICATIVES DE LA GUERRE

CHAPITRE II

DE LA DÉCLARATION DE GUERRE ET DE SES EFFETS IMMÉDIATS

CHAPITRE III

ALLIANCES, SECOURS ET SUBSIDES

CHAPITRE IV

DES ENNEMIS ET DES MOYENS LICITES ET ILLICITES D'ATTAQUE ET DE DÉFENSE

CHAPITRE V

DROITS ET DEVOIRS DE LA GUERRE PAR RAPPORT A LA PERSONNE DE L'ENNEMI

SECTION I. — PRISONNIERS DE GUERRE, OTAGES ET BLESSÉS.

SECTION II. — EFFETS DE L'OCCUPATION MILITAIRE SUR LA PERSONNE DE L'ENNEMI.

CHAPITRE VI

DROITS ET DEVOIRS DE LA GUERRE PAR RAPPORT A LA PROPRIÉTÉ DE L'ENNEMI

SECTION I. — DE LA PROPRIÉTÉ ENNEMIE SUR TERRE.

CHAPITRE VII

RAPPORTS ENTRE BELLIGÉRANTS. — SUSPENSION DES HOSTILITÉS. — SAUF-CONDUITS. — CAPITULATIONS

CHAPITRE VIII

DE LA CONQUÊTE

TROISIÈME PARTIE

ÉTAT DE NEUTRALITÉ

CHAPITRE PREMIER

DE LA NEUTRALITÉ

SECTION I. — PRINCIPES GÉNÉRAUX

SECTION II. — DEVOIRS DES NEUTRES

SECTION III. — DROITS DES NEUTRES

CHAPITRE II

DE LA CONTREBANDE DE GUERRE

CHAPITRE III

DES SIÈGES ET DES BLOCUS

CHAPITRE IV

DROIT DE VISITE ET DE RECHERCHE

CHAPITRE V

DES PRISES MARITIMES

QUATRIÈME PARTIE

FIN DE LA GUERRE

CHAPITRE I

DES TRAITÉS DE PAIX

CHAPITRE II

DU DROIT DE POSTLIMINIE ET DU DROIT DE REPRISE

ERRATA

Page	97,	ligne	20,	*lisez*	responsabilité.
—	98,	—	22,	—	souveraineté.
—	101,	—	32,	—	intervention.
—	144,	—	24,	—	*soli*.
—	169,	—	1,	—	§ 134.
—	170,	—	12,	—	Section VI.
—	174,	—	2,	—	Section VII.
—	176,	—	3,	—	Section VIII.
—	179,	—	21,	—	Section IX.
—	184,	—	2,	—	Section X.
—	187,	—	9,	—	Section XI.
—	195,	—	28,	—	Section XII.

INTRODUCTION

ESQUISSE HISTORIQUE DES PROGRÈS DU DROIT INTERNATIONAL

L'importance du droit des gens dans la science générale du droit se reflète également dans l'histoire du droit international. Pour étudier cette histoire méthodiquement, il est indispensable de s'arrêter à certaines époques caractérisées par quelque événement ayant exercé une influence majeure et incontestable sur la formation du droit international. A ce point de vue, la division la plus naturelle nous semble être la suivante :

Première époque : Depuis les temps les plus anciens jusqu'à la chute de l'empire romain (476 après J.-C.)

Deuxième époque : Depuis la chute de l'empire romain jusqu'à la paix de Westphalie (476-1648).

Troisième époque : Depuis la paix de Westphalie jusqu'à la paix d'Utrecht (1648-1713).

Quatrième époque : Depuis la paix d'Utrecht jusqu'à la fin de la guerre de Sept ans (1713-1763).

Cinquième époque : Depuis la guerre de Sept ans jusqu à la révolution française (1763-1789).

Sixième époque : Depuis la révolution française jusqu'au congrès de Vienne (1789-1815).

Septième époque : Depuis le congrès de Vienne jusqu'au congrès de Paris (1815-1856).

Huitième époque : Depuis le congrès de Paris jusqu'à nos jours (1856-1892).

PREMIÈRE ÉPOQUE. — DEPUIS LES TEMPS LES PLUS ANCIENS JUSQU'A LA CHUTE DE L'EMPIRE ROMAIN. — 476 AP. J.-C.

Dans cette première période, le droit international est dominé par l'idée religieuse ou par les formules du droit romain.

Les Egyptiens ne connaissaient guère d'autres relations internationales que celles qu'amènent les guerres. Néanmoins, à plusieurs reprises, les Pharaons conclurent des traités avec les nations voisines. De bonne heure les Égyptiens admirent les négociants étrangers à trafiquer chez eux, et ils conférèrent même aux Grecs établis à Nankratis une exterritorialité presque complète.

Les Phéniciens conclurent de bonne heure des traités destinés à assurer leurs communications par terre. De même les rois de Perse conclurent à plusieurs reprises des traités d'alliance avec leurs voisins.

En revanche la notion des traités internationaux fut toujours étrangère aux Israélites, du moins jusqu'à leur dispersion !

Mais les tribus étaient unies par un lien fédératif.

Dans les temps héroïques de la Grèce, la barbarie des mœurs était telle que jamais on ne faisait grâce dans les batailles : on ne se contentait pas de tuer un ennemi et de le dépouiller de ses armes; son cadavre était abandonné en pâture aux oiseaux de proie.

Dans leurs rapports avec les autres nations, les Grecs se considéraient comme une race supérieure ; les Barbares étaient destinés par la nature à être les esclaves des Grecs ; aussi était-il licite d'user de tous les moyens pour les réduire en esclavage.

Cependant des éléments de droit public plus humains

régissaient les relations des différents peuples de la Grèce entre eux. Voici les principes sanctionnés par le conseil des Amphictyons, chargé de juger les infractions aux lois et aux coutumes qu'avait consacrées la religion :

1° On ne devait pas priver de sépulture ceux qui perdaient la vie dans les combats;

2° On ne pouvait élever de trophée durable après une victoire;

3° Il était défendu de tuer ceux qui, pendant l'assaut d'une ville, se réfugiaient dans les temples;

4° On pouvait priver de sépulture ceux qui se rendaient coupable de sacrilège;

5° Il était permis à tous les Grecs de fréquenter les jeux publics et les temples, et d'offrir des sacrifices, même en temps de guerre.

De bonne heure les Grecs admirent les étrangers chez eux. Leur régime était celui de la *proxenie*, c'est-à-dire d'une sorte de représentation consulaire. Nous avons aussi des exemples de traités d'établissement conclus par les Grecs.

A Rome, le droit international proclamé par la législation des Douze Tables posait pareillement en principe que contre l'ennemi l'autorité est éternelle : *adversus hostem æterna auctoritas*.

Cependant Rome ne devait pas tarder à devenir la ville du droit.

Cicéron dit que la guerre n'a d'autre but que de nous permettre de vivre en paix après la victoire. On doit pardonner aux vaincus, s'ils ne se sont pas rendus indignes de pardon en violant le droit de la guerre : c'est pourquoi les anciens Romains ont accordé le droit de cité, *jus civitatis*, aux Tusculiens, aux Sabins et à beaucoup d'autres peuples, tandis qu'ils ont détruit les villes de Carthage et de Numance jusque dans leurs derniers fondements. Les propositions de paix doivent toujours être écoutées, à moins qu'elles ne soient insidieuses ; pour qu'une guerre soit juste, il faut que le motif en soit équitable et que les hostilités soient précédées d'une déclaration conforme aux formalités d'usage.

C'est au *jus sacrum* qu'on peut faire remonter les premières notions de droit international chez les Romains. Aux féciaux incombaient le droit de conclure la paix, ainsi que les affaires d'extradition. A côté d'eux il y avait les récupérateurs chargés des revendications entre les ressortissants de nations diverses ou entre États ; puis le Sénat qui statuait sur les réclamations des peuples étrangers, donnait des instructions aux légats, discutait les traités d'alliance et de paix ; enfin, le *prætor peregrinus*, chargé du droit international privé.

Les Romains reconnaissaient trois catégories de relations avec l'étranger :

1° Les relations guerrières, régies par le *jus belli ;*

2° Les alliances reposant sur des traités ;

3° Les relations pacifiques basées sur des conventions ou sur la coutume.

Le *jus gentium* des Romains était loin d'être un droit international positif, fondé sur le consentement mutuel des peuples ou sur les pratiques généralement reçues. De toutes les définitions qu'en ont données les jurisconsultes romains, il ressort clairement que ces mots ne signifiaient point une règle de conduite applicable aux relations internationales, mais seulement un principe général de droit fondé sur la nature humaine, autant du moins que la civilisation d'alors permettait de l'établir et de le comprendre.

Un grand nombre d'institutions, bien qu'appartenant exclusivement au droit civil romain, mais généralement basées sur le droit naturel, existaient toutefois, sous des formes différentes, chez les autres nations ; c'est pour cette raison que, lorsque Rome eut accru ses relations avec les autres peuples, ses tribunaux reconnurent dans la pratique les institutions du droit général qui correspondaient à celles du droit civil. Bientôt, à mesure qu'il s'assimilait les nations conquises, le peuple romain perdit son individualité et son caractère exclusif, et le *jus gentium* acquit une plus grande importance.

L'invasion des tribus germaniques, répandant sur leur passage ces idées de liberté et d'indépendance qui accélérèrent la chute des Césars, rendit encore plus incertaine et plus changeante la situation des peuples entre lesquels Rome avait servi de trait d'union, et c'est en vain qu'on chercherait, à la fin de cette époque, un principe fixe, un centre constant de rapports internationaux. Ces rapports sont si variés, si contradictoires et surtout si peu stables, qu'on pressent déjà la dissolution du vaste empire.

Quoi qu'il en soit, aux nouveaux Etats nés de ses ruines. Rome a transmis son idée, et avec son idée son droit. Ainsi se sont conservés les principes communs les plus importants, qui, en se combinant avec l'esprit des peuples du Nord, sont devenus nécessairement les fondements d'un autre ordre de choses et d'une civilisation nouvelle. Alors aussi se répandirent les doctrines de la religion chrétienne, et peu à peu leur application imprima, aux principes du droit des gens, un caractère plus marqué de modération et une plus grande extension que n'avaient pu leur en donner les systèmes défectueux et si divers des mythologies grecques et romaines.

DEUXIÈME ÉPOQUE. — DEPUIS LA CHUTE DE L'EMPIRE ROMAIN JUSQU'A LA PAIX DE WESTPHALIE. — 476-1648.

A la chute de l'empire romain, un grand nombre de villes avaient conservé leur ancienne constitution municipale et vivaient encore sous le régime du droit qui les gouvernait depuis longtemps. Les peuples envahis par les Barbares gardaient une partie de leurs droits : leurs terres n'étaient pas entièrement confisquées ; leur liberté personnelle et leurs coutumes étaient respectées ; on leur reconnaissait généralement le privilège de se régir par leurs propres lois, et le plus souvent les constitutions municipales étaient maintenues intactes. Un autre élément, un autre pouvoir tendait encore à cette époque à perpétuer la tradition de la législation romaine : cet élément c'était l'Eglise, qui contribuait aussi pour sa part à rapprocher et à unir les peuples.

Aussi, lors de la création de l'empire d'Occident, Charlemagne n'éprouva-t-il aucune difficulté à donner pour règle commune aux divers peuples placés sous son sceptre le droit romain considéré dans ses principes les plus généraux et confondu avec le *jus gentium*, dans le sens de droit naturel.

Une autre preuve de l'influence prépondérante des principes du droit sur la civilisation romaine et du rôle que celle-ci a été appelée à jouer au moyen âge, consiste dans l'importance acquise par les jurisconsultes : tantôt ce sont les professeurs de la célèbre université de Bologne que l'on autorise à régler, en qualité d'arbitres, les différends survenus entre les Etats de l'Italie et Frédéric Barberousse ; tantôt ce sont les villes lombardes, qui pour trancher leurs démêlés font appel à l'opinion des légistes : ces derniers, il est vrai, se prononcent le plus souvent dans un sens favorable aux prétentions de l'Empereur.

Nous venons de dire qu'à cette même époque l'Eglise était en quelque sorte le trait d'union entre les peuples. L'Eglise, dont l'organisation présentait déjà tant de points de contact avec celle de l'Empire, ne pouvant accomplir sa mission sans adopter des règles fixes, songea à constituer un droit propre : ce droit, basé dans une certaine mesure sur la législation romaine, est connu sous le nom de droit canonique.

En résumé, le droit romain et le droit canonique étaient les deux grands fondements sur lesquels reposait le droit international au moyen âge ; toutefois ce droit international différait essentiellement de l'étroite signification qu'il avait du temps de la république romaine et même sous l'empire ; la civilisation chrétienne en avait profondément modifié et surtout adouci les principes. C en était fait de l'antique unité du vaste empire des Césars, du démembrement duquel s'étaient formées de nombreuses nationalités plus ou moins indépendantes. Il était donc impossible d'appliquer rigoureusement et intégralement à toutes ces contrées, désormais séparées et envahies par autant de nations nouvelles, l'ancien droit romain, qui supposait l'absorption du monde dans le sein de Rome. C'est à la formation de nationalités distinctes, dont les relations réciproques devaient être d'autant plus nombreuses qu'elles découlaient naturellement de leur situation topographique et de leurs antécédents historiques, qu'il faut faire remonter la naissance du droit international européen, qui n'était déjà plus le *jus gentium* de Rome, mais le droit de tous les peuples dans leurs rapports mutuels, la règle de conduite dont les prescriptions reflétaient le plus ou le moins d'indépendance et d'autorité acquis successivement par les nonvelles nationalités.

Aux relations entre l'Église et l'État, au moyen âge, nous devons entre autres l'institution des légats pontificaux, qui jouissaient du privilège de l'inviolabilité ; puis l'institution des trêves de Dieu, qui sont de véritables traités de paix, conclus entre l'Église et le pouvoir impérial.

Nous allons examiner ici quelques-unes des législations anciennes qui peuvent être rangées parmi les sources du droit international moderne.

Les Rhodiens sont cités comme ayant les premiers

publié sur le commerce maritime des lois d'une sagesse unanimement reconnue.

On ne saurait préciser l'époque à laquelle remontent ces lois. Toutefois il est incontestable qu'elles furent la source de la jurisprudence maritime, servirent presque de règles du droit des gens dans toute l'étendue de la mer Méditerranée, exercèrent une influence considérable et propice sur la marine et la navigation des Grecs, et que les Romains se les approprièrent. Les Césars, qui se disaient maîtres du monde, déclaraient la loi rhodienne souveraine de la mer.

Il n'existe aujourd'hui qu'un groupe de lois maritimes portant le titre de *Lois rhodiennes*, publiées à Bâle par Simon Schard en 1591, et insérées en 1596 dans une collection d'ouvrages sur le droit gréco-romain par Lœwenklau, qui les annonçait comme extraites des manuscrits de François Pithou, savant magistrat, né en 1543 et mort en 1621.

Ces lois peuvent se diviser en deux classes principales : lois pénales et lois de police.

Les lois pénales des Rhodiens concernaient les crimes commis par les matelots entre eux, et les crimes commis à l'égard des marchandises et du vaisseau par l'équipage, les passagers. Des amendes punissaient les premiers ; la mort seule était expiée par la mort ; des tourments corporels, au contraire, étaient réservés à ceux qui volaient dans le navire. Cette différence avait sa source dans l'opinion publique de ce peuple navigateur, pour qui un navire était *sacré*. On n'épargnait pas ceux qui dépouillaient des naufragés.

Les lois de police réglaient les conditions à observer avant le départ d'un navire, les obligations imposées par les sociétés et par les cautionnements pour frets ou marchandises, ou pour la sûreté des trésors des voyageurs, le paiement du fret, les compensations qui devaient avoir lieu en cas de jet, de naufrage ou de tout autre événement sinistre.

Parmi les compilations sur le droit maritime correspondantes à cette époque, on peut encore citer la *Table d'Amalfi* ou *amalfitaine*.

La ville d'Amalfi, située sur le golfe de Salerne, dans l'ancien royaume de Naples, avait acquis au moyen âge, grâce à la navigation et au commerce, une puissance qui pendant quelque temps contre-balança celle de Venise elle-même. Les Amalfitains passent pour être les premiers Européens qui aient obtenu accès dans les pays mahométans pour y faire le commerce ; ils étaient très répandus dans les Échelles du Levant, en Égypte, en Arabie, dans les Indes et dans l'Afrique.

Martin Freccia, qui écrivait en 1570, parle de la jurisprudence navale appelée *Table amalfitaine* comme étant en vigueur de son temps et servant à décider toutes les affaires maritimes du royaume de Naples ; mais les dispositions de cette législation sont tombées complètement en désuétude et ne constituent qu'un intéressant souvenir, que nous ne pouvions passer sous silence.

Plus importante est la compilation connue sous le nom de *Rôles* ou *Jugements d'Oléron*, attribuée, suivant quelques-uns, à la reine Éléonore, duchesse de Guienne qui lui donna le nom de son île favorite, Oléron, et, suivant d'autres, à Richard Ier, roi d'Angleterre ; plusieurs écrivains français lui donnent une origine exclusivement française. Ces lois ou *Rôles d'Oléron*, qui ont pour objet d'établir des règlements concernant la navigation dans les mers de l'ouest, constituent la base principale sur laquelle a été fondée, au moyen âge, la jurisprudence maritime dans les ports de l'Océan, comme le *Consulat de la mer*, publiée pour la première fois en 1594 à Barcelone, peut être considéré comme le résumé des us et coutumes observés dans le bassin de la Méditerranée.

Le *Consulat de la mer* contient des règles applicables

à la solution des questions commerciales et maritimes aussi bien en temps de guerre qu'en temps de paix, et détermine en outre les droits respectifs des nations belligérantes et des nations neutres. Il fait encore loi pour certains cas en Espagne, en Italie et en Angleterre.

Le *Guidon de la Mer*, dont la rédaction remonte à la fin du XVIe siècle, traite principalement du contrat d'assurance maritime ; cependant il s'occupe aussi d'autres questions, notamment les prises, les représailles et les lettres de marque. Presque toutes ses décisions font partie de l'ordonnance française de 1681, qui lui a emprunté entre autres le chapitre sur les représailles, et elles ont été transportées depuis dans le Code de commerce promulgué en France sous le premier Empire.

On rencontre encore vers la même époque la collection intitulée *Jugement de Damme* ou *Lois de Westcapelle*, qui contient les us maritimes établis dans quelques villes des Pays-Bas ; les *Coutumes d'Amsterdam*, les *Lois d'Anvers*, principalement consacrées aux usages suivis dans les ports du nord des Pays-Bas, de la Baltique et du Sund ; enfin, le *Droit maritime de Wisby*, compilation des ordonnances maritimes rendues par la ville de Wisby, dans l'île de Gothland (Suède), que beaucoup d'auteurs regardent comme plus ancienne même que les *Rôles d'Oléron*.

A la fin du XVe siècle nous avons à signaler un événement qui exerça une grande influence sur les relations internationales des peuples de l'Europe : la découverte de l'Amérique par Christophe Colomb, qui donna une vive impulsion à l'esprit d'entreprise et de colonisation lointaine.

Bientôt l'Espagne et le Portugal se disputèrent la possession non seulement des contrées découvertes, mais encore de celles à découvrir ; les graves différends suscités par cette rivalité amenèrent l'intervention du pape Alexandre VI, qui, par une bulle du 4 mai 1493, déclara qu'en sa qualité de Souverain Pontife il accordait au roi Ferdinand et à la reine Isabelle, ainsi qu'à leurs successeurs aux trônes de Castille et d'Aragon, toutes les terres ou les îles découvertes et à découvrir à l'occident et au midi d'une ligne fictivement tracée du pôle arctique au pôle antarctique et à 100 lieues à l'ouest du groupe des Açores et des îles du Cap Vert.

Vers la fin de cette même année 1493, le Souverain Pontife confirma par une troisième bulle la teneur des deux précédentes ; et, pour mieux garantir aux sujets des rois de Castille et d'Aragon le droit exclusif de faire des découvertes, il annula toutes les autres concessions dont les nouvelles terres auraient pu être l'objet. Jean II de Portugal réclama en vain, prétendant que ces bulles étaient en opposition directe avec les concessions reconnues antérieurement par le Saint-Siège en faveur de la couronne portugaise.

L'année suivante, le traité de Tordesillas, du 7 juin 1494, négocié directement entre le gouvernement portugais et le roi de Castille, donna une plus grande extension à la ligne tracée par le pape Alexandre VI, en la fixant à trois cent soixante-dix lieues à l'ouest des îles du Cap Vert ; en même temps il fut stipulé que toutes les découvertes qui pourraient être faites par l'un ou l'autre des deux pays en dedans de la ligne de partage appartiendraient en toute souveraineté à celui qui y aurait des droits.

A la découverte de l'Amérique se rattachent deux grandes questions internationales, qui ne sont toujours pas résolues : celles de la traite des noirs et du libre parcours des mers.

L'influence que l'autorité pontificale s'était arrogée sur les questions internationales ne pouvait manquer, avec le temps, d'avoir des conséquences fatales pour les divers États européens. Une de ces conséquences — et ce n'a pas été la moins grave — devait être d'isoler ces États, en accordant à une autorité étrangère la faculté de s'ingérer dans leurs relations réciproques et jusque dans les affaires de leur politique intérieure. En effet, à peine voit-on poindre à l'horizon du XIIIe siècle l'ombre de la constitution des monarchies absolues, que s'élèvent aussitôt contre la suprématie usurpée par les pontifes romains d'énergiques protestations, qui, jointes à d'autres causes purement religieuses, ont fini par engendrer la grande réforme du XVIe siècle.

Au point de vue international, la réforme de Luther et de Calvin est un des événements les plus considérables. Elle n'inaugure pas seulement la constitution des monarchies souveraines au centre de l'Europe : elle signifie avant tout que désormais les relations de peuple à peuple ne dépendent plus de la volonté du chef de l'Église, mais rentrent dans le domaine propre de chaque État particulier ; elle imprime en outre au droit international un caractère positif, qui se reflète dans tous les ouvrages des auteurs de cette époque.

Au XVIe siècle nous voyons poindre les premières représentations diplomatiques permanentes et se former le droit de légation, c'est-à-dire le code de la diplomatie. C'est aux Vénitiens que revient l'honneur de l'avoir formulé.

Parmi les publicistes qui précédèrent Grotius, figure au premier rang Machiavel, né à Florence en 1469 et mort en 1527. Dans son ouvrage intitulé *Le Prince*, il décrit d'une manière si lugubre la société au milieu de laquelle il vivait que l'on comprend sans peine que la corruption et la misère devaient dominer. Ce livre a provoqué les jugements les plus divers, suscité d'ardentes polémiques, et le nom du célèbre Florentin a servi à désigner tout système de gouvernement et toute politique ayant pour base le despotisme, le pouvoir absolu sans frein, et pour moyens d'action le mensonge, l'hypocrisie et les procédés les plus contraires à l'équité.

Un autre publiciste remarquable du XVIe siècle fut le jésuite espagnol Francisco Suarez, né en 1548 et mort en 1617, qui, dans son livre *De legibus ac Deo legislatore* (des lois et de Dieu législateur), signala le premier la distinction existant entre le droit naturel et les principes conventionnels observés par les nations. Il comprit et démontra que le droit international se compose non seulement des principes de justice appliqués aux relations mutuelles des États, mais encore des usages observés pendant longtemps par les peuples de l'Europe et de l'Amérique.

Le professeur de l'Université de Salamanque Francisco Victoria, dans son livre intitulé *Relectiones Theologicæ*, publié pour la première fois à Lyon en 1557, traite des titres que les Espagnols possédaient à la domination du nouveau continent, ainsi que des droits de la guerre. Il examine si les peuples chrétiens peuvent faire la guerre avec une entière justice: à qui appartient le droit de la déclarer; quelles causes peuvent justifier l'exercice de ce droit et quels sont les effets qu'une guerre juste produit sur l'ennemi.

L'ouvrage de Balthasar de Ayala (1548-1584), intitulé *De jure et officiis bellicis*, est peut-être le traité le plus complet qui ait été publié à cette époque sur les principes de la guerre. Ayala reconnait que le pouvoir de déclarer et de faire la guerre est un droit exclusif de l'État; que la différence de religion n'est pas une juste cause de guerre, et que les infidèles possèdent aussi bien que les chrétiens les droits de souveraineté et de domaine admis par le droit des gens.

Ayala s'est occupé en outre du droit de légation; il établit que dans tous les temps, chez toutes les nations, les ambassadeurs ont été considérés comme sacrés et inviolables; il fait toutefois remarquer que ce principe ne saurait être revendiqué ni par les pirates, ni par les brigands, ni par les rebelles, et que le caractère seul d'ambassadeur et d'envoyé ne suffit pas pour rendre les traîtres inviolables.

Albéric Gentilis (1550-1608) publia, en 1583, un traité *De jure belli*, dont les développements et l'esprit semblent avoir suggéré à Grotius l'idée de son ouvrage sur le même sujet; et, en 1589, un livre sur le droit d'ambassade, *De legationibus*, dans lequel il discute entre autres la question de savoir si le caractère public des ambassadeurs s'étend aux États près lesquels ils ne sont pas accrédités.

Quoi qu'il en soit, ni l'œuvre de Machiavel, ni celles de Victoria, d'Ayala ou de Gentilis ne renferment une théorie de droit international à la hauteur de cette phase de l'histoire. Il fallait un homme capable de dominer toutes les grandes questions qui agitaient la société européenne du XVIe siècle et pendant les premières années du XVIIe, un homme qui ne fût étranger ni à la religion, ni à la politique, ni à la philosophie, ni à l'histoire, et qui, de plus, sût donner de l'unité à ses idées et les systématiser. Cet homme qui devait jouer ce rôle important dans l'histoire de l'humanité a été Hugo Grotius, né à Delft en 1583, mort à Rostock en 1645.

Sous Louis XIII, Grotius vint en France, où il se consacra à son grand ouvrage *De jure belli ac pacis*, qui l'occupa dix-huit mois, depuis le commencement de l'année 1623 jusqu'au mois de juin 1624.

S'il faut en croire Ompteda, le *Droit de la guerre et de la paix*, adopté comme livre de texte dans toutes les universités, compta jusqu'en 1758 quarante-cinq éditions. Hallam reconnaît que le traité de Grotius fait époque dans l'histoire philosophique aussi bien que dans la politique de l'Europe.

Le *Droit de la guerre et de la paix* est loin d'être un ouvrage complet. Comme tous les grands publicistes, Grotius est avant tout un homme de son temps. Son mérite est d'avoir soulevé des questions de droit international; son défaut, de n'avoir pas suffisamment précisé les bases de son livre. Pour Grotius, en réalité, le droit de la guerre n'existe pas; à ses yeux toute la guerre est un fait anti-juridique et anti-social; la seule chose qu'il admette, c'est que, quand ce fait s'est produit, on doit faire respecter autant que possible les devoirs de l'humanité; par conséquent le principe sur lequel il a édifié son œuvre n'est ni justifié ni fondé sur la raison. Pourtant on peut dire que la plupart des critiques élevées contre Grotius et ses œuvres sont superficielles et, pour ainsi dire, étrangères à leur objet; ou bien elles sont dictées par un esprit manifeste de partialité. (Voir l'édition annotée par M. Pradier-Fodéré, Paris, 1867.)

TROISIÈME ÉPOQUE. — DEPUIS LA PAIX DE WESTPHALIE JUSQU'A LA PAIX D'UTRECHT. — 1648-1713.

C'est à dater de la paix de 1648 que les Etats européens ont commencé à entretenir entre eux des rapports plus intimes, plus fréquents, à se trouver tellement en contact que les changements opérés dans l'un ou l'agrandissement territorial d'un autre ont exercé une influence plus ou moins marquée sur la situation de tous. C'est dans ce nouvel ordre de choses qu'a pris sa source le principe qui, en se développant, a fini par constituer la base du droit international européen : nous voulons parler de l'équilibre des grands Etats.

Mais, comme dans les relations internationales il n'y a pas de principe qui ne renferme en sói ou ne crée un droit et des devoirs corrélatifs, ce principe de l'équilibre européen a logiquement et nécessairement donné naissance à ce qu'on appelle le droit d'intervention, que nous trouverons plus ou moins directement en jeu dans les questions de prépotence, de conquêtes et d'équilibre dont nous aurons à nous occuper.

Les résultats de la paix de Westphalie, permanents quant au fond, ne le furent pas dans leur application. Louis XIV, au lieu de se borner à maintenir la prépondérance de la France sur les deux branches de la maison d'Autriche, menaça à la fois l'indépendance de la Hollande et de l'Allemagne et la suprématie de l'Espagne sur ses provinces des Pays-Bas. Cette conduite du monarque français hâta la révolution de 1688 et poussa l'Angleterre à entrer dans la ligue d'Augsbourg. Un autre fait vint compliquer encore la situation : la guerre pour la succession au trône d'Espagne, auquel prétendaient les souverains d'Autriche, de France et de Bavière. Cette guerre sanglante et désastreuse se termina par la paix d'Utrecht en 1713, qui reconnaissait le droit d'une des branches de la maison de Bourbon à la couronne d'Espagne, mais à condition que cette couronne ne serait jamais réunie à celle de France ; accordait à la maison d'Autriche la possession de la Belgique, du Milanais et du royaume de Naples, qui jusque là avaient dépendu de la couronne d'Espagne ; et sanctionnait de nouveau la légitimité de la révolution anglaise de 1688, en garantissant la succession au trône d'Angleterre de la maison de Hanovre.

Jusqu'à l'époque de la révolution française le traité d'Utrecht a été invariablement confirmé par tous les traités qui l'ont suivi. Le premier grand traité de paix dans lequel il n'en soit pas fait mention est celui conclu à Lunéville en 1801 ; la paix d'Amiens de 1802 le passe également sous silence ; mais on le voit cité de nouveau et partiellement revalidé dans les traités de Paris de 1814.

Depuis le traité de Nimègue en 1678 jusqu'à la guerre qu'elle entreprit en 1689 pour rétablir Jacques II sur le trône d'Angleterre, la France s'occupe très sérieusement de développer ses ressources maritimes. C'est à cette pensée que répond la publication de l'ordonnance de 1681, dans laquelle on condensa à la fois les ordonnances sur la marine édictées en France depuis le règne de Charles VI en 1400 et les coutumes maritimes renfermées dans le *Consulat de la mer*.

L'ordonnance de 1681 admettait le principe, établi par le *Consulat de la mer :* que les marchandises ennemies transportées par un navire neutre sont de bonne prise ; mais, par un déplorable esprit d'exclusivisme, elle repoussait par contre cet autre principe : que les marchandises neutres chargées sous pavillon ennemi ne peuvent être capturées.

L'Espagne, se mettant en contradiction avec son fameux *Consulat de la mer*, adopta la même règle de conduite, tandis que les autres nations maritimes de l'Europe s'en tinrent aux principes rationnels du droit des gens et se bornèrent à confisquer les marchandises appartenant à l'ennemi. Cette pratique, toutefois, tomba peu à peu en désuétude, et l'on vit généralement prévaloir la règle désignée sous le titre de : *navires libres, marchandises libres.*

Bien avant la paix d'Utrecht, l'Angleterre avait, par de nombreux traités, reconnu la règle : *navires libres, marchandises libres ;* on peut citer notamment ses traités de 1654 avec le Portugal, de 1677 avec la France, de 1674 et de 1688 avec la Hollande.

Les deux règles : *navires libres, marchandises libres*, et *navires ennemis, marchandises ennemies*, furent reconnues par la Hollande, et par les traités de 1663 entre la France et le Danemark et de 1672 entre la France et la Suède. On en retrouve également la consécration formelle dans les traités de 1670 entre la Suède et le Danemark, de 1661, de 1666 et de 1670 entre la Suède et la Grande-Bretagne, et celui de la même année entre cette dernière puissance et le Danemark, enfin dans la plupart des conventions spéciales de commerce et de navigation qui ont été signées depuis la paix d'Utrecht entre l'Angleterre et la France, la Hollande et l'Angleterre, la France et la Hollande.

A cette même époque, les lois qui définissaient la contrebande de guerre reçurent aussi une certaine extension. Une ordonnance française restreignait cette espèce de contrebande aux munitions de guerre ; le traité conclu en 1742 entre la France et le Danemark y comprit tout ce qui est nécessaire à l'armement des navires.

Le droit des blocus constitue un autre des traits caractéristiques de cette époque. Il limite ou nie la faculté pour un neutre de trafiquer avec un port assiégé et dont la reddition est tentée par un belligérant.

Plusieurs traités du XVIIe siècle reconnaissent formellement aux neutres le droit de continuer leur commerce avec l'ennemi, ou n'excluent de cette liberté de trafic que les articles de contrebande de guerre et les ports en état de blocus.

Les compilations les plus anciennes du droit maritime, notamment le *Consulat de la mer*, admettent le droit de visite comme la conséquence indispensable de la confiscation de certaines marchandises. Bien que leur législation consacrât le droit de visite, l'Angleterre, la France et l'Espagne se sont opposées, à diverses reprises, à ce qu'il fût exercé à l'égard de leur pavillon par la Hollande et par les provinces belges. Les questions soulevées à cette occasion, et fondées sur des considérations plutôt politiques que légales, ont motivé diverses clauses conventionnelles destinées à préciser la manière dont, suivant les circonstances, ce droit pourrait être exercé ou devrait au contraire demeurer suspendu.

Une des questions qui surgirent dans cette même période fut celle de la liberté des mers, soulevée par les prétentions exorbitantes de l'Espagne et du Portugal, qui, l'une et l'autre, encouragées par la fameuse bulle d'Alexandre VI, semblaient vouloir s'attribuer la souveraineté du monde. Grotius, dans son *Mare liberum*, résout la question dans le sens de la liberté absolue des mers. Son livre fut refuté par Selden, qui, dans l'ouvrage intitulé *Mare clausum*, appuya et chercha à justifier la prétention du gouvernement anglais au domaine souverain des mers dites britanniques. La France s'est constamment refusée à reconnaître cette souveraineté revendiquée sur les mers britanniques ; et, en 1689, parut à ce sujet une ordonnance, qui devint bientôt après un des motifs invoqués par le gouvernement anglais pour lui déclarer la guerre.

Après une longue et vive résistance, la Hollande dut se soumettre et accepter au moins implicitement le droit souverain que l'Angleterre s'arrogeait sur les mers qui baignent ses côtes ; mais c'est là un fait isolé, qui ne constitue, ni une justification, ni un précédent en faveur de la doctrine soutenue par Selden.

Depuis le XVIe siècle, le Danemark avait exercé un droit de souveraineté sur les détroits qui donnent accès à la mer Baltique ; mais les ligues maritimes qui se formèrent vers la fin du XVIe siècle et au commencement du XVIIe forcèrent le gouvernement danois à modérer ses exigences fiscales et à réduire les péages du Sund.

Parmi les publicistes les plus remarquables de cette période, on rencontre Pufendorf (1632-1691), disciple de Grotius. Il publia en 1672 son livre intitulé *De jure naturæ et gentium*, dont il fit ensuite un abrégé, connu sous le titre *De officiis hominis et civis*. L'ouvrage de Pufendorf, quoique inférieur à celui de Grotius, marque cependant un progrès dans les doctrines du droit international.

En 1678 parut le livre de Jean Joachim Zentgraf, professeur à Strasbourg, *De origine, veritate et obligatione juris gentium* (De l'origine, de la vérité et de l'obligation du droit des gens), dans lequel l'auteur soutient, contrairement à Pufendorf, l'existence d'un droit des gens positif.

En 1692, Leibnitz (1646-1716) publia sa collection de traités et d'autres actes diplomatiques ; dans la préface il traite des principes de droit international.

Un jurisconsulte anglais, le docteur Zouch, publia en 1650 un abrégé de droit international, qu'il intitula *Juris et judicii fecialis, sive juris inter gentes et quæstionum de eodem explicatio*. Ce jurisconsulte fut le premier qui désigna par les mots de *Jus inter gentes* le *Jus gentium* de l'ancienne législation romaine, et c'est de cette nouvelle dénomination qu'est dérivé depuis le terme de *Droit international*.

Joseph Selden naquit à Sussex en 1584 et mourut en 1634. Il a écrit un livre sur le droit international, qu'il fait découler des institutions du peuple hébreux ; mais ce livre a contribué beaucoup moins à sa renommée que son ouvrage intitulé *Mare clausum*.

A la même époque vivait Hobbes, né également en Angleterre en 1588 et mort en 1679. Dans son ouvrage *De cive*, il traite des principes fondamentaux du droit international, et soutient que l'état de nature est un état de guerre perpétuelle.

Cette doctrine est partagée par le célèbre philosophe Spinoza, né à Amsterdam en 1632 et mort en 1677, qui, dans son *Tractatus theologico-politicus* (Essai sur la théologie et la politique) a abordé diverses questions de droit international.

Le professeur suédois Jean Loccenius fit paraître en 1651 son livre *De jure maritimo et navali*, qui acquit une telle popularité que dix ans après il en avait déjà paru neuf éditions anglaises.

En outre de ces auteurs, nous pouvons encore mentionner Cumberland, qui dans son ouvrage *De legibus naturalibus* (Des lois naturelles), paru en Angleterre en 1672, établit, contre Hobbes, qu'il y a une morale naturelle, indépendante des conventions des hommes; —

Wicquefort, né à Amsterdam en 1598 et mort en 1682, auteur d'un traité de diplomatie intitulé *L'ambassadeur et ses fontions;* — Samuel Rachel, professeur à l'université de Kiel, qui fonda une école opposée à celle de Grotius, et dont le principal ouvrage *De jure naturæ et gentium* (Du droit de la nature et des gens) parut en 1676; — Kuricke, qui a publié en 1667 un traité du Droit maritime hanséatique (*Jus maritimum hanseaticum*); — le jurisconsulte français Domat, dont les principaux ouvrages sont *Le droit public* et *Les lois civiles dans leur ordre naturel*, ce dernier publié pour la première fois en 1687 ; Huber, auteur des *Prælectiones juris civilis* (Leçons de droit civil), parues de 1686 à 1699; — et Jean Voet, qui a publié en 1668 un commentaire sur les Pandectes (*Commentarius ad Pandectas*).

QUATRIÈME ÉPOQUE. — DEPUIS LA PAIX D'UTRECHT JUSQU'À LA FIN DE LA GUERRE DE SEPT ANS. — 1713-1763.

Les traités d'Utrecht créèrent pour l'Europe une situation pacifique qui dura plus de vingt ans; mais en 1739 survint entre l'Angleterre et l'Espagne une nouvelle guerre, à laquelle la France prit part cinq ans plus tard.

Vers le même temps la mort de l'empereur Charles VI, survenue en 1740, faisait surgir la question si compliquée de la succession d'Autriche et rallumait les hostilités au centre de l'Europe. La Bavière, la Sardaigne, l'Espagne, la Prusse et la Saxe se disputaient à la fois la souveraineté de l'empire germanique. La Prusse revendiquait la possession de la Silésie.

La lutte se prolongea jusqu'en 1748; alors le congrès d'Aix-la-Chapelle y mit un terme, en confirmant les traités de Westphalie et d'Utrecht, modifiés toutefois par la cession de la Silésie à la Prusse et par l'abandon des duchés de Parme et de Guastalla à l'infant don Philippe. On reconnut également la Pragmatique sanction de Charles VI et les droits de la maison de Hanovre à la couronne d'Angleterre.

La paix d'Aix-la-Chapelle fut de courte durée; bientôt la guerre éclata de nouveau entre l'Angleterre et la France, tandis que la Prusse et l'Autriche engageaient en 1756 cette lutte mémorable connue sous le nom de guerre de Sept ans, terminée en 1763 par le traité de paix de Hubertsbourg, qui sanctionna irrévocablement les droits de la Prusse sur la Silésie et confirma encore une fois les traités de Westphalie, d'Utrecht et d'Aix-la-Chapelle.

L'importance des résultats de la guerre de Sept ans ne peut être mise en question. C'est cette guerre, en effet, qui a constitué définitivement la monarchie prussienne, devenue en Allemagne le contrepoids de la puissance de l'Autriche. C'est d'elle encore que date la décadence militaire et maritime de l'Espagne, désormais liée et subordonnée aux vues de la politique française.

La neutralité forcée des États-Généraux durant cette longue lutte était un signe de faiblesse et d'impuissance, qui explique comment, peu de temps après, la Hollande descendit du rang qu'elle avait occupé jusqu'alors et qu'elle n'a jamais repris depuis.

Un des événements les plus importants de cette période historique, c'est la constitution définitive de l'empire russe comme État européen, du chef des territoires qu'il acquit par le traité de Neustadt en 1721.

Les deux grandes guerres dont nous venons de parler donnèrent lieu à de nombreuses contestations relativement au droit des neutres et des belligérants en matière de commerce et de navigation.

La question de droit maritime qui à cette époque a plus que toute autre éveillé l'attention, est celle de la capture des navires neutres. Hubner en a fait une étude approfondie, dans son livre *De la saisie des bâtiments neutres*, paru en 1759.

Les relations diplomatiques des États européens étaient encore loin d'avoir acquis le caractère et le développement qu'elles ont pris dans les temps les plus rapprochés de nous. Au milieu des agitations auxquelles l'Europe était en proie, les souverains soulevèrent fréquemment entre eux des questions de préséance et des débats sur la place que devaient occuper les républiques et les autres Etats secondaires. L'autorité dont jouissaient *le droit divin des rois* rendait difficile d'admettre qu'un gouvernement issu du suffrage populaire, exerçant le pouvoir par l'entremise d'un seul chef ou de plusieurs, méritât le même respect public qu'un gouvernement dynastique et traditionnel. Pour faire entrer sous ce rapport un principe plus rationnel dans le droit international européen, il ne fallut rien de moins que l'apparition de la république anglaise, qui, grâce aux efforts persévérants de Cromwell, obtint une considération diplomatique égale à celle des États monarchiques.

A cette époque on cherche à mieux régler les droits et privilèges des ministres publics, afin de prévenir les conflits de préséance. Ils furent désormais considérés comme exempts de la juridiction locale du pays où ils exerçaient leurs fonctions.

La période comprise entre la paix d'Utrecht, et la guerre de Sept ans a été féconde en publicistes célèbres.

Wolff, né à Breslau, en 1679, mort en 1754, publia en 1749 son traité sur le droit des gens, *Jus gentium*, qui était un abrégé du grand ouvrage sur le droit naturel qu'il avait fait paraître de 1740 à 1743 en 9 volumes in-4°. Il a le mérite d'avoir le premier séparé les principes du droit des gens de ceux qui constituent la morale individuelle. Ses œuvres ont contribué puissamment à propager la philosophie de Leibnitz.

Les écrits de Wolff sur le droit des gens furent popularisés par Vattel, qui les rendit accessibles à la généralité des lecteurs. Cependant Vattel, ne copie pas servilement son maître; il s'en sépare même sur plus d'un point fondamental. Son livre, *Le droit des gens, ou principes de la loi naturelle appliquée aux nations et aux souverains*, est cité bien plus fréquemment que celui de Grotius, quoique son mérite relatif soit beaucoup moindre. Vattel naquit dans la principauté de Neuchâtel en 1714 et mourut en 1767.

Bynkershoek, né à Middelbourg en 1673 et mort en 1743, peut être considéré comme le publiciste le plus remarquable de son temps. En 1702 il écrivit son traité *De dominio maris;* en 1721, celui *De foro legatorum;* et en 1737, ses *Quæstiones juris publici*.

Selon Bynkershoek, le droit international dérive *ex ratione et usu*, de la raison et de l'usage, — de l'usage fondé sur les traités et les ordonnances particulières. A l'aide de ces principes il explique tout le droit des gens. Cette association des faits et des principes ouvrant ainsi une nouvelle voie au droit international, constitue un progrès notable. Bynkershoek a d'ailleurs montré son respect pour les saines traditions et pour les enseignements de l'histoire en formulant encore ce principe : qu'un ou deux traités s'éloignant par leurs stipulations de l'usage généralement consacré ne sauraient avoir une force suffisante pour modifier le droit des gens.

Jean Théophile Heineke, en latin Heineccius, né à Eisenberg en 1681 et mort en 1741, consacra sa vie entière à d'utiles travaux sur la jurisprudence, la philosophie et les belles-lettres; mais c'est surtout comme jurisconsulte qu'il est célèbre.

Ses nombreux écrits ont été publiés à Genève de 1744 à 1771 sous ce titre : *Opera ad universam juris-*

prudentiam, philosophiam et litteras humaniores pertinentia. Nous citerons spécialement celui qui a mis le comble à sa réputation, *Elementa juris naturalis* (Éléments du droit naturel). Quoiqu'il n'en ait pas déduit logiquement toutes les conséquences, on peut dire que Heineccius fait du principe d'utilité le fondement du droit naturel, qu'il considère comme identique avec la volonté de Dieu, qui veut que tous les hommes soient heureux.

Barbeyrac, né à Béziers en 1674, mort en 1744, a largement contribué au développement de la science du droit international par ses traductions en français de Grotius, de Pufendorf, de Bynkershoek, de Cumberland et d'autres publicistes, qu'il a accompagnées de notes savantes très estimées. Il est aussi l'auteur d'une *Histoire des anciens traités*, publiée en 1739.

L'*Esprit des lois* parut en 1748, quelque temps avant que Vattel publiât son livre sur le droit international. Montesquieu (1689-1755), y établit que le droit des gens se fonde sur cette considération que les nations doivent en temps de paix se faire mutuellement tout le bien qui est en leur pouvoir, et en temps de guerre tout le mal possible, sans nuire à leurs propres intérêts. Il établit ensuite que l'objet de la guerre est la victoire, qui a pour but la conquête ou la conservation ; de ces deux principes dérivent, suivant lui, toutes les lois qui constituent le droit des gens.

Rutherforth (1712-1771), publia en 1754 ses commentaires sur Grotius sous le titre de *Institutes of natural law* (Institutions du droit naturel). Selon cet auteur, le droit des gens est le droit naturel appliqué par une convention positive à l'ensemble des sociétés civiles. Ce principe une fois admis, Rutherforth soutient que les règles du droit des gens ne sont autres que celles de la saine raison, qui peuvent se déduire de la nature même des choses, de l'histoire de la société ou de l'opinion des savants.

Mably (Gabriel Bonnot de), dit l'abbé Mably, naquit à Grenoble en 1709 et mourut en 1785. En 1771, pour satisfaire à la demande que les Polonais lui adressèrent de leur préparer des lois, il publia son livre *Du gouvernement de la Pologne;* et quelques années après, le congrès américain l'ayant prié de vouloir bien rédiger un projet de constitution, il composa *ses Observations sur le gouvernement et les lois des États-Unis d'Amérique.*

Les écrits de Mably, de la plupart desquels l'impression avait été prohibée en France, ont exercé une grande influence sur la révolution française, qui en suivit de près la publication. Parmi ceux qui ont trait à la législation et à la politique, il faut citer : *De la législation ou principe des lois; Doutes proposés aux philosophes économistes sur l'ordre national essentiel des sociétés; le Droit public de l'Europe fondé sur les traités.*

Les idées émises dans ce dernier ouvrage étaient en opposition flagrante avec les institutions existantes. Enthousiaste des républiques de l'antiquité et surtout de Lacédémone, Mably préconise la communauté des biens et l'égalité des conditions ; aussi plusieurs économistes l'ont-ils considéré comme un des pères du communisme moderne.

Au commencement du siècle dernier, plusieurs d'entre les principaux États de l'Europe avaient publié des documents tirés de leurs archives publiques et propres à fournir des renseignements sur leur histoire particulière, ainsi que sur celle des autres États en tant qu'elle s'y rattachait ; mais, à part le *Codex* de Leibnitz, il n'existait aucun ouvrage qui pût servir de guide général pour l'étude de la diplomatie. Cette lacune fut comblée par le *Corps diplomatique* de Jean Dumont, historiographe de l'empereur d'Autriche.

Cette collection ne forme pas moins de treize volumes in-folio ; les huit premiers composent la partie publiée par Dumont, qui mourut en 1727 : elle comprend les traités conclus par les États de l'Europe depuis Charlemagne. En 1739 parut un autre volume in-folio, contenant les traités anciens à partir du Conseil des Amphictyons (1496 avant J.-C.) jusqu'à Charlemagne, compilés par Barbeyrac ; puis quatre autres volumes sous le titre de *Supplément au Corps diplomatique de Dumont*, publiés par Rousset de Missy né en 1686, mort en 1762.

Valin (1695-1763), a publié à La Rochelle, en 1760, un *Commentaire sur l'ordonnance de la marine du mois d'août* 1681, et, en 1763, un *Traité des prises*, lesquels font autorité en la matière, surtout pour ce qui concerne le droit de prise.

A ce dernier point de vue et par rapport à l'Espagne, le *Traité juridique et politique sur les prises maritimes* d'Abreu, publié à Cadix en 1746, offre le même intérêt que l'ouvrage de Valin.

Les mêmes sujets ont été étudiés par Emerigon, né en Provence en 1716 et mort en 1784, dans son *Traité des assurances maritimes* et ses *Commentaires sur l'ordonnance de* 1681.

Pothier, né en 1699 et mort en 1772, qui s'est acquis en France une juste renommée par des ouvrages de droit civil et notamment par son traité *De la propriété*, s'est également occupé de la question des prises maritimes.

Bertodano a publié à Madrid, en 1740, une *Collection de traités de paix, d'alliance, de neutralité*, etc., remontant à 1598 et s'arrêtant à 1700. L'édition de 1796 a ajouté à cette compilation les traités conclus jusqu'en 1737.

J. Burlamaqui naquit à Genève en 1694 et mourut en 1748. Il a écrit de nombreux ouvrages, parmi lesquels nous devons mentionner les *Principes du droit politique*, les *Principes du droit naturel et des gens*, et les *Éléments du droit naturel*. Burlamaqui base la morale et la politique sur l'étude de la constitution de l'homme.

Gaspard de Réal, dans le cinquième volume de son ouvrage intitulé : *La science du gouvernement*, paru en 1764, traite du droit des gens.

Martin Hubner a publié à Londres, en 1757, un *Essai sur l'histoire du droit naturel*, et à La Haye, en 1769, un *Traité de la saisie des bâtiments neutres*.

CINQUIÈME ÉPOQUE. — DEPUIS LA GUERRE DE SEPT ANS JUSQU'A LA RÉVOLUTION FRANÇAISE — 1763-1789.

Le partage de la Pologne inaugure cette nouvelle époque du droit international. Le premier partage de la Pologne entre l'Autriche, la Prusse et la Russie fut consacré par le traité conclu à Saint-Pétersbourg le 5 août 1772.

Le second partage en faveur de la Prusse et de la Russie eut lieu en 1793 ; le troisième entre l'Autriche, la Prusse et la Russie s'accomplit en 1794.

Peu de temps après, l'Europe centrale commença à s'agiter à propos de la question de la succession au trône de Bavière, soulevée entre l'Autriche et la Prusse. La guerre qui s'ensuivit fut de courte durée et se termina en 1779 par la paix de Teschen, qui confirma pleinement les stipulations de la paix de Westphalie.

A la même époque, la libre navigation de l'Escaut donna lieu entre les gouvernements d'Autriche et de Hollande à des discussions qui furent réglées par le traité de Fontainebleau du 8 novembre 1785.

Peu de temps après la conclusion de ce traité, la Prusse intervint dans les affaires de Hollande, en prenant parti pour le Stathouder. La France déclara, au mois de septembre 1780, s'opposer à cette intervention ; mais elle y renonça, lorsqu'elle sut que l'Angleterre avait l'intention de soutenir aussi les droits du Stathouder.

Toute occasion de lutte se trouvant ainsi écartée,

la Hollande, la Prusse et l'Angleterre conclurent le 15 avril 1788 le traité de la triple alliance, qui assura jusqu'en 1795 le maintien de la maison d'Orange au pouvoir et exerça par contre-coup une grande influence sur les affaires de l'Europe.

Une grande partie des colonies anglaises de l'Amérique du Nord se déclarèrent indépendantes de la métropole le 4 juillet 1776, et formèrent entre elles une confédération pour leur défense mutuelle. La France reconnut leur indépendance, en concluant le 6 février 1778 avec la jeune république deux traités, l'un d'amitié et de commerce, l'autre d'alliance défensive éventuelle.

Dans leur traité d'amitié et de commerce, la France et les Etats-Unis avaient adhéré à la règle de *navires libres, marchandises libres*. Le 26 juillet de la même année, une ordonnance française étendit l'application de ce principe à tous les États neutres. Cette ordonnance renfermait en outre de nombreuses dispositions sur les preuves de nationalité et de propriété à fournir par les bâtiments neutres, et reproduisait les prescriptions de l'ordonnance de Louis XIV (1681) relatives aux prises maritimes.

Au mois de février 1780, l'impératrice de Russie communiqua à l'Angleterre, à la France et à l'Espagne une note dans laquelle étaient consignés les principes destinés à servir de base à la neutralité armée. Ces principes peuvent se résumer ainsi :

1° Les bâtiments neutres pourront naviguer librement de port à port sur les côtes des nations en guerre ;

2° Les marchandises et les effets appartenant aux sujets des États belligérants seront libres sur les vaisseaux neutres, pouvu qu'ils ne constituent pas de la contrebande de guerre ;

3° L'impératrice de Russie se refère, quant à la détermination de la contrebande de guerre, aux articles

10 et 11 du traité de commerce conclu par elle avec l'Angleterre en 1766, mais en étendant les obligations à toutes les puissances en guerre ;

4° En ce qui caractérise un port bloqué, on n'appliquera cette dénomination qu'à celui qui est cerné par des bâtiments de guerre dont la permanence et la proximité en rendent l'entrée évidemment dangereuse.

Le Danemarck et la Suède furent, en 1780, les premières puissances qui se rallièrent à ces principes ; puis y accédèrent successivement la Hollande, les États-Unis d'Amérique, la Prusse et l'Autriche en 1781, le Portugal en 1782 et les Deux-Siciles en 1783.

Pour conjurer les dangers auxquels l'exposait la neutralité armée, l'Angleterre proposa à la Hollande de conclure, sous la médiation de la Russie, un traité particulier basé sur celui de 1674. Ces négociations n'ayant pas abouti, le gouvernement anglais continua d'appliquer aux neutres, pendant toute la durée de la guerre de l'indépendance de ses colonies américaines, les principes d'après lesquels il s'était guidé jusqu'alors, à la seule exception de ceux connus sous le nom de *Règle de* 1756.

Par le traité de paix qu'elle signa à Versailles en 1783 l'Angleterre reconnut enfin l'indépendance des États-Unis, restitua la Floride et l'île de Minorque à l'Espagne, et céda l'île de Tabago et le Sénégal à la France. Les autres places tombées en son pouvoir dans les Indes orientales furent également restituées. Quant à la libre navigation des neutres, en ce qui concerne l'Angleterre, la France et l'Espagne, la paix de Versailles se borna à confirmer les stipulations consacrées en 1713 par les traités d'Utrecht.

Les États-Unis, de leur côté, adoptèrent les règles de *navires libres, marchandises libres*, et *navires ennemis, marchandises ennemies*, dans les traités qu'ils signèrent en 1783 et en 1785.

Parmi les publicistes de cette cinquième période historique, J.-J. Moser, Lampredi, Galiani, Bentham méritent une mention particulière.

J.-J. Moser naquit à Stuttgart en 1701 et mourut en 1785. Son ouvrage principal a pour titre : *Essai sur le droit des gens le plus moderne des nations européennes, tant en temps de paix qu'en temps de guerre.* Moser, sans s'assujettir à aucun principe, considérait le droit des gens comme la collection des règles établies par la pratique des nations. Discutant l'importance du droit naturel, il établit que, s'il est facile d'en reconnaître les principes, son application pratique échappe à toute démonstration rigoureuse, et que ses règles perdent même de leur valeur intrinsèque en présence des traités ou de l'usage, qui sont, à ses yeux, les bases fondamentales du droit international.

Son fils, F.-C. Moser, de 1731 à 1798, a écrit des ouvrages estimés sur les mêmes matières.

Lampredi naquit en Italie en 1761 et mourut en 1836. Son travail le plus important est intitulé : *De Jure naturæ et gentium* (Du droit de la nature et des gens). Il y traite de questions relatives aux droits des belligérants et des neutres.

Galiani, contemporain de Lampredi, a publié entre autres une critique de l'ouvrage de son compatriote, et un traité sur les *devoirs des princes neutres.*

De 1786 à 1789, un des écrivains anglais les plus célèbres, Bentham, a publié, dans l'ordre d'idées qui constitue son système utilitaire, divers fragments sur des questions de droit international. Il est, de plus, l'auteur d'un projet de paix perpétuelle, dont la réalisation a été tentée par de nombreuses sociétés qui se sont formées tout exprès en Angleterre et aux Etats-Unis. Bentham naquit en 1749 et mourut en 1832.

Au nombre des ouvrages les plus importants de cette époque, sur le droit international, nous mentionnerons encore *Les principes du droit des gens,* par J.-J.

Neyron, 1783; *Le droit des gens le plus moderne* (*Codex juris gentium recentissimi*) de F.-A.-W. Wench, 1781-1796; *Le corps académique du droit public* (*Corpus juris publici academicum*) de Schmaltz, 1774, augmenté par Hommel en 1794.

SIXIÈME ÉPOQUE. — DEPUIS LA RÉVOLUTION FRANÇAISE JUSQU'A LA PAIX DE PARIS ET AUX TRAITÉS DE VIENNE. — 1789-1815.

La révolution française ébranla les relations internationales de tous les Etats européens et fit sentir son influence jusqu'au delà des mers, dans les Etats américains.

La première question politique qu'elle souleva entre la France et ses voisins fut celle du droit d'intervention dans les affaires intérieures et les changements de gouvernement des nations indépendantes.

Le commerce et le droit international maritime ressentirent, dès l'origine de la lutte, le contre-coup des guerres occasionnées par la révolution de 1789. L'Angleterre et les alliés crurent que le meilleur moyen de combattre les idées nouvelles et d'empêcher l'extension au dehors était de prendre la république par la famine, en interdisant à tous les navires l'accès des ports de France. Pour répondre à ces violences, la Convention nationale, en 1794, rendit un décret portant qu'elle autorisait les armateurs français à capturer et à conduire dans les ports de la république tous les navires neutres chargés soit de provisions appartenant à des neutres et destinés à des ports ennemis, soit de marchandises appartenant aux ennemis.

Pendant sa lutte contre la France, l'Angleterre ayant remis en vigueur la *Règle de la guerre de* 1756, les croiseurs britanniques s'étaient emparés de plusieurs cargaisons françaises embarquées sous pavillon nord-américain. Lorsque la France insista auprès du gouvernement de Washington pour qu'il s'opposât à ces violences et fît respecter les privilèges de son pavillon, celui-ci soutint que l'Angleterre, en agissant comme elle le faisait, obéissait à sa propre législation et que dès lors les États-Unis n'avaient pas le pouvoir de s'opposer aux mesures qui atteignaient le commerce français. La discussion infructueuse engagée à ce sujet amena en 1796 le Directoire à rendre un nouveau décret, qui déclarait de bonne prise toutes les cargaisons neutres ou ennemies capturées sous pavillon des États-Unis par les corsaires français.

Vers le même temps un débat du même genre et non moins important pour les droits des neutres s'éleva entre le gouvernement prussien et celui des États-Unis. Le traité du 11 juillet 1799, qui y mit fin, consacra de nouveau la règle de *navires libres, marchandises libres*.

Vers la fin du siècle dernier, la Russie proposa au Danemark, à la Prusse et à la Suède de conclure un traité pour renouveler la neutralité armée de 1780.

L'Angleterre, assimilant la conclusion de ce traité à un acte d'agression, décréta l'embargo sur les navires russes, suédois et danois, et notifia en même temps aux cours de Copenhague et de Stockholm que les principes de 1780, qu'on prétendait rétablir, étant contraires à ses intérêts les plus chers, la Grande-Bretagne n'en tolèrerait pas l'application. Une escadre se rendit dans la Baltique pour détruire de vive force la quadruple alliance ; le 2 avril 1801, Copenhague était bombardé, la flotte du Sund amarinée, et le Danemark, forcé de signer un armistice, renonçait aux principes de la neutralité armée. L'empereur de Russie, Paul Ier, étant mort peu de temps après, le gouvernement anglais conclut avec son successeur et avec le roi de Suède un armistice, qui, au mois de juin 1801, fut transformé à Saint-Pétersbourg en un traité définitif de paix, auquel les cours de Copenhague et de Stockholm accédèrent, l'une au mois d'octobre de la même année, l'autre en mars 1802.

La révolution française avait changé en peu d'années la face de l'Europe. Le système créé par les traités de Westphalie et d'Utrecht n'existait plus. Les vieilles républiques de Hollande, de Venise et de Gênes avaient disparu ; les Bourbons avaient été forcés d'abdiquer en Espagne et à Naples ; la maison de Bragance, expulsée de Lisbonne, s'était établie au Brésil, l'ancien Empire germanique avait fait place à la Confédération du Rhin ; enfin les colonies espagnoles d'Amérique s'étaient constituées en États indépendants.

L'Europe à cette époque était moralement obligée de s'opposer aux prétentions de l'empire français à la monarchie universelle. Le vrai mobile des puissances alliées dans leur coalition contre le formidable pouvoir concentré entre les mains de Napoléon Ier et de sa famille se manifesta clairement dans les traités de Paris du 30 mai 1814 et du 20 novembre 1815. Par ces traités, destinés à régler et à fixer la situation territoriale des divers États européens, la France fut réduite aux limites qu'elle avait en 1690.

Le premier article secret du traité du 30 mai 1814 déclarait que l'Autriche, l'Angleterre, la Prusse et la Russie se réservaient la libre disposition des territoires auxquels la France avait renoncé par l'article 3 du traité patent ; le deuxième article secret portait que le roi de Sardaigne acquerrait la république de Gênes ; enfin l'article 4 décidait que les pays situés sur la rive gauche du Rhin et incorporés à la France de 1791 serviraient à agrandir le territoire de la Hollande et à indemniser la Prusse et les autres États de l'Allemagne.

C'étaient là toutefois de simples bases pour le rétablissement de la paix en Europe. On réserva à un congrès, qui devait se réunir à Vienne, le soin d'adopter les mesures nécessaires pour donner à cette paix toute la stabilité possible.

Voici quelles furent les décisions finales de ce congrès :

Les partages antérieurs de la Pologne furent confirmés, et le grand-duché de Varsovie adjugé à la Russie.

La question de la Saxe fut résolue par un terme moyen : le royaume de Prusse fut rétabli dans la situation qu'il occupait avant la guerre de 1806, et les Etats saxons furent partagés entre leur ancien souverain et la Prusse.

La ville de Cracovie avec son territoire fut déclarée complètement libre, indépendante et neutre, sous la protection commune de la Russie, de l'Autriche, et de la Prusse.

Mais cette disposition anormale ne dura guère. En suite des soulèvements successifs de la Pologne, l'Autriche finit par s'incorporer le territoire de Cracovie.

On restitua à l'Autriche tous les territoires qu'elle avait dû céder à la France par les traités de Campo-Formio, 1797, de Lunéville, 1801, de Presbourg, 1805, de Fontainebleau, 1807, et de Vienne, 1809, à l'exception de la Belgique et de ses anciennes possessions dans la Souabe ; on lui rendit également tous les territoires qui ont formé depuis le royaume Lombard-Vénitien, y compris les vallées de la Valteline, de Bormio et de Chiavenne.

Les duchés de Parme, de Plaisance et Guastalla furent cédés à l'archiduchesse Marie-Louise, avec réversion et succession de droits en faveur de la maison d'Autriche. Le duché de Modène retourna à l'archiduc François d'Este, et ceux de Massa et de Carrara à l'archiduchesse Marie Béatrix d'Este avec des droits pareils de réversion et de succession en faveur de l'Autriche. Le duché de Lucques fut donné à l'infante Marie-Louise et à ses descendants, et celui de Toscane à l'archiduc Ferdinand d'Autriche. Le royaume de Naples fut rendu à Ferdinand IV, avec le titre de roi des Deux Siciles.

Le roi de Sardaigne rentra en possession du Piémont et de la Savoie, augmentés de la république de Gênes.

La réunion des provinces belges au grand-duché de Luxembourg et à la Hollande constitua le nouveau royaume des Pays-Bas.

Le congrès de Vienne compléta son œuvre de reconstruction en élaborant la constitution de la Confédération germanique et celle de la Confédération suisse.

Après l'accomplissement de cette première partie de leur tâche, les plénipotentiaires réunis à Vienne résolurent plusieurs questions fort importantes de droit international. Nous mentionnerons : 1° la fixation du rang et la classification des ministres publics ; 2° l'abolition de la traite des nègres ; 3° la libre navigation des fleuves traversant les territoires de plusieurs État différents.

Parmi les publicistes de cette époque, citons :

Georges Frédéric de Martens (1756-1822), d'abord pro fesseur de droit à Gœttingue, puis conseiller d'État du royaume de Westphalie sous le règne de Jérôme Bonaparte et enfin ministre du Hanovre près la diète de la Confédération germanique, publia en 1785 son *Précis du droit des gens moderne de l'Europe, fondé sur les traités et l'usage*, qui a longtemps été regardé comme le traité le plus complet du droit des gens tel qu'il est admis par les États de l'Europe. (Voir l'édition annotée par M. Charles Vergé, Paris, 1864.)

Nous devons aussi à Martens le recueil le plus important de documents internationaux (*Recueil des principaux traités d'alliance*, etc, Gœttingue, 45 vol. avec suppléments.)

Kant (1724-1804), le philosophe de Kœnigsberg, auteur de la *Critique de la raison pure* fit l'application des principes généraux de sa philosophie aux questions du droit des gens ; mais son système, essentiellement subjectif, devait le conduire, dans la sphère du droit international, à des conclusions rien moins que pratiques, également contraires à l'expérience et à l'histoire. Ainsi par exemple, si l'on peut à un certain point de vue condamner avec lui la guerre comme un moyen digne des peuples barbares, ne serait-ce pas se bercer d'une vaine illusion que d'espérer, dans l'état actuel des choses, l'idéal de paix perpétuelle dont il nous trace le tableau et dont l'heure ne semble pas encore près de sonner.

C'est en 1785 que Dominique Albert Azuni publia son *Sistema universale dei principii del diritto maritimo dell'Europa* (Système universel des principes du droit maritime de l'Europe), ouvrage d'une assez grande valeur.

Koch, né en Alsace en 1737 et mort en 1813, représente la tendance historique que prirent à cette époque les études du droit des gens. Son *Abrégé de l'histoire des traités de paix* date du 1796.

Savigny, né à Francfort-sur-le-Mein en 1779, mort en 1861, est le chef de l'école historique des jurisconsultes allemands. Dévoué à l'étude du droit romain, il en suit pas à pas les progrès et en retrace admirablement la situation au moyen âge et l'influence dans les temps modernes. Dans toutes les questions de droit des gens qu'il aborde, il s'attache beaucoup plus à l'antécédent historique qu'à l'idée ou au principe qui en est le fondement. Ses principaux ouvrages sont un *Traité de la possession*, publié en 1803 ; une *Histoire du droit romain au moyen âge*, parue en 1815, et un *Traité du droit de succession* (1822).

A côté de ces publicistes, on peut encore citer : Sir James Mackintosh, publiciste anglais, qui publia en 1797 un discours sur *le droit de la nature et des gens ;*

Ramon Lazaro de Dou y de Bassols, auteur d'un ouvrage intitulé : *Institutions du droit public général* (*Instituciones del derecho publico general*) publié en 1802 ;

Gérard de Rayneval, qui a publié en 1803 les *Institutions du droit de la nature et des gens ;*

Thomas Hartwell Horne, auteur d'un *Compendium des décisions de l'Amirauté* et d'un *Traité sur la diplomatie*, publiés vers 1803 ;

J. Jouffroy, qui a publié en 1806 un livre sur le *Droit des gens maritime universel ;*

John E. Hall, qui fit paraître à Baltimore en 1809 un traité sur la *Pratique de l'Amirauté* (*Admiralty Practice*);

Warden, consul des Etats-Unis en France en 1815, et auteur d'un *Essai sur les consuls*, qui a été traduit en français par Barrère :

De Flassan, à qui l'on doit une *Histoire générale de la diplomatie française* (1811) et une *Histoire du Congrès de Vienne* (1814) ;

Robert Plummer Ward, auteur d'une *Histoire du droit des gens en Europe* (*History of the law of nations in Europe*) *depuis les temps des Grecs et des Romains jusqu'à l'époque de Grotius*, publiée en 1795 ;

J. N. Tetens, publiciste danois, qui a écrit en 1805 sur les *Droits réciproques des belligérants ;*

F. J. Jacobsen, qui a publié un *Manuel du droit maritime pratique* et un livre sur le *Droit maritime de guerre et de paix* ;

Le comte Merlin de Douai, auteur du *Répertoire universel et raisonné de jurisprudence*, paru pour la premièce fois en 1811 ;

Marin, qui a publié un livre du *Droit naturel et des gens* (*Derecho natural y de gentes*) en 1800 ;

Robinson, à qui l'on doit un recueil de lois maritimes sous le titre de *Collectanea maritima*, publié à Londres en 1810.

Pour la période de 1789 à 1815, l'attention doit se fixer tout particulièrement sur les décisions et les jugements des tribunaux en matière de droit des gens. Outre que ces sentences judiciaires constituent en quelque sorte la base d'une jurisprudence internationale, elles reposent généralement sur des considérants de l'ordre le plus élevé et créent ainsi des précédents d'une très grande valeur.

SEPTIÈME ÉPOQUE. — DEPUIS LE CONGRÈS DE VIENNE JUSQU'AU CONGRÈS DE PARIS. — 1815-1856.

A l'issue du congrès de Vienne, l'Europe entière, exténuée pour ainsi dire par les grandes guerres de la révolution française et du premier empire, entra dans une ère de calme et de tranquillité. Le temps des conquêtes et des guerres internationales semblait passé ; mais la lutte et les rivalités d'influence allaient bientôt renaître, en se transportant sur le terrain de l'administration intérieure des États, du développement des institutions politiques et du droit réclamé par les peuples de prendre une part plus ou moins directe au gouvernement qui préside à leurs destinées.

Le premier fait notable qui caractérise cette septième époque historique, c'est la conclusion entre les monarques d'Autriche, de Prusse et de Russie du célèbre traité dit de la Sainte Alliance. Ce traité, signé à Paris le 26 septembre 1815 par l'empereur d'Autriche François II, le roi de Prusse Frédéric-Guillaume III et l'empereur de Russie Alexandre Ier, personnellement, sans le concours d'aucun plénipotentiaire, reçut, le 19 novembre 1815, l'adhésion du roi de France Louis XVIII, et successivement celle de presque tous les souverains de l'Europe. Le prince régent de la Grande-Bretagne refusa seul d'envoyer une adhésion formelle, par la raison que la Sainte Alliance avait été conclue directement entre les souverains et que la constitution anglaise exige que les traités soient contresignés par un ministre responsable. La Sainte Alliance est moins un véritable traité qu'un manifeste consacrant la détermination des princes signataires de ne prendre à l'avenir pour règle de leur conduite, soit dans l'administration de leurs États, soit dans leurs relations politiques avec les autres gouvernements, que les préceptes de la religion chrétienne, préceptes de justice, de charité et de paix. L'histoire des temps modernes montre suffisamment que cette proclamation de principes abstraits n'a pesé que faiblement sur l'esprit des souverains qui l'ont lancée dans le monde, et n'a eu d'ailleurs aucune influence bienfaisante ni sur la politique intérieure des États, ni sur le développement du droit des gens.

Les signataires de la Sainte Alliance, comprenant sans doute ce que laissait à désirer ce pacte plus théorique que pratique, conclurent, dès le 20 novembre 1815, une nouvelle alliance, qualifiée de *perpétuelle*, laquelle était destinée à donner une consécration irrévocable aux partages territoriaux opérés par le congrès de Vienne, à resserrer les liens des contractants pour s'opposer en commun à toute tentative nouvelle de changement politique en Europe, à garantir le maintien du système monarchique, enfin à prévenir et à réprimer au besoin les troubles intérieurs des États et les soulèvements populaires contre les gouvernements établis. La France, que le congrès d'Aix-la-Chapelle avait fait rentrer dans le concert des grandes puissances européennes, accéda, par acte séparé du 15 novembre 1818, à cette alliance perpétuelle.

Les troubles qui signalèrent le retour des Bourbons dans le royaume de Naples fournirent aux gouvernements alliés la première occasion de mettre en pratique la nouvelle politique d'intervention étrangère inaugurée par le congrès d'Aix-la-Chapelle et érigée en principe de droit conventionnel par les traités de Troppau (1820) et de Laybach (1821). L'Angleterre et la France ayant refusé le concours de leurs forces pour venir en aide au roi des Deux-Siciles, l'Autriche, la Prusse et la Russie se chargèrent seules de comprimer l'insurrection et de rétablir la monarchie absolue.

Le congrès réuni à Vérone en 1822 eut pour résultat, peu de temps après, l'intervention de la France en Espagne, avec le consentement formel des cours de Vienne, de Berlin et de Saint-Pétersbourg, malgré les protestations du gouvernement britannique contre cette nouvelle immixtion étrangère dans les affaires intérieures d'un pays indépendant.

Le caractère imprimé à la politique internationale par l'ensemble des actes du congrès de Vienne a exercé une sérieuse influence sur la reconnaissance de l'indépendance des colonies espagnoles et portugaises en Amérique, et a provoqué de vifs débats entre les diverses puissances maritimes.

L'attitude prise par les États-Unis au milieu de la lutte au prix de laquelle les colonies de l'Amérique du Sud et du centre durent acheter leur indépendance, la proclamation de la célèbre doctrine de Monroe, pesa d'une manière décisive sur la conduite du gouvernement anglais à l'égard des jeunes républiques du Nouveau Monde, et ne contribua pas peu à empêcher les États européens de donner suite à leur projet d'aider à l'Espagne à reconquérir ses domaines transatlantiques.

D'ailleurs cette idée d'union internationale pour la défense d'intérêts communs, que nous voyons mise en pratique en Europe, exerçait également son influence en Amérique sur les nouveaux États indépendants formés des anciennes colonies de l'Espagne.

Le 22 juin 1826, les plénipotentiaires de la Colombie, de l'Amérique centrale, du Pérou et du Mexique (deux pour chaque État) s'assemblèrent à Panama dans un congrès, où fut signé un pacte d'union, de ligue et de confédération entre les républiques qui s'y étaient fait représenter.

Malheureusement le congrès de Panama n'aboutit en somme à aucun résultat pratique; seule la Colombie, ratifia les conventions qui y avaient été conclues ; mais elle ne put obtenir l'échange des ratifications des autres gouvernements.

Tout en protestant contre l'immixtion des autres États dans les troubles et les mouvements insurrectionnels qui avaient agité les royaumes de Naples et d'Espagne, l'Angleterre n'hésita cependant pas à intervenir elle-même à main armée dans les affaires intérieures du Portugal. Il est vrai que, pour justifier cette dérogation au principe d'abstention qu'elle avait cherché à faire accepter à ses anciens alliés de 1815, elle invoqua à la fois les obligations conventionnelles qui la liaient à la cour de Lisbonne et les intérêts de son commerce et de son industrie.

L'insurrection grecque, qui éclata en 1821, servit de prétexte à la Russie pour intervenir encore une fois dans les affaires de l'empire ottoman et affermir par la politique la prépondérance si grande déjà que la religion lui assure en Orient. Toutefois les autres États européens, comprenant le danger qu'il y avait à laisser les successeurs de Pierre le Grand prendre seuls en main la défense des peuples chrétiens placés sous le sceptre des sultans, s'interposèrent efficacement tant à Saint-Pétersbourg qu'à Constantinople, et le traité conclu entre la Russie et la Turquie se borna à stipuler certaines garanties administratives en faveur des rayas établis dans la Serbie.

En vue de résoudre plus sérieusement la véritable question grecque, l'Angleterre et la France, d'un commun accord avec la Russie, signèrent à Londres, le 6 juillet 1827, un traité général et formel pour la pacification de la Grèce. Cette pacification et la sanction par la Porte de l'indépendance du nouveau royaume ne devaient cependant pas se réaliser immédiatement. Pour atteindre ce double but, il fallut, d'une part, que les escadres alliées détruisissent la flotte turco-égyptienne au combat de Navarin ; d'autre part, que la Russie, prenant les armes en faveur de ses coreligionnaires, imposât à la Turquie, en 1829, la paix d'Andrinople; enfin, que la France envoyât en Morée un corps expéditionnaire, qui força Ibrahim Pacha à reconduire ses troupes en Égypte et empêcha un retour aux armées ottomanes.

L'émancipation de la Grèce ne fit pas cesser du même coup les troubles intérieurs de l'empire ottoman. L'Égypte, sous la puissante impulsion de Méhémet-Ali et de son fils Ibrahim Pacha, se souleva à son tour pour reconquérir son indépendance : à la suite de deux grandes victoires remportées en Asie Mineure, le vice-roi menaçait déjà de venir signer la paix sous les murs mêmes de Constantinople. Grâce à l'intervention des grandes puissances, ce nouveau conflit fut apaisé provisoirement par la convention d'avril 1833, et terminé définitivement en 1840 par le traité de Londres, qui assura à la famille de Méhémet-Ali le gouvernement héréditaire de l'Égypte, sous la suzeraineté de la Porte.

Les circonstances au milieu desquelles la restauration des Bourbons s'était accomplie en 1814, l'esprit réactionnaire et trop exclusivement monarchiste ou aristocratique dont furent empreints les premiers actes du gouvernement de la branche aînée, enfin le rôle que la France fut appelée à jouer sur le continent en face de la population absolutiste des autres États, préparèrent de longue main la révolution dynastique qui éclata à Paris au mois de juillet 1830 et amena sur le trône le roi Louis-Philippe. Le contre-coup de ce changement de gouvernement et de politique en France se fit aussitôt sentir en Europe par une série de soulèvements populaires, de tentatives d'émancipation nationale et de réformes administratives ou autres. Le signal, parti de la Belgique, trouva de l'écho d'abord en Allemagne et en Pologne, ensuite en Italie et en Espagne. Nous n'avons pas à nous étendre sur le côté purement politique de ces divers événements et sur les résultats plus ou moins immédiats au point de vue du gouvernement ou de la constitution intérieure des pays au sein desquels ils se sont produits. Restant sur le terrain du droit international, nous rappellerons seulement qu'un des grands principes proclamés par la révolution de Juillet fut celui de la non-intervention étrangère dans les affaires intérieures des autres nations, principe que le gouvernement français se montra prêt à soutenir, même par la force des armes.

La révolution belge de 1830, en morcelant la monarchie néerlandaise, que le traité de 1815 et les actes du congrès de Vienne avaient constituée pour servir de barrières aux envahisseurs éventuels de la France, devait naturellement éveiller l'attention de l'Europe et appeler l'intervention des grandes puissances. A la demande même du gouvernement provisoire établi à Bruxelles, des plénipotentiaires de l'Autriche, de la France, de la Grande-Bretagne, de la Prusse et de la Russie se réunirent en conférence à Londres, où, à la suite de longues délibérations, ils signèrent le 30 novembre 1831 et le 19 avril 1839 les traités qui sanctionnèrent la séparation définitive de la Belgique d'avec les Pays-Bas, son indépendance et sa neutralité perpétuelle.

A la mort de Ferdinand VII, les guerres civiles suscitées tant en Espagne qu'en Portugal par les prétentions des infants Don Carlos et Dom Miguel amenèrent, le 22 avril 1834, la conclusion par les cours de Madrid, de Lisbonne, de Londres et de Paris d'un traité, dit de la *quadruple alliance*, qui affermit les gouvernements légitimes d'Isabelle II et de Dona Maria.

La Grande-Bretagne, n'ayant pu obtenir que les congrès de Vienne et de Vérone proclamassent l'abolition immédiate de l'esclavage dans toutes les colonies européennes d'Amérique, poursuivit le même but par une voie indirecte et s'appliqua avec persévérance à empêcher au moins la continuation du trafic des noirs sur la côte d'Afrique. A la suite de longues négociations, elle réussit à faire partager ses vues par la France, qui signa avec elle en 1831 et en 1833 deux conventions, auxquelles toutes les autres nations maritimes du continent furent successivement appelées à accéder. Ces conventions, en vue d'assurer plus efficacement l'abolition de la traite, stipulaient l'établissement de croisières communes pour arrêter les négriers et la concession réciproque du droit de visite sur les navires respectifs soupçonnés de se livrer au trafic des noirs.

La conduite et les prétentions de la Grande-Bretagne au sujet de la traite et de la recherche de ses matelots déserteurs provoquèrent de vifs débats entre les cabinets de Londres et de Washington sur les privilèges du pavillon de guerre et sur l'étendue du droit de visite à bord des navires marchands.

Cette discussion durait encore, lorsque la Grande-Bretagne signa en 1841 avec l'Autriche, la France et la Russie un traité général pour la suppression complète du trafic des noirs. Ce traité, n'ayant pas été ratifié, ne pouvait avoir que la valeur d'un précédent historique ; toutefois les principes sur lesquels il reposait, aidèrent puissamment l'Angleterre à vaincre les résistances du gouvernement américain et à en obtenir la conclusion du traité de Washington du 9 août 1842, par lequel les États-Unis, en attendant la fermeture de leurs marchés d'esclaves à l'intérieur et le règlement de la question du droit de visite, s'engageaient à empêcher que leur pavillon ne couvrît abusivement les négriers des autres nations. Une des conséquences de cette convention fut la signature par la France et l'Angleterre, le 19 mai 1845, d'un traité qui mit fin au système des croiseurs brevetés pour l'exercice du droit de visite, que ces deux puissances avaient inauguré par les conventions de 1831 et de 1833.

En 1847, le 11 décembre, à Lima, un nouveau congrès composé de délégués de la Bolivie, du Chili, de l'Équateur, de la Nouvelle Grenade et du Pérou ; la République Argentine, l'Uruguay, le Paraguay, le Mexique et les républiques de l'Amérique centrale n'y étaient point représentés.

Les plénipotentiaires se séparèrent au milieu de 1848, après avoir rédigé un nouveau pacte de confédération, un traité de commerce et de navigation, une convention postale et une convention consulaire. Ce dernier acte seul fut approuvé par le gouvernement néo-grenadin ; les autres sont demeurés à *l'état de lettre morte.*

Les actes internationaux les plus importants qui se soient accomplis en Amérique pendant la période dont nous nous occupons, sont l'amnexion du Texas aux États-Unis, qui amena entre ceux-ci et le Mexique la guerre terminée en 1848 par le traité de Guadalupe Hidalgo ; la cession par le Mexique à l'Union nord-américaine de la Haute Californie et du Nouveau Mexique ; enfin, les expéditions successives de flibustiers nord-américains contre Cuba, Nicaragua et la Sonora.

Au moment où ces événements avaient lieu dans le nord de l'Amérique, le sud était témoin de cette double intervention de l'Angleterre et de la France sur les bords du Rio de la Plata, qui causa un si grave préjudice au commerce européen, compliqua si tristement la situation de la République Argentine et de celle de l'Uruguay, et n'eut en définitive d'autre résultat que la reconnaissance du pouvoir dictatorial du général Rosas par les deux puissances alliées.

L'année 1848 est marquée dès ses débuts par la chute du gouvernement de la branche cadette de Bourbons et l'établissement en France de la république, laquelle disparut en 1852 pour faire de nouveau place à l'empire par l'avènement de Napoléon III, qu'appela au trône le suffrage universel. Pendant sa courte existence, la deuxième république française avait pu du moins proclamer certains principes internationaux trop oubliés jusqu'alors, notamment celui du droit souverain des nations de modifier leur gouvernement et leur droit public interne en dehors de l'immixtion des autres États.

Le contre-coup de ces grands événements se fit sentir dans presque toute l'Europe ; les vieilles monarchies, ébranlées jusque dans leurs fondements, durent céder au courant des idées nouvelles, transformer leurs institutions surannées, étendre l'exercice des droits politiques, admettre enfin leurs peuples à prendre une part plus directe au maniement des affaires et à la défense de leurs intérêts les plus sacrés. Nous nous bornerons à mentionner les efforts faits par l'Italie pour reconquérir son indépendance, la guerre contre l'Autriche, les révoltes en Toscane et à Naples, le soulèvement des Romagnes contre le Saint Siège, la proclamation de la République Romaine, l'expédition française pour ramener le pape Pie IX à Rome, les insurrections de la Pologne et de la Hongrie ; enfin l'explosion révolutionnaire qui, sur les ruines de l'ancienne Confédération Germanique, se proposait d'édifier un nouvel empire d'Allemagne. Parmi ces faits il en est peu qui aient survécu à la tourmente de 1848 et produit des résultats immédiats durables ; pourtant ils ont été comme autant de germes que le temps devait féconder.

Aux violentes secousses de la révolution de Février avait succédé un calme relatif, et les gouvernements de l'Europe centrale, notamment ceux d'Autriche et de Prusse, semblaient avoir repris leur assiette ; la Russie crut le moment favorable pour assouvir ses convoitises ambitieuses sur la Turquie. En 1854, déclarant soudainement la guerre au Sultan, le czar Nicolas fit franchir le Pruth à ses armées et envahir les Principautés Danubiennes ; mais aussitôt la France et l'Angleterre, unies à la Sardaigne, s'allièrent à la Turquie pour repousser cette injuste agression, et, après deux années de combats en Crimée et en Asie Mineure, forcèrent la Russie à signer à Paris le traité de paix du 30 mars 1856.

Le 15 septembre 1856, les plénipotentiaires du Chili, de l'Équateur et du Pérou signèrent à Santiago un traité, connu sous le nom de *traité continental*, qui fut soumis à l'acceptation des autres républiques latino-américaines ; celles-ci, sans souscrire explicitement à toutes les stipulations du traité, se déclarèrent toutes disposées à entrer dans une ligue permanente. Par suite, le 28 octobre 1864, un congrès se réunit à Lima, au sein duquel étaient représentés la République Argentine, la Bolivie, le Chili, l'Equateur, les États-Unis de Colombie, le Guatemala, le Pérou et le Vénézuela, et qui a abouti à la conclusion d'un traité d'alliance, qu'on doit considérer plutôt comme la proclamation d'un principe que comme une ligue effective.

HUITIÈME ÉPOQUE. — DEPUIS LE CONGRÈS DE PARIS EN 1856 JUSQU'A 1892.

Trois ans après la signature du traité de Paris survint un conflit qui a exercé une influence plus grande encore sur la situation actuelle de l'Europe : c'est la constitution définitive du royaume d'Italie, à la suite de la guerre que la Sardaigne, secondée par les armées de la France, soutint contre l'Autriche au mois de juin 1859, et qui se termina le 10 novembre de la même année par la paix de Zurich ; cette guerre a eu aussi pour résultat l'annexion du comté de Nice et de la Savoie à la France.

La guerre civile qui de 1860 à 1865 a déchiré les États-Unis, l'intervention française au Mexique, la lutte désastreuse entre l'Espagne, le Chili et le Pérou, enfin la longue guerre soutenue de concert par la République Argentine, la République de l'Uruguay et l'empire du Brésil contre le gouvernement du Paraguay constituent d'autres faits non moins importants, qui ont exercé et exercent encore une grande influence sur la situation générale des États américains et leurs relations internationales.

Les guerres faites en commun par la Grande-Bretagne et la France au Céleste Empire et au Japon ont assuré définitivement l'ouverture des ports de l'extrême Orient au commerce de toutes les nations chrétiennes.

En Europe d'importantes complications succèdent à la courte période de calme marquée par la paix de Zurich.

L'Allemagne, portant sur le terrain des faits la question des nationalités et du groupement des peuples, en raison de leur communauté d'origine, déclare la guerre au Danemark pour lui arracher deux provinces dans lesquelles l'élément germanique domine plus ou moins exclusivement. Peu après, les deux conquérants des duchés danois de Schleswig-Holstein, la Prusse et l'Autriche, engagent directement une lutte, qui a pour dénoûment la défaite de l'Autriche dans les plaines de Sadowa et la conclusion de la paix dans la ville de Prague.

Le traité de paix du 22 août 1866 est un des plus grands événements de l'époque actuelle, en raison de l'influence directe ou indirecte qu'il a eue sur la situation générale de l'Europe. Abandon par l'Autriche de la portion de l'ancien royaume Lombard Vénitien que le traité de Zurich avait laissée entre ses mains, exclusion de ce même empire de toute participation au règlement des affaires allemandes, rétablissement de l'autonomie constitutionnelle et administrative de la Hongrie, et inauguration pour l'ensemble de la monarchie autro-hongroise d'institutions représentatives reposant sur les bases les plus libérales : telles ont été pour l'Autriche les conséquences médiates ou immédiates de la guerre de 1886. Pour la Prusse, les résultats se traduisent en un vaste accroissement de territoire par l'incorporation du Hanovre, de la Hesse électorale, des duchés de Nassau, de Lauenbourg et de Schleswig-Holstein, et en l'acquisition d'une influence prépondérante dans l'Europe centrale, grâce à la solide constitution donnée à la nouvelle Confédération de l'Allemagne du Nord.

En 1867 la revendication par la Confédération de l'Allemagne du Nord du droit de garnison dans l'ancienne forteresse fédérale de Luxembourg amena la réunion à Londres d'une conférence, qui ordonna la démolition de la forteresse et attribua au grand-duché de Luxembourg tout entier, sous la souveraineté de la maison d'Orange, une neutralité perpétuelle.

Des traités offensifs et défensifs (août et septembre 1866) eurent bientôt relié à la Confédération de l'Allemagne du Nord ce qui, en dehors de l'Autriche, restait encore dans l'Allemagne du sud de l'ancienne Confédération Germanique : c'était un pas immense fait vers cette unité nationale dont les victoires remportées sur la France par les armées allemandes ont hâté la réalisation. La diète de la Confédération d'Allemagne, le 9 décembre 1870, consacra l'accession des États du sud de l'Allemagne à l'Union fédérale fondée par les États du nord et décida que les mots de *Confédération allemande* seraient remplacés par ceux d'*Empire allemand :* ainsi a été constitué ce nouvel et puissant empire, dont la création a déplacé, on peut le dire, l'axe politique de l'Europe.

La guerre de 1870-71 entre l'Allemagne et la France a eu pour dénouement le traité de paix conclu à Francfort le 10 mai 1871, aux termes duquel la France fut contrainte de céder à l'Allemagne l'Alsace et une partie de la Lorraine.

En France, le régime impérial ne put survivre aux désastres qu'entraîna la guerre avec l'Allemagne, et la République, rétablie depuis le 4 septembre 1870, est la forme du gouvernement qui régit le pays.

La lutte avec l'Allemagne ayant obligé la France de rappeler ses troupes qui tenaient garnison à Rome depuis 1848, le 20 septembre 1870 une armée italienne entra dans cette ville, qui fut déclarée, avec ses provinces, partie intégrante du royaume d'Italie, dont elle est devenue la capitale depuis le 3 février 1871. Cette incorporation dans le nouveau royaume de ce qui subsistait encore des États de l'Église a mis fin à l'existence du pouvoir temporel du Pape; toutefois le gouvernement italien a conservé au Saint Père l'inviolabilité et les prérogatives personnelles dues à un souverain, en garantissant par une loi spéciale son indépendance et l'exercice de son autorité spirituelle.

Quelques années après ces graves événements, qui ont apporté des changements si importants dans la contexture politique de la partie occidentale du continent européen, la partie orientale a subi des modifications non moins profondes. Nous assistons au démembrement, depuis longtemps prévu d'ailleurs, de l'empire ottoman.

La guerre éclata en 1877 entre la Russie et la Turquie, et la défaite des armées turques provoqua la réunion des puissances signataires du traité de Paris en un congrès, qui aboutit au traité de Berlin du 13 juillet 1878.

En vertu de ce traité les principautés de Roumanie et de Serbie ont cessé d'être sous la suzeraineté du Sultan, qui a reconnu leur indépendance et cédé à chacune d'elles, ainsi qu'au Montenegro, des territoires pris sur les provinces d'Albanie et de Bulgarie. Cette dernière province a été constituée en principauté autonome et tributaire, sous la suzeraineté du Sultan.

Les provinces de Bosnie et d'Herzégovine sont occupées et administrées par l'Autriche-Hongrie, qui a en outre incorporé la commune de Spizza à la Dalmatie.

De ses possessions en Europe il ne reste plus à la Porte en toute propriété que les provinces de l'Albanie, de la Macédoine et de la Roumélie; encore une portion de celle-ci a-t-elle été constituée en une province séparée, sous le nom de Roumélie orientale, qui demeure placée jusqu'en 1885 sous l'autorité politique et militaire du Sultan, mais dans des conditions d'autonomie administrative.

Mais en 1885 éclata dans la Roumélie orientale un mouvement révolutionnaire qui proclama l'union de cette province à la Bulgarie. L'année suivante, le prince Alexandre de Battenberg qui avait renoncé au trône de Bulgarie, fut remplacé par le prince de Saxe-Cobourg.

En outre, par suite d'une convention signée le 4 juin 1878, l'île de Chypre a été occupée par l'Angleterre.

Enfin, à titre de rectification de frontières, la Grèce s'est annexé la province turque de Thessalie.

En Asie, la Porte a cédé à la Russie les territoires d'Ardahan, de Kars et de Batoum, et à la Perse la ville et le territoire de Khotour.

En 1879, guerre entre le Chili d'une part, le Pérou et la Bolivie, d'autre part, au sujet du salpêtre et d'une question de frontières. Le conflit se termina en 1883 par la victoire des armes chiliennes et la cession au Chili de deux provinces péruviennes.

En 1880, la France occupe la régence de Tunis qu'elle place sous son protectorat.

Du 15 novembre 1884 au 26 février 1885 a siégé à Berlin une conférence où étaient représentés les Etats maritimes de l'Europe et les Etats-Unis. Cette conférence a étendu à tous les peuples le droit de navigation sur le Congo et le Niger, étendu à ces fleuves les principes des articles 108 à 116 de l'Acte final du Congrès de Vienne, pris des décisions elatives à la traite des noirs et prescrit les conditions ruxquelles les occupations de territoires en Afrique aseront regardées comme effectives.

En dehors des événements qui ont plus ou moins

modifié l'étendue territoriale et la condition politique de divers Etats, nous avons à enregistrer dans l'ordre purement scientifique et juridique un fait qui ne peut manquer d'exercer une influence décisive sur l'avenir du droit international, et plus particulièrement sur le règlement des différends entre les États.

Le manque de surveillance des autorités anglaises, pendant la guerre de *sécession* des Etats-Unis, à l'égard des agissements dans les ports britanniques des corsaires équipés par les Confédérés du sud, donna lieu à des réclamations de la part du cabinet de Washington pour les pertes considérables qu'en avaient éprouvées la marine et le commerce américains. Les deux gouvernements déférèrent le litige à un tribunal d'arbitrage, qui siégea à Genève du 15 décembre 1871 au 14 septembre 1872; sa décision, favorable à la demande des États-Unis, a non seulement établi la jurisprudence internationale sur les responsabilités des neutres envers les belligérants, mais encore imprimé à l'arbitrage, comme mode de régler les différends entre les États, une importance qu'on n'y avait point attachée jusqu'alors

Depuis, plusieurs parlements ont exprimé des vœux en faveur de la généralisation de ce moyen pacifique d'aplanir les difficultés internationales, des associations se sont formées dans le but d'étudier les mesures propres à faire passer dans la pratique, autant que possible, les vues et les dispositions généreuses des gouvernements. Depuis l'automne de 1873, deux de ces sociétés, composées de publicistes et de jurisconsultes éminents de diverses nations, travaillent à cette œuvre avec une persévérance infatigable et tiennent chaque année des conférences où se discutent et s'éclaircissent les points les plus controversés encore du droit des gens : c'est d'abord l'*Institut de droit international*, fondé à Gand, le 10 septembre 1873; puis l'*Association pour la réforme et la codification du droit des gens*, qui s'est constituée un mois plus tard. L'*Institut* est en quelque sorte une académie scientifique du droit des gens ; ses travaux ne prétendent à d'autre autorité qu'à celle de la science. L'*Association* s'applique plutôt aux solutions pratiques ; elle songe plus à répandre les opinions qu'à les approfondir.

Les périodes de 1815 à 1856 et de 1856 à 1892, si fécondes en questions de droit international, comptent un grand nombre de publicistes distingués.

Wheaton naquit aux États-Unis en 1785, et mourut en 1848. Ses principaux ouvrages sont : l'*Histoire du droit des gens en Europe et en Amérique depuis les temps les plus reculés jusqu'au traité de Washington en* 1842, unanimement regardée comme le livre le plus complet publié jusqu'alors sur le même sujet ; et les *Éléments du droit international*, qui ont été rangés au nombre des traités classiques et traduits dans toutes les langues. Les œuvres de Wheaton ont été rééditées et annotées par M. W.-B. Lawrence, et M. R.-H. Dana, de Boston, qui l'un et l'autre les ont enrichies de commentaires et de développements suppléant à l'argumentation parfois vague et insuffisante de l'auteur.

Un compatriote de Wheaton, James Kent, grand juge de la cour suprême des États-Unis, publia en 1826 ses *Commentaires sur le droit américain* (*Commentaries on american law*), dans lesquels non seulement il expose la jurisprudence des États-Unis et les lois municipales des divers États qui composent l'Union, mais encore discute les principes du droit international.

Un autre juge de la cour suprême des États-Unis, Joseph Story, a écrit un ouvrage qui a beaucoup de rapports avec le précédent : dans ses *Commentaires sur le conflit des lois étrangères et domestiques* (*Commentaries on the conflict of laws, foreign and domestic*), publiés pour la première fois en 1834, il passe en revue une foule de questions importantes de droit international privé, se rattachant notamment aux transactions entre les sujets de pays différents.

La plupart des principes formulés par le juge américain se retrouvent dans le *Traité du droit international privé* de Fœlix, avocat à Paris, livre qui fait à juste titre autorité en cette matière.

Deux ouvrages sont encore à consulter avec fruit sur le même sujet, savoir : le *Traité du droit international privé, ou conflit des lois* (*A Treatise on private international law, or the conflict of laws*), par John Westlake, publié en 1858, lequel permet d'apprécier les différences existant en Angleterre et dans les autres pays en matière de droit international privé ; et le *Traité du conflit des lois* (*Treatise on conflict of laws*), par Wharton, de Cambridge, État de Massachusetts (États-Unis), 1880.

En Allemagne, une réaction ne tarda pas à s'opérer contre les doctrines de Kant, qui avaient fait quelque bruit à la fin du siècle précédent. Hegel, dans ses *Éléments de la philosophie du droit* (Berlin, 1824), assigne un rôle prépondérant à l'élément historique et ne partage pas les aspirations subjectives de Kant à l'égard de la paix perpétuelle. L'admission d'une idée de la guerre dans le sens donné au mot *idée* par la philosophie hégélienne implique l'impossibilité complète et absolue de la paix perpétuelle, ainsi qu'une appréciation tout à fait distincte de la valeur de l'expression *droit international*.

En 1819, Jean Louis Klüber (1762-1837), homme d'État et publiciste allemand, publia en français son traité du *Droit des gens de l'Europe*. Il divise le droit des gens en deux catégories : l'une comprenant les droits *absolus* des États, c'est-à-dire les droits dont ils jouissent nécessairement comme États ; l'autre, leurs droits *conditionnels*, c'est-à-dire ceux qui résultent de certaines conditions, telles que l'état de paix ou de guerre. Cette division a jeté de la confusion dans la symétrie de l'ouvrage, et occasionné de nombreuses répétitions qui le surchargent et en entravent la marche. Malgré cela, sa forme élémentaire, les informations précieuses dont il est rempli, les éclaircissements contenus dans ses nombreuses notes en font un livre utile à consulter.

Le baron Charles de Martens, continuateur des œuvres de son oncle, Georges Frédéric de Martens, l'auteur du *Précis du droit des gens moderne de l'Europe*, publia en 1827 les *Causes célèbres du droit des gens*, recueil intéressant dans lequel on trouve un compte-rendu de quelques-unes des discussions les plus curieuses auxquelles aient donné lieu les prérogatives des ambassadeurs et les droits du commerce des neutres. Il a en outre fait paraître en 1832 le *Guide diplomatique ou Précis des droits et des fonctions des agents diplomatiques et consulaires*, regardé comme le manuel des jeunes diplomates, à l'usage desquels il est spécialement destiné.

On peut classer dans le même ordre de travaux les ouvrages du comte de Garden, qui a publié, en 1833, un *Traité complet de la diplomatie* ou *Théorie générale des relations extérieures des puissances de l'Europe*, et, en 1850, une *Histoire générale des traités de paix et autres transactions principales entre toutes les puissances de l'Europe depuis la paix de Westphalie, ouvrage contenant les travaux de Koch, de Schœll*, etc., *entièrement refondus et continués jusqu'à ce jour*; le quatorzième volume, le dernier qui ait paru, s'arrête à l'année 1814.

Parmi les annotateurs de G.-F. Martens, il faut citer le publiciste portugais Pinheiro Ferreira, qui a également annoté Vattel; mais c'est surtout par son *Cours de droit public*, qui parut en 1845, que M. Pinheiro Ferreira a acquis une certaine notoriété.

La science du droit international ne compte pas des adeptes en Europe seulement; nous avons déjà vu que sous ce rapport les États-Unis de l'Amérique du Nord ne le cèdent pas à l'ancien monde ; l'Amérique du Sud peut aussi revendiquer sa part de collaboration.

Andrés Bello, né à Caracas (Vénézuela) en 1780 et mort en 1863, publia en 1832, sous le titre de *Principios de derecho de gentes* (Principes du droit des gens), un traité élémentaire dans lequel, quoique en un cadre restreint, sont résolues toutes les questions essentielles sur la matière. Il est le premier qui ait signalé l'insuffisance des principes émis dans l'ouvrage de Vattel et ait tenté d'y suppléer.

Au nombre des publicistes de l'Amérique latine nous devons citer aussi José Maria de Pando, né à Lima vers la fin du siècle dernier, et dont il ne reste guère qu'une œuvre posthume, sous le titre de *Elementos del derecho internacional.* (Eléments du droit international).

En 1878 a paru à Buenos Aires, sous le titre de *Tratado de derecho internacional* (Traité de droit international), par le docteur Amancio Alcorta, professeur de droit international à l'Université de Buenos Aires, le premier volume d'un ouvrage destiné à avoir une certaine étendue.

L'Espagne a également fourni son contingent à la science du droit. Parmi les ouvrages les plus importants de ces derniers temps nous devons mentionner spécialement : *Elementos de derecho politico internacional, con explicacion de todas las reglas que constituyen el derecho internacional español* (Eléments de droit politique international, avec explication de toutes les règles qui constituent le droit international espagnol), par don Antonio Riquelme (Madrid, 1849). Le livre *Elementos de derecho internacional publico* (Eléments de droit international public), par M. Pedro Lopez Sanchez, ex-doyen de la Faculté de droit de Salamanque et professeur de l'Université de Madrid, est plutôt une étude de ce droit sous le double aspect de son développement historique et de sa théorie qu'un traité proprement dit.

Au nombre des livres qu'on peut adopter pour l'enseignement du droit international, on doit mettre en première ligne celui de Heffter, professeur à l'Université de Berlin : *Le droit international moderne de l'Europe* (*Das Europäische Völkerrecht der Gegenwart*), qui résume dans un petit nombre de pages toutes les questions essentielles et en facilite l'étude par des aperçus aussi clairs que méthodiques.

Il y a sept éditions de l'ouvrage allemand et quatre de la traduction française. Les dernières ont été annotées et revues par M. Geffcken.

C'est presque au même rang qu'il faut classer le *Manuel du droit des gens européen moderne*. (*Grundriss des heutigen europäischen Völkerrechtes*), du baron Léopold Neumann, professeur de droit à l'Université de Vienne. Le but de l'auteur, qui adopte de préférence la méthode historique, est de faire connaître les résultats du progrès du droit des gens jusqu'à nos jours, d'éclairer la théorie par des exemples tirés de la pratique.

Un autre ouvrage, qui paraît également avoir été composé en vue de l'enseignement et dont la portée s'élève d'ailleurs plus haut, c'est *l'Introduction à l'étude du droit international pour aider l'enseignement et les études historiques* (*Introduction to the study of international law designed as an aid in teaching and in historical studies*), par le professseur Th. D. Woolsey, ancien président du collège d'Yale, à Newhaven (États-Unis), publié en 1878.

Parmi les livres élémentaires nous citerons encore le *Premier plan de droit international*. (*First platform of international law*), de Sir Edward S. Creasy, ancien grand juge de Ceylan (Londres, 1876) ; et le *Cours de droit diplomatique*, par M. Pradier-Prodéré (Paris, 1881).

Les *Commentaires sur le droit international* (*Com-

mentaries upon international law), par Sir Robert Phillimore, président de la haute cour de l'amirauté britannique, membre du Conseil privé de la Reine, sont un des plus savants ouvrages et des plus importants sur le droit des gens, envisagé sous toutes ses faces et dans toutes les circonstances de la vie des nations.

Quoique conçu sur un plan moins étendu, le livre de Sir Travers Twiss, conseiller de la reine d'Angleterre, sur *Le droit des nations considérées comme communautés politiques indépendantes* (*The law of nations considered as independent political communities*), publié de 1861 à 1863, est une source non moins précieuse d'informations et d'enseignements pratiques.

C'est en 1860 qu'a paru à Athènes le premier ouvrage publié en langue grecque sur le droit international moderne, sous le titre de : Το των εθνῶν εν ειρηνη και εν πολεμῶ νομιμα (*Droit des gens pendant la paix et pendant la guerre*), par M. Nicolas Saripoulos. Ce livre, inspiré par un esprit sagement libéral et réformateur, est au niveau de la science à l'époque où il a été achevé.

Le *Précis du droit des gens*, publié en 1877, par MM. Funck-Brentano et Albert Sorel, professeurs à l'Ecole des sciences politiques de Paris, n'est, à proprement parler, qu'un résumé de la matière ; mais il en embrasse toutes les idées essentielles, qui y sont traitées avec un sens philosophique profond et dans un esprit vivement accentué de réforme et de progrès.

Depuis quelques années, une grande réforme est à l'ordre du jour au sujet du droit international ; pour beaucoup de ceux qui l'étudient, ce droit ne paraît pas encore assis sur des fondements stables, sur des règles suffisamment définies ; aussi cherche-t-on à lui appliquer les transformations qu'ont subies presque toutes les législations particulières des Etats.

Un jurisconsulte qui jouit en Allemagne d'une grande

réputation, M. Bluntschli, professeur de droit à l'Université d'Heidelberg, a entrepris de coordonner, sous forme d'un code, la substance du droit international tel qu'il est généralement admis aujourd'hui. Son *Droit international codifié* est en quelque sorte un essai de code international commun à toutes les nations ayant pour but de généraliser des règles qui sont encore loin d'être unanimement reconnues et dont l'application est trop souvent subordonnée aux intérêts du moment.

M. Lardy, ministre de Suisse à Paris, en a publié une traduction française.

M. David Dudley Field, sénateur des États-Unis, est encore allé plus loin dans cette voie : sous le titre de *Outlines of an international code* (Esquisse d'un code international), il a, en 1873, rédigé tout un plan de législation à adopter par les nations pour régir définitivement leurs relations entre elles, ainsi que les rapports des habitants d'un pays avec ceux des autres.

M. A. Bulmerincq, de son vivant professeur de droit à la Faculté de Dorpat (Russie), dans son livre intitulé : *Praxis, Theorie und Codification des Völkerrechts* (Pratique, théorie et codification du droit des gens) (Leipzig, 1874), pose ainsi la question : codification complète, ou point de codification du tout; en tous cas, la codification ne doit pas avoir pour objet de créer, mais uniquement de constater le droit existant.

Ce besoin de réformer le droit international dans ce sens est nettement affirmé dans l'ouvrage de M. P. S. Mancini, ancien ministre des affaires étrangères du royaume d'Italie et ancien président de l'Institut de droit international : *Sulla vocazione del nostro secolo per la riforma e la codificazione del diritto delle genti* (De la vocation de notre siècle pour la réforme et la codification du droit des gens).

M. Mancini a en outre publié une série de conférences qu'il avait faite dans différentes villes d'Italie sur le droit international ; nous y trouvons une *Esquisse du droit des gens ancien et moderne;* une étude sur *les progrès du droit dans la société, dans la législation et dans la science pendant le siècle dernier* ; enfin la principale de ces conférences sanctionne en quelque sorte l'idée favorite des publicistes italiens : *La nationalité comme fondement du droit des gens.*

Sur ce terrain M. Mancini est suivi par M. Carnazza Amari, professeur de droit à l'Université de Catane (Sicile), qui a fait paraître à Milan, en 1875, un *Traité sur le droit international public de la paix* (*Trattato sul diritto internazionale pubblico di pace*), dans lequel il pose pour base de son système « l'organisation de l'humanité selon l'inspiration de la conscience nationale » ; et par M. Pierre Esperson, professeur de droit à l'Université de Pavie, dans son livre sur *Le principe de la nationalité appliqué aux relations civiles internationales* (*Il principio di nationalità applicato alle relazioni civili internazionali*).

Une conclusion analogue avait été tirée antérieurement (1858) par un savant magistrat napolitain M. N. Rocco, d'une étude sur *L'usage et l'autorité des lois du royaume des Deux Siciles :* car il avait donné à son livre pour sous-titre : *ou traité de droit civil international* (*ossia trattato di dirito civile internazionale*).

Dans ses *Leçons sur le droit international* (*Lezioni del diritto internazionale*) qui ont été publiées en 1870 après sa mort, le professeur Casanova considère pareillement les rapports juridiques qui existent entre les individus.

Les ouvrages que nous venons de citer sont loin d'être des traités complets du droit des gens ; à M. Pasquale Fiore, professeur de droit international à l'Université de Naples, il était réservé de faire pour l'Italie ce que Wheaton a fait pour l'Amérique, Sir Robert Phillimore et Sir Travers Twiss pour l'Angleterre. On doit à M. Fiore, *Le nouveau droit international public suivant les besoins de la civilisation moderne,* un livre plein de sages aperçus, de sentiments humanitaires. Traduit et annoté par Ch. Antoine (Paris, 1885-86). Nouvelle édition publiée en italien (Turin, 1887-91).

On peut suivre les progrès que la science du droit a faits en Italie, si l'on consulte les ouvrages de M. Auguste Pierantoni, professeur aux Universités de Modène, de Naples et de Rome, notamment son *Histoire des études du droit international en Italie* (*Storia degli studii del diritto internazionale in Italia*), Modène 1860; *Progrès du droit public et des gens* (*Il progresso del diritto publico e delle genti*), Modène 1860; *Histoire du droit international au XIXe siècle* (*Storia del diritto internazionale del secolo XIX*), Naples, 1877. Le professeur Pierantoni se montre partisan zélé de la réforme du droit des gens; il a développé à ce sujet ses idées dans un ouvrage spécial, publié à Naples en 1874 sous le titre de : *La riforma del diritto delle genti e l'Instituto di diritto internazionale di Gand)* La Réforme du droit des gens et l'Institut de droit international de Gand).

Le professeur de Holtzendorff a publié, en 1885, un *Manuel du droit des gens* (*Handbuch des Völkerrechts* qui est l'œuvre collective des principaux publicistes allemands, auxquels s'est joint M. Rivier. L'ouvrage a quatre volumes. Le premier a été traduit en français.

M. de Martens, professeur de droit à Saint-Pétersbourg, a publié en russe en 1887 le *Droit international actuel des peuples civilisés.* Cet ouvrage a été traduit en français sous le titre de : *Traité de droit international.*

M. A. Rivier a publié en même temps deux ouvrages importants intitulés : *Programme d'un cours de droit des gens pour servir à l'étude privée et aux cours universitaires* (Bruxelles 1889) et *Lehrbuch des Völkerrechts*). L'ouvrage allemand est un développement du manuel français.

De nombreux et savants publicistes se sont attachés particulièrement à l'étude du droit international maritime.

Pardessus a fait paraître de 1821 à 1845 une *Collection des lois maritimes antérieures au XVIIIe siècle*; Boulay-Paty, de 1821 à 1823, un *Cours de droit commercial maritime*.

Hautefeuille a publié en 1838 son livre des *Droits et devoirs des nations neutres en temps de guerre maritime*, dont une seconde édition a paru en 1858. On est aussi redevable au même auteur d'une *Histoire des origines, des progrès et des variations du droit maritime international* (Paris, 1868), et d'un ouvrage intitulé : *Questions de droit maritime international* (Paris, 1868).

Au nombre des écrits recommandables les plus récents sur le même sujet nous devons citer en première ligne celui que le docteur Gessner a fait paraître, en 1865, sous le titre : *Le droit des neutres sur mer*; le livre de M. Eugène Cauchy, membre de l'Institut de France, sur : *Le droit maritime international considéré dans ses origines et dans ses rapports avec la civilisation*, ouvrage couronné, en 1862, par l'Académie des sciences morales et politiques ; celui du capitaine de vaisseau Ortolan : *Règles internationales et diplomatie de la mer ;* les *Phases et causes célèbres du droit maritime des nations*, de M. le baron Ferdinand de Cussy, paru en 1856; puis, les ouvrages de M. Perels : *Das internationale Seerecht der Gegenwart* (Le droit maritime international) traduit en français par M. Arendt, et le *Handbuch des öffentlichen Seerechtsim Deutschen Reiche* (Manuel du droit public maritime de l'Empire d'Allemagne).

Il est utile de consulter aussi sur la même matière l'ouvrage espagnol : *Estudios sobre el derecho internacional maritimo, exposicion razonada de sus pricipios fundamentales* (Étude sur le droit international maritime, exposé raisonné de ses principes fondamentaux), par don Ignacio de Negrin, officier du corps administratif de la marine espagnole (Madrid, 1862) ; l'ouvrage italien de Luchesi Palli : *Principii teorico-pratici di diritto maritimo* (Principes théoriques et pratiques de droit maritime), où se trouve un plan de code international et maritime; ainsi que les livres anglais : *The law and practice of maritime insurance* (Le droit et la pratique des assurances maritimes), par John Duer, publié en 1849, lequel renferme un sommaire très complet des décisions des cours de prises d'Angleterre et d'Amérique sur les prises maritimes; *A treatise of the relative rights and duties of belligerent and neutral powers in maritime affairs* (Traité des droits et des devoirs relatifs des belligérants et des puissances neutres dans les affaires maritimes), par Robert Ward (Londres, 1873), demeuré inachevé.

Comme se rattachant aux ouvrages spéciaux sur le droit maritime, nous ne pouvons omettre le remarquable *Traité des prises maritimes*, de MM. Pistoye et Duverdy, et le livre de M. G. Massé, président à la cour de cassation, sur *Le droit commercial dans ses rapports avec le droit des gens et le droit civil*, dont l'opinion fait autorité en la matière. (Paris, 1874).

M. Arthur Desjardins est surtout connu par son grand ouvrage *Traité du Droit commercial maritime*. (Paris, 1878-89, 8 vol.)

M. Ch. de Boeck, publiciste français, a publié en 1882 un traité intitulé : *De la propriété privée sous pavillon ennemi*. Il défend le principe de l'inviolabilité de cette propriété même sous pavillon ennemi, sauf certaines restrictions; c'est un ouvrage très érudit.

Nous citerons encore au nombre des ouvrages dignes d'être recommandés et utiles à consulter soit sur l'ensemble du droit des gens, soit sur des questions particulières : *Le guide pratique des consulats*, et *Le formulaire des chancelleries diplomatiques*, par MM. de Clercq et de Vallat, qui sont les plus complets et ont le plus d'autorité sur les matières consulaires ;

Institutes of international law (Instituts du droit international), par Richard Wildman (Londres, 1829);

Principles of the law of nations (Principes du droit des gens), par Polson (il y est ajouté un *Traité de la diplomatie*, par Thomas H. Horne.) (Londres, 1854);

Commentaries on the law of nations (Commentaires sur le droit des gens), par W. Oke Manning (Londres, 1839);

Di un nuovo diritto pubblico europeo (D'un nouveau droit public européen), par Mamiani, 1859;

International law, or rules regulating the intercourse of States in peace and war (Le droit international, ou règles régissant les relations des États dans la paix et dans la guerre), par H.-W. Halleck (San Francisco, 1861);

Réformateurs et Publicistes de l'Europe. — Moyen âge. — Renaissance. — Dix-septième siècle, par Ad. Franck (Paris, 1861-1881);

Du domaine international, par Eugène Ortolan, 1858;

Del rispetto della proprieta privata fra gli Stati in guerra (Du respect de la propriété privée par les États en guerre), par Ercole Vidari, professeur de droit commercial à l'Université de Pavie (Pavie, 1867);

El derecho de guerra conforme à la moral (Le droit de la guerre conforme à la morale), par don Nicasio de Landa (Pampelune, 1877);

Introduction à l'étude du droit, par Louis Renault (Paris, 1879);

La nationalité au point de vue des rapports internationaux, par Georges Cogordan, docteur en droit (Paris, 1879);

The law of domicil as a branch of the law of England, stated in form of rules (La loi du domicile comme branche du droit anglais exposée sous forme de règles), par A. V. Dicey (Londres, 1879).

Le *Traité de l'extradition*, de M. A. Billot, docteur en droit (Paris, 1874).

4.

La science et la diplomatie trouvent une source précieuse d'informations dans les recueils que de laborieux publicistes ont eu l'heureuse pensée de former des traités et des actes internationaux qui interviennent entre les divers États. Nous signalerons la collection des traités autrichiens par le professeur Neumann; puis le *Recueil de traités, conventions*, etc. de 1760 à nos jours publié par le baron Ch. de Martens (Leipzig, 1846-57, 7 vol.). Une deuxième série a été publiée par Ch. Geffken.

En France, le recueil complet des traités de ce pays depuis 1713 jusqu'en 1885, publié par M. de Clercq, continué par M. Jules de Clercq, rédacteur au Ministère des affaires étrangères.

Le *Recueil des traités, conventions, lois, décrets et autres actes relatifs à la paix avec l'Allemagne*, par M. Villefort, ministre plénipotentiaire;

En Angleterre, la collection de documents officiels concernant les relations de la Grande-Bretagne avec les puissances étrangères (*British and foreign State papers*), jusqu'en 1875, par sir Ed. Hertslet, bibliothécaire du Ministère des affaires étrangères;

En Amérique, *Notes upon treaties of the United States* (Notes sur les traités des États-Unis) depuis 1776 jusqu'en 1873, par M. Bancroft Davis, alors sous-secrétaire d'État des affaires étrangères; en Russie, le Recueil des traités conclus par la Russie, que M. F. de Martens publie sur l'ordre du gouvernement russe.

Le *Répertoire des traités de paix, de commerce, d'alliance*, etc., ou *Table générale des actes diplomatiques* conclus entre toutes les puissances du globe de 1493 à 1866, d'après les recueils les plus complets publiés jusqu'à ce jour, par M. Tétot, archiviste du Ministère des affaires étrangères de France;

Le *Répertoire méthodique et alphabétique de législation, de doctrine et de jurisprudence en matière de droit civil, commercial, criminel, administratif, de droit des gens et de droit public*, par MM. Dalloz (Paris, 1843-1870, 44 vol. in-4°);

Et *l'Encyclopædie der Rechtswissenschaft in systematischer und alphabetischer Bearbeitung* (Encyclopédie de la science du droit, dans un ordre systématique et alphabétique), par le baron Franz von Holtzendorff.

Il nous reste à signaler les publications relatives au droit international, qui se renouvellent périodiquement à des intervalles réguliers, tels que revues, journaux, etc.

Depuis 1869 il paraît à Bruxelles, tous les trois mois, la *Revue de droit international et de législation comparée*, fondée par M. G. Rolin-Jacquemyns, avocat près la cour d'appel de Gand, dans laquelle sont discutées toutes les questions qui préoccupent le monde politique et scientifique et se rapportent au droit international.

Comme appendice à cette publication, il paraît chaque année à Bruxelles un *Annuaire de l'Institut de droit international*, résumé des principaux événements de l'année. Il donne, en outre, le texte des traités et une bibliographie du droit des gens.

A Paris, depuis 1874, sous le titre de *Journal de droit international privé*, M. Ed. Clunet, avocat à la Cour d'appel, publie un recueil critique de doctrine, de jurisprudence et de législation concernant les étrangers et les conflits des lois dans les différents pays.

The law magazine and review, or quaterly journal of jurisprudence (Magasin et revue du droit, ou journal trimestriel de jurisprudence), dont la fondation remonte à l'année 1828, a depuis 1874 élargi son cadre : elle ne se borne plus à des articles concernant exclusivement l'Angleterre; elle aborde toutes les grandes questions qui intéressent l'ensemble des nations, et surtout les tentatives récentes d'arriver à l'uniformité de la pratique du droit des gens.

PREMIÈRE PARTIE

ÉTAT DE PAIX

CHAPITRE PREMIER

PRINCIPES GÉNÉRAUX ET SOURCES DU DROIT INTERNATIONAL

§ 1. On doit entendre par *droit des gens* ou *droit international* la réunion des règles de conduite observées par les diverses nations dans leurs relations entre elles; en d'autres termes, l'ensemble des obligations mutuelles des États, c'est-à-dire des devoirs qu'ils ont à remplir et des droits qu'ils ont à défendre les uns à l'égard des autres.

Les jurisconsultes romains comprenaient par *droit des gens* un droit également en usage chez tous les peuples, s'étendant à tous les hommes et embrassant non seulement les relations de la vie publique, mais aussi celles de la vie privée, les institutions civiles et sociales en tant qu'elles n'avaient pas revêtu un caractère particulier et individuel. Dans le monde moderne, le droit des gens ou des nations n'a plus un sens aussi étendu; il est devenu, pour s'exprimer plus logiquement, le droit entre les nations (*jus inter gentes*) ou international, dénomination généralement adoptée aujourd'hui. Cet élément du droit des gens ancien, qu'on peut appeler en quelque sorte le droit privé commun de l'humanité, s'est confondu avec le droit public interne de chaque État : il ne fait partie du droit international qu'à raison de certains droits de l'homme et de certains rapports privés placés sous la sauvegarde et la garantie réciproque des nations.

Aujourd'hui on n'entend plus par droit des gens ou international que cette partie du droit public qui concerne les relations et partant les obligations mutuelles des nations.

Au surplus il est encore difficile de donner une définition complète du droit international, par cette raison, entre autres, que la signification de ce droit change ou se modifie selon les progrès de la civilisation.

§ 2. Les écrivains du XVIIe et du XVIIIe siècle ont subdivisé à l'infini le droit international.

La division la plus ordinaire est celle qui sépare tout d'abord en deux, pour leur attribuer des caractères distincts, le droit naturel et le droit positif des États. Le premier de ces droits a été ensuite lui-même subdivisé en droit divin et en droit positif.

§ 3. Par droit divin on entend les règles de conduite prescrites par Dieu à ses créatures raisonnables et révélées par la lumière de la raison et par les Saintes Écritures.

Mais, comme ce droit divin est évidemment destiné à servir de règle de conduite aux individus vivant ensemble en état de société, il a nécessairement besoin d'être modifié lorsqu'il est appliqué à la conduite de communautés indépendantes. De là une distinction est à établir entre le droit naturel ou divin et le droit des gens, qui comprend les règles de l'application du droit naturel aux États indépendants, — règles qui ont été créées par le grand corps de ces communautés pour leur utilité générale plutôt que pour celle d'un État particulier.

§ 4. Comme les individus adoptent les institutions humaines positives pour leur gouvernement, de même les États sont capables de contracter des obligations envers d'autres, soit en aquiesçant généralement à certaines lois positives pour le règlement de leurs relations mutuelles, soit par la convention tacite qu'impliquent l'usage et la pratique, soit par un pacte ou un arrangement direct et positif. Ces règles, en tant qu'elles ne sont pas contraires au droit de nature, sont des règles de conduitè obligatoires, et doivent être consultées avant qu'on puisse déterminer quelle est la règle à observer par les États dans un cas particulier. De là provient cette branche importante appelée *droit des gens positif*, et qui a été subdivisée en droit des gens *conventionnel* et en droit des gens *coutumier*.

§ 5. Le droit des gens conventionnel résulte des stipulations des traités et se compose des règles de conduite consenties par les parties contractantes. Comme ces arrangements ne sont pas toujours limités aux rapports des parties contractantes les unes avec les autres, mais s'étendent aux autres nations, et que, de plus, ils ont souvent pour objet d'exprimer des opinions ou d'établir des règles d'action relativement à des questions ou à des points particuliers du droit des gens, ils appartiennent à l'histoire et ont une influence importante pour régler les rapports généraux des États et pour modifier et déterminer les principes du droit international.

§ 6. Le droit des gens coutumier comprend les usages que la coutume continue des nations a consacrés pour leur convenance et leur intérêt mutuels.

§ 7. Grotius divise le droit en naturel et en volontaire ; puis il subdivise le droit volontaire en humain et en divin.

Vattel partage le droit international en nécessaire et en volontaire, en interne et en externe, en droit conventionnel, coutumier et positif.

Selon Martens, le droit des gens positif est ou conventionnel ou coutumier, et le droit public externe ne constitue qu'une branche du droit des gens.

Comme on le voit, les divisions qui précèdent sont quelque peu arbitraires; aussi ne doivent-elles être suivies qu'autant qu'elles servent à indiquer les sources de la jurisprudence internationale, ou à discuter la nature et le caractère des lois qui fixent les rapports des États.

§ 8. Les auteurs diffèrent également d'opinion sur la question des fondements du droit international.

§ 9. Albert Gentilis passe pour avoir le premier traité les questions de droit international en les séparant des questions théologiques et morales, en leur donnant un fondement plus raisonnable, et en accordant à l'élément historique l'importance qui lui est due.

§ 10. Grotius donne pour fondement à son système le droit naturel, *jus naturale*, qu'il définit ainsi :

« Le droit naturel est une règle que nous suggère la droite raison, qui nous fait connaître qu'une action, suivant qu'elle est ou non conforme à la nature raisonnable, est entachée de difformité morale, ou est moralement nécessaire, et que conséquemment Dieu, l'auteur de la nature, l'interdit ou l'ordonne. Les actes à propos desquels se manifeste cette règle sont par eux-mêmes ou d'obligation, ou illicites, et comme tels ils sont nécessairement ordonnés ou défendus par Dieu. »

Grotius conclut qu'on ne doit point confondre le droit naturel et le droit des gens. Le droit des gens se fonde sur les convenances des nations, sur les règles établies pour l'utilité et la convenance, non d'un État ou d'une nation particulière, mais de toutes les nations.

§ 11. L'Anglais Hobbes, dans son livre *De cive* (Du citoyen), publié en 1647, considère le droit des gens comme le droit naturel des individus appliqué aux États.

§ **12**. Pufendorf, dans son ouvrage *De jure naturæ et gentium* (Du droit naturel et des gens) paru en 1672, n'admet pas l'existence d'un droit des gens positif différent et distinct du droit naturel. A ses yeux, tous les droits internationaux s'appuient également sur le droit naturel; les privilèges même des ambassadeurs n'ont pas d'autre origine. Le grand inconvénient de cette doctrine, c'est la confusion presque inévitable qu'elle amène entre la morale et le droit, confusion qui a même entraîné les disciples de cette école à envisager le droit international comme faisant partie des sciences morales.

§ **13**. Bynkershoek fait dériver le droit des gens de la raison et des usages consacrés par les traités et les ordonnances; mais, selon lui, les principes du droit des gens s'appliquent seulement à ceux qui y consentent par un accord tacite. Cette doctrine, qui sanctionne l'absolutisme complet des États, donne au droit international une base aussi mobile que le caprice ou la volonté d'un souverain ; et si l'on en faisait l'application, tout, dans la sphère des relations de peuple à peuple, serait à la fois juste et injuste, légitime et illégitime.

§ **14**. Leibnitz établit trois catégories d'obligations internationales correspondant aux trois degrés de la justice, savoir : les obligations de droit strict, desquelles découle une action juridique entre les États ; les obligations qui naissent de l'équité et dont l'accomplissement ne peut être réclamé comme un droit ; et les obligations qui dérivent de la justice universelle, dont il faut chercher les préceptes en dehors de l'humanité.

§ **15**. Wolff, dans son *Jus naturæ methodo scientifico pertractatum* (Le droit naturel traité par la méthode scientifique), tout en admettant que les nations ne reconnaissent entre elles d'autre droit que celui établi par la nature, fait observer que, quand on veut appliquer aux nations les devoirs que la loi naturelle prescrit à chaque homme en particulier et les droits qu'elle lui accorde, il est nécessaire de modifier ces droits et ces devoirs selon la nature distincte des individus auxquels ils s'appliquent ; il en conclut que le droit des gens n'est pas le même que le droit naturel qui régit les actions des particuliers. Il divise le droit des gens en droit *volontaire*, fondé sur le consentement présumé des nations ; en droit *conventionnel*, basé sur le consentement exprès ; et en droit *coutumier*, qui s'appuie sur le consentement tacite. En résumé, le fondement du droit des gens volontaire est la grande république des nations, établie par la nature elle-même et dont tous les États font partie.

§ **16**. Cette fiction de la grande république ne paraît pas à Vattel assez solide pour la donner comme fondement aux règles d'un droit des gens universel, admis nécessairement par tous les États souverains.

Le droit des gens n'est pour lui que l'application du droit naturel aux relations internationales. Lorsque ce droit s'applique strictement à ces relations, il constitue le droit des gens nécessaire, ainsi appelé parce que les nations ne peuvent se soustraire à son observation et que le droit est aussi immuable que la nature même des choses. C'est de l'indépendance et de la liberté des nations que Vattel déduit la force des traités, même de ceux qui sont conclus contre la loi naturelle.

§ **17**. Martens reconnaît aussi comme fondement du droit des gens le droit naturel modifié selon le caractère des relations internationales auxquelles il s'applique ; cependant il étend plus que Vattel le droit qu'ont les nations d'altérer les principes du droit naturel par des conventions et des traités.

§ **18**. Voici comment Heffter expose sa doctrine sur les fondements du droit international : « Dans les rapports sociaux des individus, le droit s'établit par leur volonté collective ou par celle de l'autorité à laquelle ils obéissent. Le droit néanmoins ne comporte pas toujours avec lui la sanction qui le protège et l'impose d'une manière efficace ; à côté de ce droit obligatoire, il existe un droit libre que les individus même doivent protéger afin de le conserver entre eux. Le droit international avec son caractère primordial appartient à cette dernière catégorie.

« Chaque Etat commence par poser lui-même la loi de ses rapports avec les autres États. Dès qu'il est sorti de l'isolement, il s'établit dans son commerce avec les autres une loi commune, à laquelle aucun ne peut plus se soustraire sans renoncer en même temps ou du moins sans porter atteinte à son existence individuelle et à ses rapports avec les autres. Cette loi se rétrécit ou s'élargit avec le degré de culture des nations. »

Heffter n'admet pas la dénomination de *droit international* pour désigner les principes qui régissent les relations des États, attendu que, selon lui, ce mot ne donne pas une idée correcte du *jus gentium* des Romains; il propose en conséquence de désigner le droit des gens, en tant qu'il s'applique aux relations des nations, des États et des souverains, sous le nom de *droit public extérieur*.

§ **19**. Savigny a donné pour base au droit international les mêmes principes que ceux sur lesquels repose le droit positif de chaque nation. A ses yeux, cette assimilation, fondée sur une communauté d'origine et sur une religion qui s'étend à la plupart des nations, constitue le droit international, tel qu'il existe chez les peuples chrétiens de l'Europe, et tel même qu'il n'était pas inconnu aux anciens, puisque nous le retrouvons à Rome sous le nom de *jus feciale*. Dans le même ordre d'idées, le droit international peut être considéré comme positif, mais en même temps comme imparfait en raison de l'incertitude de ses préceptes et de l'absence de ces pouvoirs publics et de ces magistrats qui chez chaque nation particulière sont chargés d'assurer l'exécution des lois. Les progrès de la civilisation, fondés sur la religion chrétienne, nous ont conduits à observer un droit analogue dans nos relations avec toutes les nations du monde, quelle que soit leur religion et abstraction faite de toute réciprocité.

§ **20**. Wheaton donne pour fondements au droit international, d'une part les traités et les conventions des États, d'autre part les principes de justice applicables aux relations des nations indépendantes. Ainsi Wheaton se place entre les deux grandes écoles qui depuis le XVIIe siècle se sont partagé le domaine du droit international; ces écoles, qu'on peut désigner sous les noms d'idéaliste et de positive, ont toujours visé la première à fonder le droit des gens sur les principes absolus de l'idée de justice, comprise de telle ou telle manière; la seconde à le baser sur les traités, les conventions ou les lois positives, en admettant dans tous les cas l'indépendance absolue des États pour conclure ces traités et ces conventions.

§ **21**. Sir R. Phillimore se place au même point de vue que Wheaton.

D'autres publicistes et philosophes ont fait reposer le droit international sur l'intérêt des États. Bentham est un des représentants les plus distingués de cette école.

§ **22**. Fiore divise le droit international en droit naturel et en droit positif. Le premier consiste dans la loi naturelle de la coexistence des États et a sa base dans les rapports nécessaires qui dérivent de cette coexistence et dans le besoin permanent et constant que chaque État a de conserver et de défendre les caractères essentiels et distinctifs de sa personnalité, et de respecter ceux des autres. Le second est la loi établie, c'est-à-dire celle des rapports existants ou qui peuvent naître entre les États; il puise son fondement dans le consentement des États, manifesté ou expressément par leur accord mutuel, ou tacitement par une observation constante.

« Le droit positif international est un assemblage de règles émanant du consentement des nations, ou de faits juridiques établis par l'observation constante comme règle de la conduite des États.

§ **23**. M. Mancini, chef de la nouvelle école italienne de législation générale, donne la loi morale, limitée par l'élément politique, pour fondement à tous les droits comme à tous les devoirs, et des principes du droit universel il déduit l'idée particulière du droit international.

§ **24**. Pour notre part, nous reconnaissons que l'idée générale de justice peut modifier en bien et au profit commun les relations des États : toutefois nous pensons que ces relations peuvent se baser de préférence sur les principes définis par les traités, sur les règles qui se déduisent naturellement et logiquement des conventions particulières ou des divers cas résolus dans la pratique, enfin sur la jurisprudence consacrée.

§ **25**. Le droit des gens, envisagé au point de vue positif et pratique, n'a pas une étendue universelle. Il est presque limité aux États de l'Europe et de l'Amérique ; c'est pourquoi beaucoup d'auteurs ont qualifié le droit international de *droit public européen*, ou en ont circonscrit l'application aux peuples qui marchent à la tête de la civilisation. Quoi qu'il en soit, il est certain que les peuples, par le fait même qu'ils existent et entretiennent des relations avec les autres, possèdent un droit international. « Toutes les nations, dit Montesquieu, ont un droit des gens, jusqu'aux Iroquois eux-mêmes, qui mangent leurs prisonniers. Les Iroquois envoient et reçoivent des ambassadeurs, et connaissent les droits de la guerre et de la paix ; le malheur est que ce droit des gens n'est pas fondé sur les véritables principes. »

Les lois internationales, à la différence des lois civiles, politiques ou administratives, ne peuvent être sanctionnées par une autorité supérieure aux relations auxquelles elles doivent s'appliquer. Leur caractère obligatoire repose sur une autre base que celle des lois civiles ou politiques. Les lois internationales ne sont pas seulement obligatoires moralement ; elles le sont encore matériellement. Quelle nation, en effet, oserait dans ses relations extérieures violer les principes de droit reconnus et respectés par les autres peuples, ou méconnaître les obligations qui en découlent ? Un État qui, par exemple, se rendrait coupable du crime de piraterie, perdrait sa place parmi les nations civilisées et s'exposerait à subir immédiatement les conséquences de sa conduite.

§ 26. Quelques jurisconsultes ont traité la question de savoir si les États peuvent être punis pour les offenses qu'ils commettent contre le droit international. Il est clair qu'un État ne peut être mis en cause comme un individu, ni condamné ou obligé à subir une véritable condamnation. Néanmoins un État offensé a le droit de demander une réparation et même de tenter de l'obtenir par la force des armes : ce qui suppose toujours une pénalité, un châtiment pour l'offenseur. Au reste, les États étant absolument indépendants, les relations de droit pénal qui existent entre les sujets ou les citoyens d'un même pays ne peuvent exister entre leurs gouvernements. En effet ces relations supposeraient l'existence d'un tribunal supérieur et, par conséquent, la négation de l'indépendance même des nations. Un autre droit découle encore du caractère général des lois internationales : c'est le droit international particulier, qui s'appuie sur les actes volontaires des États, sur les pratiques suivies, sur les principes admis dans certaines circonstances, sur les règles de courtoisie consacrées entre certains États, sans pour cela créer aucun droit en faveur des autres nations, enfin sur tout ce qui donne lieu à un rapport international spécial ou transitoire.

§ **27**. Pour déterminer l'ordre des sources du droit international il est nécessaire d'avoir égard aux conditions spéciales de l'organisation intérieure de chaque État. Ainsi les décisions d'un tribunal pourront avoir une valeur plus grande en Angleterre qu'en France, en France qu'en Espagne, etc., comme aussi les opinions d'un auteur auront plus de force en France qu'aux États-Unis.

§ **28**. La source du droit international la plus abondante sans contredit consiste dans les œuvres des publicistes. La condition indispensable pour qu'un ouvrage soit considéré comme source du droit international, est qu'il provienne d'une autorité reconnue.

Bluntschli, dans sa troisième édition, dit : « La science du droit ne possède qu'une autorité morale, mais l'absence de législation internationale augmente la valeur des sources secondaires de notre droit. La science comble de nombreuses lacunes en développant et en proclamant, avec l'aide et l'autorité de la raison, les principes destinés à régler les rapports internationaux. Grotius, dans un ouvrage qui est devenu la base de la nouvelle science du droit international, en a appelé surtout aux témoignages des sages de toutes les époques, et, à son tour, il est devenu une autorité pour ses successeurs Lorsqu'aujourd'hui Wheaton et Phillimore, Calvo et Dudley Field, Heffter et Rolin-Jacquemyns sont d'accord sur un principe, on sera volontiers enclin à le considérer comme admis par le droit international moderne, lors même qu'aucune traité ne l'aurait proclamé et qu'il ne serait pas universellement mis en pratique. »

« Si les principaux publicistes, dit Kent, sont d'accord sur un principe, la présomption en faveur de la légitimité de ce principe aura une force telle qu'il ne pourrait être violé que par une nation qui se ferait un jeu de la loi et de la justice. »

Mais, pour conserver toute leur autorité, les publicistes n'ont pas besoin d'être unanimes dans l'expression de leurs opinions. Leur divergence offre même un gage certain d'impartialité, et c'est pour cela que, dans les différends internationaux, on cite fréquemment les auteurs qui ont écrit avant la naissance du conflit pour la solution duquel leurs opinions sont invoquées.

§ **29**. Les traités sont incontestablement la source la plus importante et la plus irrécusable du droit international. Tous les publicistes, d'accord sur ce point avec la raison même des choses, admettent qu'une série de traités résolvant d'une manière uniforme une question identique peut être considérée comme traduisant l'opinion même des nations sur la matière.

§ **30**. L'histoire des guerres, des traités de paix et de commerce, des négociations de toute espèce entre les États est encore une des grandes sources du droit international. Il est indubitable que l'histoire, n'étant par elle même que la manifestation dans l'espèce des lois de l'esprit humain, présente un caractère d'instabilité et d'incertitude de nature à conduire aux principes et aux conclusions les plus divers; mais de l'histoire des traités et des négociations diplomatiques, comme de celle des grandes guerres, on peut sans beaucoup d'efforts déduire la tendance du droit international au milieu des diverses phases qu'il a eu à traverser.

§ **31**. A l'histoire des traités et des négociations internationales il convient d'ajouter les papiers d'Etat et la correspondance diplomatique. Ces documents officiels, comme enseignement pratique, constituent un précédent inappréciable alors même qu'il n'est pas absolument conforme à la stricte justice.

§ **32**. Une autre source de droit international consiste dans les lois ou ordonnances des États souverains sur les questions relatives aux prises maritimes en temps de guerre, ou dans les décisions des tribunaux appelés à les juger ; toutefois il faut distinguer si les principes sur lesquels ces décisions sont fondées ont un caractère prédominant, local ou général ; car ce n'est que dans ce dernier cas qu'ils peuvent être considérés comme propres au droit des gens.

§ **33**. Comme source de droit international, il est permis d'accorder, aux sentences des tribunaux locaux en matière de droit public extérieur, la même importance qu'aux décisions des tribunaux de prises maritimes. Certaines questions de ce genre ne peuvent être décidées par les tribunaux ordinaires que d'après la législation propre et particulière de l'État, de sorte que leur solution ne saurait servir d'élément au droit international ; mais, comme les questions internationales que les juges territoriaux ne sont en mesure de résoudre qu'en se conformant aux principes généraux du droit des gens, sont en bien plus grand nombre, les tribunaux des autres pays trouveront toujours avantage, dans les cas analogues qui leur seront déférés, à invoquer l'autorité de ces sentences et à les envisager, sinon comme absolument concluantes en droit, du moins comme éminement propres à éclairer et à fortifier leur jugement.

§ **34**. On peut aussi consulter avec profit et même, en certains cas, invoquer comme principe d'autorité dans les différends internationaux les lois et les règlements commerciaux des divers États, ainsi que les instructions et les ordres de service donnés en temps de guerre aux croiseurs de la marine militaire.

Comme solution de certains différends applicables indistinctement à tous les cas identiques particuliers, les décisions des questions soumises à l'arbitrage méritent de figurer au nombre des sources les plus sûres du droit international.

§ 35. Lorsqu'une question surgit entre deux Etats, les gouvernements intéressés ont l'habitude d'en référer à des jurisconsultes ou à des légistes choisis exprès. Abstraction faite de la solution donnée au litige, ces consultations ont toujours une grande valeur, surtout lorsque les conclusions en sont contraires aux prétentions du gouvernement qui les a sollicitées et lorsqu'il s'agit d'une nation assez forte pour appuyer au besoin ses réclamations par la force des armes; aussi la publicité donnée à ces opinions et aux nombreux avis contenus dans les écrits et les correspondances que les divers ministères des relations extérieures conservent dans leurs archives, fournirait-elle un précieux élément de progrès international.

§ 36. Le droit romain a aussi été rangé au nombre des sources de droit international; nous sommes d'avis que, quelque importante qu'elle soit au point de vue juridique, l'ancienne civilisation romaine n'a pas une valeur telle que ses lois puissent, sans de très graves inconvénients, s'appliquer aux relations internationales des peuples modernes. Tout ce qui est admissible, c'est que les principes généraux qui ont servi de base à la législation romaine puissent encore être invoqués pour résoudre certaines questions spéciales, principalement celles qui sont du domaine du droit international privé.

Ortolan, dans son livre des *Règles internationales et diplomatie de la mer,* classe théoriquement les sources du droit international en trois groupes : 1° la raison, qui fait que l'homme acquiert une connaissance du juste et de l'injuste; 2° la coutume; 3° les traités publics; mais il semble lui-même reconnaître que cette classification n'a pas de valeur pratique, car il ajoute que l'ordre naturel de ces sources est inverse, puisque l'on doit s'en rapporter d'abord aux traités, ensuite à la coutume, et en dernier lieu aux principes.

Heffter n'admet d'autres sources du droit international que les actes par lesquels se traduit la politique d'un État, et les traités publics.

Bello compte uniquement comme sources du droit international les ouvrages de jurisprudence internationale des auteurs les plus accrédités, tels que Grotius, Barbeyrac, Vattel, etc.; les décisions des cours de prises et des tribunaux qui administrent la justice dans les cas où il s'agit du droit des gens; enfin les ordonnances et les règlements publiés par certaines puissances pour la direction de leurs juridictions et pour la gouverne des nations étrangères.

Wheaton a cité presque toutes les sources du droit des gens moderne; il omet toutefois de parler des papiers d'État, de la corrsspondance diplomatique et des décisions des tribunaux locaux en matière de droit des gens, et comprend dans un même groupe les sentences arbitrales et les jugements des tribunaux de prises maritimes.

Holtzendorf distingue entre les sources immédiates du droit des gens et les sources dérivées. Les premières sont la coutume et le consentement général, les secondes la législation particulière et les traités. A l'entendre, on ne saurait admettre, comme sources de ce droit, ni les sentences des tribunaux, ni les ouvrages des publicistes, ni la logique, l'analogie et l'interprétation des traités par les juriconsultes, ni enfin l'histoire.

D'après M. Rivier enfin, la source première du droit des gens est la conscience juridique commune des nations, le *consensus gentium*. Ce consentement procède de l'utilité générale et de la force des choses. Il se manifeste par la coutume, les traités, et à un moindre degré, par les lois nationales et les jugements des tribunaux internationaux.

CHAPITRE II.

ATTRIBUTS ESSENTIELS DES ÉTATS

SECTION I.— SOUVERAINETÉ DES ÉTATS

§ 37. La plupart des auteurs modernes ont défini le mot *nation* comme Cicéron : *Respublica est cœtus multitudinis, juris consensu et utilitatis communione sociatus.* Vattel dit : « Les nations ou États sont des corps politiques ou sociétés d'hommes qui recherchent leur bien-être et leur avantage commun en réunissant leurs forces. » Cette définition, comme toutes les définitions qui ont été plus ou moins déduites de celle de Cicéron, ne saurait être admise sans de nombreuses restrictions ou des éclaircissements importants. Il est évident que, si la nation n'est qu'une réunion d'individus associés pour leur prospérité et leur avantage communs, l'association que des négociants anglais formèrent avec l'approbation de la Couronne pour entreprendre le commerce des Indes devrait, comme toute autre association quelconque formée de nos jours dans un but évident d'utilité pour les associés, être considérée comme une nation. Admettre littéralement la définition de Cicéron ou celle de Vattel conduirait forcément à affirmer qu'une association de voleurs ou de pirates réunis dans un but de sécurité et d'avantages mutuels constitue une nation, un État. La définition de Vattel offre un autre inconvénient grave : c'est qu'elle confond les notions, parfaitement claires et distinctes pourtant, d'État et de nation. On comprend facilement l'existence d'un État dominant des nations diverses, de même que l'on comprend celle d'une nation gouvernée par un autre État. L'Autriche, par exemple, est un État, qui régit un nombre infini de nationalités diverses, et la Pologne est une nation placée sous le gouvernement d'un État. Quoique l'État, comme organe suprême du droit d'un peuple, parvienne peu à peu à s'assimiler les nationalités qui le composent en effaçant les différences et en faisant taire les antagonismes, cependant on ne saurait jamais confondre l'État avec la nation de manière à en faire une seule et même chose.

La *nation*, comme l'indique son étymologie (*nasci*, naître), marque un rapport de naissance, d'origine; elle implique la communauté de race, caractérisée généralement par la communauté de langage, de mœurs, de coutumes, et souvent aussi d'aptitudes spéciales, d'un génie particulier ; l'agglomération sur une plus ou moins grande étendue de territoire, ou même sur des territoires divers, d'hommes réunissant ces caractères communs constitue, à nos yeux, la nation.

Une des causes qui font qu'en général les publicistes confondent les notions d'État et de nation, c'est qu'habitués à résoudre tout au point de vue du droit international, qui embrasse l'ensemble des relations de peuple à peuple, ils oublient que, si ces relations ont besoin d'un point d'appui, d'un centre d'action, d'un pouvoir en un mot, il y a au delà et en dehors de ce même pouvoir le principe qui lui donne naissance et force : c'est-à-dire la nation, dont l'État, dans la sphère du droit, n'est que l'organe, comme le gouvernement lui-même n'est que l'organe de l'État.

L'existence d'un État exige certaines conditions indispensables. Elle suppose comme base une société stable, en mesure de soutenir son indépendance au moyen de ses propres ressources, et une autorité chargée de la diriger vers le but qu'elle se propose. En l'absence de l'une ou de l'autre de ces conditions, l'État n'existe pas, ou du moins il n'existe pas dans son intégralité et tel qu'il devrait être pour devenir la source et l'origine des relations internationales.

§ 38. Pour qu'un État existe, il n'est pas indispensable que son territoire soit continu ou situé sur un seul et même continent. La Russie, par exemple, et les États-Unis de l'Amérique du Nord se composent d'un territoire compact et uni, tandis que le territoire de l'Angleterre est séparé par de vastes mers et s'étend à la fois sur l'ancien et sur le nouveau monde. On doit donc entendre par le mot *État* toutes les possessions d'une nation, en quelque lieu qu'elles soient situées et quelle que soit la distance qui les sépare. Vattel a formulé a ce sujet l'importante règle que voici : « Toutes les fois que les lois politiques ou les traités n'ont pas établi de distinctions contraires, ce que l'on dit du territoire d'une nation s'applique en même temps à ses colonies. »

§ 39. La réunion des forces individuelles qui composent un État produit ce qu'on nomme sa souveraineté. C'est donc la nation tout entière qui est l'origine du pouvoir, dont la constitution de chaque peuple concentre l'action et l'exercice entre les mains d'une ou de plusieurs personnes.

Le gouvernement d'un État, en tant que produit et instrument de la souveraineté du pays, peut entretenir deux sortes de relations fondamentales : les unes, de droit public interne, c'est-à-dire celles qu'il entretient au point de vue politique avec les citoyens ou sujets placés sous son action; les autres, de droit public externe ou de droit international, qui embrassent tout ce qui concerne ses rapports avec les autres États.

Le pouvoir qui appartient à toute nation de déterminer sa manière d'être, de formuler ses conditions de droit, en un mot de constituer l'État et le gouvernement selon l'idée qu'elle représente ou le but humain qu'elle poursuit, forme ce qu'on a désigné par les termes de *souveraineté de la nation*. Le caractère essentiel de la souveraineté d'un État ne repose pas sur son plus ou moins d'indépendance d'un autre État, mais bien sur la faculté qu'il a de se donner une constitution, de fixer ses lois, d'établir son gouvernement, etc., sans l'intervention d'aucune nation étrangère. Cette souveraineté pourrait d'ailleurs se modifier, se déterminer en quelque sorte par des conventions et des traités, sans que pour cela on fût fondé à soutenir que cette souveraineté s'est perdue complétement.

§ **40**. La dépendance d'un État à l'égard d'un autre est bien une limite imposée à la souveraineté; cependant elle n'en est pas la négation absolue. Si cette dépendance était telle qu'elle assujettît complétement l'État subordonné et le privât de tous droits souverains, il faudrait nécessairement que les traités desquels découlerait cette dépendance déterminassent directement ou indirectement la nature et l'étendue des relations internationales que cet État pourrait continuer à entretenir.

On ne considère pas non plus comme incompatible avec la souveraineté d'un État l'obéissance transitoire qu'il doit aux ordres d'un autre gouvernement, ou l'influence extérieure à laquelle il peut éventuellement se soumettre.

La souveraineté d'un État dans ses relations internationales n'est pas modifiée davantage par le paiement d'un tribut, ou par une dépendance féodale nominale, telle qu'elle était, par exemple, celle dans laquelle, avant 1818, le royaume de Naples se trouvait placé à l'égard du Saint Siège.

§ **41**. L'union de deux ou de plusieurs États, comme conséquence d'un pacte ou d'une convention, est un fait très fréquent dans l'histoire des nations.

Les États peuvent s'unir soit par une union personnelle ou réelle sous un même souverain, soit par incorporation ou par pacte fédéral; ils peuvent encore constituer une confédération ou un État composé.

§ **42**. L'union personnelle d'États différents sous un

même souverain n'entraîne pas l'extinction de la souveraineté individuelle des États qui l'ont formée, pourvu que ces États l'aient réalisé selon les principes de l'égalité complète de droits. Dans les mêmes conditions, l'union réelle produit des conséquences identiques. Les royaumes de Suède et de Norvège sont unis sous une même dynastie; mais ils ont une constitution, des lois, une administration distinctes, ce qui n'empêche pas que dans leurs relations internationales ils doivent être représentés par un seul et même souverain, le roi de Suède et de Norvège. Autre exemple d'union personnelle : En 1885 l'Association internationale du Congo a transformé son territoire en un État indépenpendant sous la souveraineté du roi des Belges, mais il est bien entendu que l'union des deux pays est purement personnelle et que l'Etat libre du Congo vivra de ses propres ressources.

§ 43. L'union des États, *unio civitatum,* sous un même chef suprême est *réelle* lorsque la souveraineté individuelle de chacun se perd dans la souveraineté qui résulte de l'union. Cette seconde espèce d'union s'accomplit quand les destinées des peuples unis se fusionnent complètement. L'empire d'Autriche est l'exemple le mieux caractérisé d'une semblable union. Il se compose de deux Etats distincts, la Hongrie et l'Autriche qui ont le même souverain et une armée commune, mais chacun a sa Diète, dont l'une siège à Vienne et l'autre à Budapest.

§ 44. L'union des États opérée par incorporation produit à l'égard de la souveraineté extérieure les mêmes résultats que l'union réelle. Dans les deux cas, la souveraineté particulière de chacun demeure confondue dans la souveraineté générale ou dans celle de l'État incorporant; aussi une nation qui s'incorpore à une autre abdique-t-elle le droit qu'elle possédait de régler ses relations extérieures, de déclarer la guerre, de conclure des traités; en un mot, cette nation perd sa nationalité. Nous pouvons citer comme exemple de ce genre d'union par incorporation celui que nous offre l'Angleterre relativement à l'ancien royaume d'Écosse.

§ **45**. Lorsque divers États souverains s'unissent au moyen d'un pacte, ces États peuvent former soit un *système d'États confédérés* proprement dits, soit un *gouvernement fédéral suprême*.

Si les conditions de ce pacte sont telles que chacun des États associés conserve le principe de sa souveraineté, le droit de se gouverner par ces lois particulières, en s'obligeant seulement à faire exécuter dans l'extérieur de ses limites propres les résolutions générales délibérées et adoptées en commun sur certaines questions et concernant certains intérêts spéciaux, il y a formation d'un système d'États confédérés. Si au contraire, le gouvernement établi par le pacte d'union des États est souverain et suprême dans la sphère de ses attributions pour agir directement non seulement sur les États qui s'associent, mais encore sur les citoyens de chacun d'eux, cette union devient un gouvernement fédéral.

§ **46**. Les États confédérés jouissent à l'extérieur d'une sphère d'action particulière, dans laquelle ils peuvent entretenir des relations diplomatiques avec les autres nations, tandis que les États fédérés, qui, par l'institution d'un pouvoir exécutif suprême et central, donnent naissance à une souveraineté nouvelle, ne peuvent ni nouer ni entretenir de relations extérieures.

La Confédération germanique, qui avait été créée par le pacte fédéral de 1815 et qui a fait place en 1886 à la Confédération de l'Allemagne du Nord, à laquelle a succédé depuis 1870 l'Empire d'Allemagne, nous fournit l'exemple le plus important du système des États confédérés, tandis que celui des États fédérés est représenté en Europe par la Suisse ou Fédération helvétique et par l'Empire d'Allemagne, en Amérique par les États-Unis, par la République argentine et d'autres républiques hispano-américaines.

§ 47. Ni la dépendance, telle que nous l'avons envisagée, ni l'influence accidentelle ou le tribut n'altèrent la souveraineté d'un État au point de l'exclure des relations internationales ou de le faire disparaître comme membre de la société des nations. Il en est de même à l'égard du protectorat, pourvu toutefois qu'il ne dégénère pas en véritable incorporation. Pour cela il est nécessaire, d'une part, que l'État qui se place sous la protection d'un autre État se réserve expressément et dans tous les cas le droit de se gouverner lui-même et d'édicter les lois qu'il juge convenable ; d'autre part, que la convention ou le traité spécial qui établit le protectorat détermine les relations qui doivent exister entre les deux peuples et l'ensemble des droits qu'assume l'État protecteur.

Le protectorat est considéré comme disssous de fait par la non-exécution de l'engagement pris, ou par la prétention à l'exercice de droits et de facultés non stipulés dans le traité.

§ 48. Les États mi-souverains (ce titre l'indique suffisamment) manquent de quelques-uns des droits essentiels de la souveraineté : ils sont notamment soumis pour leurs rapports avec l'étranger à une puissance supérieure. En temps de guerre, ils subissent généralement les conséquences de la situation faite à la nation dont ils dépendent ; en temps de paix, ils doivent obtenir l'autorisation de l'État supérieur pour conclure des traités.

§ 49. Les peuples nomades, n'ayant ni territoire propre ni domicile fixe, ne sauraient être considérés comme des États ; mais on les traite sur le même pied ; on conclut même des traités internationaux avec eux, lorsqu'ils jouissent d'une organisation politique et expriment, par l'intermédiaire de leurs chefs ou de leurs assemblées, une volonté commune. Dans tous les cas, les États sur le territoire desquels ils se meuvent sont bien forcés de les contraindre à respecter les obligations imposées par le droit international, et partant de régler avec eux certaines conditions au moyen de traités qui, comme tous les autres, revêtent le caractère international.

On peut classer dans cette catégorie les Arabes dits *Bédouins*, répandus dans les déserts de l'Arabie, de la Syrie, de l'Égypte et de l'Afrique barbaresque, où ils vivent en familles gouvernées par des cheikhs, ou en grandes tribus obéissant à des émirs : et les Turcomans, qui parcourent le plateau central de l'Asie.

§ **50**. Il peut se former entre deux ou un plus grand nombre de nations différentes des associations qui, sans avoir un but politique déterminé, sans constituer un véritable État dans toute l'acception du mot, assument cependant un caractère international et modifient dans une certaine mesure la manière d'être et les relations mutuelles de ceux qui en font partie : c'est à ce titre que ces sortes d'associations méritent d'être rangées dans le domaine du droit des gens : l'exemple le plus saillant que nous en puissions présenter ici, est l'union douanière allemande, connue sous le nom de *Zollverein*, formée de 1833 à 1855 et modifiée en 1867. Depuis la création de l'Empire d'Allemagne, le Zollverein a cessé d'exister comme institution séparée ; on peut dire cependant qu'il continue de subsister, en ce sens que son territoire n'est pas identique à celui de l'empire d'Allemagne. Il comprend, en effet, le grand-duché de Luxembourg.

§ **51**. Tous les États naissent des évolutions historiques. Le droit international a beaucoup moins à se préoccuper de cette origine que de savoir quand un État devient souverain. La souveraineté commence dès qu'une société s'est constituée avec un organe suprême de droit, c'est-à-dire avec un gouvernement, et s'est séparée d'une autre société dans laquelle elle se trouvait comme englobée ou confondue. Ce principe s'applique à la fois à la souveraineté intérieure et à la souveraineté extérieure des États, avec cette seule différence que la souveraineté intérieure existe *de plano* et n'a pas besoin d'être sanctionnée par la reconnaissance des autres États, tandis que la souveraineté extérieure doit être sanctionnée par les autres États, et jusque là l'État nouveau ne fait pas partie de la grande société légale des nations. Chaque État reste sans doute libre de reconnaître ou de ne pas reconnaître l'État nouveau qui vient à se former; mais il est, dans tous les cas, obligé de subir les conséquences de la détermination à laquelle il s'arrête.

§ **52**. Les États ne sont pas éternels. Un État subsiste aussi longtemps qu'il conserve son caractère de corps politique indépendant. Son identité n'est donc assujettie ni aux changements ni aux altérations intérieures qu'éprouvent ses institutions. Pour que l'État se modifie ou que son identité extérieure change, il est indispensable que la société éprouve dans sa manière d'être un changement fondamental et de nature à altérer non seulement les conditions de la société qui le subit, mais encore celles de l'État lui-même. En général les changements et les altérations intérieures d'un État n'ont pas une influence décisive sur sa considération internationale, ne l'exemptent d'aucune obligation, ni ne le privent d'aucun de ses droits dans la sphère de ses relations extérieures.

§ **53**. Mais si ces principes généraux sont rigoureuse ment vrais dans leur application à un état de choses normal, en peut-on dire autant du cas de guerre civile?

Faut-il considérer l'État victime de scissions intérieures comme partagé en deux États distincts, et déduire de cette séparation toutes les conséquences logiques qu'elle entraîne?

Un État étranger peut-il prendre parti en faveur de l'un des contendants?

Quand y a-t-il lieu de proclamer et de reconnaître la qualité de belligérants ?

En examinant théoriquement cette dernière question, on se demande sur quoi pourrait se fonder cette reconnaissance. Le seul motif vraiment rationnel et légitime pour qu'un État attribue le caractère de belligérant aux factions d'un autre État, c'est que la lutte de ces factions compromet les droits et les intérêts du gouvernement étranger, qui, par la reconnaissance du titre de belligérant, définit la position qu'il entend assumer à l'égard des combattants. Or, à ce point de vue, on peut dire que les États séparés par de grandes distances de celui que déchirent des discordes intestines n'ont en général aucun intérêt à prêter leur appui moral aux partis adverses et à leur reconnaître un caractère qui ne pourrait que les encourager dans leur lutte.

Il n'en est pas tout à fait de même lorsqu'il s'agit d'une nation essentiellement maritime ; l'importance des intérêts commerciaux, la sûreté et la protection des particuliers peuvent obliger les autres nations, même celles qui sont les plus éloignées, à se prononcer sur le caractère de la lutte engagée. Dès qu'ils sont reconnus comme belligérants, les deux partis en cause acquièrent au même titre le droit d'armer des croiseurs et de faire visiter, arrêter et juger par leurs cours de prises les navires marchands étrangers ; mais, pour être légitime et ne pas entraîner l'assimilation à des actes de piraterie, l'exercice de ce droit de visite est forcément subordonné à la reconnaissance préalable de la qualité de belligérant.

§ **54**. La souveraineté extérieure d'un État s'altère par la séparation d'une province ou d'une colonie ; toutefois cette séparation ne peut être regardée comme effective que lorsqu'elle a été reconnue par les autres

États. Ce cas est régi par les mêmes principes généraux que ceux que le droit international a établis pour la reconnaissance de la souveraineté extérieure des nations. Tant que la lutte subsiste entre la nation et l'une de ses provinces ou de ses colonies, les autres États doivent observer une stricte neutralité ; mais, si la guerre se prolonge, ou si, après avoir épuisé toutes ses ressources, la nation est impuissante à prolonger sa résistance, les autres nations ont le droit incontestable, soit de reconnaître l'indépendance du nouvel État, dont l'existence de fait ne soulève plus de doute, soit de prendre parti en sa faveur et de conclure avec lui des traités d'amitié et de commerce.

§ 55. L'acte destiné à reconnaître l'indépendance d'une colonie ou d'une province rentre exclusivement dans les attributions du pouvoir exécutif de chaque État : les autorités secondaires sont, comme les particuliers, absolument incompétentes pour consacrer une semblable reconnaissance.

§ 56. Tout changement fondamental qu'un État éprouve dans sa manière d'être affecte également ses relations internationales.

On doit admettre qu'il peut survenir dans la constitution des États, dans la dynastie régnante ou dans la personne du souverain, certains changements qui aient pour effet d'annuler les traités conclus par l'État avec les autres nations. L'obligation qui résulte des traités se fonde sur le contrat même et sur les relations mutuelles des parties contractantes ; or nul doute que le changement apporté dans ces relations n'influe nécessairement sur l'accomplissement de cette obligation ; du moment donc que ces relations cessent, les effets du traité cessent aussi.

Mais il y a d'autres transformations ou changements fondamentaux dans la manière d'être d'un État qui comportent le maintien et l'accomplissement rigoureux des engagements conventionnels antérieurs. De sorte que la solution de la question de savoir jusqu'à quel point un changement fondamental survenu au sein d'un État invalide ou laisse subsister la force obligatoire de ses engagements antérieurs dépend des circonstances, de la nature et de la portée des traités, ainsi que du caractère et de la signification véritable et légitime des transformations politiques.

§ **57.** Un peuple libre qui change sa forme de gouvernement, ne s'exempte pas par ce fait seul de l'obligation de payer ses dettes antérieures. Par cela même qu'il a concentré entre ses mains et absorbé le domaine de l'État, le nouveau gouvernement recueille à la fois, avec l'héritage de celui qui l'a précédé, le bénéfice de ses droits fiscaux et l'obligation d'acquitter religieusement les emprunts, les dettes et les autres charges analogues placés sous la garantie de la foi publique Tels sont les principes qui ont été invariablement observés dans toutes les annexions et les incorporations modernes de territoires et de nationalités.

§ **58.** Les changements fondamentaux qui se produisent au sein d'un État, notamment par suite de conquête ou d'annexion de territoire, de chute ou de restauration de gouvernement, entraînent des conséquences spéciales au point de vue des propriétés publiques et particulières.

Le domaine public est en quelque sorte l'État lui-même, dont il reflète la personnalité, comme le domaine privé reflète la personnalité de son propriétaire. Le gouvernement qui s'établit dans un État se convertit donc *ipso facto* en propriétaire du domaine public. Cet axiome n'est pas contestable ; mais en est-il de même de la propriété privée ? Quelques gouvernements nés des secousses d'une révolution n'ont pas craint de décréter la confiscation de tous les biens appartenant aux partis vaincus. Dans ce cas, ce fait acquiert la valeur du droit, pourvu que la confiscation soit positive et non équivoque. Qu'adviendrait-il pourtant, si la confiscation décrétée révolutionnairement vient plus tard à être révoquée, si, par exemple, le gouvernement restauré, sans se préoccuper de la lésion des droits acquis à l'ombre d'une situation politique et de la garantie de lois expresses, rétablit les choses dans leur état primitif? Nul doute qu'alors, en vertu des principes du *jus postliminii*, les propriétés particulières confisquées qui n'ont pas été vendues, de même que les portions non aliénées du domaine public, ne reviennent logiquement, nécessairement, à leurs anciens possesseurs et propriétaires. En ce qui concerne la propriété publique ou privée régulièrement et légalement passée en d'autres mains, il est difficile d'appliquer la même règle. Le fait de la révolution a en effet créé sur ce point une espèce de droit, duquel il est impossible de ne pas tenir compte. Nous n'avons pas besoin d'ajouter que, quand le domaine public ou les biens confisqués et vendus ont été acquis par des étrangers, les actes d'achat doivent être respectés, alors même que le gouvernement qui les aurait autorisés viendrait à être considéré comme usurpateur par le souverain légitime. Le produit de la vente des biens confisqués étant habituellement versé dans les coffres du trésor public, le moyen le plus pratique de résoudre ces délicates questions de propriétés et de droits acquis est de confirmer toutes les ventes et d'indemniser en même temps les anciens propriétaires aux frais de l'État.

En résumé, on peut admettre les principes suivants :

Les actes d'un gouvernement intermédiaire demeurent valables et doivent être reconnus par le gouvernement qui lui succède, si celui-ci a *reconnu* le gouvernement intermédiaire par un traité de paix antérieur ou postérieur, et, à plus forte raison, s'il a accédé à ces actes, à un ou à plusieurs de ces actes, soit par un traité conclu avec le gouvernement duquel ils émanent ou avec une tierce puissance, soit par une déclaration explicite ou même implicite de sa volonté.

Dans le cas où le gouvernement intermédiaire aurait exigé d'un sujet de l'État ou d'un étranger le paiement d'une dette due à l'État ou une prestation quelconque, en l'obligeant, par exemple, à se soumettre à une obligation conventionnelle, comme le paiement ou la prestation est alors censé avoir tourné au profit de l'État, le souverain légitime ne pourra annuler les engagements formés dans ces circonstances, ou bien il ne pourra le faire qu'en indemnisant la partie contractante du montant qu'elle aura avancé, sauf toutefois son recours contre l'usurpateur.

Il en sera de même lorsqu'il s'agit de fournitures faites au gouvernement intermédiaire et ayant tourné au profit de l'État; car l'État est tenu d'honneur de payer ce qu'il doit, quelle que soit la personne ou les personnes qui dirigent son gouvernement. Si l'acquéreur a fait des *améliorations* réelles dans la chose qu'on veut lui faire rendre, il peut exiger d'en être indemnisé.

§ **59**. La responsabiliié des actes de violence commis par un gouvernement, bien qu'illégitime, retombe sur celui qui lui succède, à tel point que le changement même de dynastie ne saurait l'en exempter.

§ **60**. Après avoir démontré les effets que le changement fondamental d'un État produit dans la sphère du droit international, nous avons maintenant à expliquer comment les États peuvent perdre leur souveraineté.

Il est évident que lorsque deux États se confondent dans une union réelle, constituent un corps politique commun et en quelque sorte une nationalité unique vis-à-vis des autres nations, ce fait seul détruit la souveraineté antérieure et particulière de tous les deux. Il n'en est pas de même lorsqu'un État choisit ou reçoit par succession le chef d'un autre État pour souverain. Il ne perd pas pour cela son existence indépendante; il n'y a pas, dans ce cas, remplacement d'un État par un autre ; la communauté de souverain forme simplement ce qu'on appelle une union personnelle entre deux États, dont chacun conserve sa souveraineté propre, qu'il continue d'exercer à sa guise et souvent d'une manière différente de celle dont l'exerce l'autre État auquel il est lié dans une certaine mesure. Au point de vue international ces États continuent d'être regardés comme des nations différentes, pouvant être représentées par des agents diplomatiques différents.

Nous avons un exemple de ce *modus vivendi* dans l'union personnelle des deux royaumes de Suède et de Norvège, qui ont l'un et l'autre une administration distincte autonome.

Mais l'incorporation pure et simple entraîne absolument les mêmes conséquences que l'union réelle. Ainsi l'ancienne principauté de Galles et les royaumes d'Écosse et d'Irlande ont perdu leur souveraineté en s'incorporant à l'Angleterre, comme la Normandie et d'autres États indépendants ont cessé de conserver la leur par le fait de leur réunion à la France.

Quels sont les effets généraux de cette extinction totale de la souveraie .té d'un État ? En ce qui concerne les relations de droit public, ces effets sont absolus, c'est-à-dire qu'ils dénouent de plein droit et font cesser complètement les liens ainsi que les obligations qui n'avaient d'autre fondement que la souveraineté dont le terme est arrivé. La seule partie de ces relations qui continue de subsister, est celle dont l'existence est compatible avec le nouvel ordre de choses, ou dont le maintien fait l'objet d'une stipulation expresse. Quant aux droits et aux relations privés, ils conservent intégralement leur ancienne force obligatoire, parce qu'en principe la disparition d'un État est sans action aucune sur les droits et les devoirs des particuliers.

§ **61**. La souveraineté d'un État se perd encore, et avec des effets absolument semblables, par la division d'un État en plusieurs États distincts et séparés. Dès que cette division est réalisée, l'État cesse d'être ce qu'il était auparavant ; sa souveraineté s'est fractionnée comme son individualité et son caractère : en d'autres termes, le centre commun qui lui servait d'organe et de représentant suprême n'existe plus. La conséquence à tirer de ces principes, qui ont reçu la consécration du droit conventionnel (notamment par le traité de 1839 sur la séparation de la Belgique et de la Hollande) et d'un grand nombre de sentences judiciaires, c'est que les obligations qui pesaient sur l'ancien État sont, à moins de stipulations contraires, transférées *de plano* aux États nouveaux.

Suivant Kent, lorsqu'un État se divise en deux sans régler par des dispositions spéciales le partage des obligations qui pèsent sur lui, la charge en doit être supportée par portions égales.

En terminant, nous devons faire observer, pour les cas de l'incorporation d'un ou de plusieurs États dans un autre, que les conséquences indirectes de l'incorporation varient suivant que le nouvel ordre de choses constitue une confédération ou un État agrégé sous une souveraineté centrale et unique. Dans le premier cas, les États confédérés sont individuellement tenus de remplir leurs obligations antérieures et d'exécuter par eux-mêmes directement, les engagements qui sont demeurés propres à chacun d'eux ; dans le second cas, et suivant le caractère et l'étendue des pouvoirs constitutionnels attribués à la nouvelle souveraineté, la responsabilité personnelle des membres de l'État agrégé ou fédéré se trouve dégagée et incombe dès lors tout entière au seul gouvernement central ; pour justifier l'application également dans ce dernier cas du principe consacré pour les confédérations, il ne faudrait rien de moins qu'une réserve expresse, une stipulation formelle en sens contraire, arrêtée de commun accord au moment même où le nouvel État a été institué.

SECTION II. — INDÉPENDANCE DES ÉTATS.

§ 62. La souveraineté absolue implique forcément une complète indépendance ; de là pour les États, en tant que personnalités morales, un premier droit, celui de marcher librement vers l'accomplissement de leurs destinées propres ; et un devoir non moins impérieux, celui de reconnaître et de respecter les droits souverains et l'indépendance absolue des autres États.

§ 63. Si les États sont réciproquement indépendants, il faut admettre comme conséquence logique qu'ils ont sans réserve le droit illimité de déterminer et d'organiser leur constitution intérieure, mais toujours à condition de respecter scrupuleusement l'indépendance des autres peuples

Dans les monarchies héréditaires, la succession au trône est généralement réglée par les lois constitutionnelles, et c'est exclusivement à la nation qu'appartient le soin de résoudre les questions qui se rattachent à l'exercice du pouvoir souverain.

Dans les États électifs, le choix du chef est de la compétence exclusive de la nation, qui procède à l'élection conformément aux lois qu'elle s'est données. Pour l'une comme pour l'autre forme de gouvernement, l'intervention d'un État étranger serait contraire aux principes du droit des gens et ne saurait se justifier à aucun point de vue.

Quand aux confédérations, les changements dans la forme du gouvernement de chacun de leurs membres dépendent, pour leur légitimité, des règles spéciales tracées à cet égard par le pacte fondamental qui les relie entre eux.

§ 64. La souveraineté absolue d'un État a pour corollaire naturel et forcé l'indépendance dans le domaine législatif et judiciaire. Absolue dans la sphère des relations de droit qui s'établissent entre le gou vernement et ses propres sujets ou citoyens, cette indépendance n'est que relative et limitée sous certains rapports dans leur action sur les sujets ou les citoyens d'un autre État. A l'égard de ces derniers ces relations de droit revêtent un caractère particulier et donnent naissance soit au droit international privé, soit à certaines exceptions consacrées par le droit des gens.

§ **65**. Mais, si l'indépendance des États et les droits qui y correspondent sont absolus, sur quels principes fera-t-on reposer l'intervention ou l'entremise d'un État dans les affaires, soit intérieures, soit extérieures, d'autres États?

On distingue différentes sortes d'interventions, selon les formes sous lesquelles elles se produisent : 1° l'intervention *officieuse*, qui s'exerce par des représentations orales ou écrites, par des notes dites verbales remises par l'ambassadeur de la puissance intervenante : on peut, par conséquent, l'appeler aussi intervention *diplomatique ;* — 2° l'intervention *officielle* qui s'exerce par des notes livrées à la publicité ; — 3° l'intervention *pacifique* ou à titre arbitral, qui donne presque toujours lieu à des conférences internationales ; — 4° l'intervention *armée*, qui se produit par une simple menace, appuyée d'un déploiement de forces militaires de nature à empêcher une nation d'agir librement, ou par l'envoi de troupes qui envahissent et occupent effectivement le territoire étranger.

§ **66**. Le développement naturel d'une nation par l'accroissement de sa population, de sa puissance ou même de son territoire ne peut de soi justifier une intervention étrangère.

L'intention motivée par l'augmentation de l'armée ou de la flotte d'un État n'aurait de raison d'être que dans le cas où cette augmentation de forces militaires prendrait un caractère agressif évident, et serait ainsi de nature à inspirer des craintes sérieuses et fondées relativement au maintien de la paix.

On ne considère pas non plus comme cause justificative d'une intervention l'acquisition de colonies ou de territoires situés à une distance plus ou moins grande de la métropole.

Heffter prétend que les interventions proprement dites peuvent se justifier seulement dans les cas suivants :

1° Lorsque l'immixtion a lieu avec le consentemen formel de l'État intéressé, ou en vertu d'une clause expresse de traité garantissant la constitution ou la défense du pays et rendant cette garantie exigible dans certaines circonstances ;

2° Lorsqu'un État opère dans ses affaires intérieures des changements de nature à porter préjudice aux droits légitimes d'un voisin comme, par exemple, s'ils doivent avoir pour résultat de priver un souverain étranger de ses droits éventuels de succession ou de ses privilèges seigneuriaux ;

3° Lorsqu'il s'agit de faire cesser une guerre intestine qui compromet l'existence d'un ou de plusieurs pays, lèse des intérêts communs et porte atteinte aux principes d'humanité ;

4° Enfin lorsque l'intervention a pour but d'empêcher un État de se mêler indûment des affaires intérieures de ses voisins et de se livrer à des actes attentatoires à l'indépendance et à la sécurité des autres États.

Vattel admet qu'un État peut offrir ses bons offices à un autre pour règlement de ses affaires intérieures ou particulières ; mais il combat, comme un acte d'hostilité injustifiable, toute immixtion qui n'a pas été librement invoquée ou qui ne découle pas d'une obligation conventionelle antérieure.

Martens convient qu'un État est fondé à s'opposer à certains changements opérés dans l'intérieur d'un au tre État, soit lorsque ces changements sont contraire à des droits qui lui auraient été accordés à titre parti culier, soit lorsqu'ils sont incompatibles avec sa sûreté et sa conservation propres.

Wheaton pose en principe que tout État, comme être moral distinct, indépendant de tous les autres, possède, en vertu de sa souveraineté, le droit de changer ou d'abolir la constitution de son gouvernement intérieur, d'accroître par tous les moyens honnêtes et légitimes son domaine national, sa richesse, sa population et sa puissance. L'exercice de ce droit ne peut être limité que par les droits correspondants des autres États, découlant du même droit primitif de conservation de soi-même.

Klubert ne reconnaît à aucun État, hors les offres de bons offices ou de médiation, le droit de se mêler des affaires intérieures d'un autre État, si ce n'est quand la nécessité l'excuse, ou bien en vertu d'un droit qu'il aurait acquis à juste titre.

Sir Ed. Creasy non seulement justifie l'intervention ; il en fait même un devoir dans les cas exceptionnels suivants :

1° Lorsqu'une autre puissance est déjà intervenue, de sorte que le but est non d'introduire, mais de faire cesser l'intervention ; 2° lorsque le gouvernement de l'État dans les affaires duquel on intervient agit manifestement de manière à menacer les autres États d'hostilités effectives ; 3° lorsqu'on intervient en faveur d'un peuple opprimé, qui n'a jamais fondu sa nationalité dans celle de ses oppresseurs, lesquels le regardent comme une race étrangère assujettie à la même autorité souveraine, mais traitée différemment sous d'autres rapports.

Sir Travers Twiss reconnaît à toute nation la faculté de demander des explications, si dans les armements de son voisin elle voit un sujet immédiat d'alarme ou prévoit la possibilité d'un danger pour elle-même ou pour ses alliés. Le refus de fournir ces explications justifie des contre-armements et peut même quelquefois légitimer des mesures immédiates de répression hostile.

Il reconnaît aussi le droit de s'opposer à l'agrandissement d'une nation, quand cet agrandissement est réellement nuisible aux droits d'autrui ou menace évidemment de le devenir.

Il admet enfin que, si une nation s'empare du territoire d'une autre en vue de diriger des opérations hostiles contre une tierce nation, celle-ci peut, en vertu de son droit de conservation personnelle, passer la frontière qui a été ainsi occupée, dans le but d'en déloger son ennemi.

Selon sir Robert Phillimore, le droit de défense personnelle peut, dans certaines circonstances, entraîner avec lui la nécessité d'intervenir dans les relations d'un autre État, et jusqu'à un certain point d'en contrôler la conduite, quand même les intérêts de l'État intervenant ne sont affectés qu'indirectement : lorsque, par exemple, les institutions intérieures d'un État sont incompatibles avec la paix et la sûreté des autres États ; lorqu'il s'agit d'exercer des droits et des devoirs de garantie, de protéger des droits ou des intérêts de réversion, de conserver l'équilibre, c'est-à-dire d'empêcher l'agrandissement dangereux d'un État par des acquisitions extérieures, de protéger les sujets d'un autre État contre la persécution pour l'exercice d'un culte non reconnu par cet État, mais analogue à celui de l'État intervenant.

Après avoir posé en principe que « les puissances étrangères ne peuvent pas dans la règle s'immiscer dans les questions constitutionnelles qui surgissent dans un État indépendant, ni y intervenir en cas de révolution politique », M. Bluntschli regarde l'intervention comme autorisée lorsqu'un État demande lui-même à une puissance amie d'intervenir ou accepte l'offre qui lui en est faite.

Vergé, dans ses notes sur le *Précis du droit des gens*

moderne de G. Fr. de Martens, pose la non-intervention comme la vraie et seule garantie des États faibles contre les abus de la force.

Le professeur italien Carnazza Amari condamne l'intervention comme prenant naissance dans la tendance qu'ont les forts de dominer les faibles et de leur imposer leur volonté, et comme ayant généralement pour résultat de porter atteinte à l'autonomie des États.

Funk Brentano et Sorel, dans leur *Précis du droit des gens*, refusent la qualification de *droit* à l'intervention. « Il n'y a pas de droit contre le droit, disent-ils ; or, la souveraineté des États étant un principe essentiel du droit des gens, par le fait même de l'intervention, l'État intervenant manque au respect qu'il doit à la souveraineté et à l'indépendance de l'État dans les affaires duquel il intervient. » Toutefois, « si l'intervention ne se fonde pas sur le droit, elle peut être commandée par la nécessité. Un gouvernement peut juger qu'il est nécessaire d'intervenir dans les affaires d'un État étranger à l'intérieur duquel se produisent des événements politiques qu'il croit menaçants pour l'indépendance et la sécurité de l'État qu'il dirige. En tout cas, le gouvernement qui intervient fait acte de politique plus ou moins intelligent ; mais il se soustrait aux obligations qui constituent le droit des gens en temps de paix, et il y substitue le régime de la force et de la nécessité, c'est-à-dire le régime du droit des gens en temps de guerre ».

En résumé, pour décider si une intervention est bonne ou mauvaise, les publicistes que nous mentionnons ici sont d'avis qu'il faut considérer la politique des États entre lesquels elle a lieu, et examiner dans quelle mesure les résultats de l'intervention se rapprochent ou s'écartent du respect réciproque des devoirs, des droits et des intérêts des États, s'ils le rétablissent ou s'ils le détruisent.

Comme on le voit, il existe presque autant d'opinions différentes qu'il y a d'auteurs; mais aucun ne nous fournit des données nettes et précises sur lesquelles on puisse baser des règles fixes ; ce n'est donc pas dans les écrits des publicistes qu'il faut chercher le fil conducteur. Nous croyons qu'on pourrait rencontrer une solution plus satisfaisante de la question en se transportant sur le terrain de la pratique, c'est-à-dire en étudiant les cas d'intervention les plus importants que présente l'histoire, surtout dans les temps qui se rapprochent le plus de nous.

§ **67**. L'histoire des Grecs et de Rome n'est qu'une série d'interventions dans les affaires des autres peuples, se terminant par la conquête des pays attaqués ou secourus.

Au moyen âge, l'intervention apparaît à l'époque de l'Empire germanique, où la féodalité régissait non seulement les suzerains et leurs vassaux, mais aussi les empereurs et les princes feudataires, qui devaient subir la haute suzeraineté impériale avec le droit d'intervenir dans les affaires politiques qui agitaient les États soumis au vasselage.

Les Papes, de leur côté, étaient parvenus à se faire reconnaître un pouvoir supérieur à celui des rois et le droit souverain de juger les différends qui surgissaient entre les princes de la chrétienté. Ces prétentions de la papauté ont été la source de nombreuses interventions, appuyées fréquemment de la force des armes.

Vers le XVIe siècle, c'est-à-dire au début des grandes luttes de la maison d'Autriche en Allemagne et en Italie, on en était venu à ne trouver de garantie de l'ordre international et du maintien de la paix publique que dans un équilibre de convention entre la puissance et l'étendue territoriale des divers États, et, comme conséquence, la pratique des interventions dominait à peu près partout en Europe.

La paix de Westphalie ferma momentanément l'ère de ces luttes sanglantes, en imprimant aux États, dans leurs relations mutuelles, une stabilité plus grande, et en consacrant le système de la tolérance religieuse. Toutefois l'apaisement produit par cet important traité ne devait pas être de longue durée ; la rupture violente de la paix par Louis XIV alluma de nouvelles guerres entre la France et l'Autriche et les États protestants de l'Allemagne, de nouvelles révolutions au centre de l'Europe et en Italie, et provoqua enfin de nouvelles interventions, fondées, ainsi que ces guerres, sur des raisons qui répugneraient aux principes du droit des gens actuel.

La révolution française est, après le mouvement religieux du XVIe siècle et la révolution d'Angleterre du XVIIe siècle, l'événement qui a exercé la plus grande influence sur les destinées du monde, par conséquent sur l'organisation intérieure et les relations mutuelles des États.

Toutes les coalitions formées contre la France depuis 1789 jusqu'aux traités de 1812 et de 1813 ont eu pour motif les dangers que cette révolution faisait craindre pour la conservation de l'ordre monarchique en Europe et pour le maintien de l'équilibre des États. Le droit absolu d'ingérence était donc nettement soutenu par les puissances coalisées.

La France, au contraire, défendait non moins résolument la légitimité du principe de non-intervention, en s'appuyant sur la souveraineté et sur l'indépendance réciproque des nations. A l'issue des combats qui amenèrent la chute du premier Empire et la restauration des Bourbons, l'Angleterre, l'Autriche, la Prusse et la Russie, voulant consolider les résultats matériels de leur coalition, conclurent entre elles le 20 novembre 1815 cette alliance qualifiée de perpétuelle, sur laquelle les grandes puissances du continent, unies à la France, ont cherché plus tard (1816-1820) à édifier un système permanent d'intervention afin de protéger les monarques contre les tendances révolutionnaires de leurs peuples.

Ce système d'ingérence perpétuelle, imaginé et préconisé par les puissances alliées, ne devait pas donner les résultats qu'on s'en promettait.

L'Angleterre fut la première à résister aux prétentions de l'Autriche, de la Prusse et de la Russie, et à s'opposer à la mise en pratique des résolutions arrêtées aux congrès de Troppau et de Laybach pour comprimer les mouvements insurrectionnels qui, en 1820, éclatèrent à Naples et sur d'autres points de l'Italie. Elle ne se borna pas à refuser son concours pour imposer aux États secondaires un régime politique que ses abus avaient fini par rendre intolérable ; elle alla jusqu'à contester aux grandes puissances la légitimité du rôle de justiciers internationaux qu'elles prétendaient assumer, et ne voulut pas admettre comme principe du droit des gens les doctrines d'ingérence proclamées sur le continent.

Les représentations verbales que ses agents auprès des grandes cours européennes eurent ordre de faire à ce sujet, n'ayant eu aucun résultat, le gouvernement anglais eut recours à une déclaration de principes, qui résumait ses vues sur la matière et qui offre à ce titre un grand intérêt. Dans cette déclaration, datée du 19 janvier 1821 et signée de lord Castlereagh, il est établi que, si les évolutions politiques qui se produisent dans un pays peuvent créer un droit d'intervention en faveur des autres États, ce n'est qu'à la double condition que la sécurité et les intérêts essentiels de ces États soient réellement menacés d'une manière sérieuse et qu'il existe une nécessité impérieuse et urgente.

Ces sages principes furent méconnus, par les alliés, et les révolutions de Naples et du Piémont furent étouffées dans le sang, par suite du concours des armées autrichiennes. Ils ne devaient pas être mieux suivis en 1822 au congrès de Vérone, qui servit de point de départ à l'intervention française en Espagne. Malgré l'insuccès de ses protestations antérieures, le gouvernement anglais fit de nouveau entendre sa voix. Dans une note adressée aux alliés en mai 1823, lord Castlereagh soutint qu un État n'a pas le droit d'exiger d'un autre État qu'il change sa constitution bien moins encore celui de le menacer, en cas de refus, d'un recours à la force.

On peut conclure de ce qui précède que pour le gouvernement anglais l'intervention est légitime en principe ; mais elle ne peut servir de base à un système fixe de droit international, ni s'appliquer indistinctement de la même manière et sous la même forme à tous les cas particuliers qui se rencontrent dans la pratique.

Vers la même époque, l'Europe et l'Amérique voyaient également surgir la grande question de l'indépendance des anciennes possessions transatlantiques de l'Espagne.

Engagée sur les champs de bataille depuis les premières années du siècle, cette lutte entre les colonies et la métropole touchait à sa fin en 1823 ; il ne restait qu'à en consolider les résultats par une consécration internationale.

La Grande-Bretagne, dans ce grand débat colonial, adopta une politique en harmonie avec le libéralisme de ses institutions et conforme d'ailleurs aux intérêts vitaux de son commerce et de son industrie.

Lorsque l'ambassadeur de France à Londres, le prince de Polignac, le mit en demeure d'exposer la ligne de conduite qu'il comptait suivre, M. Canning déclara que l'Angleterre n'entrerait dans aucun concert tendant soit à refuser ou à différer la reconnaissance des colonies espagnoles, soit à engager leur métropole à ajourner indéfiniment la solution d'une question si grave.

Malgré leur importance, ces déclarations sont cependant dominées par celles que fit à la même occasion le cabinet de Washington et qui constituent la célèbre doctrine de Monroe.

§ 68. C'est le 2 décembre 1823, dans son message d'inauguration de la session du congrès, que Monroe, président des États-Unis, exposa sa doctrine. Ce message renferme sur la politique extérieure de l'Union deux déclarations distinctes, que l'on a généralement confondues, comme si elles n'étaient que l'application d'un seul et même principe : la première provoquée par la guerre de l'indépendance des colonies espagnoles, est relative à l'intervention de l'Europe dans les affaires intérieures des États américains ; la seconde concerne le titre de premier occupant invoqué par les puissances européennes pour légitimer leur prise de possession de certaines portions du continent américain : elle se rattachait à des questions de limites soulevées entre les États-Unis la Russie et l'Angleterre.

Dans la première partie de son message, le président Monroe proclama que les États Unis ne prétendaient ni acquérir ni s'annexer aucune des anciennes possessions de la couronne d'Espagne en Amérique, et qu'ils ne mettraient aucun obstacle à la conclusion des arrangements amiables que la métropole pourrait négocier avec les colonies émancipées, mais qu'ils repousseraient par tous les moyens en leur pouvoir l'intervention des autres États, sous quelque forme qu'elle vînt à se produire, surtout si elle avait pour objet d'implanter dans les colonies, par voie de conquête ou d'acquisition à prix d'argent, une souveraineté autre que celle de l'Espagne.

« La bonne foi et les liens d'amitié, dit Monroe, qui nous unissent aux puissances alliées, nous font un devoir de déclarer que nous considèrerions comme dangereuse pour notre tranquillité et notre sécurité toute tentative de leur part d'étendre leur système politique à une partie quelconque de notre hémisphère. Le gouvernement des États-Unis n'est pas intervenu et n'interviendra pas dans les affaires des colonies que les nations européennes possèdent encore en Amérique; mais en ce qui concerne les gouvernements qui ont proclamé leur indépendance, qui la soutiennent, et dont nous avons reconnu l'émancipation après mûre réflexion et selon les principes de la justice, nous ne pourrions faire moins que de regarder comme une manifestation d'intentions hostiles à l'égard des États-Unis l'intervention d'un pouvoir européen quelconque dans le but de les opprimer ou de contrarier en aucune manière leurs destinées... » « Notre politique, ajoute-t-il, consiste à *ne jamais nous interposer dons les affaires intérieures d'aucune des puissances de l'ancien monde ;* à considérer le gouvernement de *fait* comme gouvernement légitime relativement à nous ; établir avec ce gouvernement des relations amicales et à les conserver par une politique franche, ferme et courageuse, en admettant sans distinction les justes réclamations de toutes les puissances et en ne souffrant les injustes d'aucune. Mais lorsqu'il s'agit de notre continent, les choses changent tout à fait de face ; car si les puissances alliées voulaient faire prévaloir leur système politique dans l'une ou l'autre partie de l'Amérique, elles ne le pourraient pas sans qu'il en résultât un danger imminent pour notre bonheur et notre tranquillité ; Il nous serait impossible de demeurer spectateurs indifférents de cette intervention, sous quelque forme qu'elle eût lieu.»

Cette attitude résolue du gouvernement des États-Unis exerça une puissante influence sur les hésitations du gouvernement anglais et sur les projets des États absolutistes de l'Europe, qui n'osèrent pas entrer en lutte ouverte contre une force morale et matérielle comme celle qui résultait du concert de l'Angleterre et des États-Unis pour la défense des gouvernements constitutionnels.

La seconde partie de la doctrine de Monroe se rattache à des questions de limites et de colonisation dans l'Amérique du Nord. Les limites nord-ouest du territoire connu sous le nom d'Amérique russe n'avaient jamais été nettement déterminées ; l'exploitation des pêcheries et des terrains de chasse qui en font partie, avait fait naître entre les habitants et les Indiens d'incessants conflits, et c'est pour y mettre fin que se produisirent au mois de septembre 1821 les premières revendications par le gouvernement russe de la possession exclusive du territoire situé entre l'Orégon et le détroit de Behring.

Ces questions de domaine et de délimitation étaient très difficiles à résoudre ; mais elles tendaient à confondre les intérêts de l'Angleterre avec ceux des États-Unis, et c'est ainsi que les deux gouvernements se trouvèrent d'accord pour s'opposer aux prétentions envahissantes de la Russie.

C'est à cette occasion que le président Monroe exposa la seconde partie de sa doctrine, formulée en ces termes dans son message du 2 décembre 1823 : « On a jugé l'occasion favorable pour faire reconnaître comme un principe auquel sont liés les droits et les intérêts des États-Unis que les continents américains, d'après l'état de liberté et d'indépendance qu'ils se sont acquis et dans lequel ils se sont maintenus, ne peuvent être considérés à l'avenir comme susceptibles d'être colonisés par aucune puissance européenne. »

L'Angleterre repoussa énergiquement ces déclarations, que le président des États-Unis réproduisit quelques années plus tard ; elle soutint que les titres qui jusqu'à cette époque lui avaient donné un droit de souveraineté sur des territoires américains n'avaient rien perdu de leur valeur et devaient produire indéfiniment les mêmes effets. A première vue, M. Monroe semble s'être proposé uniquement d'étendre les principes du droit public européen aux territoires du

Nouveau Monde, et de couper court ainsi aux prétentions mal déguisées ou résolument soutenues par l'Angleterre et la Russie ; mais il avait évidemment l'arrière pensée de poser les Etats-Unis comme les protecteurs suprêmes des États américains et les garants de leurs territoires.

§ **69**. Au Portugal, à la mort du roi Jean VI, le gouvernement espagnol, d'accord avec le parti absolutiste portugais, soutint les prétentions à la couronne de l'infant Dom Miguel. La régence portugaise, invoquant les stipulations des anciens traités d'amitiés et d'alliance, demanda la protection de l'Angleterre, qui envoya à Lisbonne un corps de troupes auxiliaires pour assurer l'indépendance du pays et le maintien de son régime politique Comme l'Espagne avait précédemment donné l'assurance qu'elle respecterait l'indépendance et la constitution du Portugal, on peut donc dire que l'Angleterre, en intervenant dans les affaires intérieures de ce royaume à la demande même du gouvernement de Lisbonne, ne faisait qu'appuyer les garanties offertes par le cabinet de Madrid et accomplissait un acte parfaitement justifié, légitime dans son origine comme dans ses résultats.

§ **70**. Dans l'intervention étrangère provoquée en 1830 par la révolution belge on peut aussi bien voir une simple médiation qu'un arbitrage imposé par la force, une véritable intervention armée sollicitée par l'une des parties et longtemps repoussée par l'autre. En résumé, les grands actes internationaux auxquels ont abouti, de 1830 à 1839, les travaux de la conférence de Londres montrent qu'en s'interposant pour prévenir une conflagration générale les grandes puissances ne se sont laissé guider par aucune vue ambitieuse et que, tout en admettant la valeur morale d'un acte inspiré par les plus nobles sentiments de patriotisme et de nationalité, elles ont entendu, dans l'intérêt même de leur conservation, mettre cet acte pleinement d'accord avec le principe d'équilibre, qui constitue une des bases du droit public de l'Europe et qui peut être considéré comme le seul et vrai motif propre à justifier les interventions étrangères dans les temps modernes.

§ 71. La présence à Rome d'un corps de troupes française reposait sur la défense d'un grand intérêt religieux, la protection du chef de l'Église catholique dans le libre exercice de son double pouvoir temporel et spirituel. Cette intervention effective, continuée à la demande même du Souverain Pontife, a duré jusqu'au mois d'octobre 1870, où la retraite des troupes françaises a eu pour résultat l'incorporation des États de l'Église dans le royaume d'Italie et la suppression de la souveraineté temporelle de la papauté La plupart des puissances continuent néanmoins d'entretenir auprès du Pape retiré au Vatican, des agents chargés uniquement de traiter des affaires ecclésiastiques, conformément aux concordats ou aux autres conventions conclus par elles avec le Saint-Siège.

§ 72. Les Grecs s'étant, en 1821, soulevés contre la Turquie, l'Angleterre, la France et la Russie, se basant sur la prolongation de la guerre, sur le caractère de férocité que lui donnait la Turquie et sur les maux qu'une telle situation occasionnait à l'Europe, convinrent d'offrir leur médiation au gouvernement turc, qui ne céda qu'après avoir subi le désastre naval de Navarin. Après avoir d'abord songé à maintenir la Grèce dans une sorte de vasselage à l'égard de la Porte, les puissances protectrices s'arrêtèrent en dernier lieu (1830) à l'idée d'ériger le pays, sauvé par leur intervention d'une ruine et d'une dévastation complètes, en un royaume séparé et indépendant, ayant sa constitution propre avec un gouvernement représentatif et dégagé de toute espèce de liens par rapport à ses anciens maîtres.

§ 73. Si l'intervention en faveur de la Grèce était dictée par des considérations morales et politiques de l'ordre le plus élevé et le plus respectable, conformes de tout point aux saines notions du droit des gens, le concours que les grandes puissances européennes prêtèrent à la Turquie à différentes reprises depuis 1840, a eu pour base la nécessité de sauvegarder la liberté et l'indépendance de l'empire ottoman et de préserver ainsi de toute atteinte l'équilibre européen.

§ **74**. S'il n'est pas possible de formuler une règle absolue à propos des interventions, du moins peut-on déduire des cas que nous venons de rapporter que la légitimité ou l'illégitimité des interventions, ainsi que leur importance intrinsèque, sont essentiellement subordonnées à l'appréciation de leur origine et de leur signification, à leur connexion plus ou moins intime avec la situation générale ou particulière du pays où elles se produisent, enfin à la nature des engagements internationaux qui les provoquent.

§ **75**. De l'exposé historique de l'intervention et des doctrines développées par les interprètes du droit international, il résulte que l'intervention aussi bien que la non-intervention sont considérées comme des principes du droit des gens; la discussion roule uniquement sur la question de savoir laquelle des deux est la règle. Il est permis toutefois d'augurer que, si l'on écarte la position exceptionnelle de la Turquie à l'égard des puissances de l'Europe, dont elle a accepté la garantie, le système de la non-intervention paraît généralement prévaloir dans les relations politiques des Etats entre eux.

§ **76**. Il est un point qu'il importe ici d'établir nettement.

L'intervention étant l'emploi, la plupart du temps sans être demandé, de la force morale et matérielle, ou des deux forces à la fois, pour obliger un peuple ou un gouvernement à changer de conduite politique, à modifier ses institutions, à renoncer à une révolution, etc., étant, en somme, une atteinte portée à l'autonomie nationale d'un État, il ne faut pas la confondre avec l'aide qu'une nation demande à une autre et en reçoit à l'appui d'un droit, dans le but, au contraire, de sauvegarder, de défendre cette autonomie, cette nationalité. Ce n'est plus là une intervention, mais une alliance contractée entre deux nations amies.

Il ne faut pas non plus confondre la médiation avec l'intervention.

La pratique des nations autorise un État à proposer ses bons offices ou sa médiation pour apaiser soit les différends survenus entre deux ou plusieurs États, soit les dissensions intestines d'un pays. Lorsque la médiation offerte est librement acceptée, et, à plus forte raison, quand elle a été sollicitée, l'intervention qui peut s'ensuivre se justifie d'elle-même.

§ **77**. Un des droits essentiels inhérents à la souveraineté et à l'indépendance des États est celui de conservation. Ce droit comprend l'accomplissement de tous les actes indispensables pour repousser une agression et pour éviter un danger imminent. Ainsi un État a le droit d'élever des forteresses dans l'intérieur de son territoire ou sur ses frontières extérieures, d'augmenter selon qu'il le juge convenable son armée et sa flotte, et de conclure des traités d'alliance et de subsides.

Dans la pratique toutefois, et par suite des relations de plus en plus intimes qui se sont établies entre les États, l'exercice de ce droit subit certaines restrictions, qui ne permettent pas d'ériger en principe inflexible de droit international la liberté absolue pour un État d'accroître indéfiniment des moyens de défense, trop facilement transformés en moyens d'agression.

SECTION III. — ÉGALITÉ DES ÉTATS

§ **78**. L'égalité des États souverains est un principe du droit public généralement reconnu. Elle a pour double conséquence d'attribuer à tous les États les mêmes droits et de leur imposer mutuellement les mêmes devoirs. L'étendue relative des territoires ne saurait justifier sous ce rapport la moindre différence, la moindre distinction entre les nations considérées comme personnalités morales, et, au point de vue du droit international aussi bien qu'à celui de l'équité, ce qui est licite ou injuste pour un État l'est également pour tous les autres.

§ **79**. Les États souverains étant absolument égaux, chacun d'eux peut, dans la limite de sa sphère d'action, s'attribuer le titre ou la dignité qui lui convient, et même exiger de ses sujets toutes les marques d'honneur qui correspondent au titre qu'il a adopté. Cette faculté ne va cependant pas jusqu'à obliger les autres à reconnaître ce nouveau titre ou cette nouvelle dignité, parce que ce n'est pas là une question de droit strict. L'histoire montre que, lorsque un souverain s'attribue un titre ou une dignité d'un ordre supérieur à ceux qui le distinguaient précédemment, il est très rare que les autres États ne refusent pas la reconnaissance immédiate du changement destiné à détruire ou à modifier l'usage consacré. Ainsi, par exemple, le titre de roi de Prusse que l'électeur Frédéric Ier assuma en 1701 ne fut reconnu par le Pape qu'en 1786, et par les chevaliers de l'ordre teutonique qu'en 1792. Le titre d'empereur de toutes les Russies que se donna le czar Pierre le Grand en 1701, ne fut reconnu par la France qu'en 1745, par l'Espagne en 1759, et par la Pologne en 1764.

Le 18 janvier 1871, le roi de Prusse annonça que, sur l'invitation unanime des princes et des villes libres de l'Allemagne, de restaurer la dignité d'empereur d'Allemagne, il jugeait de son devoir envers la patrie, d'accepter cette dignité pour lui et ses successeurs.

En 1876, d'accord avec le Parlement, la reine d'Angleterre prit le titre d'Impératrice des Indes, mais seulement pour les affaires de l'Inde. En Angleterre elle ne porte pas ce titre, et les princes du sang royal ne sont point designés comme princes impériaux.

Ces deux titres ont été reconnus par toutes les puissances.

§ 80. Les questions de préséance entre les États ont eu à d'autres époques une très grande importance et soulevé plus d'un grave conflit. Si au point de vue historique ces questions n'ont rien perdu de leur valeur, il faut bien reconnaître que les développements de la civilisation, la diminution du prestige qui s'attache au principe monarchique, enfin les progrès du droit des gens ont considérablement diminué la portée de ces rivalités personnelles et de ces vaines prétentions auxquelles de nos jours il ne serait plus permis de sacrifier les intérêts supérieurs de l'humanité.

En Europe les lois de la courtoisie internationale ont fait accorder à certains États ce qu'on désigne sous le nom d'*honneurs royaux*; tous les empires, tous les royaumes, le Pape, les grands duchés allemands et la Confédération Suisse en jouissent encore aujourd'hui. Autrefois les mêmes honneurs appartenaient aussi aux républiques des États-Unis, des Pays-Bas, de Venise et de Gênes, ainsi qu'à l'ancien Empire Germanique.

De nos jours, d'après les principes généraux du droit international, les républiques occupent quant à la préséance le même rang que les monarchies ou tout autre Etat souverain. Ce rang, qui a appartenu de fait à la république anglaise du temps de Cromwell et aux trois républiques françaises, est pleinement reconnu à toutes les républiques américaines.

Les représentants des États monarchiques mi-souverains et dépendants prennent rang à la suite des représentants des États souverains et indépendants, bien que logiquement leur place soit à côté des représentants du pays dont ils reçoivent la protection ou dont ils reconnaissent la suzeraineté.

§ **81**. Il arrive assez souvent que le rang des États soit égal ou ne soit pas nettement déterminé; dans ce cas on a recours à divers moyens pour éviter les conflits auxquels pourraient donner lieu les prétentions respectives des parties en présence.

Un de ces moyens consiste dans ce qu'on appelle l'*alternat,* en vertu duquel on change, tantôt d'après un ordre régulier, tantôt d'après la voie du sort, le rang et la place des puissances. L'alternat est d'un usage fréquent dans la rédaction des traités, pour lesquels on convient soit de réserver alternativement dans chaque exemplaire la première place à une des puissances signataires, soit de suivre l'ordre alphabétique pour l'intitulé ou la signature des plénipotentiaires, abstraction faite du rang.

§ **82**. Le principe de l'égalité des États, qui s'étend dans ses applications générales aux points que nous venons d'examiner, embrasse naturellement aussi le cérémonial militaire et maritime.

Ce cérémonial repose directement sur les égards et le respect mutuels que les nations se doivent les unes aux autres, et qui ne peuvent se manifester que par des signes extérieurs.

Le pouvoir de régler le cérémonial militaire et maritime appartient à chaque État en particulier dans les limites de son territoire juridictionnel; mais pour son application aux autres nations et pour l'examen des réclamations auxquelles il peut donner lieu, il faut nécessairement, à défaut de principes généraux du droit des gens, prendre pour guide soit les stipulations des traités, soit les usages consacrés en la matière.

Les règles généralement admises aujourd'hui pour

le cérémonial maritime peuvent se résumer ainsi :

1° Les navires marchands ne se doivent aucun salut ; les capitaines qui y ont recours, soit en hissant leurs couleurs, soit en ferlant une voile, accomplissent un acte absolument volontaire et gracieux ;

2° Tous les États souverains sont égaux en ce qui concerne le cérémonial maritime. Les distinctions extérieures établies à cet égard ont un caractère tout à fait individuel et ne présupposent ni infériorité ni soumission ;

3° A défaut de stipulations conventionnelles expresses, les saluts ne sont pas obligatoires et ne constituent, lorsqu'ils sont faits spontanément, qu'un acte de courtoisie et d'étiquette ;

4° L'acte de ne pas rendre un salut peut bien être considéré comme une impolitesse justifiant une demande d'explications, mais ne saurait autoriser le recours à des actes hostiles ;

5° Lorsque deux navires de guerre ou deux escadres se rencontrent en pleine mer, la courtoisie exige que le commandant qui a le grade le moins élevé, salue le premier et que le salut lui soit rendu coup pour coup ;

6° Si un navire de guerre isolé, quelle que soit sa force, rencontre une escadre, il est tenu de saluer le premier ;

7° Les navires de guerre portant à leur bord des souverains, des membres de familles princières, des chefs d'État ou des ambassadeurs reçoivent le premier salut.

A l'entrée ou à la sortie des ports étrangers, comme au passage devant des forteresses, des batteries ou des garnisons d'un autre État, les navires de guerre doivent saluer les premiers, abstraction faite du rang de leurs commandants. Ces saluts sont toujours rendus coup pour coup, au moment même du mouillage et aussitôt que le bâtiment qui arrive, a complété le nombre de coups de canon qu'il veut échanger.

On déroge assez habituellement à la règle, lorsque le bâtiment porte à son bord des princes ou des agents diplomatiques, en un mot des personnes autorisées à réclamer une marque de déférence personnelle, que les forts, les garnisons ou les batteries de côte reconnaissent en faisant le premier salut; mais ces sortes de distinctions accordées directement au rang de la personne qui aborde sur un autre territoire ne constituent pas une véritable exception aux principes établis ; car, en dehors des lois de la politesse, auxquelles nul n'est autorisé à se soustraire, il n'y a pas d'obligation stricte de répondre coup pour coup à de pareils saluts.

Les ambassadeurs qui arrivent dans un port de la nation près laquelle ils sont accrédités, à moins toutefois que ce port ne soit la capitale du pays, doivent recevoir la visite des autorités locales. Cette règle de courtoisie se fonde sur le caractère représentatif de l'agent qui en est l'objet.

Les règles concernant les fêtes et les deuils nationaux font également partie du cérémonial maritime. En principe, la courtoisie internationale et le maintien de la bonne harmonie entre les États veulent que les navires étrangers s'associent aux fêtes et aux démonstrations publiques qui se célèbrent dans le port où ils se trouvent ; toutefois, si ces cérémonies se rattachent à des faits de nature à blesser les sentiments nationaux du pays auquel ils appartiennent, ces navires ont le droit de s'éloigner du port ou de garder une attitude passive.

Dans les cérémonies publiques qui se célèbrent à terre, il est d'usage pour les commandants des navires de guerre et leur état-major de débarquer et d'y figurer suivant leur rang. La préséance entre les officiers se règle dans ce cas d'après le grade, et à grade égal d'après l'ordre d'arrivée au mouillage.

Un des points les plus contestés entre les marines des différentes nations, c'est l'ordre dans lequel doivent se placer les pavillons à bord des navires pavoisés. Faute d'une entente commune à cet égard, chaque État a réglé la question selon ses convenances particulières.

Nous signalerons en dernier lieu les négociations entamées par le *Foreign Office* (ministère des affaires étrangères) anglais avec plusieurs puissances étrangères dans le but d'établir un code international de saluts, en vue de diminuer le nombre des coups de canon et la fréquence des saluts. Voici les dispositions sur lesquelles se sont accordées les différentes puissances maritimes et qui ont dû être mises en pratique à partir du 1er juillet 1877 :

Les seuls saluts qui à l'avenir seront rendus coup pour coup, sont ceux adressés au pavillon national lors de son arrivée dans un port étranger, et aux commodores ou aux officiers étrangers ayant droit d'arborer pavillon, lorsqu'ils sont rencontrés en mer ou dans un port.

A l'avenir on ne rendra plus le salut aux personnages royaux, au chef d'État ou membres de familles royales, soit à leur arrivée dans le port, soit à leur départ, soit quand ils vont visiter les navires de guerre anglais ; aux autorités diplomatiques, maritimes, militaires ou consulaires, ou aux gouverneurs, ou aux fonctionnaires qui administrent un gouvernement ; aux étrangers de haute distinction.

On ne répondra plus également aux salves tirées à l'occasion de fêtes ou d'anniversaires nationaux.

CHAPITRE III.

PROPRIÉTÉ ET DOMAINE PUBLIC.

§ **83**. La propriété est le droit exclusif à la possession d'une chose, reconnue et sanctionnée par la société. Lorsque la chose sur laquelle repose ce droit appartient à une personne, à un groupe ou à un corps particulier, il constitue ce qu'on appelle une *propriété privée;* quand il s'agit d'un État, il prend le nom de *propriété* ou de *domaine public*.

§ **84**. L'État, en tant qu'institution, n'existe qu'à la condition de pouvoir disposer, dans une certaine mesure et suivant les circonstances, de tous les biens soumis à son empire. Cette nécessité a créé le droit connu sous le nom de *domaine éminent* (*dominium eminens*) de l'État, lequel fait partie des droits de majesté (*jura majestatis*). Donc, quand un peuple délègue son pouvoir à un souverain, il lui confère *ipso facto* le droit éminent, à moins qu'il ne se le soit expressément réservé. Par une conséquence forcée, toute aliénation des biens publics, des biens de mainmorte ou de propriétés individuelles faite par un souverain dans les limites et en vertu de son domaine éminent revêt un caractère de validité incontestable.

§ **85**. Les États acquièrent la propriété par les mêmes moyens et de la même manière que les individus, c'est-à-dire par achat, cession, échange héritage ou prescription. Ils ont de plus un mode d'acquisition à eux propre, consistant dans l'appropriation d'un territoire par droit de conquête, lequel devient un titre translatif de propriété des plus réguliers et des plus légitimes dès qu'il a reçu la sanction d'un traité formel d'abandon.

§ **86**. Peut-on, pour les peuples et les États, considérer l'usucapion et la prescription comme des modes réguliers et normaux d'acquérir la propriété ? Si l'on admet que ces deux formes d'acquisition sont fondées et légitimes en droit naturel, on est logiquement conduit à soutenir qu'elles sont également conformes aux principes du droit des gens et que dès lors elles doivent aussi s'appliquer aux nations.

§ **87**. L'acquisition d'un territoire peut aussi avoir lieu par la conquête, ou par une cession amenée par les nécesités de la guerre. Ces modes d'acquérir sont considérés comme légitimes, surtout lorsqu'ils sont consacrés par des traités et par le consentement des populations, lequel peut s'exprimer sous différentes formes.

Les habitants des pays conquis peuvent être appelés à opter entre l'ancienne et la nouvelle nationalité, de sorte que quiconque ne déclare pas vouloir conserver son ancienne nationalité, est regardé comme ayant accepté la nouvelle. En revanche ceux qui font la déclaration requise, sont désormais considérés comme étrangers dans le pays cédé, et peuvent être contraints à le quitter. C'est sur cette base qu'a été réglée, entre autres, l'option en Alsace-Lorraine, en suite du traité de Francfort du 10 mai 1871.

On admet parfois aussi les habitants à voter sur le fait de la cession. C'est ce qui a eu lieu, par exemple, en 1859, pour Nice et la Savoie.

Comme moyen d'agrandir le territoire national, nous mentionnerons encore le défrichement de contrées désertes qui n'en faisaient pas partie, l'occupation de terrains gagnés sur la mer, ou d'alluvions formées par les cours d'eau. Mais il peut arriver que ces dépôts de terre disparaissent emportés par les courants, que les côtes s'affaissent, que les rives des fleuves ou des rivières soient submergées, que la mer engloutisse de nouveau le terrain conquis sur elle ; chacun de ces accidents a pour conséquence une diminution du territoire national.

Parfois aussi on a vu se former des îles sur des fleuves ou des rivières. Généralement ces terres nouvelles rentrent dans le territoire de l'État dont elles sont le plus proches. Si chaque rive du fleuve ou de la rivière appartient à des États différents, et que l'île, subitement créée en quelque sorte, surgisse au milieu du fleuve, les deux États riverains ont le droit de se la partager proportionnellement. Si l'île se forme à l'embouchure du fleuve, elle est naturellement la propriété de l'État riverain immédiat.

La découverte de l'Amérique et celles qui ont été faites en Asie et en Afrique, ont introduit dans le droit international un nouveau mode d'acquisition et de possession : nous voulons parler de la priorité de découverte, de la première occupation et de la colonisation.

Cette doctrine a reçu une consécration solennelle par les décisions de la Conférence internationale de Berlin en 1884-1885, qui avait, entre autres tâches, celle de prévenir les contestations que pourraient soulever à l'avenir les prises de possessions nouvelles en Afrique. Par analogie, ces décisions ont été étendues de fait aux prises de possession et aux colonisations en Océanie. La conférence a aussi fixé des règles prévenant l'abus des annexions fictives, et fixé le régime des fleuves internationaux, auxquels sont assimilés les routes et chemins de fer suivant leurs rives. Elle a enfin voté la liberté du trafic, en temps de guerre, sur le Congo et le Niger.

Une dernière source du droit de propriété des nations consiste dans la possession exclusive non contestée, suffisamment prolongée et non interrompue d'un territoire quelconque. Ce principe, qui repose sur le consentement tacite des hommes, est obligatoire pour tous les États et acquiert par la sanction du temps une force égale à celle qui résulte d'un contrat formel ou d'un droit international positif.

§ 88. Après avoir expliqué les titres sur lesquels peut se fonder la propriété des Etats, il nous reste à examiner comment et dans quelle mesure s'opèrent les aliénations de territoire. En principe, un Etat souverain a incontestablement pour aliéner un droit égal à celui qu'il possède pour acquérir ; seulement l'exercice du droit d'aliénation est subordonné aux règles et aux conditions particulières établies par les lois constitutives de chaque Etat.

Pour les Etats faibles, mal organisés, et trop souvent déchirés par des partis hostiles usant d'armes que le vrai patriotisme réprouve, la faculté illimitée d'aliéner ou d'hypothéquer le domaine public à des étrangers n'est pas sans danger ; car elle peut, en vue d'un avantage éphémère, aboutir à de véritables spoliations au profit de voisins avides et peu scrupuleux. C'est sans doute cette juste préoccupation qui, dans toutes les constitutions des Etats européens, a fait subordonner la validité des aliénations de territoire consenties par le pouvoir exécutif soit à un vote de la nation tout entière, soit à une approbation formelle du pouvoir législatif.

Un gouvernement de *fait* reconnu par les autres États et en communion intime avec la masse de la nation, possède à l'égard du territoire national les mêmes facultés, les mêmes pouvoirs que le gouvernement légitime qu'il remplace. Tout ce qu'il fait, dans la limite prévue et déterminée par le droit public intérieur qui régit l'État, soit en acquérant, soit en aliénant, est donc absolument valable et irrévocable.

§ 89. En thèse générale, on peut dire que le domaine public s'aliène par les mêmes moyens que le domaine privé.

Sous l'empire des anciennes relations des nations européennes, on constituait très fréquemment, en faveur d'un État ou d'un prince étranger, des rentes perpétuelles, qui grevaient indéfiniment la totalité des biens ou des terres affectés à leurs arrérages, et subsistaient en totalité ou proportionnellement jusqu'à la destruction complète ou partielle du gage sur lequel elles reposaient.

Quelquefois aussi le territoire national s'aliénait par la constitution d'un fief en faveur d'un prince ou d'un seigneur étranger.

Au moyen âge la mise en gage des terres pour sûreté de créances ou de prêts d'argent était d'un usage très général.

Les ventes totales ou partielles de territoires ont aussi été fréquentes.

L'histoire fournit de nombreux exemples d'aliénation de territoires par cessions et donations volontaires.

Nous mentionnerons notamment la cession des Pays-Bas espagnols faite le 27 janvier 1712 par Philippe V à Maximilien Manuel, duc et électeur de Bavière; la cession de la Louisiane et de la Nouvelle Orléans, faite à l'Espagne par la couronne de France en novembre 1762; la rétrocession du même territoire, faite en 1800 par le gouvernemeut espagnol au gouvernement français et sanctionnée par le traité conclu entre les deux gouvernements le 21 mars 1801; enfin la cession de la Floride par l'Espagne aux États-Unis, en vertu du traité conclu à Washington le 22 février 1819, et, à des époques plus rapprochées de nous, les cessions, accomplies à la suite des guerres de 1859 et de 1866, de la Savoie, du comté de Nice, de la Lombardie et de la Vénétie; la cession en 1870 de l'Alsace et de la Lorraine à l'Allemagne; enfin les cessions territoriales imposées en 1878 à la Turquie par le traité de Berlin.

§ 90. Les limites juridictionnelles d'un État embrassent non seulement son territoire, mais encore les eaux qui le traversent ou l'entourent, les ports, les baies, les golfes, les embouchures de fleuves et les mers enclavées dans son territoire. L'usage général des nations permet également aux États d'exercer leur juridiction sur la zone maritime jusqu'à trois milles marins ou à la portée de canon de leurs côtes.

§ 91. Les ports et les rades appartiennent de plein droit à la nation qui possède les côtes sur lesquelles ils sont situés. La possession souveraine des ports et des rades donne à l'État qui en jouit le droit de les déclarer fermés, ouverts ou francs, et d'y soumettre librement, sans avoir égard aux autres nations, les navires et les marchandises qui y arrivent du dehors, à tels droit fiscaux ou à tels règlements intérieurs qu'il juge convenables à ses intérêts. Seulement, pour que ces mesures et ces prescriptions soient conformes aux principes du droit international, il faut qu'elles revêtent un caractère général. c'est-à-dire qu'elles soient appliquées à toutes les nations et ne constituent pas de ces privilèges qui renversent la loi de l'égalité des États.

L'admission des bâtiments de guerre dans certains ports ou dans certaines rades n'est pas seulement influencée par des considérations politiques ou des convenances internationales, variables selon les temps et les lieux ; quelquefois aussi elle est subordonnée à des motifs d'ordre public et de sécurité. C'est ainsi, par exemple, que dans certaines places de commerce on ne laisse pénétrer les bâtiments de marine militaire qu'après qu'ils ont déposé en lieu sûr les poudres qu'ils ont à bord, et ils ne peuvent les rembarquer qu'au moment de leur départ.

Pour prévenir toute espèce de difficultés en ce qui concerne la marine militaire, plusieurs gouvernements ont réglé la question au moyen de clauses conventionnelles ; ils ont stipulé notamment qu'ils ne recevront dans leurs ports qu'un nombre limité de navires de guerre étrangers.

§ **92**. Les golfes et les baies, défendus soit naturellement par des bancs de sable ou des roches, soit par le feu croisé de canons placés à leurs deux ouvertures, se rattachent à la souveraineté territoriale contiguë. Ils sont, quant à la liberté d'accès et au droit juridictionnel, régis par les mêmes principes que ceux que nous venons d'établir pour les ports et les rades intérieurs.

§ **93**. On distingue deux sortes de détroits : ceux qui aboutissent à des mers fermées ou enclavées, c'est-à-dire dont la souveraineté absolue peut être revendiquée exclusivement par l'État dont elles baignent les côtes ; et ceux qui servent de communication entre des mers libres. Les premiers, constituant un domaine propre et réservé, sont régis par les lois ou les réglements particuliers de chaque pays ; les seconds, affectant nécessairement les intérêts des divers Etats dont ils sont destinés à faciliter l'accès, ne peuvent jamais devenir la propriété souveraine d'un seul et doivent rester absolument libres pour toutes les marines, comme les mers auxquelles ils conduisent.

Cette liberté d'accès et de transit admet toutefois les restrictions inhérentes à la conservation des États sur les côtes desquels sont situés les détroits ; et lorsque la configuration des détroits oblige les navires qui les traversent, à passer sous le feu des forts placés sur l'un ou l'autre bord, le souverain qui est maître de la côte, a le droit incontestable d'en surveiller la navigation et de prendre, surtout en temps de guerre, les précautions que la prudence et le soin de sa sûreté peuvent rendre nécessaires.

Il peut arriver aussi que la navigation d'un détroit soit tellement difficile et dangereuse qu'elle ne puisse se faire sans l'assistance d'hommes pratiques et expérimentés, et sans le secours de phares et de signaux convenables. Nul doute que dans ce cas l'État qui, dans l'intérêt même de la navigation, entretient les feux ou les stations de pilotes, n'ait le droit de se faire indemniser des dépenses qu'il supporte et d'imposer certaines charges fiscales aux marines qui en profitent.

Le Danemark a pendant plusieurs siècles imposé des taxes de passage à tous les navires marchands qui traversaient les détroits du Sund et des Belts, pour se rendre dans la Baltique ou pour en sortir. Ces droits reconnus pour la première fois par un traité conclu en 1645 entre le gouvernement danois et les États-Généraux des Provinces-Unies, furent ultérieurement sanctionnés par les autres nations maritimes.

A l'origine leur perception pouvait sembler être le prix d'un service rendu ; mais plus tard, en raison du développement général du commerce, le produit net des recettes devint hors de toute proportion avec les dépenses réellement faites par le trésor danois, de sorte que cette rémunération, assumant le caractère d'un véritable péage, d'une sorte de prime de souveraineté ou de droit régalien, souleva d'énergiques réclamations de la part des marines qui en supportaient la lourde charge. Enfin, par un traité conclu à Copenhague le 14 mars 1857, le Danemark d'une part, l'Autriche, la Belgique, la Grande-Bretagne, le Hanovre, le Mecklembourg-Schwerin, l'Oldenbourg, les Pays-Bas, la Prusse, la Russie, la Suède et la Norvége, les villes hanséatiques de Lubeck, de Brême et de Hambourg d'autre part, le gouvernement danois s'est obligé à abolir tous droits de péage sur les navires se rendant par le Sund ou les Belts de la Mer du Nord dans a Baltique ou *vice versâ*.

Les navires de guerre étrangers ne peuvent sans autorisation spéciale entrer dans le détroit des Dardanelles, ni dans le Bosphore.

Le golfe de Finlande a longtemps appartenu au roi de Suède, dont les droits exclusifs de souveraineté en furent jamais contestés. Le traité de cession de la Finlande à la Russie n'ayant pas fait de réserve à cet égard, certains publicistes se sont demandés si le golfe appartient encore à la Suède. Pour notre part, nous ne voyons aucun motif pour ne pas appliquer à cette question les règles générales du droit international moderne.

Quant à l'archipel grec, le doute n'est plus possible, depuis que la reconnaissance de la Grèce comme royaume indépendant a mis fin aux prétentions de la Turquie à la souveraineté exclusive de ces mers, devenues ainsi entièrement ouvertes et libres.

La question de propriété des golfes et des détroits peut se résumer ainsi : dans les temps modernes le droit international ne reconnaît aucune souveraineté privilégiée ou exclusive sur les détroits situés entre des mers également libres ou aboutissant à des côtes et à des ports appartenant à des États distincts, attendu que les grandes voies commerciales que la Providence a créées pour faciliter les échanges, rapprocher les peuples les uns des autres et développer ainsi la civilisation, constituent un patrimoine commun, dont la jouissance doit être accessible à tous et ne saurait être à aucun titre monopolisée ni restreinte au profit d'une seule nation.

§ **94**. La limite naturelle d'un État du côté de la mer est marquée par le contour des côtes à l'endroit où elles sont baignées par le flot et où commence le domaine maritime. Pour faciliter la défense des côtes, la pratique des nations, sanctionnée par de nombreux traités, a fait tracer à une certaine distance de terre une ligne imaginaire que l'on considère comme la limite extrême des frontières maritimes de chaque pays. Tout l'espace situé en dedans de cette ligne rentre *ipso facto* sous l'action de la juridiction de l'État qui le domine, et la mer comprise entre la ligne et la côte prend le nom de *mer territoriale*.

Depuis l'invention des armes à feu on a généralement donné à cet espace une étendue de trois milles marins de la côte, à marée basse, dans la zone de laquelle l'exercice de la juridiction territoriale est absolu, incontesté, et exclut les droits de toute autre nation.

Toutefois on est d'accord aujourd'hui que cette distance est trop courte, puisqu'elle n'est plus en rapport avec la portée des nouveaux canons perfectionnés, dont les boulets peuvent atteindre à cinq milles au moins ; il serait donc juste qu'elle fût reculée dans une proportion équitable.

Jusqu'à ce qu'il ait été statué sur une pareille proposition par le consentement de la majorité des États, la démarcation de trois milles marins constitue, au point de vue international, une règle fixe, qui doit être observée toutes les fois que les traités n'en ont pas établi d'autre. Deux ou plusieurs nations sont libres de modifier conventionnellement le principe, de le restreindre ou de l'étendre ; mais ce sont là des dispositions qui les lient entre elles dans leurs relations réciproques, sans qu'elles puissent les appliquer, et bien moins encore les imposer à d'autres États.

Un intérêt maritime de premier ordre, l'exploitation des pêches côtières et des bancs d'huîtres ou d'autres coquillages, a, dans certains parages maritimes, fait étendre au delà de la zone de trois milles le rayon de la mer dite territoriale. De pareilles dérogations aux principes universellement reconnus doivent strictement se renfermer dans la limite de l'objet spécial qui les a fait adopter ; elles ont besoin d'ailleurs pour devenir obligatoires d'être sanctionnées par des conventions expresses et écrites.

§ 95. La surveillance et le contrôle des douanes dans l'intérieur de la mer territoriale ou de la frontière maritime sont à peu près partout régis par les mêmes principes, c'est-à-dire police des navires, visite et détention des barques ou des bateaux soupçonnés de se livrer à la contrebande, capture des articles prohibés et répression par voie d'amende ou d'emprisonnement des infractions aux règlements douaniers du pays.

§ **96**. Les mots *côtes* et *rivages* comprennent toutes les terres qui s'élèvent le long de la mer, quoique n'offrant pas assez de solidité pour pouvoir être habitées, mais non celles qui sont constamment couvertes d'eau.

§ **97**. Il n'y a pas à démontrer que les mers ne sauraient constituer un domaine privé ; mais on peut se demander si elles sont susceptibles de devenir la propriété d'une nation.

Pour résoudre cette question nous devons tout d'abord établir une distinction essentielle entre la propriété et l'empire des mers, termes trop souvent pris l'un pour l'autre, et dont la confusion a été une des causes des obscurités ou des erreurs qui ont si longtemps prévalu en cette matière.

Une première raison, purement matérielle et physique, s'oppose à l'appropriation des mers. En droit comme en fait, la propriété n'existe qu'à la condition de reposer sur une chose tangible, susceptible de possession et de détention exclusives. Or quel peuple, lui fût-il donné de concentrer entre ses mains les escadres du monde entier, pourrait se dire en situation de rendre effectives la possession et la détention des mers ?

Un argument autrement décisif contre tout droit de propriété de la pleine mer se déduit des considérations de l'ordre moral et philosophique.

Dans les vues de la Providence, telles qu'il est donné à l'homme de les saisir, les mers sont un élément nécessaire au développement des nations, aux progrès de la civilisation ; elles constituent une voie de communication naturelle, mise à la portée de tous ; leur appliquer l'idée d'une appropriation réservée et exclusive, c'est méconnaître ce que commandent à la fois la situation et les besoins des peuples, la diversité et l'égalité réciproque des États.

§ 98. Par *empire des mers* il faut entendre l'exercice de certains droits de souveraineté ; le reconnaître à un État, c'est lui donner par rapport aux autres nations le droit d'imposer des taxes, de réglementer la navigation et d'appliquer suivant son propre arbitre ses droits juridictionnels. Or, si, comme nous croyons l'avoir démontré, les mers ouvertes ne comportent pas d'appropriation exclusive, si leur libre usage constitue le patrimoine commun de tous les peuples, si enfin l'égalité réciproque des États est un principe de droit naturel qui ne saurait souffrir d'atteinte, on est logiquement, nécessairement conduit à admettre que les mers échappent à l'empire aussi bien qu'à la propriété réservée d'une seule nation.

Cependant ce n'est pas sans luttes ni sans débats violents que ces principes ont prévalu dans le droit des gens moderne ; enfin le principe de la liberté des mers, si longtemps et si vivement combattu par l'Angleterre, est sorti du champ des discussions théoriques pour entrer triomphalement dans le domaine pratique de toutes les nations. Aujourd'hui le droit public externe de l'Europe aussi bien que celui de l'Amérique reconnaissent également qu'aucun peuple ne possède de droit exclusif à la propriété de la haute mer ; que les pavillons de toutes les nations souveraines jouissent des mêmes droits, de la même liberté, à condition de respecter les principes généraux du droit des gens ; que la supériorité relative des forces navales ne donne à aucun État un titre de prééminence par rapport aux autres ; que la violation de ces règles, de quelque part qu'elle vienne, est toujours illégitime et blâmable ; qu'enfin les mesures exceptionnelles de surveillance ou de police consacrées par des traités spéciaux à l'égard des navires de deux ou de plusieurs nations ne peuvent être obligatoires que pour les parties contractantes.

§ 99. Le domaine souverain sur les îles formées par alluvion appartient indubitablement à la nation dont les terres et les eaux ont contribué à les former. Lorsque les îles sont situées près de la terre ferme, on les considère comme ses dépendances naturelles, à moins qu'un État étranger n'ait acquis des titres à leur propriété.

La possession et l'occupation de la terre ferme supposent et entraînent celles des îles adjacentes, alors même qu'on n'y aurait exercé aucun acte positif de propriété.

La possession des îles situées à une certaine distance de la terre ferme s'acquiert aux mêmes titres que celle de tout autre territoire.

§ 100. Guidé par les principes que nous venons d'établir, on reconnaît sans peine qu'en droit international les lacs et leurs rivages rentrent *de plano* dans le domaine propre de la nation sur le territoire de laquelle ils sont situés. Toutefois, si leurs rivages appartenaient à deux ou à plusieurs nations, ces lacs, que leurs eaux soient douces ou salées, devraient forcément être considérés comme des mers libres.

§ 101. Si la liberté des mers est un principe de justice définitivement consacré par le droit des gens et reconnu par la pratique des nations, il semble logique et naturel, à première vue, de l'appliquer également à la navigation des fleuves, dans lesquels on ne peut s'empêcher de voir un moyen précieux de communication entre les peuples, de progrès et de civilisation. Nul motif en effet n'empêche de placer les fleuves sur la même ligne que les mers, de reconnaître que les règlements particuliers établis par chaque peuple relativement à cette navigation ne doivent pas assumer un caractère de fiscalité, et que l'autorité ne saurait intervenir que pour la faciliter, la généraliser et faire respecter les droits de tous.

Lorsqu'un fleuve est situé tout entier sur le territoire d'un seul État, il est considéré comme se trouvant sous la souveraineté exclusive de ce même État, qui alors a seul autorité et pouvoir pour en réglementer la navigation. Quand, au contraire, il sert de limite à un ou plusieurs États, il constitue pour ceux-ci une propriété commune, à moins que, par première occupation, achat, cession ou autre titre valide et légitime, l'un de ces États n'en ait acquis le domaine exclusif et privilégié. Enfin, lorsqu'un fleuve non seulement traverse plusieurs États, mais encore sert à marquer entre eux la frontière politique ou de souveraineté, la ligne de partage qui indique la limite de juridiction, est supposée fictivement passer par la partie la plus profonde du courant des eaux connue sous le nom de *thalweg*. La hauteur ou la déclivité des rives n'est jamais prise en considération ; et même, si par sa situation topographique la limite de démarcation ne permettait pas à l'un des riverains d'utiliser pour la navigation la portion du fleuve qui lui est réservée, il est de principe que le *thalweg* doit être pratiquement reporté et fixé à une distance égale des deux bords.

Il peut arriver qu'un fleuve navigable traverse le territoire de plusieurs États, ou que, formant la frontière politique de l'un, il traverse le territoire de l'autre avant de déboucher dans la mer. Dans ce cas il est généralement admis que le droit de naviguer et de commercer est commun à tous les riverains, sauf entente amiable entre eux, par voie de stipulation conventionnelle, pour l'exercice de ce même droit, qui peut, suivant les circonstances, affecter la sécurité du pays en possession des deux rives de l'embouchure.

La législation romaine avait déjà consacré le principe que le droit de naviguer implique celui d'amarrer et d'attacher les navires à la rive du fleuve ou des îles qu'il entoure ; celui de charger ou décharger des marchandises ; en un mot, tous les droits accessoires ou connexes à la navigation. La même règle est entrée dans le droit internationnal moderne, lequel a soumis généralement aux mêmes principes l'exercice de ces droits, le tout au gré des convenances des États intéressés.

La plupart des grands fleuves, surtout au moment de la crue périodique de leurs eaux, subissent des changements dans la profondeur de leur chenal navigable et dans la forme de leur rives; comme ils entraînent dans la rapidité de leur cours des détritus végétaux, des terres et des vases, on voit leur fond s'exhausser sur certains points, s'abaisser sur d'autres; tantôt ils engloutissent des îles ou en font surgir de nouvelles à leur surface; tantôt ils abandonnent leur ancien lit pour se frayer un passage au milieu des terres, ou bien encore ils transportent subitement une portion de leur rive d'un bord à l'autre. Tous ces changements peuvent porter des atteintes plus ou moins sérieuses à la domanialité fluviale et soulever de délicates questions de propriété entre les riverains.

Pour résoudre ces questions on se guide, en général, dans la pratique, d'après les principes du droit romain, qui se retrouvent dans la législation civile de la plupart des États européens, et l'on considère par suite les transformations ou les altérations que le régime naturel des eaux amène dans la configuration des terres comme un moyen légitime d'acquérir le domaine et la possession.

§ **102**. Chaque État a le droit de souveraineté jusqu'à sa frontière et le devoir de ne pas empiéter sur le territoire voisin. Il importe donc aux États limitrophes de déterminer clairement les limites qui les séparent.

On distingue les limites internationales ou frontières d'un territoire ou d'un État en limites *naturelles* et en limites *artificielles*.

Ces dernières consistent, en général, en lignes purement conventionnelles, qu'on indique par des signes extérieurs placés à certaines distances, et qui sont ordinairement sur terre des bornes, des poteaux, des barrières, des fossés, des monceaux de terre, des murs, des édifices, des routes, des arbres ou des rochers marqués ; sur mer, des phares, des bouées flottantes arrêtées par des ancres, etc. Ces frontières reposent tantôt sur une possession non contestée depuis longtemps, tantôt sur des traités formels.

Les limites naturelles sont la mer, les lacs, les fleuves ou les rivières, les montagnes, les terrains incultes ou inoccupés.

Lorsqu'un fleuve ou une rivière coule entre deux États, si l'un des États riverains n'a pas un droit consacré à la propriété exclusive du cours d'eau tout entier, il est admis que la frontière passe par le milieu du lit du fleuve ou de la rivière, y compris les îles que traverse la ligne du milieu. Le *thalweg* (chemin d'aval), ligne idéale tirée sur le cours d'eau à égale distance des deux rives, est regardé comme le milieu.

Les frontières marquées par des cours d'eau sont sujettes à varier, lorsque le lit ou le thalweg du cours d'eau vient à changer. Mais lorsque le fleuve ou la rivière abandonne totalement son lit pour suivre une nouvelle direction, l'ancien lit continue de servir de démarcation, de sorte qu'il n'en résulte ni extension ni diminution du territoire respectif des riverains.

De quelque manière que soit possédé un cours d'eau navigable, la navigation y doit être libre pour les riverains. Chacun d'eux a le droit d'élever sur sa rive des ouvrages de défense, mais non de construire aucun établissement industriel, de procéder à aucuns travaux hydrauliques qui puissent rejeter le courant du côté opposé ou amener une altération du thalweg.

Les mêmes règles sont applicables aux lacs. Le milieu d'un lac sert également de ligne de démarcation entre deux états riverains, à moins qu'une autre limite n'ait été consacrée par l'usage ou par les traités. Les habitants des deux rives ont le droit de libre navigation.

Le fleuve ou la rivière qui sort d'un lac ne peut être entravé à son issue par le propriétaire du territoire sur lequel finit le lac.

Les canaux maritimes, tels que celui de Suez, deviennent parties intégrantes de la mer, au même titre que les détroits et les mers enclavées. Ils ont ceci de commun avec ces mers qu'ils occupent le territoire d'un seul et même État, et qu'il servent, comme les détroits, de passage d'une mer dans une autre. Le principe de la liberté des mers leur est donc applicable : mais les navires qui en usent, sont tenus de se conformer aux règlements et mesures de police édictés par l'autorité territoriale. La portion de territoire occupée par le canal ne cesse pas de faire partie de l'État dans lequel elle est comprise, et celui-ci y conserve sa juridiction. Ces principes ont été entr'autres reconnus pour le canal de Suez, dont la neutralité est assurée par une convention spéciale.

Lorsque deux États sont séparés par une chaîne de montagnes, on prend pour limite la plus haute arête et la ligne de partage des eaux.

Nous avons déjà traité la question des frontières maritimes, c'est-à-dire de la mer formant la limite d'un État. Nous nous bornerons ici à dire en résumé que sur mer on peut tracer des frontières imaginaires d'après les degrés de longitude et de latitude, ou mesurer les distances soit par lieues maritimes à partir d'une certaine île ou d'une certaine côte, soit par des portées de canon.

La délimitation des frontières des États repose sur les mêmes bases et sur les mêmes titres que la propriété du territoire national ; souvent aussi elle est déterminée par des traités spéciaux, auxquels sont généralement annexées des cartes géographiques frontières.

CHAPITRE IV

DROIT INTERNATIONAL PRIVÉ.

SECTION I — DROIT DE LÉGISLATION.

§ **103**. Il est impossible de considérer un État comme souverain et indépendant, s'il ne possède pas le pouvoir d'édicter, au gré de ses convenances, de ses besoins et de ses intérêts, sa législation civile et criminelle. Les États auxquels manque ce pouvoir sont privés d'un des attributs essentiels de la souveraineté nationale ; ils cessent d'être absolument libres et doivent au point de vue du droit des gens être regardés comme placés dans une situation de dépendance relative.

Ainsi chaque État peut, doit même déterminer l'action de ses lois en matière civile et en matière criminelle ; fixer les conditions générales de l'acquisition et de la perte de la propriété des biens meubles et des biens immeubles ; régler l'état et la capacité des personnes, les conditions nécessaires pour la validité des contrats, les droits et les obligations qui en découlent, enfin tout ce qui touche à la procédure et à l'administration de la justice. Dans l'intérieur du territoire national ce droit de législation et de juridiction a une étendue considérable. Tout État est justifié à l'exercer sur toutes les personnes, sur toutes les choses qui se trouvent dans les limites de son territoire et sur tous les actes qui s'y accomplissent ; non seulement les natifs du pays sont naturellement assujettis à cette juridiction, mais aussi les étrangers qui y résident.

A ceux-ci l'État doit l'assurance qu'ils ne seront ni maltraités ni lésés ; ils conservent du reste la faculté d'invoquer la protection de l'Etat auquel ils appartiennent. De son côté, cet Etat peut réclamer d'eux l'observation de certaines lois et l'accomplissement de certains devoirs.

Il est vrai en droit strict que les lois de chaque Etat ou de chaque souverain n'ont d'autorité que dans les limites de son territoire, et qu'aucun Etat ou aucun souverain n'est tenu d'autoriser sur son territoire l'exécution des actes et des jugements étrangers; mais il est vrai aussi, selon les principes du droit primitif, que l'application des lois ne doit pas être entravée, même au delà des limites du territoire de chaque État, lorsqu'il n'en résulte point d'offense aux droits et aux intérêts du souverain territorial. Toutefois l'exercice de ce pouvoir de législation et de juridiction des États comporte certaines restrictions quant à sa portée extérieure.

§ **104**. Il arrive souvent qu'un individu possède des biens dans un pays autre que le sien, ou que pendant son séjour à l'étranger il passe des contrats, souscrit des obligations et intente des actions en justice pour la sauvegarde de ses droits. Or de là, comme en général chaque État est régi par des lois qui diffèrent de celles des autres, peuvent naître des conflits de juridiction et d'intérêt entre le pays auquel appartient l'intéressé et celui où sont situés les biens, où se concluent les contrats. Ainsi un Français se marie à l'étranger. D'après quelle législation la validité de ce mariage devra-t-elle être appréciée ? Est-ce la loi française ou la loi étrangère qui en régira les formes, les conditions intrinsèques, les effets juridiques. Autre exemple : supposons un mariage contracté en Angleterre par un Français et une Italienne, l'un domicilié en Allemagne et l'autre en Espagne. Le conflit est ici plus intense ; cinq lois vont se trouver en présence. Ces conflits sont une conséquence inévitable de la diversité des lois des différents pays, lesquellet peuvent être appliquées chacune dans un sens différens à un même fait juridique. Ils se résolvent suivant des règles d'un caractère spécial et d'une tendance de plus en plus uniforme à mesure que les relations des peuples deviennent plus intimes et plus pacifiques. Ce sont ces règles qui servent de fondement à ce qu'on appelle le *droit international privé*.

En matière de conflits de juridiction, les règles suivantes sont généralement admises :

Les lois de chaque Etat régissent les personnes et les choses qui se trouvent dans les limites de son territoire ;

Toutes les personnes qui résident dans un État, même à titre temporaire, sont considérées comme sujets de ce même Etat ;

La convenance réciproque des nations les a fait consentir à ce que tout contrat souscrit sur leur territoire conformément à leur propres lois soit considéré comme valide partout, pourvu qu'il ne préjudicie en rien ni aux autres Etats ni à leurs citoyens.

Il résulte de ces règles que tout acte, tout contrat conforme aux lois du pays où il a été passé, doit, selon l'axiome *locus regit actum*, être considéré comme la loi des parties et dès lors être valide, même dans un autre pays dont les lois n'admettraient pas directement l'efficacité de stipulations semblables. Toutefois chaque État a le droit de déterminer les conditions et les formes dans lesquelles les actes accomplis à l'étranger produiront leurs effets. Par contre, les actes souscrits en violation des lois territoriales sont nuls et dépouillés de toute force obligatoire.

Quand le conflit a eu lieu entre les lois d'Etats différents, il faut rechercher dans quelle mesure les rapports permanents entre le sujet et son souverain peuvent être encore en vigueur sur le territoire étranger et préciser alors la limite de l'autorité et de la juridiction du souverain sur son sujet : ces rapports sont fondés sur la *nationalité*.

Les conflits de législation peuvent aussi surgir à l'intérieur d'un Etat entre des individus soumis à la même souveraineté, lorsque, par exemple, l'Etat est divisé en diverses parties régies par des lois propres et ayant des juridictions distinctes. Dans ce cas il suffit de constater si l'individu est en rapport permanent avec l'une plutôt qu'avec l'autre des fractions de l'Etat : ce rapport se termine par le *domicile*.

SECTION II. — De la nationalité et de la naturalisation des personnes.

§ **105**. La nationalité peut être définie la condition d'une personne ou d'une chose en tant que faisant partie d'une nation déterminée. Une personne ou une chose, disons-nous ; en effet, on applique le mot *nationalité* non seulement à une personne, mais aussi à un immeuble, à un navire.

Le caractère national de l'individu se détermine par la nation à laquelle il appartient.

Il est de règle générale que la première loi personnelle à laquelle il puisse être soumis, est celle du pays où il est né ou bien auquel il est rattaché par ses liens de filiation : c'est ce qui constitue sa *nationalité d'origine*.

Mais l'individu peut perdre cette nationalité primitive par suite de certaines circonstances, et en acquérir une autre, notamment au moyen de la naturalisation dans un autre pays, laquelle crée la *nationalité acquise*.

§ **106**. Pour reconnaître le caractère de l'enfant qui vient au monde, il importe donc avant tout de rechercher de quelle nation il est membre. Or, chaque Etat ayant le droit incontestable de déterminer les conditions auxquelles les individus commencent ou cessent d'appartenir au peuple ou au pays que cet État représente, on comprend que les législations des divers États ne résolvent pas la question dans le même sens : les unes ont surtout égard au rapport territorial et dans le doute se fondent sur le lieu de la naissance : c'est le *jus soli* ; les autres, prenant plutôt en considération les rapports personnels de l'enfant avec ses parents, font dériver la nationalité de la filiation : *jus sanguinis*.

Un troisième système combine ces deux influences en attribuant la prédominance soit à la nationalité des parents, soit à la nationalité du pays de naissance.

Le domicile a une très grande importance et exerce une influence qu'on ne saurait éluder en matière de nationalité ; c'est le domicile, en effet, qui seul peut déterminer la relation juridique entre l'individu et la souveraineté du territoire où il mène son existence et meut sa personnalité.

Le principe personnel prévaut dans la plupart des pays de l'Europe, où les enfants sont sujets ou citoyens de l'État auquel appartient leur père au moment de leur naissance, qu'ils soient nés dans le pays ou à l'étranger. Mais, en France, ce n'est que depuis la révolution. Sous l'ancien régime, le *jus solis* était seul en vigueur. « Les vrais et naturels Français, écrivait Pasquier, sont nés dans le royaume... Tout homme natif hors du royaume est aubain. » L'article 10 du code civil actuel porte : « Tout enfant né d'un Français en pays étranger est Français ». L'Angleterre est à peu près le seul État européen qui ait conservé le *jus sanguinis*.

La plupart des États de l'Amérique ont adopté dans une certaine mesure le principe anglais du lieu de naissance pour déterminer la nationalité de l'enfant, en ce sens qu'il suffit de naître sur le territoire national pour être citoyen de l'État, quelle que soit la nationalité des parents.

Cette existence d'une double législation sur un point

si important ne pouvait manquer de provoquer de nombreux conflits, d'autant plus graves qne leur solution touche à l'essence même de la souveraineté des États.

On comprend que cette solution ne présente point de difficulté entre des pays où la nationalité se base sur le même principe ; dans ces cas-là il ne s'agit en effet que d'appliquer strictement le principe équitable de la réciprocité. Ainsi les lois italiennes ou espagnoles reconnaissent comme appartenant à la nationalité française les enfants nés en Italie ou en Espagne de parents français, et les lois françaises reconnaissent comme Italiens ou Espagnols les enfants nés en France de parents de la même nationalité ; de même la loi anglaise ne déroge pas à ses principes en reconnaissant comme Argentin un enfant né sur le territoire argentin même de parents anglais, par la raison que la loi argentine doit reconnaître la nationalité anglaise aux enfants d'Argentins nés sur le territoire anglais.

Mais la question se complique quand le principe territorial se trouve en présence du principe personnel : quand, par exemple, la France réclame comme un de ses nationaux un enfant né de parents français dans un pays qui, comme la République Argentine entre autres, fait dépendre la nationalité du lieu de la naissance et non de la filiation : ici le conflit est évident, inévitable. Afin de le prévenir ou de le régler divers arrangements, juridiques ou conventionnels, ont été essayés entre les Etats intéressés ; mais la plupart n'ont eu qu'un effet transitoire et aucun caractère de fixité et d'application générale. Celui qui nous semble avoir approché le plus du but qu'on se propose d'atteindre, c'est la transaction stipulée par l'article 7 du traité du 21 septembre 1863 entre l'Espagne et la République Argentine, qui porte que, pour régler la nationalité des Espagnols et des Argentins, on observera respectivement dans chaque pays les dispositions de la constitution et des lois de ce pays ; de sorte que, quand un individu réclame la nationalité argentine ou espagnole, on décide sa réclamation d'après la loi espagnole, s'il se trouve en Espagne, et d'après la loi argentine, s'il se trouve dans la République Argentine.

En d'autres termes, ce mode de procéder ne serait que la mise en pratique de la théorie, créée par la nouvelle école italienne, de la territorialité de la loi, théorie qui a pour fondement principal le respect de l'indépendance des États en matière législative.

Il est au surplus un moyen qui nous paraît propre, dans tous les cas, à trancher ces conflits d'une façon définitive : c'est de laisser aux enfants nés d'étrangers dans un pays quelconque le droit d'opter, lors de leur majorité, pour la nationalité qu'ils préfèrent, tout en se conformant aux prescriptions de la loi territoriale.

§ **107**. Dans les pays ou la nationalité de l'enfant dépend de celle de ses parents, il importe donc, pour reconnaître cette nationalité, de bien établir la filiation ; cela n'offre point de difficultés lorsqu'il s'agit d'enfants dont la filiation est clairement, positivement, légalement établie, en d'autres termes lorsqu'il s'agit d'enfants légitimes, puisqu'il est évident que ces enfants suivent la nationalité de leurs pères. Mais quelle sera la nationalité de l'enfant dont la paternité n'est ni connue ni reconnue?

Dans le premier cas le doute n'est pas possible : l'enfant illégitime acquiert par sa naissance la nationalité de sa mère, qui seule constitue sa famille et par conséquent sa filiation, abstraction faite du lieu de la naissance; toutefois l'enfant illégitime non reconnu par son père ne suit pas le *status* de sa mère, lorsque celle-ci vient à acquérir plus tard par mariage une autre nationalité.

Mais si l'enfant né hors mariage est reconnu par son père naturel, il semble logique qu'il suive la nationalité paternelle ; car dans ce cas la famille de l'enfant n'est plus limitée à la mère seule et la filiation est établie par l'acte de reconnaissance.

La jurisprudence française paraît constante à cet égard : elle admet en principe que les enfants naturels suivent la condition de leur père, Français ou étranger, et que la mort de celui-ci ne modifie point la nationalité des enfants naturels qu'il a reconnus, bien que la mère soit d'une nationalité différente.

Il peut arriver aussi que non seulement la paternité, mais encore la maternité restent inconnues : tel est le cas des enfants trouvés. Il est alors généralement admis que les enfants sont sujets ou citoyens de l'État sur le territoire duquel on les trouve après leur naissance. Mais si plus tard on vient à découvrir la filiation de l'enfant, on lui attribuera la nationalité de sa mère.

§ **108**. La nationalité peut aussi dériver du mariage, en ce sens que les femmes suivent de plein droit la condition nationale de leurs maris. La logique de ce principe ressort de la nature même du contrat conclu par les époux; car le mariage doit constituer l'unité du ménage et la communauté de droit de la famille, à laquelle ces deux bases essentielles manqueraient absolument, si les époux pouvaient conserver des droits distincts, dépendre de deux États différents.

Cependant, dans quelques contrées, le mariage suffit pour conférer aussi la nationalité aux hommes qui épousent une femme du pays; mais cette concession, qui de prime abord paraît une sorte de contre-sens légal, en conflit manifeste avec les autres législations, est faite d'ailleurs dans la plupart des cas en vue d'avantager l'étranger plutôt que de le léser dans ses intérêts.

§ **109**. Jusque dans ces derniers temps certains pays comprenaient leur souveraineté comme allant jusqu'à l'absorption de la liberté individuelle, c'est-à-dire jusqu'à la défense absolue d'expatriation et à l'obligation de retour en cas d'absence autorisée; mais cette coutume, plutôt en contradiction qu'en accord avec le droit des gens, tend à faire place au principe plus naturel et plus équitable de la liberté d'émigration.

Toutefois la liberté d'expatriation n'est pas absolue ; elle est encore subordonnée à l'accomplissement préalable de certaines obligations envers l'État, notamment celle du service militaire.

Ainsi en France, tout individu qui, pour se soustraire à ce service, penserait à se dénationaliser, tombe sous le coup du décret du 26 août 1871, aux termes duquel la naturalisation étrangère, acquise par un Français, sans l'autorisation du gouvernement, l'expose à des conséquences graves.

La Suisse, de son côté, considère la nationalité comme tellement indélébile que l'indigène qui se fait naturaliser à l'étranger, n'en conserve pas moins sa première qualité. Il s'ensuit qu'un même individu peut avoir un double droit de cité.

Quoi qu'il en soit, on peut poser en principe que surtout lorsque l'émigration a lieu sans esprit de retour, le droit des gens reconnaît à l'émigrant le droit de tenter d'acquérir une nationalité nouvelle, et à l'État où il s'est réfugié celui de la lui conférer.

§ **110**. Les conditions dans lesquelles s'acquiert et se perd la nationalité sont du domaine du droit public interne de chaque État.

Il y a deux causes déterminantes du changement de nationalité : la loi et un acte volontaire de l'individu. La cession d'un territoire par traité, vente ou autrement, constitue un mode légal de changement de nationalité. Le mariage d'une femme avec un étranger, la naturalisation acquise dans un autre pays, et, pour certains États, l'acceptation de fonctions publiques conférées par un autre gouvernement, ainsi que le service militaire à l'étranger sans autorisation préalable, peuvent servir d'exemples de changements de nationalité amenés par la volonté libre de l'individu.

§ **111**. De tous les changements de nationalité reconnus par le droit des gens, le plus important, celui qui soulève le plus de difficultés pratiques, c'est la naturalisation. La naturalisation est l'acte par lequel un étranger est admis au nombre des naturels d'un État et par suite obtient les mêmes droits et les mêmes privilèges que s'il était né dans le pays.

En France, cette matière était régie jusqu'ici par la loi du 29 juin 1867. Elle établissait que l'étranger qui, après l'âge de 21 ans accomplis, a obtenu l'autorisation d'établir son domicile en France et y a résidé trois années, peut être admis à jouir de tous les droits de citoyen français, en vertu d'un décret du chef de l'État, sur un rapport du ministre de la justice.

La grande naturalisation, autrefois en vigueur, est donc expressément écartée par cette loi. Le naturalisé jouit de tous les droits des nationaux.

Les enfants dont la naissance est postérieure à la naturalisation, naissent Français d'origine. Les autres peuvent réclamer la nationalité française.

La femme étrangère qui a épousé un Français, devient Française par son mariage ; la femme française devient étrangère par son mariage avec un étranger.

La qualité de Français se perd par la naturalisation à l'étranger, par l'acceptation d'un emploi à l'étranger sans permission de l'État, par l'établissement du domicile à l'étranger sans esprit de retour, par l'affiliation à une armée étrangère, et par le mariage avec un étranger.

Mais cette législation a été modifiée en 1889 par une loi qui attribue la qualité de Français aux indigènes de l'Algérie et des colonies françaises, puis aux enfants nés en France d'un étranger. Mais ces enfants peuvent répudier la nationalité française.

Une autre loi facilite la naturalisation des étrangers qui ne rentrent pas dans les susdites catégories. Ils peuvent être dispensés du préliminaire de l'admission à domicile, et le stage est réduit à un an pour ceux qui ont épousé une Française ; enfin les enfants des étrangers naturalisés sont naturalisés avec leurs parents, durant leur minorité, et dispensés du stage après leur majorité.

Le premier des effets de la naturalisation est de rompre les liens qui attachaient le naturalisé au pays dont il abandonne volontairement la nationalité, et surtout de mettre un terme à l'allégeance qu'il devait au gouvernement de ce pays : c'est une conséquence logique, rationnelle, irrécusable.

La naturalisation n'a point d'effet rétroactif.

La condition de l'étranger naturalisé se trouve réglée par la loi du pays d'adoption dès le moment de la naturalisation, mais seulement à partir de ce moment-là ; sa condition antérieure reste soumise à la loi d'origine : d'où il suit qu'en règle générale toutes les questions de capacité se référant à des faits accomplis avant la naturalisation devront être appréciées d'après la loi d'origine du naturalisé.

La naturalisation n'altère en rien les droits acquis avant son accomplissement, ni même les conséquences légales qui découlent de ces droits antérieurs. Mais de même que le changement de nationalité ne porte point atteinte aux droits acquis en faveur du naturalisé, il ne peut non plus en porter aux droits acquis contre lui.

La naturalisation est personnelle cependant; malgré ce caractère d'individualité qui s'y attache à la naturalisation, ses effets ne s'arrêtent pas toujours explicitement à la personne qui l'a obtenue; ils s'étendent en plusieurs cas aux membres de sa famille. Le chef d'une famille qui émigre et entre dans une nouvelle société politique, entraîne généralement après lui sa femme et ses enfants encore mineurs.

Dans quelques pays la législation ne prohibe point le cumul de deux, même de plusieurs nationalités par une même personne; mais cela peut être regardè comme exceptionnel.

La pratique actuelle de la naturalisation peut se résumer ainsi : aussi longtemps qu'il demeure dans les limites juridictionnelles de sa patrie d'adoption ou dans un autre pays quelconque, le citoyen étranger naturalisé jouit intégralement, sans restriction d'aucune sorte, du bénéfice de la nationalité qui lui a été conférée ; si la naturalisation a été recherchée et acquise au mépris ou en violation des lois du pays d'origine, les liens moraux qui rattachent le citoyen à son lieu de naissance, ne sont pas complètement rompus, et, à moins de stipulations conventionnelles expresses, le naturalisé en rentrant à n'importe quelle époque dans son pays natal y retombe sous l'action de la juridiction territoriale, qui peut lui demander compte des obligations ou des charges auxquelles il s'est indûment soustrait par l'émigration.

SECTION III. — Nationalité des navires.

§ **112**. De ce que la mer est libre, c'est-à-dire de ce que tous les peuples ont un droit égal à en faire usage, il s'ensuit naturellement que cet usage, en raison même de son caractère de communauté, doit être réglé par des lois ou des principes généralement admis, de manière à garantir à chaque nation l'exercice de son droit et à prévenir ou à réprimer les atteintes qui pourraient y être portées. Une condition essentielle de la sécurité de la navigation maritime est donc que les navires relèvent d'une nation qui présente pour eux des garanties nécessaires aux autres nations, et qui protège sa marine dans le cas où les principes du droit des gens seraient violés à son égard.

Certains avantages, monopoles, exemption ou diminution de droits de douane accordés à la marine locale et non à la marine étrangère, sont d'ailleurs inhérents ou subordonnés à la preuve de la nationalité des navires.

§ **113**. Pour apprécier la nationalité des navires il faut tenir compte :

1° Des conditions auxquelles elle est soumise ;

2° Des preuves que les navires doivent en donner.

Sous ce double rapport il y a lieu de distinguer entre les bâtiments de l'État ou navires de guerre et les bâtiments appartenant aux particuliers ou navires marchands : les premiers sont regardés comme une portion des forces militaires de la nation dont ils arborent le pavillon, et ils ont des droits et des devoirs exceptionnels, tandis que les seconds sont assimilés à de simples particuliers et, comme tels, soumis aux lois qui règlent à l'étranger les relations des personnes privées.

§ **114**. Chaque État est libre de fixer les conditions auxquelles il confère sa nationalité aux navires, leur donne le droit de porter son pavillon et leur accorde sa protection ; aussi les dispositions fondamentales concernant la nationalité des navires présentent-elles, suivant les pays, de nombreuses et frappantes différences. D'une manière générale on peut toutefois réduire à quatre les points principaux sur lesquels elles portent, savoir : 1° la construction ou l'origine du navire ; 2° le propriétaire ; 3° le capitaine et les officiers qui le commandent ; et 4° l'équipage qui le monte. Il faut en outre tenir compte de la nationalité du propriétaire de la cargaison, indépendamment de la destination des marchandises pour un port ennemi ou neutre.

Dans plusieurs pays la nationalité des navires est réglementée par une loi générale, appelée *acte de navigation,* par des réglements spéciaux, par des articles contenus dans les codes de commerce maritime, ou encore par des stipulations conventionnelles. En France, l'acte de navigation de 1793, accordait le bénéfice de la nationalité aux seuls navires construits en France. Mais peu à peu on a adouci ce régime, autorisé la francisation de navires pris sur l'ennemi ou construits hors de France ; puis permis aux étrangers de s'intétéresser dans des armements français. Ce régime a été consacré par la loi de 1845, par divers traités internationaux et par la loi de 1866, qui autorise la francisation moyennant un droit de 2 francs par tonneau. En revanche, aucun navire ne peut arborer le pavillon français, à moins que le capitaine, les officiers et les trois quarts de l'équipage n'appartiennent à l'inscription maritime.

§ **115**. De même qu'une personne peut se faire naturaliser dans un autre pays, de même un navire peut changer de nationalité.

En temps de paix un État est libre de conférer sa nationalité à des navires étrangers en leur accordant provisoirement le droit de porter son pavillon et en les faisant jouir de la protection qui s'y rattache, pourvu que cet acte ne soit guidé par aucune intention frauduleuse ni ne porte préjudice à des droits déjà existants.

En temps de guerre le navire acheté de sujets des belligérants acquiert la nationalité de l'acheteur, dès qu'il est régulièrement inscrit sur le registre des navires de l'État duquel celui-ci dépend.

§ **116**. Les nations maritimes sont libres de fixer les conditions auxquelles elles reconnaissent la nationalité des navires étrangers dans les eaux dépendant de leur territoire; mais les égards que les nations se doivent entre elles, exigent que ces conditions ne soient pas de nature à entraver la libre navigation et le commerce maritime.

En tout cas le navire doit être mis à même de fournir la preuve de sa nationalité, au moyen de documents authentiques ou de certains signes distinctifs permettant de vérifier à première vue à quelle nation il appartient.

Le pavillon est le signe apparent du caractère national d'un navire. Chaque État a des couleurs particulières, sous lesquelles naviguent ses nationaux et qui ne peuvent être arborées sans sa permission.

Le pavillon ne suffit pas à lui seul pour prouver la nationalité du navire; il offre trop de facilités à l'abus et aux usurpations. Pour avoir un moyen de contrôle plus certain, les nations maritimes sont convenues que tout navire marchand doit être pourvu de *papiers de bord* ou *lettres de mer*, que le capitaine est tenu de produire chaque fois qu'il en est légitimement requis. Ces papiers de bord consistent le plus ordinairement en un acte indiquant le signalement du navire, ses dimensions, son nom, des détails sur sa construction, en un passeport ou patente de navigation, l'acte autorisant le navire à porter le pavillon national, un rôle de l'équipage mentionnant les noms et la nationalité des matelots, et un acte d'achat ou de propriété. Du reste ces papiers donnent lieu à une grande diversité d'usages entre les nations; leur nombre, leur libellé varient d'ailleurs à l'infini d'un pays à l'autre et sont régis par les codes ou les lois intérieures de chaque État.

En France l'article 226 du Code de commerce oblige le capitaine d'avoir à bord l'acte de propriété du navire, l'acte de francisation, le rôle d'équipage, les connaissements et les chartes parties, les procès-verbaux de visite, les acquits à caution.

§ **117**. La différence caratéristique que nous avons signalée entre les navires de commerce et les bâtiments de guerre, en amène naturellement et logiquement une non moins tranchée dans les conditions d'existence et dans les moyens de constatation de la nationalité.

Les preuves de la nationalité et du caractère d'un navire de guerre résident tout d'abord dans le pavillon et surtout dans la flamme militaire arborée au haut de ses mâts; en second lieu, dans l'attestation de son commandant, donnée au besoin sur sa parole d'honneur, et dans la commission dont il est muni.

Le pavillon et la flamme sont des indices visibles; mais dans certains cas ils ne font foi que lorsque leur déploiement a été accompagné d'un coup de canon, qu'on appelle coup d'assurance, ou d'un salut.

L'attestation du commandant dispense de toute autre preuve : en pleine mer ou ailleurs la puissance étrangère qui ne s'en contenterait pas, manquerait gravement aux égards internationaux ainsi qu'aux principes généraux du droit des gens.

Lorsque, dans des cas tout à fait exceptionnels, des doutes s'élèvent sur la nationalité d'un bâtiment de guerre, la commission est considérée comme suppléant à toute autre preuve.

En principe, ce qui constitue le bâtiment de guerre, ce n'est pas la force de l'armement, le nombre des canons, mais bien le fait de la possession par l'État et du commandement par des officiers appartenant à l'armée de mer. C'est pourquoi l'usage et les convenances mutuelles ont fait comprendre dans la catégorie des bâtiments de guerre les navires marchands affrétés spécialement et en entier pour le transport de troupes, de vivres, de rechanges ou d'autres objets appartenant au gouvernement et commandés par des officiers de la marine militaire.

SECTION IV. — Du domicile.

§ **118**. Les définitions qu'on a donnée du domicile, varient à l'extrême. Selon le droit romain, le domicile est le lieu où un individu a établi ses pénates, où il a ses intérêts, son industrie, son commerce, ses moyens de subsistance, l'endroit où le citoyen doit remplir ses obligations municipales ; en un mot, l'endroit qu'il ne compte pas abandonner à moins de circonstances de force majeure.

Le code civil français (article 102) porte que « le domicile de tout Français, quant à l'exercice de ses droits civils, est au lieu où il a son principal établissement », lequel ne peut être changé que « par le fait d'une habitation réelle dans un autre lieu, jointe à l'intention d'y fixer son principal établissement. »

Par ces mots : « principal établissement » on entend, ainsi qu'il ressort des expressions même de l'exposé des motifs de la loi, « le lieu où une personne jouissant de ses droits a établi sa demeure, le centre de ses affaires, le siège de sa fortune, le lieu d'où cette personne ne s'éloigne qu'avec le désir et l'espoir d'y revenir, dès que la cause de son absence aura cessé. »

Suivant le code civil italien (titre II, article 16), « le domicile civil d'une personne est dans l'endroit où elle a le siège principal de ses affaires et de ses intérêts; la résidence est dans l'endroit où la personne a sa demeure habituelle. »

D'après la législation anglaise, le lieu de la naissance est le premier domicile qui s'attribue à l'individu, jusqu'à ce qu'il puisse en indiquer un autre. Cet autre domicile s'acquiert par la résidence notoire dans une paroisse pendant quarante jours.

La définition la plus exacte, à notre avis, a été donnée par le juge des Etats-Unis Rush, lorsqu'il dit que le domicile est une résidence dans un lieu particulier, accompagnée de preuves positives ou présumées de l'intention de s'y fixer pendant un temps illimité.

§ **119.** En général on distingue plusieurs sortes de domiciles, selon qu'on envisage le domicile au point de vue de la naissance, de la nécessité et de la volonté : 1° le domicile d'origine; 2° le domicile par prescription de la loi ou *réel*; et 3° le domicile *élu*, c'est-à-dire transporté accidentellement dans un lieu déterminé, pour certaines affaires.

Le domicile d'origine correspond, dans cet ordre d'idées, au lieu de la naissance. Chaque individu reçoit à sa naissance un domicile d'origine, qu'il conserve jusqu'à ce qu'il en ait acquis un autre.

Le domicile d'origine est généralement celui qu'avait le père au moment de la naissance de l'enfant. C'est celui de la mère, si l'enfant vient au monde après la mort du père, ou s'il est illégitime et non reconnu. Si les parents sont inconnus, le domicile est au lieu de la naissance ou bien au lieu où l'enfant a été trouvé.

Le domicile réel ou légal est le lieu où la loi présume, sans admettre de preuve contraire, qu'une personne réside d'une façon permanente pour l'exercice de ses droits et l'accomplissement de ses engagements. C'est aussi celui que la loi assigne à certaines personnes n'ayant point de domicile qui leur soit propre : telles sont celles qui n'exercent leurs droits que sous l'autorisation ou par l'entremise d'un administrateur légal, par exemple les femmes mariées, les enfants mineurs. On pourrait aussi faire entrer dans cette catégorie les domestiques, les fonctionnaires publics, les exilés et les criminels déportés.

Le domicile de la femme mariée est celui de son mari.

Le domicile de l'enfant est celui de ses parents ou de ceux qui les remplacent suivant la loi.

Le domestique a le même domicile que son maître.

Les fonctionnaires publics ont de plein droit leur domicile dans le lieu de l'exercice de leurs fonctions, si ces fonctions sont stables, non simplement provisoires ou périodiques; mais quand ils sont appelés à une fonction publique purement temporaire ou révocable, ils conservent le domicile qu'ils avaient antérieurement, s'ils n'ont manifesté d'intention contraire.

Les ambassadeurs et les consuls conservent le domicile du pays qu'ils servent ou qu'ils représentent.

Un soldat n'acquiert pas un domicile dans le lieu où il est en garnison, mais il conserve son domicile sur le territoire du souverain au service duquel il est engagé. Le marin a pour domicile non pas son navire, mais le territoire de l'État qu'il sert.

Un être collectif ou moral peut avoir un domicile : généralement on considère comme le domicile d'une société le lieu où est le siège de son établissement.

Si la société a plusieurs établissements ou succursales, chacun de ces établissements peut être considéré comme une sorte de domicile distinct pour les affaires spéciales qui y sont directement traitées.

Le domicile d'une société cesse d'exister avec la dissolution et la liquidation de la société.

Il est bien entendu que le domicile d'une corporation ou société est entièrement distinct du domicile des personnes qui la composent et qui, dans bien des cas, demeurent dans différents pays.

Dans certaines circonstances, afin d'écarter tout obstacle au mouvement de la vie civile, la loi permet ou prescrit aux particuliers de se choisir un domicile d'exception pour une certaine affaire déterminée : c'est ce qu'on appelle le domicile élu.

En général l'élection de domicile se restreint à l'objet pour lequel elle a été formée. Le domicile élu ne remplace le domicile réel qu'à l'égard des objets pour lesquels il est élu.

§ **120**. Deux choses doivent se trouver réunies pour constituer le domicile : d'abord la résidence ou le séjour dans le lieu où l'on est, ensuite l'intention d'en faire son habitation.

Pour que la résidence produise quelque effet pour la détermination du domicile, il faut naturellement qu'elle ait une certaine durée et que sa prolongation autorise à en inférer l'intention d'acquérir un domicile fixe dans le pays. Si elle n'était qu'accidentelle, motivée par une affaire ou une opération particulière, la personne resterait dans la position d'un simple voyageur ou d'un étranger de passage.

Dans bien des cas la résidence réelle n'est pas indispensable pour conserver un domicile, une fois acquis; mais le domicile se conserve *animo solo*, par la seule intention de ne pas en changer ou de ne pas en adopter un autre.

§ **121**. Le négociant a son domicile commercial au siège principal de ses affaires, au point où se concentrent ses opérations. Sans impliquer d'une manière absolue la perte de l'esprit de retour ni celle de nationalité d'origine, ce domicile, lorsqu'il a acquis un certain caractère de durée, entraîne pour le négociant des obligations, des charges particulières à l'égard du pays où il est venu se fixer et dont le gouvernement et les lois le protègent dans l'exercice de son commerce.

§ **122**. Toute personne maîtresse de ses droits peut changer de domicile à son gré et transporter où bon lui semble son principal établissement. Toutefois ce changement est soumis à certaines conditions déterminées par la loi.

Le domicile d'origine doit prévaloir jusqu'à ce que la personne en ait non seulement acquis un autre, mais ait aussi manifesté et mis à exécution l'intention d'abandonner son ancien domicile et d'en prendre un autre pour son unique domicile.

§ **123**. Certains publicistes prétendent que le domicile confère un caractère national ; d'autres, au contraire, contestent la convenance et le fondement d'une pareille maxime, dont l'application absolue donnerait au seul fait du domicile ou de la résidence l'équivalen de la naturalisation.

Toujours est-il que le gouvernement qui permet à des étrangers de résider sur son territoire, doit les protéger, pendant la paix comme en temps de guerre, dans la jouissance de tous les droits que leur confère leur résidence et dans l'accomplissement de tous les actes légaux en résultant ou prescrits sur le territoire; mais cette protection ne s'étend pas au delà du territoire et pour des matières qui n'y ont aucun rapport.

On peut dire en résumé que l'individu qui a rempli les formalités prescrites par les lois d'un État étranger pour l'acquisition d'un domicile, devient domicilié dans cet État.

§ **124**. La fixation du domicile entraîne avec elle des effets de natures diverses et d'une portée souvent décisive.

Dans la règle, il est généralement admis que les personnes établies dans un pays sont soumises à la juridiction et à la législation du lieu de leur domicile, en ce qui concerne les rapports du droit civil. Conséquemment au domicile se rattache la compétence de la juridiction devant laquelle une personne peut être assignée.

De la fixation du domicile dans tel ou tel lieu dépendent la compétence de l'officier de l'état civil pour la célébration du mariage, la détermination du lieu où s'ouvrent les successions, etc.

Dans l'ordre politique l'exercice des droits constitutionnels dépend essentiellement du domicile, qui sert généralement de base aux lois électorales.

Après le changement de domicile, la loi du nouveau domicile exerce sur l'individu les mêmes effets que celle du domicile d'origine avait exercés jusqu'alors; mais il va sans dire que cette dernière loi n'a pas d'effet rétroactif sur les actes passés antérieurement par l'individu.

Les obligations résultant d'engagements privés contractés au domicile d'origine reçoivent leur exécution dans le lieu du nouveau domicile.

§ **125.** Plusieurs États ont établi réciproquement des conventions en vertu desquelles leurs sujets respectifs, lorsqu'ils résident hors de leur pays, conservent leur domicile d'origine ou acquièrent un domicile commercial qui n'est ni celui de leur origine ni celui de leur résidence : c'est ce qui a lieu pour les rapports des nations chrétiennes avec la Turquie, les régences barbaresques et les contrées de l'extrême Orient, telles que la Perse, le Siam, la Chine, le Japon, etc. Tous les traités, toutes les capitulations conclues avec ces divers pays ont consacré au profit des étrangers la conservation intégrale et illimitée de leur domicile d'origine; en d'autres termes, leur séjour dans ces régions est, malgré sa durée, assimilé à une simple résidence et ne constitue qu'une sorte de domicile commercial.

Ce régime privilégié s'explique tout naturellement, quand on songe à la barrière infranchissable que les mœurs et la religion des pays musulmans élèvent entre les chrétiens et les indigènes.

SECTION V. — DES STATUTS RÉGISSANT LES PERSONNES ET LES BIENS.

§ **126**. En matière de conflit des lois le terme *statut* est employé comme synonyme du mot *loi*. Chaque disposition d'une loi est un statut qui permet, ordonne ou défend quelque chose : mais on désigne plus particulièrement sous la dénomination de *statuts* les lois municipales ou locales, les coutumes des diverses contrées.

Nous avons déjà indiqué que l'homme est sujet à la loi sous le triple rapport de sa personne, de ses biens et de ses actes; en conséquence on a divisé les statuts en trois classes : *statuts personnels, statuts réels* et *statuts mixtes*.

Les *statuts personnels* sont ceux qui affectent directement la personne, forment ce qu'on appelle *son état*, la rendent capable ou incapable de contracter, de faire tels ou tels actes, sans aucun rapport avec les choses, si ce n'est accessoirement. Ainsi sont des statuts personnels : la loi qui détermine si l'individu est citoyen d'un Etat ou étranger; la loi qui établit la légitimité, celle qui prescrit les formalités du mariage ou indique les causes de sa dissolution; celles qui soumettent la femme à la puissance du mari, le fils à la puissance du père, le mineur à la puissance du tuteur; celle qui établit la capacité de tester, de s'obliger, etc.

On appelle *statuts réels* ceux qui affectent directement les choses, la qualité et la nature des biens, en permettent ou en défendent la disposition, indépendamment de l'état ou de la capacité générale de la personne, ou n'y ayant qu'un rapport incidentel ou accessoire. Il faut ranger dans cette catégorie toutes les lois relatives au droit de disposer des biens, au droit de succession etc.

Les *statuts mixtes* ne sont pas, à proprement parler, ceux qui concernent à la fois les personnes et les biens, mais plus exactement ceux qui exercent leurs effets sur les obligations ou les actes de l'individu. Ils comprennent les lois concernant les formes des contrats et des autres actes de l'homme, ainsi que celles des procédures en justice et de l'exécution des jugements.

Cette dernière qualification de *statuts mixtes*, qui paraît remonter jusqu'au temps de Paul Voët, n'est pas admise uniformément par les auteurs ou les jurisconsultes. Défendue par Phillimore, elle est rejetée par Rocco et par Massé, qui « ne peut concevoir un statut prononçant sur les personnes abstraction faite des choses, sur les choses abstraction faite des personnes », mais qui n'en est pas moins obligé d'admettre un ordre d'idées à part, une troisième espèce de statuts se rapportant à la forme des actes sans tenir compte de la personne et de la chose.

Fœlix ajoute que cette troisième classe de statuts, qu'il dénomme « les lois qui exercent leurs effets sur les actes de l'individu », ne se rapporte pas seulement à la forme de ces actes, mais aussi à la matière, à la substance des contrats ou dispositions.

Fiore se prononce positivement contre la théorie des statuts, « parceque la base scientifique ne lui en paraît pas rationnelle » ; toutefois il avoue partager l'avis de Savigny : « qu'il ne faut pas repousser comme absolument fausse la doctrine qui distingue trois sortes de statuts, car elle est susceptible des interprétations et des applications les plus variées, parmi lesquelles on peut en rencontrer de tout à fait justes ».

En résumé les divergences portent plus sur le mot même que sur le fond de la classification.

Les limites qui séparent ces trois catégories de statuts et dans lesquelles chacune d'elle doit être circonscrite donnent lieu à de grandes différences d'opinion parmi les jurisconsultes : les uns les étendent, tandis que les autres les restreignent plus ou moins.

On retrouve une égale divergence dans la pratique

relativement à l'application des statuts aux cas particuliers.

Les règles à suivre peuvent se résumer ainsi :

Les statuts personnels s'attachent à toutes les personnes domiciliées sur le territoire de l'autorité qui les a édictés ; ils doivent être reconnus et appliqués par les jugements des tribunaux étrangers.

Il en est de même pour les statuts réels, lesquels s'attachent à tous les biens immeubles.

Les statuts mixtes s'attachent à tous les actes accomplis sur le territoire de l'autorité qui les a édictés, et les lois de ce territoire doivent leur être appliquées.

§ **127**. Le droit de législation des nations comprend tout ce qui a rapport à l'état et à la capacité de leurs sujets, quant à l'étendue et à l'exercice de leurs droits civils; on est donc fondé à dire que le statut personnel de chaque individu est celui du pays auquel il appartient.

Le caractère distinctif des lois qui composent le statut personnel consiste en ce qu'elles accompagnent la personne partout où elle va, qu'elles ne s'appliquent qu'aux nationaux et qu'elles n'exercent aucune influence sur les étrangers qui se trouvent accidentellement sur le territoire qu'elles régissent.

Les qualités auxquelles se rapporte le statut personnel, sont celles de citoyenneté, de légitimité ou d'illégitimité de naissance, de majorité ou de minorité d'âge, d'idiotisme et de folie, de mariage et de divorce. Mais par cela même que le statut personnel est la conséquence logique de la souveraineté nationale, il ne peut s'imposer à un autre État sans porter atteinte à la souveraineté.

Tout ce que nous venons de dire sur le statut personnel d'un individu s'applique également à l'état des personnes collectives ou juridiques.

§ **128**. Sous le régime féodal, les étrangers étaient considérés comme en dehors du droit commun. Ils étaient astreints à des charges exceptionnelles, parmi lesquelles nous devons mentionner en première ligne le droit d'aubaine, *jus albinagii*, en vertu duquel un étranger qui avait acquis des biens-fonds dans un État, ne pouvait en disposer ni en faveur de ses héritiers légitimes, ni en faveur d'un étranger ; à sa mort ses biens revenaient de droit au souverain territorial, le domaine éminent de l'État prévalant dans ce cas sur l'intérêt de l'étranger et de sa famille.

En France, toutefois, les rois avaient consenti de nombreuses exceptions, tantôt en faveur des principes étrangers qui ne résidaient pas dans le pays, des commerçants étrangers, des soldats au service du roi, des étudiants étrangers inscrits dans les universités françaises et des ambassadeurs; tantôt en vertu des traités qui stipulaient la réciprocité,

§ **129**. A côté et en quelque sorte comme corollaire du droit d'aubaine, le régime féodal en avait imaginé un autre, connu sous le nom de droit de détraction, *jus detractus*, lequel consistait dans un prélèvement de tant pour cent que le gouvernement opérait sur les biens meubles exportés hors de son territoire, sur le produit net des successions transférées à l'étranger, ou sur les donations testamentaires. Ce droit de détraction était qualifié quelquefois de droit de *retraite*, de *sortie*, de *gabelle*, d'*émigration*.

§ **130**. Parmi les traditions du régime féodal nous devons encore mentionner le droit appelé *escheat* (du vieux français *eschoir* ou *échoir*), qui était surtout pratiqué en Angleterre et en vertu duquel tous les biens de l'étranger décédé dans le royaume sans laisser d'héritier reconnu par les lois anglaises passaient, par une sorte de réversion, à la famille féodale à laquelle ils auraient dû appartenir; et lorsqu'il n'existait point de dépendances féodales ni aucune personne apte à succéder à ses biens par *escheat*, l'État prenait la place du seigneur féodal, en vertu de sa souveraineté et en qualité de propriétaire éminent de toutes les terres et de tous les biens qui étaient sous sa juridiction.

Ce n'est que depuis l'acte du 12 mai 1870 que les étrangers, qui jusque-là ne pouvaient posséder à aucun titre un droit immobilier quelconque en Angleterre, sont assimilés aux sujets anglais pour la possession, la jouissance, l'acquisition ou la transmission par toutes les voies légales de la propriété mobilière ou immobilière.

§ **131.** Avec les temps modernes, les règlements exceptionnels qui frappaient les étrangers sont tombés en désuétude ; le respect des droits des personnes a prévalu, et la plupart des législations locales ont sanctionné la règle que le statut personnel suit l'individu en pays étranger. Toutefois le respect par les États du statut personnel des étrangers est assujetti à certaines restrictions, même dans les pays qui appliquent à l'individu la loi personnelle du domicile.

Étant admis que le statut personnel suit l'individu partout où il va, jusqu'en pays étranger ; que la loi personnelle de chaque individu est celle du pays auquel il appartient, parmi les conséquences les plus saillantes de ce principe on peut énumérer les suivantes :

C'est cette loi qu'il faut consulter pour s'assurer de la nationalité de l'individu, de son état civil, de sa capacité d'acquérir un domicile dans le pays et d'en changer, de disposer ou de recevoir par donation ou par testament, de disposer de biens meubles ou immeubles, de s'obliger par engagements ou par conventions, d'ester en justice. C'est la même loi qui régit la validité et les effets du mariage quant aux personnes, quant aux biens des époux et quant à la condition des enfants, la puissance paternelle, les pouvoirs des tuteurs, etc.

§ **132.** Le statut réel, ainsi que nous l'avons défini, consiste dans la loi ou l'ensemble des lois qui concernent la possession des biens-fonds ou immeubles.

L'individu, régi par la loi de son domicile, peut d'une façon quelconque acquérir des immeubles situés dans un pays étranger gouverné par une autre loi ; or, soit à l'occasion de cette acquisition, soit plus tard, lorsqu'il surviendra une nouvelle mutation dans la propriété de ses biens, un conflit pourra surgir entre les lois des deux pays, c'est-à-dire que la question pourra se présenter de savoir laquelle de ces lois devra recevoir son application.

Le statut réel a pour fondement le double principe de la propriété et de la souveraineté nationale. Les biens-fonds, les immeubles de toute espèce font partie intégrante du domaine propre de chaque nation et l'État a le droit absolu de régler législativement la possession, l'acquisition et l'aliénation des immeubles situés sur son territoire : telle est la règle générale qu'exprime l'axiome du droit romain : *lex loci rei sitæ* (loi du lieu où la chose est située).

Lorsque tous les biens que possède un individu sont compris dans le territoire de la nation à laquelle il appartient, ou dans le territoire où il a son domicile, et que cet individu ne passe pas d'actes hors de ce territoire, les lois de son pays régissent tous ces rapports, de sorte qu'il n'y a pas lieu d'appliquer la dis-nction entre les statuts personnels, les statuts réels et les lois concernant les actes des personnes. Le conflit entre ces diverses lois ne pourrait se présenter que si l'individu possédait des biens situés dans un autre pays, ou passait des actes hors du territoire de sa nation.

En résumé, le statut réel régit toutes les dispositions de l'homme relatives aux immeubles, et tous les actes qui ont des immeubles pour objet sont soumis aux lois du lieu de la situation. Ainsi, en cas de vente d'un immeuble avec indication de la contenance à raison de tant la mesure, c'est la mesure du lieu de la situation qu'il faut appliquer.

§ **133.** Les biens meubles sont régis par d'autres règles que les biens-fonds ; les premiers dépendent davantage de la personne qui les possède et n'ont pas le caractère de fixité et d'immuabilité qui distingue les seconds. Les actes ou les contrats qui les concernent sont régis par la loi du domicile de la personne à laquelle les biens appartiennent ; *lex loci domicilii* (loi du lieu du domicile). Ainsi, par exemple, c'est la loi du pays où le propriétaire de biens meubles avait son domicile au moment de sa mort, qui régira la portion mobilière de sa succession, et non la loi de la contrée dans laquelle les biens peuvent se trouver.

En France, les jurisconsultes distinguent comme suit : les meubles envisagés comme universalités sont régis par la loi de leur propriétaire (loi nationale ou loi du domicile); les meubles pris individuellement obéissent à la *lex rei sitæ.*

Pour la saine application de la règle *lex loci domicilii*, il convient de ne pas perdre de vue que le mot *meuble* n'a pas partout la même acception, et que certains meubles reçoivent de la loi le caractère d'immeubles tantôt à titre fixe et permanent, tantôt à titre transitoire, en raison de la destination à laquelle ils sont affectés. Parmi les biens de cette espèce on peut citer les rentes foncières, les rentes sur l'État érigées en majorat, les actions de banques publiques, les parts d'intérêts dans les canaux, les mines, les chemins de fer et autres entreprises industrielles.

D'après cette distinction entre la législation concernant les biens immobiliers et celle qui régit les biens mobiliers, il importe de déterminer nettement dans les litiges s'ils ont pour objet des meubles *ou* des immeubles, ou à la fois des meubles *et* des immeubles.

La question ressort notamment à propos des successions comprenant des biens situés dans un autre pays que celui où le décédé résidait.

Dans le cas où le testateur aurait à disposer seulement d'objets mobiliers, il doit se conformer aux exigences des lois qui régissent le lieu de son domicile ; quelle que soit sa nationalité, il est tenu à l'accomplissement des formalités que ces lois prescrivent.

Au contraire, si la succession se compose d'immeubles, ces immeubles demeurent sous l'action de la loi du lieu où ils sont situés, quelle que puisse être la législation régissant le domicile du défunt.

Si les biens dont le testateur veut disposer consistent à la fois en meubles et en immeubles, il doit revêtir son testament des formalités requises par les lois du lieu de son domicile et du lieu où ses immeubles sont situés ; ou bien il peut formuler ses dispositions testamentaires dans deux actes séparés, rédigés respectivement conformément aux lois du pays où chacun d'eux doit recevoir son exécution.

§ **134**. En droit strict, les contrats doivent être régis, quant à la valeur légale de leur forme et aux effets découlant de leurs stipulations, par la loi du lieu où ils sont conclus. Cette règle, déduite de l'axiome *lex loci contractus* (loi du lieu de l'engagement), est fondée non seulement sur la convenance mutuelle des individus, mais encore sur la nécessité morale pour les nations de vivre en relations intimes les unes avec les autres.

La règle *lex loci contractus* ne s'applique toutefois ni au *statut personnel* ou à la capacité propre des contractants, qui ne saurait varier suivant les lieux, ni aux cas dans lesquels son application entraînerait la violation formelle des lois du pays où le contrat doit se dénouer ou recevoir son exécution. Le devoir réciproque des nations ne va pas en effet jusqu'à prêter leur sanction à des engagements contraires à l'ordre public ou à la morale, et dont rien ne peut effacer le vice et la nullité radicale.

Les exceptions que souffre la *lex loci contractus*, peuvent se classer en cinq groupes, savoir :

1° Lorsque, en vertu des clauses du contrat, l'acte doit recevoir son exécution dans un lieu autre que celui où il a été rédigé ;

2° Lorsque le contrat est contraire aux bonnes mœurs ou aux institutions du pays où il doit être exécuté ;

3° Lorsqu'il s'agit d'apprécier les fins de non-recevoir opposées à l'un des contractants ;

4° Lorsque les contractants sont tous les deux étrangers ;

5° Lorsque les contractants manifestent par leurs engagements l'intention évidente d'éluder les lois de leur patrie.

En dehors de ces exceptions, il peut se présenter certains cas particuliers dont la solution ne saurait offrir de difficultés, pour peu qu'on tienne compte à la fois des principes généraux développés plus haut et de la nature ou de la signification des contrats qui éveillent le doute. On s'est demandé, par exemple, quel devait être le *locus contractus*, lorsque le contrat a été dressé en parcourant divers pays, ou lorsque l'existence de l'acte a été subordonnée à l'accomplissement d'une condition qui ne peut se réaliser que dans un lieu autre que celui où l'engagement a été pris. Dans le premier cas, il faut évidemment se prononcer pour le pays où se parachève l'obligation souscrite ; dans le second, au contraire, pour le lieu de la signature du contrat, la condition n'étant que l'accessoire et devant, par conséquent, suivre le régime légal de l'engagement spécial.

Ajoutons encore, que, si la loi du pays où un contrat a été fait, reconnaît aux parties le droit de changer, de modifier ou d'infirmer leurs conventions, les tribunaux de tout autre État, saisis de l'affaire, ne sauraient contester l'exercice de ce droit, qu'il s'étende à tous les contractants ou à un seul.

En outre de la personne individuelle, la loi reconnait l'existence d'êtres en quelque sorte fictifs, qui sont nommés personnes *morales* ou *civiles*, pour les distinguer des personnes *physiques* ou *naturelles*.

L'existence des associations ou corporations revêtues du caractère de personnes morales, date du jour où elles sont autorisées par la loi ou par le gouvernement. Elles peuvent acquérir et aliéner des immeubles, ester en justice, s'engager par la signature de leurs directeurs.

Leur existence prend fin par leur dissolution volontaire ou forcée, et par l'extinction des biens destinés à leur entretien.

Elle ont pour domicile l'État qui les a autorisées, mais elles peuvent se livrer à l'étranger à des opérations par l'entremise de leurs agents.

SECTION V. — Du mariage et du divorce.

§ 135. Le mariage est considéré par certains peuples comme un acte purement civil, par d'autres comme un acte exclusivement religieux, et par d'autres comme un acte à la fois civil et religieux.

Cette manière différente d'envisager le mariage influe naturellement sur le droit international privé, relativement à la légitimité ou à l'illégitimité des mariages contractés hors du pays natal.

La règle qui domine en cette matière, c'est que la validité d'un mariage se détermine d'après la loi du pays où il a été célébré, de sorte que, quand une personne se marie dans un autre pays que le sien en accomplissant les formalités locales, la légitimité de son mariage ne peut être contestée qu'en cas d'inobservation de la loi étrangère, sans autre exception que celle résultant de l'intention évidente de se soustraire aux règles de son statut personnel ou de faire fraude à la loi de son pays d'origine.

La législation française ne reconnaît que le mariage civil. En ce qui regarde les mariages contractés par les Français en pays étranger, la jurisprudence prend pour point de départ la règle *locus regit actum* (la loi du lieu où l'acte s'est passé) et le principe que les lois concernant l'état et la capacité des personnes régissent les Français même résidant à l'étranger. L'article 170 du Code civil reconnaît comme valable le mariage célébré en pays étranger entre Français et entre Français et étranger, s'il a été célébré dans les formes usitées dans le pays, pourvu qu'il ait été précédé des publications prescrites par la loi, que l'époux ait au moins 18 ans et la femme 15, qu'il ait donné son consentement et obtenu celui de ses ascendants, que l'époux ne se trouve point dans les liens d'un mariage précédent et qu'il n'y ait pas entre les conjoints un degré de parenté prohibé. A l'étranger, le mariage peut être célébré par les agents diplomatiques et les consuls.

§ **136.** Une exception à la *lex loci* est généralement admise chez les nations chrétiennes par rapport à la polygamie, qui y est réprouvée et même condamnée comme une violation aux lois ; aussi n'y consent-on pas à la polygamie d'un étranger, quand même elle est admise par la loi de son pays.

§ **137**. La prohibition du mariage entre parents en ligne directe, étant en quelque sorte de droit naturel, se trouve établie par toutes les législations. Cependant le Pape, dans les pays catholiques, et le gouvernement, dans les pays protestants ou dans les pays qui ont adopté le mariage civil, exercent dans le plus grand nombre de cas le droit de lever toutes les prohibitions dans la ligne collatérale, sauf celles relatives aux mariages entre frères et sœurs.

§ **138**. Les conjoints, dont la législation propre voit avant tout dans le mariage un contrat purement civil, doivent, dans tout pays qui ne reconnaît pour ses nationaux que le mariage religieux, être acceptés et traités comme légitimement unis par le lien conjugal, bien que leur alliance matrimoniale n'ait pas été célébrée ou bénie dans une église.

§ **139.** Dans la plupart des pays, lorsque les époux sont unis sans contrat, leurs biens sont régis par la communauté légale, c'est-à-dire la possession en commun des biens meubles possédés par l'un et l'autre à l'époque du mariage ou qui leur échoient après, et des immeubles acquis pendant le mariage.

Lorsqu'il y a entre les parties un contrat de mariage exprès, ce contrat fournit la règle qui décide de la disposition des biens, et, en tant que contrat, il doit recevoir ses effets partout dans les limites générales, sauf les exceptions qui s'appliquent à toutes les autres espèces de contrats.

On peut dire en général qu'à défaut de stipulations formelles énoncées dans le contrat de mariage, les immeubles doivent être soumis à la loi de la situation des biens, et les meubles à la loi du domicile.

§ **140**. Les diverses législations présentent deux moyens de dissoudre le mariage : la séparation de corps et le divorce.

Le mariage peut encore être rompu par l'annulation qui atteint l'union qui n'a pas été contractée valablement.

En France on reconnait sept causes de nullité pour le mariage :

1° L'absence de consentement de l'un des époux ou la surprise de ce consentement par erreur dans la personne ;

2° L'absence de consentement des parents ou tuteurs;

3° Le défaut d'âge;

4° La parenté ou l'alliance à un degré prohibé;

5° L'existence d'un mariage antérieur;

6° La clandestinité ;

7° L'incompétence de l'officier de l'état civil qui a procédé à l'union.

La séparation de corps entraîne celle des biens ; mais elle ne rompt pas le mariage ; elle se borne à en relâcher les liens civils. Par le divorce, au contraire, la rupture est complète, absolue, définitive, et les divorcés peuvent, chacun de son côté, contracter un nouveau mariage.

Le droit de dissolution du mariage par le divorce figure dans la législation des pays protestants ; mais il n'est pas admis dans tous les pays catholiques.

En France, il a été rétabli par la loi du 27 juillet 1884.

La dissolution d'un mariage, judiciairement prononcée par voie de séparation de corps et de biens ou par voie de divorce conformément aux lois du pays où le mariage a été célébré et où les conjoints avaient leur domicile, produit ses effets dans toute autre contrée. Mais d'après quelle règle se guider quand la rupture du lien conjugal est poursuivie dans un autre pays que celui de la célébration et du domicile, ou dans un pays dont la législation diffère de celle de la patrie des conjoints? C'est là une question délicate de droit international privé. Pour la résoudre il faut tenir compte de la nationalité et du statut personnel des époux. Si les conjoints appartiennent à un pays et à une communion chrétienne qui repoussent le divorce, ils ne peuvent légitimement, tant qu'ils conservent la même nationalité, la même croyance religieuse, faire dissoudre leur union matrimoniale en se transportant dans un pays où prévaut le divorce avec faculté de conclure un autre mariage ; car, s'ils agissaient ainsi, ils s'exposeraient, quand ils retourneraient dans leur patrie, à y être judiciairement poursuivis et condamnés comme bigames.

Lorsque, au contraire, les époux appartiennent à un pays dont les lois intérieures sanctionnent le divorce, et qu'usant du bénéfice des lois qui régissent leur statut personnel, ils ont régulièrement fait prononcer la dissolution complète de leur mariage, ils doivent partout ailleurs être considérés comme célibataires et libres de contracter une nouvelle union matrimoniale.

SECTION VI. — Des successions.

§ **141**. Le droit naturel et, d'après ce droit, la loi de tous les États civilisés reconnaissent à toutes les personnes le droit d'étendre, pour ainsi dire, leur volonté au delà des limites de leur existence et de transmettre après leur mort leurs biens à des survivants.

Cette volonté peut être expresse, c'est-à-dire énoncée dans un testament, et alors il y a lieu à une succession testamentaire, c'est-à-dire que l'héritier désigné dans le testament succède au défunt ; ou bien la volonté peut être tacite, c'est-à-dire qu'elle n'est constatée par aucun document authentique ; dans ce cas la loi présume quelles ont pu être les intentions du défunt, et il y a lieu à une succession *ab intestat*.

Du moment que le testament est régulier quant à sa forme extrinsèque, d'après la loi où il a été fait, il doit être reconnu partout comme valable, même dans les lieux régis par une souveraineté et une législation différentes.

La loi du domicile du testateur régit la substance et l'interprétation des dispositions contenues dans le testament.

§ **142**. L'ordre dans lequel les héritiers sont appelés à succéder, leur degré respectif, la quote-part héréditaire correspondant à chacun d'eux, la plus ou moins grande extention du droit de représentation, les droits du fils naturel, de l'époux survivant et des successeurs irréguliers à défaut d'héritiers, la manière d'acquérir la propriété et la possession de l'hérédité sont différents suivant les lois diverses.

§ **143**. Sur la question des lois généralement applicables aux successions testamentaires et aux successions *ab intestat*, la jurisprudence admet une triple division :

1° La jurisprudence qui soumet l'*universitas juris* (les biens mobiliers et les biens immobiliers) de la sucession à la loi du dernier domicile du défunt ;

2° La jurisprudence, directement contraire, qui soumet les biens à la loi de l'endroit où ils se trouvent, laquelle admet en conséquence la possibilité de l'application de lois différentes aux différentes portions des biens et ne pose aucun principe relativement aux dettes et aux créances, dont il est loisible dans chaque cas de disposer pratiquement au mieux des intérêts en cause ;

3° La jurisprudence intermédiaire, qui soumet les personnes à la loi du domicile du défunt et les biens à la loi de l'endroit où ils sont situés, *lex situs.*

Si la succession ne comprend que des biens meubles, alors on applique le principe que les biens meubles suivant la personne et son domicile; c'est la loi du domicile qui gouverne la succession mobilière.

Mais quand la succession comprend à la fois des biens meubles et des immeubles situés dans différents pays, la difficulté naît du conflit des lois en présence, soit par rapport à la mesure des droits successoraux, soit par rapport à la compétence de l'autorité judiciaire pour prononcer sur les contestations possibles concernant la succession ou le partage de l'héritage.

En principe, les successions sont régies par la loi du lieu où elles s'ouvrent. Ce lieu est déterminé par le domicile. Il suit de là que c'est le domicile du défunt qui détermine la législation applicable à la dévolution de la succession mobilière, et non la nationalité.

Quant aux biens immobiliers, la loi de la situation de ces biens doit seule, à l'exclusion de la loi domiciliaire, être suivie pour la dévolution successorale : ces successions, étant d'ordre civil, ne peuvent être régies que par le droit civil de chaque pays.

§ **144.** La forme des preuves que l'héritier étranger doit fournir à l'appui de ses droits à la succession, doit être celle prescrite par la loi du lieu où ces droits ont pris naissanee. C'est donc la loi domiciliaire qu'il faut consulter pour décider quelles sont ces preuves.

SECTION VII. — Exercice du pouvoir judiciaire.

§ **145**. Toute demande ou tout différend qui est du ressort des tribunaux, doit être jugé dans chaque pays selon la loi territoriale. Ce principe n'admet point d'exception, parce qu'il est une conséquence immédiate et irrécusable de la souveraineté des nations. Ainsi l'on peut dire que la *lex domicilii* et la *lex loci contractus* déterminent la validité intrinsèque d'une obligation, mais que, toutes les fois qu'il s'agit de réclamer en justice l'exécution d'un contrat, c'est la *lex fori* qui devient seule applicable.

Dans les questions relatives aux droits *réels*, on doit suivre le statut réel (*forum rei sitæ*); dans celles qui ont trait aux droits *mixtes*, il faut s'en tenir tantôt au statut personnel, tantôt au statut réel, tantôt au *forum rei sitæ* ou la loi du domicile : dans les questions qui se rapportent aux droits *personnels*, la loi du domicile sera celle du contrat.

Pour que le pouvoir judiciaire puisse connaître des affaires civiles qui relèvent de la loi du domicile et ont un caractère essentiellement transitoire, mobile et personnel, il faut donc que les ayants droit se trouvent dans les limites où son action peut s'exercer : sinon, il y aurait empiètement de juridiction et conflit, ce qui serait contraire à tous les principes. Toutefois il peut y avoir des exceptions où cette juridiction ait été formellement reconnue par des arrangements internationaux.

§ **146**. Chaque Etat a un droit incontestable aux services de tous ses citoyens. Il a, rigoureusement parlant, le droit de leur défendre de sortir de son territoire, et, par conséquent, le droit, pour des motifs d'ordre public, dont lui seul est juge, notamment à l'occasion du service militaire, de rappeler ceux de ses ressortissants qui se trouvent à l'étranger (*jus avocandi*). Néanmoins pour obtenir leur retour il ne peut réclamer l'assistance des autorités étrangères, qui n'ont point à seconder l'exécution de ses ordres, puisqu'il s'agit de rapports entre un citoyen et son gouvernement, et que l'État étranger n'a aucun intérêt à porter atteinte à la liberté personnelle des voyageurs ou des autres étrangers qui séjournent sur son territoire. L'État qui use du droit de rappel peut adresser des instructions spéciales à ses agents diplomatiques et consulaires.

§ **147**. En vertu de ses droits de souveraineté sur ses nationaux, l'État peut exiger que ses sujets lui rendent, et exclusivement à lui, des services publics ; il est donc le maître de leur permettre ou de leur défendre, suivant sa convenance, d'entrer au service civil ou militaire d'un autre État.

Il y a des gouvernements qui ne restreignent point sous ce rapport la liberté naturelle des citoyens ; mais d'autres exigent que leurs sujets leur demandent leur consentement exprès pour entrer au service d'une puissance étrangère.

§ **148**. L'État a non seulement le droit, mais encore le devoir de protéger et de défendre par tous les moyens qu'autorise le droit des gens ses nationaux à l'étranger, lorsqu'ils sont l'objet de poursuites arbitraires ou de lésions commises à leur préjudice, quand même les mauvais traitements ou les dommages éprouvés par eux ne sont pas directement le fait de l'État étranger, mais quand celui-ci n'a rien fait pour s'y opposer. En pareil cas l'État auquel appartient la personne lésée, a le droit de demander la réparation de l'injustice, une indemnité pour le dommage causé et, selon les circonstances, des garanties contre le renouvellement d'actes semblables.

§ **149**. S'il est un principe universellement admis c'est assurément celui qui donne à la juridiction locale le droit de connaître de toutes les questions relatives aux droits réels et personnels qui surgissent entre individus résidant dans le pays temporairement ou à titre permanent, alors même que ces questions ont pris naissance dans d'autres pays.

Parmi les différends qui surgissent entre étrangers résidant dans un pays autre que le leur, il en est qui, en raison de la nature des droits qu'ils invoquent, doivent être soumis à des tribunaux particuliers et régis par des lois spéciales. Ainsi, par exemple, les actions réelles et possessoires ne peuvent être intentées que devant les tribunaux du pays de la situation des biens qui leur donnent origine.

En France les tribunaux peuvent être saisis des litiges entre étrangers dans les cas suivants :

1° Lorsque l'obligation a été contractée en France ou dans un autre pays entre étrangers et Français;

2° Lorsqu'il s'agit d'obligations commerciales contractées en France;

3° Lorsque les étrangers soumettent volontairement leur cause à la décision des tribunaux français.

§ **150**. Tout État possède un droit incontestable et absolu de juridiction sur ses citoyens aussi longtemps qu'ils se trouvent sur son territoire; mais ce pouvoir ne va pas jusqu'à régler les droits, les devoirs et les obligations de ceux qui résident à l'étranger.

§ **151**. Qu'un État doive avoir juridiction sur les biens immeubles situés dans les limites de son territoire, c'est là un principe d'une évidence telle qu'il n'a pas besoin de démonstration. Il s'ensuit comme conséquence du même principe : 1° que le *statut réel,* tenant à la chose et non à la personne et dérivant du droit éminent de l'État, oblige le possesseur, qu'il soit national ou étranger; 2° que toute tentative de la part d'un tribunal d'étendre son action sur des immeubles situés dans un autre pays, outre qu'il serait matériellement impossible que sa décision sortît tous ses effets, constituerait une dangereuse usurpation de pouvoir.

La règle du droit commun adoptée à cet égard par toutes les nations prescrit que les actions réelles soient soumises à la loi de la situation des biens, et les actions personnelles à la loi du domicile du défendeur.

Par suite d'une fiction légale, les biens meubles sont considérés comme situés dans le lieu où réside leur propriétaire, et partant assujettis aux lois qui y sont en vigueur.

§ **152**. Les lois de courtoisie internationale ont établi certaines différences dignes de remarque entre les dispositions à cause de mort et les contrats entre vifs faits par des étrangers. Le droit de libre disposition, *jus disponendi* est universellement reconnu et appliqué sans restriction aux contrats entre vifs passés entre étrangers. Quant aux actes de dernière volonté, aux dipositions à cause de mort, l'exercice du droit a, au contraire, subi certaines restrictions fondées sur ce principe que les testaments appartiennent au domaine du droit civil et du statut personnel.

SECTON VIII. — Des jugements étrangers

§ **153**. L'autorité d'un jugement dérive exclusivement de la loi civile du territoire étranger ; mais les convenances internationales — *usu exigente et humanis necessitatibus* — en ont décidé autrement, et les jugements définitifs des tribunaux étrangers compétents, qui statuent en matière de contrats et d'obligations, sont en règle générale acceptés et respectés, sous certaines conditions, avec plus ou moins de restrictions, par les tribunaux des autres États, comme ayant force de chose jugée *(exceptio rei judicatæ)*.

Toutefois aucun État ne permet l'exécution sur son territoire d'un jugement étranger autrement que sous l'autorité et d'après l'ordre d'un de ses tribunaux. De l'examen des différentes législations il ressort que, si tous les États civilisés maintiennent d'une façon ou d'une autre les jugements étrangers, ils ne les laissent pourtant pas sortir effet comme s'il s'agissait de jugements rendus dans le pays même; ils ne leur accordent pas ce qu'en France on appelle *l'exécution parée*. Généralement on révise le jugement étranger suffisamment pour constater qu'il ne renferme rien de contraire à l'ordre public de l'État où il doit être exécuté, et qu'il est revêtu de l'autorité compétente du tribunal duquel il émane.

La législation française ne rend pas exécutoire de plein droit les jugements prononcés à l'étranger contre des sujets français, mais elle les considère seulement comme sujets à révision. En revanche elle accorde force de chose jugée aux jugements statuant entre étrangers. Mais dans aucun cas ces sentences ne comportent d'exécution parée. Il faut aussi que le jugement étranger soit passé en force de chose jugée.

§ **154**. C'est aussi un principe général que les jugements en matière de compétence produisent leur effet parfait hors même du territoire où ils ont été prononcés, par la raison que, pour les questions de cette espèce, dominées par la règle de l'indépendance réciproque des nations, le tribunal local est seul absolument souverain.

La forme et le mode d'après lequel le jugement étranger doit être exécuté dépendent exclusivement des lois de l'État qui en ordonne l'exécution.

Mais pour ce qui regarde les immeubles la règle de droit en vertu de laquelle ces biens sont régis par la loi de la situation des biens (*lex juridictionis ubi sita sunt*) est absolue quant à ses effets extraterritoriaux, et s'applique avec les mêmes conséquences aux meubles placés directement sous l'action juridictionnelle du tribunal appelé à statuer à leur égard; les sentences qui les concernent doivent donc être universellement obligatoires et valables pour tout tribunal quelconque qui, sous une forme ou une autre, pourrait être ultérieurement saisi du même différend.

§ **155**. Lorsqu'une affaire déférée à un tribunal ne peut être appréciée et résolue que conformément à la loi intérieure ou coutumière d'un autre pays, c'est aux parties en cause à justifier de l'existence de cette loi et à en fournir un texte authentique. Les formes de cette justification, les conditions d'authenticité la nature et l'étendue des preuves à fournir à l'appui d'un droit, enfin les garanties spéciales requises pour la validité du témoignage verbal dans les pays qui admettent la preuve testimoniale avec ou sans serment en matière civile, sont exclusivement régies par les lois de procédure ou les usages de l'État sur le territoire duquel le différend doit être vidé, et ne rentrent à aucun point de vue dans le domaine du droit international.

§ **156**. Ce que nous venons de dire des jugements s'applique en grande partie aux actes.

D'après les lois des États modernes, un acte passé à l'étranger n'est jamais rejeté par les juges d'un autre pays sur le seul motif que la preuve par écrit n'est pas admise; mais on examine toujours le mérite de l'acte sous le rapport de sa forme extérieure et de l'accomplissement des formalités intérieures.

La personne qui produit l'acte doit justifier qu'il a été passé dans le pays étranger, aux lois duquel il doit être conforme.

L'acte fait en conformité de ces lois est valable partout en ce qui concerne la forme. Il est généralement admis entre les nations que l'acte considéré comme authentique par les lois au lieu de sa rédaction, l'est aussi dans les pays étrangers et qu'il y fait également preuve complète.

La règle que la force exécutoire donnée à un acte par les autorités d'un pays ne subsiste pas, lorsqu'il s'agit de mettre l'acte à exécution dans un pays qui n'est plus soumis aux mêmes autorités, ne reçoit exception que dans le cas où des traités diplomatiques reconnaissent aux actes étrangers sur les territoires respectifs la même force qu'aux actes émanés des autorités nationales. Alors les formalités à accomplir pour en obtenir l'exécution sont réglées par les traités.

En France les actes notariés ont force exécutoire comme les jugements, mais ceux passés à l'étranger doivent être déclarés exécutoires par un tribunal français. En revanche ils font foi devant les tribunaux dans cette déclaration, pourvu que la signature de l'officier public soit légalisée.

Il ne faut pas confondre la force probante d'un acte avec sa force exécutoire.

Ainsi un acte passé à l'étranger devant les autorités compétentes peut être considéré en France comme authentique et faisant preuve suffisante des faits qu'il contient; cependant il n'aura pas en France la force exécutoire que la législation française attribue aux actes authentiques passés en France; par contre l'acte passé en France, quoique expédié en forme exécutoire, n'a dans les autres pays d'autre effet que la force probante.

Celui qui produit en France un acte authentique, reçu à l'étranger, doit en prouver l'authenticité.

L'acte authentique fait foi, en droit français, de tout ce que l'officier de l'état public constate, comme l'ayant vu et entendu, pourvu qu'il eût mission de le constater.

Les actes notariés passés en France font preuve par eux-mêmes.

§ **157**. Quant aux sentences judiciaires rendues à l'étranger et aux témoignages par écrit, leur validité intrinsèque et la justification de leur contenu sont subordonnées à la stricte observation des règles ou des formes consacrées par la législation interne de chaque nation. Un usage, que son observation universelle a élevé à la hauteur d'un principe de droit international, fait en cette manière considérer comme authentique : 1° tout original muni du grand sceau de l'État ; 2° toute copie autorisée et légalement certifiée conforme au texte par l'autorité compétente ; 3° tout acte, tout certificat, toute déclaration ou tout procès-verbal émanant soit d'un magistrat ou d'un autre fonctionnnaire public, soit d'un notaire investi à cet effet d'un pouvoir spécial par la loi territoriale. Le juge qui a exigé la production de ces documents étrangers reste d'ailleurs absolument maître d'apprécier les circonstances de force majeure par suite desquelles les parties ne pourraient faire leurs justifications dans la forme authentique, et de se contenter alors de telle ou telle preuve équivalente ou supplétive.

§ **158**. Suivant un usage adopté par toutes les nations, les tribunaux des différents pays se prêtent une assistance mutuelle lorsque dans le cours d'une instance il devient nécessaire de procéder à un acte quelconque d'instruction, une enquête à diriger, un interrogatoire à faire subir, un serment ou une déclaration à recevoir, une remise de pièces, une assignation à donner ou une décision à exécuter dans un lieu situé hors du ressort du tribunal saisi de la cause. En pareil cas ce tribunal demande le concours du tribunal ou du magistrat étranger au moyen de lettres qui ont reçu le nom de *commissions rogatoires*.

Les commissions rogatoires en général ne se transmettent pas aux tribunaux ou aux magistrats étrangers directement, mais par la voie diplomatique, de manière que le gouvernement puisse les examiner avant d'en autoriser l'exécution, pour s'assurer qu'elles ne contiennent rien de contraire aux lois de l'État. Dans le cas où une commission rogatoire serait transmise directement de l'étranger à un magistrat, celui-ci doit l'envoyer immédiatement au ministre de la justice.

SECTION IX. — Lois de commerce et de navigation. Faillites.

§ **159**. Les lois de commerce et de navigation n'ont le caractère obligatoire que pour les citoyens de l'État qui les a édictées; elles perdent donc toute action pour les faits délictueux, actes de contrebande ou autres analogues, accomplis dans un pays tiers.

En cette matière et pour l'étude des questions de droit international qui s'y rattachent, il convient de distinguer avec soin entre les lois économiques ou fiscales, qui réglementent l'exercice du commerce et de l'industrie, autorisent ou défendent notamment le trafic de certains objets déterminés, et les lois pénales ou répressives, qui pèsent sur tous les habitants du territoire sans aucune exception. Les premières en effet peuvent ne pas être applicables à un négociant étranger, à raison de son domicile commercial, tandis que les secondes, comme tout ce qui tient à la police et à l'ordre public, pèsent forcément sur lui pour les infractions, les délits ou les crimes dont il se rendrait coupable.

§ **160**. L'état de faillite affecte l'ordre public. Si les commerçants n'accomplissent pas les obligations que cet état leur impose, ils commettent un délit, et par suite la législation sur les faillites présente les caractères d'une loi de police obligeant tous ceux qui habitent le territoire,

La déclaration de faillite, considérée dans sa véritable raison d'être, a pour objet plutôt les biens que la personne du failli, plutôt la garantie des intérêts des créanciers que l'intérêt du débiteur.

La faillite, pour atteindre facilement et complètement son but, n'est possible qu'en *un seul* endroit, par conséquent devant *un seul* tribunal compétent, et pour le même motif elle doit attirer à elle la totalité de la fortune du failli. Dans le ressort d'un même Etat, d'une même législation, cette condition est d'ordinaire remplie sans difficulté ; car les actes de procédure et la compétence du juge de la faillite sont garantis dans l'intérieur d'un même État par l'autorité de ces États. Mais là où cette autorité finit, le conflit commence : les autres États, ne reconnaissant pas la compétence de ce tribunal, qui leur est étranger, repoussent, par rapport aux biens du failli situés sur leur territoire, la force attractive d'une faillite qu'ils ne reconnaissent pas non plus ; toutefois ils ouvrent sur ces biens un concours particulier, indépendant des règles et des lois de l'État étranger ; et lors même qu'ils livrent ces biens, ils ne le font qu'en garantissant d'avance à leurs nationaux créanciers et à d'autres, qui conformément à leur législation, en ont fait la demande, la même satisfaction que si la faillite étrangère n'existait pas. Ils trouvent la justification de cette conduite dans l'indépendance de leur juridiction.

C'est sur ces principes que repose aujourd'hui le droit international en cas de faillite. Il est généralement admis que les titres des créanciers étrangers conservent leur force intacte, lorsqu'ils réclament satisfaction sur des biens qui ne sont pas soumis à la juridiction du tribunal de la faillite.

L'état de faillite est régi par le statut personnel quant aux actes dont le failli devient personnellement incapable ; mais il est régi par le statut réel quant aux actes qui ne sont interdits au failli que par rapport à ses biens et dans l'intérêt de ses créanciers.

Ainsi le commerçant dont la faillite a été déclarée en pays étranger, et qui se trouve atteint par là d'une incapacité relative, ne pourra faire en France les actes dont sa faillite le rend personnellement incapable. Mais il pourra faire certains actes qui lui sont interdits plutôt relativement à ses biens et aux droits des tiers que relativement à sa capacité personnelle.

La doctrine a admis que, lorsqu'un même négociant a deux maisons dans deux États différents, la déclaration de faillite de l'une ne peut avoir d'effet sur l'autre. Ainsi le jugement qui déclare la faillite d'une maison de commerce, ne frappe pas à l'étranger la maison de commerce gérée sous une raison sociale distincte par le même négociant, alors même qu'on parviendrait à faire déclarer le jugement exécutoire dans cet autre pays; il faut dans ce dernier cas une déclaration spéciale de faillite.

Il n'en doit être ainsi que s'il existe plusieurs maisons formant chacune un établissment distinct. Le contraire arriverait, si la maison située dans l'État n'était qu'une succursale de l'autre, par exemple s'il ne s'agissait que d'un simple dépôt de marchandises.

En règle générale, dans l'ordre ou la distribution du prix des biens du débiteur commun, on ne fait aucune différence entre les créanciers nationaux et les créanciers étrangers.

Le droit international privé a consacré comme règle générale que le certificat de libération obtenu par un commerçant failli est obligatoire pour tous ses créanciers, nationaux ou étrangers, pourvu que la libération ait été prononcée dans le pays même où les dettes ont été contractées.

Toutefois pour les conséquences absolues de cette libération on doit tenir compte de la *lex loci* ; or certaines législations consacrent dans ce cas une extinction directe et locale de la dette et de toutes les actions des créanciers, tandis que d'autres n'admettent qu'une libération partielle ou une simple atténuation du recours en justice.

Quand aux jugements qui prononcent en pays étranger la réhabilitation d'un failli, leur effet varie suivant les cas.

Si le jugement de réhabilitation est rendu par le même tribunal qui a déclaré la faillite, ce jugement a effet en pays étranger sans avoir besoin d'y être rendu exécutoire, la réhabilitation étant un simple fait que le jugement ne fait que constater par cela même qu'il existe.

Si la faillite a été déclarée dans un pays et que le jugement de réhabilitation ait été rendu dans un autre, ce jugement ne peut avoir aucun effet dans le pays où la faillite a été déclarée ; l'incompétence du juge réhabilitant empêche même que ce jugement puisse être déclaré exécutoire.

SECTION X. — Juridiction d'un État sur les navires.

§ **161**. Les navires sont regardés comme des portions flottantes du territoire de l'État dont ils dépendent et dont ils sont autorisés à porter le pavillon ; à cet égard les navires marchands sont aujourd'hui placés sur le même pied que les navires de guerre.

Lorsque les navires se trouvent en pleine mer, la souveraineté de l'État dont ils portent le pavillon, s'étend au navire tout entier.

Il s'ensuit que les tribunaux de l'État auquel le navire appartient, sont compétents pour connaître des crimes ou des délits commis pendant la traversée, à l'exclusion de toute autre juridiction. Cette compétence atteint les délits commis par des personnes du navire non seulement à bord, mais dans les eaux qui environnent le navire.

Ainsi le délit commis en pleine mer, à bord d'un bâtiment français, est de la compétence des tribunaux français. Réciproquement, le crime commis en pleine mer contre un Français par un étranger à bord d'un bâtiment étranger, est de la compétence des tribunaux étrangers. Il en serait de même du crime commis dans les mêmes circonstances par un Français contre un Français.

L'État duquel dépend le navire est souverain absolu en tant qu'il s'agit de crimes et de délits ordinaires commis contrairement au lois nationales : en tout cas, si ces crimes ou ces délits portent préjudice à des tiers, l'État est tenu d'accorder satisfaction.

S'il s'agit de violation du droit des gens, ces offenses peuvent être jugées par les tribunaux du pays où les délinquants sont amenés, alors même que l'acte criminel a été accompli en pleine mer et sous pavillon étranger. Dans ce cas en effet la question de nationalité disparaît, et l'on n'a à se préoccuper que d'un fait délictueux affectant les intérêts de la société tout entière et la sécurité du commerce universel.

§ **162**. Au sujet des navires qui pénètrent dans les eaux d'un État étranger, remontent un fleuve ou une rivière, jettent l'ancre dans un port, il y a lieu de faire une distinction entre les navires marchands et les navires de guerre ; ceux-ci, faisant partie de la force publique et pouvant être regardés comme représentant en quelque sorte l'État dont ils portent le pavillon, jouissent du privilège d'exterritorialité, et, bien qu'ils doivent se soumettre aux ordonnances locales sur les ports, aux prescriptions de l'autorité concernant les remorques, les pilotes, les signaux d'approche, la police sanitaire, les quarantaines, etc., ils sont exempts de la juridiction territoriale : les crimes ou les délits commis à leur bord ou par des personnes de leur équipage tombent sous la compétence des tribunaux de la nation à laquelle ces navires appartiennent, et sont jugés selon ses lois. Mais en règle générale, à moins de stipulations contraires exceptionnellement consacrées dans les traités, cette exemption acquise aux bâtiments de guerre ne s'applique jamais aux navires de commerce, qui en effet représentent simplement une propriété privée, des intérêts particuliers, et jouent un rôle essentiellement pacifique ; les personnes qui sont à bord ne peuvent donc se soustraire à l'action de la juridiction du pays où ils se trouvent.

L'État étranger exerce la police sur tous les navires

mouillés dans le port, et ses tribunaux sont compétents pour connaître des procès civils, ainsi que les délits des matelots étrangers, lorsque les navires se trouvent dans les eaux dépendantes de son territoire.

La jurisprudence française consacre, en cette matière, des règles très précises ; elle distingue les actes de discipline intérieure des navires, les crimes ou les délits imputables aux hommes du bord et commis ailleurs qu'à terre ou ne troublant pas la sûreté du pays, de ceux qui sont commis par ou contre les personnes étrangères à l'équipage. Elle soustrait à la juridiction locale les faits qui appartiennent à la première catégorie ; quant à ceux de la seconde, elle les envisage comme tenant à des intérêts d'ordre public, au pouvoir souverain de l'État, et les soumet dès lors à la juridiction des tribunaux du pays.

§ **163**. Lorsque l'équipage d'un navire a commis un délit à terre ou dans les eaux faisant partie du territoire d'un autre État et qu'il est poursuivi par la justice de cet État, les poursuites peuvent être continuées contre ce navire en dehors des eaux qui font partie du territoire et jusque dans la mer libre ; mais lorsque le navire a échappé aux poursuites, il ne peut plus être attaqué en pleine mer par les navires de l'État lésé.

Les conflits de juridiction en cette matière tendent du reste à devenir de plus en plus rares, par la raison que les principales puissances maritimes ont pris soin de régler conventionnellement les droits ou les immunités dont elles entendent respectivement faire jouir les bâtiments de leur marine marchande. La forme et la portée des stipulations à cet égard varient sans doute beaucoup; mais l'esprit en est le même : elles consacrent généralement la distinction que nous avons établie entre les faits accomplis par les hommes de l'équipage entre eux à leur bord et les faits qui ont des conséquences extérieures ou qui concernent des étrangers.

Les engagements internationaux sur cette matière font partie tantôt des traités de commerce et de navigation, tantôt des conventions dites consulaires.

§ 164. A moins de prohibitions et de règlements ou de lois formellement contraires, les ports sont considérés comme libres et ouverts pour les navires de guerre et les corsaires des nations avec lesquelles on est en paix.

Lorsqu'un navire de guerre a été l'instrument matériel pour consommer des actes contraires aux droits d'un État, le gouvernement de cet État a le droit de poursuivre les auteurs de l'acte ; mais il n'aura pas le droit de traiter le navire en ennemi, après qu'il aura reçu l'assurance que le gouvernement de l'État du navire n'était pas complice du fait ou n'a pas pu l'empêcher.

Quand à bord d'un navire de guerre surviennent des faits entraînant un danger grave, imminent ou certain, de voir compromettre la tranquillité du port ou la sûreté de l'État, ou quand il y a nécessité urgente de procéder contre le commandant du navire pour s'assurer de sa personne et conserver les preuves de sa culpabilité, ou quand l'intervention de l'autorité locale a été réclamée par le commandant du navire, les droits juridictionnels de la souveraineté territoriale doivent avoir la préséance sur ceux de l'État étranger auquel appartient le navire.

Dans ces cas l'État auquel appartient le navire peut demander que les personnes qui se trouvent entre les mains des autorités locales, soient envoyées en jugement devant ses tribunaux, et cette demande doit être considérée comme fondée en droit, si ce n'est dans le cas d'un crime commis par le commandant du navire et exécuté dans l'État dans les eaux duquel se trouvait le navire ; car dans ce cas la juridiction territoriale doit avoir la préférence.

Les crimes commis à terre par les personnes de

l'équipage doivent être déférés à l'autorité territoriale ou à celle de l'État du navire, en tenant compte des règles établies pour les armées de terre.

M. Fiore définit ainsi la situation en pareilles circonstances des navires employés au service de la malle-poste.

« Ces navires ne doivent pas être assimilés aux navires de guerre ; par conséquent ils sont assujettis aux règlements de police ou de juridiction territoriale, à moins de nécessités impérieuses. En tous cas les questions se rattachant à ces navires peuvent être réglées par des conventions entre les gouvernements. »

En vertu du principe d'exterritorialité, l'exemption de la juridiction locale qui est acquise aux navires de guerre pendant leur séjour dans les eaux neutres, toutes les fois que des accords internationaux n'en ont pas décidé autrement, s'étend aux prises qu'ils amènent et aux prisonniers qui se trouvent à leur bord.

Toutefois, suivant les stipulations conventionnelles qui existent entre les belligérants et les neutres, les prisonniers de guerre appartenant aux armées de terre ou de mer amenés dans un port étranger peuvent, dans certains cas, y être débarqués et remis à l'autorité territoriale.

§ **165**. Au nombre des crimes qui, par leur caractère spécial et la généralité des intérêts qu'ils affectent, rentrent dans le domaine du droit des gens, c'est-à-dire sont punissables partout sans relever directement et exclusivement de la juridiction d'un État plutôt que de celle d'un autre, on doit ranger la piraterie.

Dans le langage international il faut entendre par ce mot tout vol ou pillage d'un navire ami, toute déprédation, tout acte de violence commis à main armée en pleine mer contre la personne ou les biens d'un étranger, soit en temps de paix, soit en temps de guerre.

A cette définition générale, empruntée au droit des gens, vient s'en ajouter une seconde, qui dérive exclusivement des lois particulières édictées par chaque État pour réprimer la piraterie, et en vertu desquelles on a assimilé à ce crime, pour les rendre passibles des mêmes peines et justiciables des mêmes tribunaux, des faits qui au point de vue international n'ont pas intrinsèquement un caractère criminel ni même délictueux, la traite des noirs, par exemple, dans les pays qui n'ont pas aboli l'esclavage,

Mais si, d'après les vrais principes du droit des gens, ni la traite des nègres, ni le fait de naviguer sans patente ou avec une patente fausse ne peuvent être considérés comme des actes de piraterie, il est beaucoup d'autres faits délictueux qu'on doit de toute justice assimiler à ce crime. Ainsi, par exemple, le vol et l'homicide commis à bord d'un navire en pleine mer ne constituent que des délits ou des crimes ordinaires, justiciables des seuls tribunaux du pays auquel le navire appartient; mais lorsque ces mêmes actes sont imputables à un équipage révolté, qui s'est violemment emparé du navire et dont la situation a par suite cessé d'être régulière et normale, ils se transforment en véritables faits de piraterie clairement et catégoriquement définis.

On peut ainsi résumer la règle du droit des gens qui prévaut à l'égard des pirates :

Les pirates, n'ayant ni pavillon ni nationalités et étant ennemis de toutes les nations, peuvent être attaqués, pris et jugés partout et par tous les États.

Dans les cas de piraterie la puissance qui les constate a le droit de les poursuivre et de les punir.

Le bâtiment et les individus qui le montent, étant dénationalisés, ne peuvent réclamer aucun privilège de nationalité.

La puissance qui a saisi le bâtiment et arrêté l'équipage est dès lors juge de la validité de la prise et de la culpabilité des individus.

§ **166.** Il ne faut pas confondre les corsaires et les

pirates, dont ils diffèrent en ce qu'ils sont commissionnés et autorisés par leur souverain pour courir la mer en temps de guerre, tandis que les pirates courent la mer en tout temps sans commission d'aucun souverain; mais le droit des gens attribue le caractère de pirate à tout navire qui reçoit des lettres de marque de deux ou de plusieurs gouvernements. Cependant les lois particulières des États limitent habituellement cette qualification et ses conséquences au capitaine et aux officiers du navire, en exceptant les simples matelots.

Sont aussi réputés pirates et traités comme tels les capitaines de navire armés qui ont reçu des lettres de marque d'un État étranger, sans la permission de leur gouvernement; et ceux qui se sont livrés à des actes d'hostilité sous un pavillon autre que celui de l'État dont ils ont reçu commission.

§ 167. Un gouvernement est-il fondé en droit à proclamer *pirates* et à punir de mort les rebelles qui parcourent les mers pour s'emparer des biens appartenant aux sujets ou citoyens demeurés fidèles au pouvoir établi?

En principe, le gouvernement dont la rébellion met l'existence en jeu, est libre et souverain pour poursuivre et réprimer comme il l'entend, par les forces dont il dispose, les attaques dirigées contre lui; mais il ne suffit pas qu'il attache au fait la qualification de piraterie pour que cette rébellion se transforme *ipso facto*, à l'égard des États étrangers, en crime de droit des gens et devienne punissable comme tel. Cela est si vrai que le pays où a éclaté une rébellion qui par sa durée assume le caractère de guerre civile, peut, à son point de vue, pour ses propres convenances, ne voir que des actes de piraterie dans ce que les autres pays, étrangers à la lutte, considèrent et respectent comme des actes de belligérants.

A cet égard on peut regarder comme admis par le droit coutumier les principes suivants :

1° Chez une nation où existent différentes factions le gouvernement de fait, qui a assumé et exerce le pouvoir public, généralement accepté, obéi dans le pays, parce qu'il réunit les éléments les plus stables de légalité, doit être considéré comme représentant la souveraineté de ce pays, quoique les puissances ne l'aient pas reconnu officiellement ;

2° Les navires de guerre naviguant avec l'autorisation ou une commission de ce gouvernement sont investis de la représentation légale ; ce sont les seuls qui puissent invoquer les immunités inhérentes aux navires officiels de l'État ;

3° Les navires armés par les factions opposées à ce gouvernement de fait et non reconnues comme belligérants manquent de toute représentation ; ils peuvent être détenus et pris en haute mer et même dans les eaux de leur propre État, quand ils commettent des violations du droit des gens au détriment de nations tierces ou de leurs citoyens, ou quand ils abordent dans les ports de ces nations ; et, dans l'un ou l'autre cas, ils peuvent être remis au gouvernement à l'obéissance duquel il se sont soustraits par la rébellion.

Quant aux révoltes isolées, en quelque sorte individuelles, aboutissant à des actes de déprédation en pleine mer, commis sous un pavillon qui n'est pas reconnu appartenir à un État constitué et souverain, il est évident qu'elles comportent pleinement l'assimilation à la piraterie et la répression comme crime du droit des gens.

§ **168**. En temps de guerre, les corsaires régulièrement munis de lettres de marque sont regardés comme des auxiliaires de la force navale du pays dont ils portent le pavillon, et ils ne peuvent jamais subir le traitement réservé aux pirates, même lorsqu'ils excèdent les limites de leur commission. La responsabilité de leurs actes incombe à l'État qui les emploie, sauf à celui-ci à réprimer et à punir leurs écarts dans la forme et dans la mesure prévues par sa propre législation.

§ **169**. La piraterie a de tout temps été réprimée par les châtiments les plus sévères ; à une époque qui n'est pas très éloignée de nous, toutes les nations maritimes procédaient à l'égard des pirates dans la même forme sommaire, c'est-à-dire qu'elles les faisaient pendre au bout des vergues, au moment même où l'on parvenait à s'emparer d'eux. De nos jours, la plupart des nations maritimes réservent à des tribunaux d'exception, cours d'admirauté ou autre analogues, la connaissance et le jugement de la piraterie.

§ **170**. Les objets de toute espèce trouvés en la possession des pirates doivent être restitués à leurs légitimes propriétaires, le vol ne pouvant jamais devenir un titre légitime d'appropriation, et d'ailleurs les prises maritimes, quelque temps qu'elle soient restées entre les mains des pirates, n'ayant point perdu leur nationalité par le fait de la durée plus ou moins prolongée qui s'est écoulée depuis la capture.

Dans le cas de naufrage ou d'échouement d'un bâtiment pirate, les habitants des côtes n'ont pas plus le droit de le piller que tout autre bâtiment naufragé ; le sauvetage est effectué par les soins des autorités locales et les objets sauvés appartiennent à ceux que les lois du pays ont désignés.

SECTION XI. — Droit pénal international.

§ **171**. C'est un principe général de droit que les crimes ont toujours un caractère local et sont régis exclusivement par la loi pénale du pays où ils ont été commis et non par celle de l'endroit où ses conséquences peuvent s'étendre.

Il est cependant certains faits délictueux ou criminels qui, en raison de leur caractère exceptionnel de gravité et des conséquences funestes qu'ils peuvent avoir, sont définis et punis par la loi pénale abstraction faite du lieu où ils ont été commis. De ce nombre sont la trahison, la fabrication de fausse monnaie, la falsification des sceaux de l'État, des billets de banques publiques, etc. Pour ces divers crimes, il n'y a pour ainsi dire pas d'exterritorialité, et la loi pénale ne confère à aucun État le droit de poursuivre et de punir le coupable, lorsqu'il retombe sous sa puissance.

La loi pénale de l'État, comme toutes les lois d'ordre public, s'applique indistinctement aux nationaux et aux étrangers.

Tout étranger peut être poursuivi dans l'État de sa résidence momentanée à raison de crime ou de délit commis par lui sur le territoire de cet État ; mais un État n'est pas dans l'obligation de punir une personne résidant sur son territoire sans être son sujet, qui est accusée d'avoir commis un crime hors de sa juridiction contre le sujet d'un autre État.

Toutefois certains États étendent l'application de leurs lois jusqu'à atteindre les crimes commis sur le territoire étranger, mais seulement dans le cas où le crime a été commis par leurs nationaux.

Ainsi tout Français qui, hors du territoire de la France, s'est rendu coupable d'un crime ou d'un délit puni par la loi française, peut être poursuivi et jugé en France; mais il n'y a pas poursuite, si l'inculpé prouve qu'il a été jugé à l'étranger.

§ **172**. Souvent la loi d'un État prononce une peine contre un fait que la loi d'un autre État laisse impuni; ou bien la peine infligée n'est pas la même dans les deux législations.

Dans ce conflit il est généralement admis qu'il faut appliquer non pas la loi du lieu où le crime ou le délit a été commis, mais la loi du lieu de la poursuite, par la raison que les juges d'un pays ne peuvent jamais appliquer d'autre loi pénale que la loi pénale du pays, ni d'autres peines que les peines décrétées par cette loi. Certaines législations ont admis un tempérament qui consiste à autoriser l'application de celle des deux lois qui est la moins sévère.

C'est un principe admis qu'aucun État n'autorise l'exécution sur son territoire des jugements rendus en matière criminelle par les tribunaux étrangers contre la personne ou contre les biens d'un individu. Par suite les incapacités résultant de ces jugements ne peuvent avoir leurs effets en pays étranger. Ainsi la confiscation de biens prononcée par un jugement criminel ne s'étend pas aux biens que le condamné possède en pays étranger; de même l'infamie attachée à une condamnation criminelle n'a pas d'effet en pays étranger.

§ **173.** Des stipulations de traités spéciaux peuvent en tout état de choses modifier les règles admises et attribuer aux lois pénales étrangères, ainsi qu'aux sentences rendues à l'étranger en s'y conformant, certains effets hors du pays que ces lois régissent et où ces sentences ont été prononcées.

Ces stipulations vont même plus loin : elles contiennent des accords intervenus entre les divers États pour la livraison réciproque des criminels qui se réfugient sur le territoire étranger afin d'échapper à la justice de leur pays, ou du pays où ils se sont rendus coupables de faits entraînant des poursuites contre eux. Ces accords ont donné naissance à toute une procédure internationale, connue sous la dénomination particulière d'extradition.

§ **174.** L'extradition est l'acte par lequel un gouvernement livre un individu prévenu d'un crime ou d'un délit commis hors de son territoire à un autre gouvernement, qui le réclame pour le faire juger et punir.

Le droit de répression des États sur leurs sujets est naturellement limité à l'étendue de leur territoire juridictionnel, hors duquel leurs lois perdent toute action. Il suit de là que les infractions à ces lois, ayant un caractère purement local, ne peuvent être poursuivies que dans le pays où elles ont été commises, et que, si les prévenus se réfugient sur le territoire d'un autre État, l'infraction demeure impunie, à moins que l'État offensé n'obtienne l'extradition des coupables.

§ **175**. Aucun juriconsulte ayant quelque valeur n'a nié que l'extradition, si elle n'est pas un droit strict, ne constitue une obligation parfaite, ne soit au moins un devoir de morale publique ; en d'autres termes l'extradition n'est pas une obligation imposée au gouvernement, qui n'est pas tenu nécessairement de demander l'extradition de tous les délinquants en fuite : c'est une faculté qui lui est donnée et dont il use quand il le croit nécessaire. Mais si le principe est aujourd'hui généralement admis, sa mise en pratique ne repose cependant pas encore sur des règles fixes et précises ; elle est plutôt régie par des usages, des précédents consacrés dans une série de conventions diplomatiques, dont les négociateurs se sont laissé guider beaucoup plus par des vues d'intérêts politiques que par des considérations générales d'équité et de droit pur. C'est ainsi qu'on peut s'expliquer comment l'exécution des traités d'extradition a, dans bien des circonstances, soulevé de sérieuses difficultés, aggravées encore par les préjugés ou les passions, dont les juges appelés à se prononcer en pareille matière n'ont pas toujours su s'affranchir.

§ **176**. C'est à partir du XVIIIe siècle qu'on voit les conventions générales d'extradition prendre un caractère de stabilité, s'étendre et se multiplier, et de notre temps on peut considérer la matière de l'extradition comme régie désormais par certains principes généraux, certaines règles relatives à la teneur des traités d'extradition, à leur mode de négociation et de mise à exécution.

Ces règles peuvent se classer en différents groupes,

selon qu'elles concernent : 1° l'autorité compétente pour demander ou accorder l'extradition ; 2° les personnes auxquelles elle s'applique ; 3° les faits qui peuvent y donner lieu ; 4° la procédure et le mode d'exécution.

§ **177**. L'extradition, étant le résultat d'un accord diplomatique, d'une convention internationale, rentre dans le domaine exclusif du gouvernement, qui a seul qualité pour la demander ou l'accorder. Le soin de donner les ordres pour faire conduire à la frontière et remettre aux autorités étrangères les individus dont l'extradition a été accordée, est généralement réservé à l'autorité administrative. C'est entre autres le cas en France.

De ce que le droit d'extradition est un droit inhérent à la souveraineté de l'État, préexistant aux traités et dont les gouvernements ne font que régler l'exercice, il s'ensuit que l'extradition peut avoir lieu entre deux pays, même quand ils ne sont liés par aucune convention spéciale ; seulement, dans ce cas, elle est une concession de pure courtoisie internationale et ne saurait être légalement exigée.

Aujourd'hui trois systèmes de procédure en matière d'extradition sont en présence :

1° L'ancien système français qui laisse à l'administration l'examen de la demande d'extradition ;

2° Le système belge qui associe le pouvoir judiciaire au pouvoir exécutif pour l'examen de la demande, en laissant à ce dernier le droit de décider ;

3° Le système anglais et américain qui confère ces deux attributions au pouvoir judiciaire. Le pouvoir exécutif a seulement à surveiller l'exécution de la décision judiciaire.

§ **178**. Quelles sont les personnes susceptibles d'être extradées ?

En droit rigoureux tout individu accusé d'un crime ou d'un délit est passible de la loi pénale commune et par conséquent justiciable des tribunaux compétents. Or, comme l'extradition a pour objet d'assurer la punition du crime et de rendre le coupable à la juridiction compétente, il en résulte qu'en principe tout accusé est susceptible d'être extradé. Cependant cette règle n'est pas absolue. Les législations des diverses nations ne sont pas identiques et ont motivé certaines réserves particulières dans les conventions internationales d'extradition.

Quelques-unes de ces réserves sont même devenues des règles généralement adoptées. Nous citerons notamment celle qui admet que l'extradition ne s'applique pas aux criminels qui sont parvenus à se réfugier dans leur pays d'origine.

Enfin, toutes les conventions d'extradition conclues récemment par les divers États d'Europe stipulent en termes généraux que les gouvernements contractants s'engagent à se livrer réciproquement les individus réfugiés sur leur territoire, à l'exception de leurs nationaux.

Dans l'état actuel des choses, chaque État ne peut se faire livrer que ses propres nationaux et les étrangers réfugiés dans un autre pays que celui auquel ils appartiennent; mais, en l'absence de traités formels, l'extradition des étrangers est subordonnée à des considérations de convenance ou d'utilité réciproques; et dans la plupart des traités sur la matière il est d'usage d'introduire une clause spéciale relative aux étrangers appartenant à un pays tiers.

§ **179**. Dans l'origine, aucune distinction n'était faite entre les crimes politiques et les crimes de droit commun; on peut même dire que la remise des fugitifs avait lieu particulièrement dans les cas de « crime d'État », c'est-à-dire des crimes politiques; mais, dans presque tous les traités d'extradition conclus depuis une trentaine d'années, une exception en faveur des réfugiés politiques est formellement exprimée; et, dans le très petit nombre de ceux qui ne renferment aucune réserve expresse à cet égard, il faut considérer la clause comme sous-entendue et implicitement comprise. C'est une règle tellement générale que, si un individu extradé comme accusé de crime était en même temps sous le poids d'une prévention politique, il ne pourrait être jugé sur ce dernier chef et se trouverait virtuellement placé sous la garantie morale de l'État sur le territoire duquel il se serait réfugié.

L'exception s'étend même aux faits connexes aux crimes ou aux délits politiques, et il suffit, comme le dit M. Faustin Hélie, qu'un crime commun se rattache à un fait politique, qu'il en soit la suite et l'exécution, pour être couvert par le privilège qui sauvegarde celui-ci. Elle s'étend aussi aux délits de presse.

Toutefois, dans certains traités, une réserve spéciale autorise l'extradition des individus coupables d'attentats contre le chef d'un gouvernement étranger, les princes et les membres de leur famille, ces crimes ne pouvant pas être regardés comme ayant un caractère politique, mais bien comme constituant des crimes communs.

Il importe seulement, pour prévenir de regrettables confusions, d'examiner mûrement les divers éléments qui ont concouru à la perpétration des faits : car il est aussi contraire à la saine morale de couvrir d'un masque politique des crimes exclusivement communs que de ranger parmi les crimes communs des faits dont une pensée politique a seule dirigé l'exécution.

§ **180**. En principe, l'extradition est limitée aux faits qualifiés crimes et entraînant une peine afflictive ou infamante ; par conséquent, les simples délits en sont exceptés. Mais on comprend que cette distinction ne puisse reposer sur une règle absolue, puisqu'elle est subordonnée à la divergence des législations particulières, qui, pour classer les crimes et les délits, se sont inspirées tantôt de la gravité intrinsèque des actes, tantôt du principe de compétence, tantôt du système des pénalités ou de l'utilité pratique que pouvait offrir telle ou telle qualification juridique attribuée aux faits. C'est ainsi que des faits considérés comme de simples délits dans certains pays, par exemple l'escroquerie, sont réputés crimes dans d'autres, qui les ont par suite compris dans leurs conventions d'extradition.

On peut poser comme principe général qu'à moins de stipulation conventionelle, il faut que le fait en raison duquel l'extradition est demandée soit considéré comme crime, tant par l'État demandeur que par celui auquel la demande est adressée, et soit également punissable par les deux législations.

§ **181**. On n'est pas encore parvenu à une énumération générale et uniforme des crimes passibles d'extradition, certains États comprenant dans leur nomenclature des faits délictueux, des actes ou des attentats que d'autres négligent ou passent intentionnellement sous silence. Or, en principe, la réciprocité étant le fondement de toutes les conventions d'extradition, chaque nation, pour se conformer aux usages ou aux règles adoptées par la partie avec laquelle elle contracte, est alternativement conduite dans ses traités d'extradition à refuser à certains États ce qu'elle ne fait nulle difficulté d'accorder à d'autres.

Du principe que l'extradition ne s'applique qu'aux crimes et non aux délits, se déduit nécessairement la règle que, si l'individu extradé est accusé à la fois d'un crime et d'un délit, il ne doit être jugé que sur le seul fait criminel. De même encore, si pendant l'instruction de la demande et avant la remise du fugitif au pays qui le réclame, le fait qui a provoqué l'extradition a perdu le caractère de crime, la demande doit être retirée ou considérée comme non avenue. Par contre, il n'y a pas lieu au renvoi de l'individu extradé, lorsque le fait qui a motivé l'extradition n'a changé de caractère qu'au cours de l'instance, c'est-à-dire devant le tribunal appelé à statuer au fond et en vertu de la sentence de condamnation, après débat contradictoire.

A la suite de la mention du principe général de la remise réciproque des prévenus fugitifs, les traités d'extradition énumèrent d'ordinaire les crimes ou les attentats que la mesure doit atteindre. Cette nomenclature est regardée par les légistes dont l'esprit étroit n'enchaîne pas la liberté d'action au texte littéral et judaïque des stipulations conventionnelles, comme purement énonciative et non comme limitative, c'est-à dire qu'elle laisse de part et d'autre subsister le droit de demander aussi bien que d'accorder l'extradition pour des faits autres que ceux mentionnés dans les conventions, toutes les fois que ces faits ont une gravité suffisante pour commander une répression pénale ou rendre l'impunité dangereuse. Il va sans dire que cette latitude d'étendre la portée des conventions peut être neutralisée par une clause formelle en sens contraire, et demeure en tous cas subordonnée à la condition de réciprocité.

§ **182**. En dehors des règles tracées par la législation interne de chaque État, les formes de procédure le plus ordinairement suivies en matière d'extradition peuvent se résumer comme suit :

Les actes d'extradition sont personnels au fugitif réclamé et énoncent ou définissent en termes généraux le fait qui les provoque. Ce n'est que sur le fait ainsi articulé que l'individu ainsi extradé peut être jugé. Toutefois, si pendant le cours de l'instruction du crime qui a motivé la prévention, on venait à découvrir un autre crime non énoncé dans la demande, mais également passible d'extradition, rien ne s'opposerait à ce que tous les deux devinssent l'objet d'une poursuite simultanée.

Les autorités appelées à statuer sur une demande d'extradition n'ont pas à réclamer la preuve du fait incriminé pour lequel l'extradition est demandée. Il suffit pour accorder l'extradition que les faits incriminés puissent rentrer sous l'application de la loi, le tout sous réserve du droit de libre appréciation, qui doit être reconnu au tribunal chargé de statuer au fond.

Il est admis généralement que l'extradition ne peut plus avoir lieu, si, postérieurement aux faits qui l'ont motivée, à la poursuite ou à la condamnation qui en ont été la suite, la prescription de l'action ou de la peine est acquise d'après les lois du pays dans lequel le prévenu s'est réfugié, lors même qu'elle n'est pas encore acquise d'après la loi du lieu où le fait criminel s'est passé. Cependant les traités ne sont pas d'accord sur ce point : les uns disent qu'en pareil cas l'extradition sera refusée ; d'autres donnent seulement à entendre qu'elle pourra l'être.

En général, l'extradition est demandée par l'État dans la juridiction duquel le crime a été commis, à l'État sur le territoire duquel le prévenu s'est réfugié ; mais il peut arriver que le même individu ait commis des crimes dans deux pays différents et que les autorités compétentes de ceux-ci adressent simultanément une demande d'extradition au même gouvernement pour l'extradition du même individu. Dans ce cas, à laquelle des deux nations le réfugié doit-il être livré ? Au point de vue des convenances internationales et des strictes exigences de l'équité et de la justice, on est obligé d'admettre que l'État qui a le premier formulé une demande d'extradition, est fondé à exiger que sa demande soit accueillie avant celles qui ont pu la suivre.

La plupart des traités renferment une disposition expresse pour la remise à la puissance qui réclame l'extradition des objets saisis comme provenant de vol et de tout de qui peut servir à la constatation du crime ; cette remise a toujours lieu, soit que l'extradition devienne effective, soit qu'il ait été impossible de retrouver les traces du coupable.

En règle générale, les frais d'arrestation, de détention et de translation des fugitifs sont à la charge du gouvernement qui a requis l'extradition.

§ **183**. Le droit conventionnel n'a pas encore résolu pratiquement d'une manière générale et uniforme la question de savoir si ce n'est pas donner un effet rétroactif aux traités d'extradition que de les appliquer à des crimes antérieurs à la date de leur signature.

Nous sommes d'avis que, à moins qu'une législation spéciale n'en ait autrement ordonné ou que le droit public interne d'un pays ne crée au profit des étrangers une protection spéciale, un véritable droit d'asile, les criminels fugitifs ne peuvent être considérés comme possédant *de plano* un droit acquis ni du fait des traités antérieurs par lesquels le pays de refuge a pu borner lui-même et spontanément l'obligation d'extrader à certaines catégories de délits, ni du fait d'usages plus ou moins permanents qui auraient laissé jusque là tels ou tels faits délictueux en dehors de l'extradition. Aussi, quand un traité vient modifier l'état de choses antérieur ou augmenter le nombre des faits réciproquement passibles d'extradition, le criminel fugitif ne peut-il invoquer la règle de non-rétroactivité, puisqu'au fond et à proprement parler il ne possède aucun droit antérieur.

§ **184**. Il faut ranger dans une classe à part la remise des déserteurs des armées de terre et de mer, et celle des matelots de la marine marchande. Cette espèce particulière d'extradition est un acte de pure courtoisie internationale, basé sur les convenances des États et sur les besoins du commerce maritime; cette réglementation est des plus sommaires, et sa mise en pratique n'exige aucune des formalités requises pour l'extradition des criminels ordinaires. Ainsi, par exemple, les matelots déserteurs sont recherchés et arrêtés pour être reconduits à leur bord ou renvoyés dans leur pays, sur la seule demande des consuls et des vice-consuls de leur nation, ou, à défaut de ceux-ci, sur celle des commandants ou des capitaines intéressés.

L'extradition des matelots déserteurs est quelquefois l'objet d'accords spéciaux séparés; mais le plus souvent elle fait partie des clauses maritimes insérées dans les traités de commerce et de navigation et dans les traités consulaires.

Jusque vers le milieu de notre siècle, presque tous les États du continent européen étaient liés entre eux par des cartels ou des conventions spéciales pour la remise réciproque des soldats déserteurs; mais ces conventions, étant expirées, n'ont pas été renouvelées; par suite on abandonne à eux-mêmes les soldats qui quittent leur drapeau, et l'on en refuse l'extradition aux gouvernements étrangers qui la réclament.

§ **185**. Les règles consacrées pour l'extradition des déserteurs sont en assez petit nombre.

On répute déserteurs non seulement les militaires de toute arme et de tout grade qui quittent leur drapeau, et les individus appartenant à la marine qui abandonnent leur bord, mais encore les individus qui, liés au service de l'État à un titre quelconque, ne se rendent point à l'appel, et les condamnés aux travaux dans les forteresses ou dans les ateliers disciplinaires.

Par contre, on excepte généralement de l'extradition les individus nés sur le territoire de l'État où ils ont cherché un asile et que le fait de désertion ramène dans leur pays natal.

Dès que le déserteur a atteint un territoire étranger, il ne peut y être poursuivi par les agents de son gouvernement, le droit de l'arrêter n'appartenant qu'aux autorités locales compétentes.

Il est d'usage de restituer au gouvernement, à l'armée ou à la marine duquel appartient le déserteur, les effets d'équipement et d'habillement, les armes, les chevaux et les harnachements, en un mot tous les objets dont le déserteur se trouve nanti au moment de son arrestation ou qu'il vient à abandonner.

Des primes ou des gratifications sont parfois accordées pour la recherche et l'arrestation des déserteurs, ainsi que pour la restitution des chevaux ou des effets d'équipement qu'ils ont emmenés avec eux.

La remise des déserteurs s'opère habituellement dans les places frontières désignées à cet effet.

Les frais d'entretien des prisonniers militaires ou marins, jusqu'au moment de leur extradition, restent à la charge du gouvernement requérant ou de ses agents consulaires.

Dans une pensée de haute justice et d'humanité qui s'explique d'elle-même, les traités commerciaux assignent en général une durée *maximum* de trois à quatre mois à la détention préventive des matelots déserteurs. Si à l'expiration de ce terme le consul ou son représentant n'a pu renvoyer le matelot dans son pays, celui-ci est remis en liberté et ne doit plus être arrêté de nouveau pour la même cause.

CHAPITRE V

DEVOIRS MUTUELS DES ÉTATS

§ **186**. L'obligation d'observer la justice envers les autres nationalités en tout temps et en toute circonstance constitue pour les États un de ces devoirs parfaits et impératifs auxquels nul ne peut se soustraire. L'accomplissement de ce devoir est même plus rigoureux et plus nécessaire encore entre les nations qu'entre les individus, parce que l'injustice dans les différends internationaux entraîne des conséquences beaucoup plus sérieuses que dans les débats privés, et que, faute d'arbitre suprême auquel l'appréciation en puisse être déférée, la réparation est plus difficile à poursuivre et à obtenir.

§ **187**. Dans l'intérieur des limites juridictionnelles, les agents de l'autorité de toute classe sont personnellement seuls responsables dans la mesure établie par le droit public interne de chaque État. Lorsqu'ils manquent à leurs devoirs, excèdent leurs attributions ou violent la loi, ils créent, selon les circonstances, à ceux dont ils ont lésé les droits un recours légal par les voies administratives ou judiciaires; mais, à l'égard des tiers, nationaux ou étrangers, la responsabilité du gouvernement qui les a institués, reste purement morale et ne saurait devenir directe et effective qu'en cas de complicité ou de déni de justice manifeste.

Il en est tout autrement, lorsqu'il s'agit d'actes accomplis à l'étranger ayant un caractère véritablement national et imputable à des représentants officiels, délégués de la force publique ou autres.

Toutefois un gouvernement peut décliner la responsabilité des actes de ses agents, lorsqu'il les désavoue expressément en prouvant qu'il ne les a pas autorisés ; mais même en pareil cas il est tenu de réparer le tort que ces actes ont causé et de punir celui qui les a commis ; car un simple désaveu ne satisfait pas toujours la partie lésée.

Tout individu qui trouble la tranquillité publique, qui lèse les droits souverains de la nation ou viole les lois, offense l'État, se déclare son ennemi et encourt de justes châtiments. La responsabilité n'est pas moindre, lorsqu'au lieu d'attaquer l'État, les crimes ou les délits dont il s'est rendu coupable, portent atteinte à la sécurité personnelle, aux droits et à la propriété des particuliers. Dans les deux cas le gouvernement manquerait à ses devoirs, s'il ne poursuivait pas la répression de l'injure commise et ne faisait pas sentir à l'offenseur le poids de sa législation pénale. L'État qui tolère que ses ressortissants immédiats manquent à une nation étrangère, se rend moralement complice de leurs écarts et engage sa responsabilité personnelle.

Dans son application ce principe n'a cependant rien d'absolu et emporte des réserves inhérentes à la nature même des choses ; car il est des faits, des actes privés que l'autorité la plus vigilante ne peut prévenir, que la législation la plus sage et la plus complète ne saurait toujours empêcher ou réprimer. Tout ce que les autres nations peuvent demander à un gouvernement, c'est qu'il se montre pénétré d'un profond sentiment de justice et d'impartialité, rappelle ses sujets par tous les moyens en son pouvoir au respect de leurs obligations internationales, ne laisse pas impunis les écarts dans lesquels ils ont pu être entraînés, qu'enfin il agisse en tout avec bonne foi et conformément aux préceptes du droit naturel.

On peut résumer ainsi les circonstances et les conditions dans lesquelles la responsabilité internationale s'impose aux gouvernements à raison d'actes accomplis par des personnes dont ils doivent répondre :

Lorsqu'il s'agit de ses fonctionnaires ou agents, un gouvernement peut être tenu comme responsable des conséquences de leurs actes, dans les circonstances suivantes : si, ayant été en temps opportun pour l'empêcher, prévenu du fait illicite que son agent avait l'intention de commettre, il ne l'a pas empêché ;

Si, ayant eu le temps d'annuler l'acte de son agent, il ne l'a pas fait immédiatement ;

Si, informé du fait accompli, il ne s'est pas empressé de blâmer la conduite de son agent et de prendre les précautions nécessaires pour en empêcher le renouvellement.

Quand le gouvernement a eu connaissance du fait duquel le dommage a résulté, et n'a pas déployé la diligence suffisante pour le prévenir ou en arrêter les conséquences, soit à l'aide des moyens à sa disposition, soit avec ceux qu'il pouvait demander au pouvoir législatif, l'État sera responsable pour négligence volontaire de diligence.

Un gouvernement peut être tenu responsable envers les gouvernements étrangers pour le fait de particuliers, toutes les fois que ceux-ci accomplissent des actes de nature à compromettre l'ordre et la sûreté des États voisins, ou quand ils ont de leur fait propre causé un tort à un État étranger ou aux citoyens de cet État et que le gouvernement du pays où les actes ont eu lieu, n'a pas fait ce qui était en son pouvoir pour les empêcher.

Toutefois il ne suffit pas qu'un État fournisse la preuve qu'il a éprouvé un dommage du fait de particuliers résidant dans un autre État, pour déclarer celui-ci responsable ; il faut que de plus il donne la preuve que le fait qui lui a causé le dommage, est moralement imputable à l'État, ou que cet État devait ou pouvait l'empêcher et a volontairement négligé de le faire.

Un gouvernement ne peut se soustraire à la responsabilité et à l'obligation de réparer le dommage, s'il a autorisé ou même accompli lui-même l'acte qui a occasionné ce dommage ; mais il y échappe, si en agissant ainsi il est demeuré dans les bornes légales de l'exercice du pouvoir public ou s'il y a été contraint par des circonstances de force majeure.

La responsabilité du gouvernement envers les étrangers ne peut être plus grande que celle que ces gouvernements ont à l'égard de leurs propres citoyens. On ne saurait prétendre en effet que les droits d'hospitalité puissent restreindre le droit qui appartient à un gouvernement, d'user de tous les moyens légaux pour pourvoir à la conservation de l'État, ou que les étrangers puissent obtenir une position privilégiée ; l'exemption des conséquences des malheurs publics est la garantie des dommages qui pourraient être causés par force majeure ou par l'impérieuse nécessité de pourvoir au salut public.

§ **188**. En cas de troubles civils ou de guerre extérieure, l'intérêt de sa défense ou de sa sûreté peut mettre un État dans l'obligation morale de porter momentanément atteinte à la liberté des transactions commerciales, de paralyser les mouvements des navires marchands, et même de requérir ceux-ci pour les employer à des transports de troupes et de munitions ou à d'autres opérations militaires. La raison d'État prime ici l'intérêt privé, national ou étranger, et légitime l'emploi de ces moyens extrêmes désignés sous le nom *d'arrêt de prince* et *d'angarie*. Le premier de ces mots, dans son acception toute pacifique, est l'équivalent d'une interdiction de commerce, par exemple, avec un port bloqué ou en état de révolte ; il s'emploie encore pour caractériser la défense de communiquer avec l'ennemi ou de quitter un mouillage avant l'expiration de certains délais, pour mieux assurer le secret d'une expédition navale. L'angarie s'applique à la mise en réquisition d'un navire marchand pour un service *public* quelconque. Le droit d'arrêt de prince ou d'embargo et celui d'angarie font partie des prérogatives de la souveraineté ; mais ils diffèrent dans leur nature comme dans leurs effets. L'embargo, pour être légitime, doit être général, restreint dans les plus étroites limites et fondé sur des raisons majeures ; il n'implique le plus communément que la responsabilité morale du gouvernement qui l'exerce. L'angarie, au contraire, est essentiellement spéciale et, en raison des risques et des charges onéreuses qu'elle impose au navire qui la subit, elle engage la responsabilité matérielle et financière de l'État qu'une nécessité d'ordre supérieur condamne à y recourir. Du reste le droit d'angarie appartient par sa nature aux droits imparfaits, et un grand nombre de traités en ont formellement interdit l'exercice ou surbordonné l'emploi au paiement *préalable* d'une juste compensation pécuniaire.

§ **189**. Les gouvernements sont-ils ou non responsables des pertes et des préjudices éprouvés par des étrangers en temps de troubles intérieurs ou de guerres civiles ? Cette question a été longuement discutée et finalement résolue par la négative.

Admettre dans l'espèce la responsabilité des gouvernements, c'est-à-dire le principe d'une indemnité, ce serait créer un privilège exorbitant et funeste, essentiellement favorable aux États puissants et nuisible aux nations plus faibles, établir une inégalité injustifiable entre les nationaux et les étrangers. D'un autre côté, on porterait, quoique indirectement, une profonde atteinte à un des éléments constitutifs de l'indépendance des nations, celui de la juridiction territoriale.

§ **190**. Le droit international n'oblige pas seulement les États à empêcher que leurs sujets ne portent atteinte à la considération et aux intérêts des peuples et des gouvernements amis ; il leur impose encore le devoir strict de s'opposer sur le territoire à tout complot, à toute machination ou combinaison quelconque de nature à troubler la sécurité des pays avec lesquels ils entretiennent des relations de paix, d'amitié et de bonne harmonie.

Le gouvernement qui ne s'oppose pas à la réalisation de semblables combinaisons, se rend complice de l'attentat et ne peut décliner les conséquences de sa coupable conduite.

§ **191**. Les devoirs imparfaits, comme leur nom même l'indique, sont ceux qui, ne découlant pas d'un droit positif absolu, ne sont que moralement obligatoires de nation à nation. Pour acquérir la force qui leur manque intrinsèquement et revêtir la valeur d'un lien international, ils ont besoin d'être consacrés par des stipulations conventionnelles, dont la forme et la nature varient à l'infini.

§ **192**. Les États se doivent mutuellement considération et respect pour tout ce qui touche à leur dignité, à leur pavillon, comme à leurs ministres publics, à leurs représentants et leurs délégués de toute classe, magistrats, fonctionnaires, officiers des armées de terre et de mer, etc.

La manque de respect envers ces personnes ne doit cependant être considéré comme remontant jusqu'au pays même dont elles tiennent leurs pouvoirs et leur caractère public, qu'autant que l'écart ou l'offense dont elles ont eu à se plaindre, implique l'intention de blesser en eux la dignité de l'État et la souveraineté nationale.

§ **193**. L'échange entre un pays et un autre des produits bruts ou manufacturés qui constituent le commerce international, dérive du droit et forme le patrimoine commun de l'humanité ; y mettre d'injustes entraves, l'ériger en monopole, le permettre aux uns et l'interdire aux autres, c'est donc contrarier les vues de la Providence, s'attaquer à la liberté des nations, élever entre elles des barrières artificielles et nuire arbitrairement à l'expansion bienfaisante de la civilisation.

Mais, si la faculté de trafiquer repose en principe sur le droit naturel et à ce titre appartient à tout le monde, il faut bien reconnaître pourtant que son exercice ne saurait être absolu, illimité, attendu que, dans ses effets extérieurs, il touche à des intérêts complexes et se heurte à des devoirs concomitants également respectables et impératifs. Le premier de ces devoirs est celui de respecter les règlements commerciaux ou fiscaux que chaque nation, dans le libre exercice de sa souveraineté et de son indépendance, a édictés pour sauvegarder ses intérêts propres, élargir ou restreindre les limites du trafic dans lequel il lui convient de s'engager avec les contrées étrangères.

§ **194**. Le devoir de secours et de protection mutuelle cesse de faire sentir son action lorsque la guerre a éclaté entre deux États, parce qu'il se heurte contre le droit souverain des belligérants et contre un devoir plus impératif encore, celui de la neutralité. Ainsi, tant qu'une ville est assiégée ou qu'un port est bloqué, quelles que puissent être les souffrances endurées par les habitants, les autres peuples doivent s'interdire de venir à leur aide. Mais dès que la guerre cesse ses ravages ou s'est portée sur un autre point du territoire, les États neutres sont libres et même moralement obligés de n'écouter que la voix de l'humanité pour soulager par tous les moyens en leur pouvoir les souffrances qu'ils ont été impuissants à prévenir.

§ **195**. Les États, comme les individus, se doivent mutuellement protection et assistance. Il est impossible de tracer à cet égard des règles générales et précises ; on peut seulement dire que l'État remplit son devoir quand il prête aux autres l'assistance qu'il se doit à lui-même.

Lorsqu'un peuple est affligé par la famine ou par toute autre calamité publique, incendies, inondations, tremblements de terre, etc., l'humanité fait aux autres peuples un devoir de lui venir en aide, sans s'arrêter devant les différences de nationalité, de religion ou de culte.

CHAPITRE VI

DROIT DE REPRÉSENTATION.

SECTION I. — Diplomatie

§ **196.** La diplomatie est la science des relations qui existent entre les divers États, telles qu'elles résultent de leurs intérêts réciproques, des principes du droit international et des stipulations des traités ou des conventions.

La connaissance des règles et des usages qui en découlent, est indispensable pour bien conduire les affaires publiques et pour suivre les négociations politiques : c'est ce qui fait dire en termes plus concis encore que la diplomatie est la science des relations ou simplement l'art des négociations.

Dès qu'un État s'est formé, il a senti qu'il avait besoin de ses voisins, et de leur utilité mutuelle sont nées les communications que les peuples ont eues les uns avec les autres.

Partout dans l'antiquité, même chez les peuples qui ne traitaient guère les étrangers que comme des ennemis, nous voyons des ambassadeurs, des hérauts porter des messages de prince à prince, d'État à État, notifier la guerre, proposer la paix ou des alliances, etc. ; mais ces ambassadeurs, envoyés ainsi dans des occasions particulières, s'en retournaient quand ils avaient atteint le but de leur mission, ou quand ils avaient reconnu l'impossibilité d'y parvenir. Les ambassades n'étaient donc régies par aucun système régulier ni permanent.

Les rapports des États de la Grèce les uns avec les

autres ont donné lieu à un échange très actif de communications diplomatiques, le plus ordinairement par l'entremise de députations. Les ambassadeurs étaient envoyés dans des occasions particulières et ils s'en retournaient quand ils avaient accompli leur mission. Donc pas d'ambassades permanentes.

C'est au moyen âge, en Italie, que la diplomatie commença à être pratiquée comme art et enseignée comme science par des diplomates proprement dits : elle était le patrimoine du haut clergé. La diplomatie, qui jusque-là avait naturellement participé de la simplicité et de la rudesse des temps, devint à cette école des savants et des hommes d'État italiens, au premier rang desquels figure le célèbre Machiavel, un art plein de subtilités et de ruse, l'art de dissimuler caché sous le masque de formes conventionnelles, et se fit l'instrument d'une politique d'égoïsme et d'intrigues.

Au XVe siècle la chute de l'empire byzantin, l'invention de l'imprimerie et de la poudre à canon, la découverte de l'Amérique, la renaissance des lettres et des beaux-arts, la fermentation à laquelle l'Europe fut en proie donnèrent une nouvelle impulsion à la diplomatie. Les gouvernements se virent engagés dans des négociations continuelles, la plupart du temps trop compliquées pour être suivies par voie de correspondance, et rendant par conséquent indispensables l'envoi de délégués ou de ministres spéciaux.

Dans le siècle suivant les rois de France instituèrent dans l'intérieur du royaume les fonctions de ministre des affaires étrangères. Le cardinal Richelieu passe pour avoir inauguré le système aujourd'hui universellement adopté d'entretenir des légations permanentes auprès des cours étrangères. A cette même époque l'Europe occidentale envoya des ambassades dans des contrées qui jusque-là avaient été regardées comme en dehors de la sphère des nations civilisées, la Russie, la Perse, Siam et les autres contrées de l'extrême Orient.

Enfin la paix de Westphalie (1648), en faisant prévaloir la doctrine de l'équilibre européen, pour la conservation duquel les États se firent un devoir de se surveiller réciproquement, consacra définitivement l'usage des légations fixes, auquel il n'a plus été dérogé depuis lors.

§ **197**. Le but essentiel de la diplomatie est d'assurer le bien-être des peuples, de maintenir entre eux la paix et la bonne harmonie, tout en garantissant la sûreté, la tranquillité et la dignité de chacun d'eux. Le rôle des agents diplomatiques consiste principalement à conduire les négociations relatives à ces objets importants,, à surveiller l'exécution des traités ou des conventions qui en sont la suite, à empêcher ce qui pourrait nuire aux intérêts de leurs nationaux dans les pays où ils résident, et à protéger ceux de leurs concitoyens qui se trouvent dans la nécesité de réclamer leur assistance.

Un des premiers devoirs d'un agent diplomatique, c'est d'observer scrupuleusement le secret professionnel, de ne point livrer à la publicité les pièces ou les renseignements qui lui sont confiés en raison de ses fonctions.

Au nombre des connaissances indispensables à tout diplomate nous recommanderons surtout celle du droit des gens naturel et du droit public universel, qui renferment les maximes fondamentales de toute jurisprudence positive en matière politique ; du droit des gens positif européen, fondé sur les traités et les usages, qui, en modifiant les maximes fondamentales, ont réglé les rapports des nations entre elles ; du droit interne des principaux États de l'Europe, fondé sur les lois de chaque État ; de l'histoire, particulièrement de l'histoire des guerres, des négociations et des traités des derniers siècles, lesquels servent à faire connaître la politique et les tendances des gouvernements; des divers systèmes politiques qui peuvent être mis en pratique; de l'économie politique, qui enseigne comment la richesse des peuples se forme, se répartit et se consomme; de la géographie et de la statistique des États; de la conduite des négociations ou de la marche à suivre dans les discussions entre les États; de l'art de rédiger les actes auxquels les relations internationales donnent lieu. Enfin nous insisterons sur la connaissance des principales langues vivantes, notamment de la langue française, « devenue en quelque sorte l'idiome universel et la langue officielle de presque tous les cabinets », de l'anglais et de l'allemand.

Dans plusieurs pays, il faut avoir rempli certaines conditions scolastiques et de stage, et avoir passé certains examens pour être apte à aspirer aux fonctions diplomatiques.

§ **198**. Suivant leur nature et la gravité ou la complication des intérêts auxquels elles se rapportent, les affaires diplomatiques ou internationales donnent lieu à de véritables négociations, à des débats contradictoires, ou à un échange de simples communications, tantôt verbales, tantôt écrites. Celles-ci sont directes quand elles ont lieu entre le ministre étranger et le chef du gouvernement près lequel il est accrédité, et indirectes quand elles sont suivies entre ce même agent et le ministre des affaires étrangères du pays ou des commissaires spéciaux délégués par lui à cet effet. Le plus habituellement l'affaire s'entame de vive voix par un exposé verbal des points de fait et de droit qui s'y rattachent, et se continue ou se termine par la remise de notes écrites impliquant une discussion plus approfondie.

En principe, chaque gouvernement est sans doute maître de régler comme il l'entend la forme, plus ou moins solennelle, plus ou moins précise, des commu nications qu'il veut faire parvenir à d'autre pays. Il y a néanmoins des États qui, en règle générale et pour certaines matières, refusent d'accueillir ou de donner suite à des observations qui ne leur sont pas présentées par écrit.

L'agent diplomatique qui donne communication de ses dépêches, est ordinairement chargé de les interpréter, d'en développer les différents points et de fournir au ministre des affaires étrangères les explications de détail jugées nécessaires ; puis il rend compte de ses démarches ou de ses conversations à son propre gouvernement, en lui faisant part de ses impressions, de ses vues personnelles, ou en lui demandant des éclaircissements, de nouvelles instructions.

Les communications diplomatiques écrites s'échangent au moyen de mémoires de notes, de dépêches ou de simples lettres. Les notes sont de deux sortes : celles qui sont signées par celui de qui elles émanent, et celles qui ne portent pas de signatures et sont appelées *verbales*. Les premières, à raison même de leur forme, ont un caractère plus directement obligatoire et sont en général réservées pour les actes et les déclarations impliquant un engagement. Quant aux secondes, elle ont une portée plus restreinte et servent à élucider des points de détail, à résumer des conversations, à servir de *memento* ou à suggérer des transactions dont on n'entend poser que les bases les points extrêmes ; sous ce rapport elles ont une grande analogie avec les protocoles et les *memorandums*.

Dans les négociations qui se suivent par voie de conférences, particulièrement lorsque les débats doivent aboutir à la conclusion d'accords internationaux, de traités ou d'autres engagements de même nature, les résultats de la discussion se consignent toujours dans des procès-verbaux dressés à la fin de chaque réunion et signés par tous ceux qui y ont pris part.

§ **199**. Bien que par leur nature même les communications écrites qui touchent aux relations internationales, soient susceptibles d'une grande variété de formes, elles sont soumises à certaines règles de diction déterminées par l'usage ou les convenances, et dont l'ensemble forme ce que l'on nomme le *style diplomatique, de cour* ou *de chancellerie*.

Comme qualités intrinsèques du style diplomatique, les publicistes qui ont traité ce sujet, sont d'accord pour recommander avant tout la clarté, la simplicité, la précision des idées, l'ordre dans l'exposé des faits, la logique dans la déduction des arguments, la propriété des termes, la concision et la correction du langage : il faut aussi éviter avec soin toute expression qui pourrait froisser les justes susceptibilités de l'État ou du fonctionnaire auquel le document est destiné.

Quant à la langue employée dans les relations diplomatiques, de nos jours, malgré la prépondérance qu'a conservée le français, il est de règle que chaque nation fasse usage de sa propre langue pour traiter avec les autres; chaque État écrit dans sa langue et traduit l'acte dans celle du pays auquel il l'envoie.

La chancellerie allemande, cependant, correspond en français avec les États qui lui adressent leurs communications dans cette langue, si celle-ci n'est pas leur idiome national, et en latin avec le Saint-Siège.

Les instruments des traités sont dressés dans la langue de chacune des parties contractantes. Mais lorsque les engagements doivent s'appliquer à plus de deux États, on rédige en général les traités en français.

Les règles consacrées par les rapports écrits s'appliquent de tout point aux communications verbales, aux discours prononcés dans les audiences solennelles. Le ministre étranger peut donc prononcer son discours dans sa propre langue en chargeant un interprète de le traduire mot à mot, et le souverain répond dans la sienne; mais le plus ordinairement le ministre qui possède l'idiome du pays, s'en sert en traitant avec le gouvernement près lequel il est accrédité, ou, en cas de difficulté, se concerte pour l'emploi d'une langue familière aux deux parties.

§ 200. On entend par *chiffres* les caractères ou signes conventionnels dont on se sert pour écrire des lettres inintelligibles pour les personnes qui n'en connaissent pas la valeur, en d'autres termes, qui n'en ont pas la *clef*. On désigne aussi sous le nom général de *chiffre* l'ensemble des caractères employés, le système de chiffrage lui-même.

Le plus ordinairement on a recours à des caractères inconnus, à des nombres arbitraires, dont les correspondants ont à l'avance fixé la valeur entre eux et au moyen desquels ils marquent les lettres de l'alphabet et même des mots, des phrases entières; ces caractères, signes ou nombres, sont disposés dans un certain ordre sur deux *tables* spéciales, dont l'une, dite *chiffrante*, sert à la transformation en chiffres du texte original, et la seconde, dite *déchiffrante*, sert à la reconstitution en clair du texte chiffré.

Les systèmes de chiffres les plus en usage sont les chiffres arabes, les lettres de l'alphabet et les signes sténographiques détournés de leur acception ordinaire et employés tantôt seuls, tantôt combinés les uns avec les autres. Ce genre de *chiffres* s'appelle à *simple clef*, ou à *double clef*, suivant que chaque signe, lettre ou figure, conserve invariablement la même valeur ou comporte des acceptions différentes subordonnées à telle ou telle combinaison alphabétique, à tel ou tel mot conventionnellement détourné de son sens propre.

Il y a aussi le système du *ruban* ou de la *grille*, méthode qui consiste à disposer une série de mots de manière qu'ils paraissent entremêlés au hasard et ne puissent avoir de sens exact et complet que pour le correspondant qui en a la clef. Son nom lui vient de cette même clef, qui n'est autre chose qu'un ruban numéroté ou un carton découpé à jour, qu'on pose sur la dépêche à certains points de repère, et qui alternativement laisse apparaître ou recouvre les mots indispensables pour fournir un sens intelligible.

Il est un dernier expédient moins compliqué, lequel consiste à choisir un livre quelconque ayant eu plusieurs éditions; la clef se borne alors à trois chiffres : le premier indiquant la page du livre, le second la ligne, et le troisième le mot dont on doit se servir.

Cette manière d'écrire et de lire, ne pouvant être comprise que par ceux qui connaissent le titre et l'édition du livre, offre d'assez nombreuses combinaisons, puisque le même mot se trouve à diverses pages et peut dès lors s'exprimer par des chiffres infiniment variés; son seul inconvénient est d'être d'un emploi très lent.

201. Un des attributs essentiels de la souveraineté et de l'indépendance des nations est le droit de légation, qui consiste dans la faculté de se faire représenter au dehors par des agents diplomatiques et consulaires chargés de cultiver avec les autres nations des relations d'amitié et bonne harmonie.

Le droit de légation est considéré comme un droit parfait en principe, mais imparfait dans la pratique, attendu qu'aucun État n'est obligé d'entretenir des missions politiques à l'étranger ou de recevoir chez lui les représentants des autres nations.

Toutefois l'usage et les règles de la courtoisie internationale ont établi à cet égard entre les peuples une sorte de devoir réciproque; et de même que l'existence de rapports diplomatiques entretenus par des agents en résidence permanente est un signe évident de paix et d'amitié, de même on peut regarder comme un indice de désaccord ou d'hostilité le rappel ou l'absence absolue des légations politiques.

§ **202.** Le droit de légation étant inhérent à celui de souveraineté, on comprend qu'il ne puisse être exercé par un État dépendant ou mi-souverain qu'autant qu'il y est spécialement autorisé par l'État ou les États dont il relève. Ainsi la constitution des États-Unis d'Amérique a enlevé à chaque État particulier le droit de représentation et lui défend de conclure sans le consentement du progrès fédéral aucun arrangement ou aucune convention avec une nation étrangère. Le même principe a prévalu parmi les États qui forment les fédérations de l'Amérique méridionale.

Les cantons suisses ne jouissent pas non plus d'un droit de représentation isolé. Quant aux États dont se composent le nouvel empire d'Allemagne, ils ont conservé en partie jusqu'ici le droit d'entretenir des légations à l'étranger, pour les affaires qui ne sont pas de la compétence du pouvoir central.

§ **203.** L'exercice du droit de légation appartient dans chaque État à l'autorité ou au pouvoir spécialement désigné à cet effet par la constitution ou la loi fondamentale du pays. L'attribution en est dévolue au chef suprême de l'État, prince souverain ou président, agissant tantôt seul, tantôt de concert avec les représentants du pouvoir législatif.

On peut se demander quelle conduite doivent tenir les États étrangers, lorsque surgit une révolution ou une guerre civile dans un pays auprès duquel ils sont représentés par une mission diplomatique permanente.

D'après l'usage invariablement suivi à cet égard, les agents étrangers continuent jusqu'à nouvel ordre leurs anciennes relations avec le gouvernement près lequel ils sont accrédités, ou ils n'ouvrent que des rapports purement officieux avec les autorités, quelles qu'elles soient, qui le remplacent de fait. Quand il s'agit de guerres civiles au sein de confédérations mettant en question la souveraineté même de l'État, l'envoi et l'admission d'agents revêtus d'un caractère diplomatique impliquent la reconnaissance du gouvernement révolutionnaire, ainsi que de sa souveraineté et de son indépendance nationales.

§ **204**. Tout État peut refuser de recevoir des agents diplomatiques, en se basant sur le caractère personnel de l'agent qui lui est envoyé, sur la nature et l'étendue des pouvoirs qu'il doit être appelé à exercer.

Les États peuvent subordonner à certaines conditions spéciales la réception des agents diplomatiques ; mais ceux-ci, une fois admis, jouissent de tous les privilèges consacrés par le droit des gens et par les traités.

Quelques États se refusent absolument à recevoir comme agent diplomatique étranger un de leurs propres sujets ; d'autres l'admettent, mais en lui imposant l'obligation de rester soumis aux lois territoriales pour sa personne et ses biens.

M. Anson Burlingame, qui dans le principe représentait les États-Unis à Pékin, ayant passé au service de l'empereur de la Chine et ayant été chargé en 1868 d'une mission extraordinaire auprès du gouvernement de Washington et des cours européennes, celles-ci ont reçu le nouvel envoyé chinois en qualité d'ambassadeur ; seul son pays d'origine ne lui a pas reconnu ce titre et ne l'a admis que comme plénipotentiaire spécial pour négocier un traité.

Plus récemment encore le gouvernement de Washington a refusé de recevoir un citoyen des États-Unis comme ministre résident de la république de Honduras.

§ **205**. Aux termes d'un règlement général adopté par le Congrès de Vienne le 19 mars 1815 et complété par le Congrès d'Aix-la-Chapelle en 1818, les agents diplomatiques sont classés légalement en quatre groupes ou catégories :

1° Ambassadeurs et légats ou nonces du Pape ;

2° Envoyés, ministres plénipotentiaires ou autres personnes accréditées auprès des souverains ;

3° Ministres résidents accrédités de la même manière ;

4° Chargés d'affaires accrédités auprès des ministres des relations extérieures.

Cette classification repose sur le degré d'autorité et de pouvoir accordé à l'agent diplomatique par son gouvernement.

On appelle *corps diplomatique* la réunion des agents diplomatiques de toutes classes, accrédités auprès du même gouvernement. Ce corps n'est pas une personne juridique, et il ne se produit guère que dans certaines conditions. Il est présidé par celui de ses membres dont les lettres de créances sont les plus anciennes, ou bien, dans les pays catholiques, par le nonce du Pape.

Les ambassadeurs se distinguent en ordinaires et en extraordinaires : la première dénomination s'applique à ceux qui sont nommés pour remplir une mission diplomatique permanente, et la seconde à ceux qui sont chargés d'une mission accidentelle et temporaire. On accorde aussi le caractère d'ambassadeur ou d'envoyé extraordinaire à l'agent appelé pour un temps indéterminé à exercer certaines fonctions diplomatiques.

Au nombre des agents diplomatiques de seconde classe sont compris les envoyés ordinaires et extraordinaires, les ministres plénipotentiaires. On a établi certaines distinctions entre l'envoyé ordinaire et l'envoyé extraordinaire, ainsi qu'entre celui-ci et le ministre plénipotentiaire : mais ces distinctions sont sans valeur quant à la préséance et n'ont par conséquent aucune importance pratique.

La différence entre les agents de la seconde classe et ceux de la première est assez difficile à préciser. Plusieurs publicistes ont soutenus que les uns ont, pour traiter directement avec le souverain, un droit formel dont les autres sont privés ; mais c'est là une distinction sans portée, surtout depuis que l'organisation des nations modernes ne s'appuie plus exclusivement sur le principe monarchique. La seule distinction rationnelle qu'on pourrait établir entre les deux premières classes d'agents diplomatiques, devrait avoir pour base quelque différence essentielle dans les attributions. Or, là encore les subtilités imaginées par certains auteurs, qui attribuent aux agents de la première classe une représentation permanente et générale de la personne de leur souverain, tandis que ceux de la seconde n'auraient ce caractère qu'à titre transitoire et pour un objet particulier, se heurtent contre la réalité des choses.

A nos yeux, les agents des deux premières classes sont exactement sur la même ligne au point de vue du caractère comme à celui des attributions, et ne se distinguent entre eux hiérarchiquement que par la différence du *titre* qui sert à les désigner.

Notre opinion à ce sujet se trouve entièrement confirmée et a été développée relativement à ses applications pratiques par le prince de Bismarck, avec toute l'autorité qui, en pareille matière, s'attache à son nom, dans un discours prononcé au Reichstag allemand le 16 novembre 1871 :

« Un ambassadeur, dit-il, n'a pas besoin, à cause de son titre, d'un traitement plus élevé; ce n'est en somme qu'un *titre*. Si vous placez à la tête d'une brigade un colonel ou un général, ce sera toujours un brigadier, il devra toujours remplir cet emploi......

» J'ai lu quelquefois, dans les feuilles publiques (et le précédent orateur y a fait allusion), qu'on signalait le danger du privilège appartenant aux ambassadeurs de conférer directement et sans intermédiaire avec le souverain. Ceci repose sur une erreur. *Un ambassadeur n'a pas plus accès près du souverain que tout ministre plénipotentiaire*, et il ne peut, en aucune façon, prétendre au droit de traiter avec le monarque directement, sans l'entremise des ministres de celui-ci ».

Conformément à la manière de voir exposée dans ce discours, le prince de Bismarck a adopté temporairement la règle que M. Bancroft, alors ministre plénipotentiaire des État-Unis à Berlin, a rapportée en ces termes dans une dépêche du 20 janvier 1872 :

« Le chef de mission qui arrive le premier à l'office extérieur est admis le premier, qu'il ait le rang d'ambassadeur, de ministre ou de chargé d'affaires. »

Ce règlement n'a, du reste, subsisté que quelques années, et depuis on est revenu à l'ancien système, d'après lequel les ambassadeurs ont le pas, pour les audiences, sur les ministres plénipotentiaires.

Quant au caractère représentatif attribué aux ambassadeurs comme justifiant en fait la distinction nominale, purement théorique, qui empêche de les identifier aux ministres plénipotentiaires, les publicistes ont émis les considérations qui suivent :

F. de Martens est également d'avis que les privilèges des ambassadeurs ne résident que dans le cérémonial de réception. Au point de vue juridique, ils sont parfaitement égaux. Leur droit de négocier directement avec le souverain n'existe plus dans les pays constitutionnels, et, quant à celui d'audience, le prince de Bismarck a fait observer très justement qu'aucun ambassadeur n'a le droit d'exiger une entrevue personnelle avec le souverain. Enfin il n'est pas exact qu'ils représentent toujours la personne du souverain, car la République française nomme des ambassadeurs.

Fiore partage entièrement l'opinion que nous avons énoncée plus haut. Enfin voici comment s'exprime, à ce sujet, M. Schuyler, dans son ouvrage sur la diplomatie américaine :

« Dans l'ancien système, les ambassadeurs étaient supposés représentés non seulement le pays, mais aussi la personne du souverain, et on leur rendait en conséquence plus d'honneurs qu'aux autres agents diplomatiques.

« Ils avaient aussi le droit de s'adresser personnellement au souverain ou aux premiers fonctionnaires du pays où ils étaient envoyés, au lieu de passer par la filière ordinaire. Mais aujourd'hui les ambassadeurs n'ont pas de droits représentatifs supérieurs aux ministres, et n'en diffèrent que pour le rang et la préséance. Le souverain d'un pays est tellement confondu avec le gouvernement, qu'il est pratiquement impossible à un ambassadeur de mener quelque affaire autrement qu'avec l'intervention du ministre des affaires étrangères. Les intérêts personnels des souverains sont confiés à quelque agent privé, ou à quelque personnage délégué spécialement pour une grande cérémonie. »

Les États-Unis, n'ayant pas de souverain, n'accréditent pas d'ambassadeur, bien que la Constitution les autorise.

Autrefois Venise et les États-Généraux de Hollande envoyaient des ambassadeurs bien qu'il n'y eût pas de souverain à représenter et de nos jours la République française continue à en accréditer, suivant sa pratique, dans ses diverses formes de gouvernement. La France a même un ambassadeur en Suisse le seul accrédité auprès de cette république.

Dans la troisième classe des agents diplomatiques sont compris les ministres résidents et les ministres chargés d'affaires.

La quatrième classe des agents diplomatiques ne comprend que les chargés d'affaires, accrédités auprès des ministres des relations extérieures. Cette classe se subdivise en deux autres : à la première appartiennent les agents, chefs de poste accrédités *ad hoc* à titre permanent; à la seconde, les secrétaires remplaçant par intérim un ministre absent. Plusieurs États, par exemple l'Angleterre et la France, confèrent parfois à leurs premiers secrétaires d'ambassade, quand ils remplissent par intérim les fonctions de chargés d'affaires, le titre et le rang de ministres : ces agents sont alors classés, dans la cour où ils résident et pendant la durée de leur *intérim*, à la suite des chefs de légation.

Dans bien des cas des commissaires spéciaux sont envoyés à l'étranger pour régler certaines affaires particulières de l'État ou d'un souverain. En général ces délégués ne sont pas considérés comme faisant partie du corps diplomatique ; ils ne communiquent pas directement avec le souverain étranger ni avec ses ministres ; ils ne jouissent pas des immunités attachées aux missions proprement dites, lors même qu'ils sont revêtus du titre de résident ou de conseiller de légation ; on leur reconnaît seulement les droits et les facilités qui leur sont nécessaires pour remplir leur mandat spécial.

§ **206**. Les souverains ou les gouvernements chargent parfois des personnes de confiance de négociations spéciales dont ils veulent que le secret soit gardé, au moins provisoirement; la plupart du temps le caractère officiel de ministre n'est pas attaché à ces sortes de missions, et l'agent qui en est chargé ne le déploie qu'autant que les besoins de son mandat l'exigent.

§ **207**. Le rang ou la classe à laquelle un agent diplomatique doit appartenir dépend du choix du gouvernement qui le nomme.

Il est généralement admis, d'après le principe de la réciprocité, que les puissances ne s'envoient mutuellement que des ministres de même classe ; toutefois aucune puissance jouissant des honneurs royaux ne reçoit chez elle de ministre de première classe de la part des puissances n'ayant pas droit aux mêmes honneurs.

§ **208**. Tout État est libre, suivant les circonstances, d'envoyer plusieurs agents auprès d'un même gouvernement, soit que chacun d'eux se trouve chargé d'un mandat particulier avec pouvoirs spéciaux, soit qu'ils aient à suivre ensemble une seule et même négociation. Ces agents peuvent d'ailleurs être tous du même rang ou appartenir à des classes différentes.

Ce droit d'accréditer plusieurs agents à la fois ne s'exerce que dans des cas exceptionnels, tels que des conférences ou des congrès internationaux appelés à traiter d'affaires d'ordre majeur.

Dans ces réunions les grandes puissances se font généralement représenter par leurs ministres des affaires étrangères, qui prennent le titre de premiers plénipotentiaires et auxquels on adjoint, en qualité de second et de troisième plénipotentiaire, tantôt les chefs de légation accrédités dans le pays où se tient le congrès, tantôt des agents envoyés en mission spéciale.

Un seul ministre public peut se trouver accrédité près plusieurs gouvernements à la fois : c'est là une pratique suivie par un grand nombre d'États, tant en Europe qu'en Amérique.

Rien ne s'oppose non plus à ce qu'un agent représente à la fois plus d'un gouvernement auprès de la même cour.

§ **209**. En principe le choix du ministre dépend exclusivement de la volonté du gouvernement qu'il doit représenter.

La condition essentielle et même *sine qua non* de ce choix, c'est qu'il ne tombe point sur une personne qui ne soit pas agréable au gouvernement près lequel on l'envoie ; car aucun État n'est tenu de recevoir une personne qui lui est désagréable, ni de traiter directement avec elle. Pour aller au devant de toute déconvenue à cet égard, les gouvernements sont dans l'usage de faire connaître d'avance à la cour près laquelle leurs ministres doivent résider le nom des agents dont ils ont fait choix.

§ **210**. Pour être régulièrement admis à l'étranger et pouvoir entrer en jouissance des privilèges inhérents à leur charge, les ministres publics ont besoin d'être munis de lettres de créance indiquant leurs noms, spécifiant le caractère dont ils sont revêtus ainsi que l'objet général de leur mission, et demandant qu'on ajoute foi pleine et entière à ce qu'ils pourront dire comme représentants de l'État qui les envoie. La forme et l'étendue de ces documents varient naturellement selon la catégorie du poste pour lequel les ministres sont désignés, et selon les règles protocoliques en vigueur dans chaque pays. Ainsi les lettres de créance destinées aux agents diplomatiques des trois premières classes sont signées par le chef suprême de l'État et adressées au souverain du pays où les agents doivent résider ; les lettres dont sont munis les agents de la quatrième classe, c'est-à dire les chargés d'affaires qui ne sont pas chefs de mission, portent seulement la signature du ministre des affaires étrangères et sont adressées au ministre correspondant de l'autre pays.

§ **211**. Quelquefois les lettres de créance confèrent la faculté d'ouvrir des négociations ; mais les pleins pouvoirs indispensables pour conclure et signer des traités sont conférés par des documents spéciaux désignés sous le nom de lettres patentes.

Les lettres patentes sont spéciales ou générales : les ministres pourvus des lettres générales ont néanmoins besoin de lettres spéciales pour suivre et mener à fin une négociation particulière et déterminée.

§ **212**. Outre les titres officiels destinés à les accréditer, les ministres publics reçoivent des instructions dont la forme, la nature et l'étendue varient suivant les circonstances. En principe, à moins d'ordres contraires, ces instructions doivent rester secrètes. Lorsque l'agent qui les reçoit est laissé maître d'en révéler le texte, c'est à lui de peser mûrement les avantages et les inconvénients d'une publicité plus ou moins complète.

§ **213**. Le personnel d'une mission varie en nombre suivant le rang et l'importance du poste auquel il est attaché ; il se divise naturellement en deux catégories :

1° Le personnel officiel ;
2° Le personnel non officiel.

Le personnel officiel comprend les conseillers et les secrétaires d'ambassade ou de légation, les attachés ou élèves, les secrétaires interprètes ou drogmans, le chancelier, les pages dans les missions d'apparat, les aumôniers, lorsqu'une chapelle est annexée à l'ambassade ou à la légation ; on pourrait y ajouter les courriers chargés du transport des dépêches diplomatiques.

Les conseillers et les secrétaires sont dits *d'ambassade* lorqu'ils appartiennent à une mission de premier ordre. Les secrétaires attachés aux missions du Pape portent ordinairement le titre d'*auditeur de nonciature* ; et quand ils remplissent par *intérim* les fonctions de nonce, ils prennent celui d'*internonce*.

Les attributions des conseillers, des secrétaires et de attachés consistent le plus habituellement à seconde en tout le ministre sous les ordres duquel ils sont placés, à rédiger et à expédier les notes et les dépêches officielles, à s'acquitter de missions verbales auprès des administrations publiques du pays où ils résident ou auprès des autres représentants étrangers ; à classer et à surveiller les archives de la mission ; à chiffrer ou à déchiffrer les dépêches, à minuter les notes ou les lettres que le ministre peut avoir à écrire sur des réclamations ou des affaires particulières ; enfin, en l'absence de chancellerie régulièrement organisée, à dresser les protocoles et les procès-verbaux, à recevoir et à légaliser les actes de l'état civil, les certificats de vie et les autres pièces intéressant leurs nationaux, à délivrer et à viser les passeports, etc.

A moins d'ordres formels contraires, il est de règle que le conseiller d'ambassade, et, après lui ou à son défaut le premier secrétaire, suppléent le chef de mission empêché ou absent, et qu'ils soient présentés en due forme au ministre des affaires étrangères du pays comme *chargé par intérim des affaires* de l'ambassade ou de la légation.

§ **214**. On range dans le personnel non officiel de la mission les officiers de la maison du ministre, ses domestiques. Les secrétaires intimes, qui dans la règle ne sont employés qu'aux affaires particulières du ministre, sont également considérés comme n'appartenant point officiellement à la mission.

Le personnel non officiel n'a aucun droit aux prérogatives diplomatiques ; mais il jouit en fait des immunités que l'usage étend sur tout ce qui compose la suite du ministre.

§ **215**. L'agent envoyé en mission dans un pays étranger est tenu d'adresser à son gouvernement des rapports réguliers sur la marche des négociations dont il est chargé, et en général sur toutes les choses d'intérêt public dont l'appréciation ou la surveillance sont confiées à ses soins.

§ **216**. Le cérémonial diplomatique règle les honneurs et les distinctions qu'on accorde aux diplomates en fonctions, selon le rang que leur assigne la classe dont ils font partie.

Il appartient au souverain de régler au gré de ses convenances les honneurs et les distinctions qu'il entend accorder aux ministres accrédités auprès de sa personne. Cependant depuis le congrès de Vienne la plupart des cours ont adopté, pour la réception des agents diplomatiques de toutes classes, une marche qui présente à peine quelques nuances.

Le premier devoir d'un ministre étranger, dès qu'il arrive dans le lieu où il doit résider, est de faire connaitre son arrivée au ministre des affaires étrangères du pays, en le priant de solliciter pour lui une audience du souverain ou du chef de l'État pour la présentation de ses lettres de créance, dont il produit en même temps une copie authentique. Cette audience est publique ou privée.

Indépendamment des audiences qui leur sont accordées à leur arrivée ou à leur départ, les ministres étrangers obtiennent du souverain des audiences particulières pour lui remettre en mains propres des lettres du souverain qu'ils représentent, des décorations, ou bien encore pour l'entretenir d'affaires de famille ou tout à fait personnelles.

Tout ministre étranger, après avoir été reçu par le chef de l'État, fait aux autres membres du corps diplomatique des visites d'étiquette, qui ont pour objet de se faire reconnaître en sa qualité officielle. Ces visites se font et se rendent selon le rang du ministre.

§ **217**. Aucun prince régnant, aucun chef d'État, quelle que soit la forme de son gouvernement, ne cède le pas au représentant d'un autre pays. Il en est de même des fils et des frères des empereurs et des rois. Il n'existe encore aucune règle générale sur la préséance entre les ambassadeurs et les membres des familles régnantes autres que celles ayant rang impérial ou royal. Hors de la cour les ambassadeurs cèdent le pas aux ministres des affaires étrangères et le conservent dans quelque lieu qu'ils se trouvent sur tous les autres dignitaires et fontionnaires du pays où ils résident. Ces derniers jouissent, au contraire, par courtoisie, de la préséance sur tous les autres membres du corps diplomatique, lorsqu'ils sont dans la maison d'un représentant étranger.

§ **218**. Des honneurs particuliers sont accordés aux ambassadeurs comme représentant la personne même de leur souverain.

Dans les résidences souveraines tous les membres du corps diplomatique jouissent de certaines distinctions particulières : ainsi dans les solennités publiques les places d'honneur qui leur sont réservées, se trouvent à côté de celles destinées aux princes et aux princesses du sang ; les honneurs militaires leur sont rendus, quand il vont au palais du prince près lequel ils sont accrédités. Ils sont invités à toutes les fêtes de la cour, et presque partout les secrétaires d'ambassade et de légation partagent cette distinction.

Dans les pays catholiques on accorde aux nonces et aux légats du Pape le pas sur les ambassadeurs.

Aucun ministre ne peut prétendre ni à des prérogatives ni à des honneurs supérieurs à ceux que les usages de la cour près laquelle il est accrédité, accordent aux autres membres du corps diplomatique de la même classe.

Les agents étrangers ont le droit de faire placer les armes de leur gouvernement au dessus de la porte d'entrée de leur hôtel.

§ **219**. En ce qui concerne les nationaux, la plupart des États reconnaissent des pouvoirs spéciaux aux ambassadeurs et aux chefs de légation. Ainsi ils ont qualité pour recevoir ou dresser, sur la demande des intéressés, différents actes de la compétence des notaires, tels que contrats de mariage, testaments, donations, procurations générales, actes de l'État civil, légalisation de pièces administratives, délivrance et visa de passeports, etc.

Le ministre étranger doit protéger ses nationaux contre les procédés arbitraires et les dénis de justice dont ils peuvent avoir à souffrir de la part des autorités locales, surtout s'il s'agit d'atteintes portées aux traités ou aux conventions en vigueur.

Par contre, tout chef de légation ou d'ambassade exerce sur ses nationaux un droit naturel de surveillance et de contrôle, qui se traduit au besoin par des admonestations adressées à ceux d'entre eux qui, par leur conduite privée, par des intrigues politiques, compromettraient l'intérêt ou l'honneur de leur patrie, ou qui, en troublant la tranquillité du pays où ils se trouvent, s'exposeraient à des mesures répressives qui échappent à l'intervention diplomatique.

§ **220**. Les missions diplomatiques prennent fin :

1° par la mort ou la démission de ceux qui les remplissent ; 2° par la mort du souverain qui a accrédité l'agent, ou par une modification radicale de la forme de son gouvernement; 3° par l'expiration ou la révocation des lettres de créance ; 4° par la réalisation même de l'objet en vue duquel la mission a été donnée ; 5° par le rappel spontané ou formellement demandé du ministre ; 6° par une déclaration de guerre ou par une simple interruption des relations d'amitié.

En tout cas, malgré la cessation de sa mission pour l'une ou l'autre des causes que nous venons d'énumérer, le ministre conserve jusqu'au retour dans son pays toutes les immunités et tous les droits inhérents à son caractère public.

En cas du rappel ou du remplacement d'un agent diplomatique par ordre de son gouvernement, cet agent commence par donner avis au ministre des relations extérieures du pays où il réside, de sa démission, de son rappel on de la nomination de son successeur ; il sollicite en même temps une audience du chef du pouvoir exécutif pour prendre congé et présenter ses lettres de-rappel.

Quand le gouvernement auprès duquel réside un agent diplomatique, juge à propos de le renvoyer pour cause de conduite jugée inconvenante, il est d'usage de notifier au gouvernement qui l'a accrédité, que son représentant n'est plus acceptable et de demander son rappel ; dans ce cas la courtoisie internationale prescrit son rappel immédiat. Si l'offense commise par l'agent est d'un caractère grave, il peut être renvoyé sans attendre le rappel de son propre gouvernement.

Le renvoi d'un ministre peut également avoir lieu lorsque la conduite tenue par l'État qu'il représente amène une rupture subite des relations entre les deux pays Il est d'usage dans ce cas d'adresser à l'agent, avec ses passeports, une note dans laquelle sont exposés les faits qui motivent sa sortie du territoire, et il est fixé un délai pour son départ.

Le ministre public qui n'est pas admis à présenter ses lettres de créance se trouve dans la même position que celui qui est privé de son emploi ou expulsé; seulement il a droit à des égards particuliers et à certaines prérogatives jusqu'à ce qu'il ait quitté le pays où il se trouve.

Lorsqu'une ambassade extraordinaire a atteint le but ou le terme fixé pour sa mission, elle expire *de plano* sans qu'il soit nécessaire de produire des lettres spéciales de rappel. Dans ce cas les formalités de congé sont les mêmes qu'à la fin d'une mission ordinaire.

Toutes les fois, au contraire, que l'agent diplomatique change de grade, est appelé à un rang plus élevé ou passe d'une situation temporaire à un poste permanent, il y a lieu à l'envoi et à la remise officielle de nouvelles lettres de créance.

Dans les États monarchiques, la mort ou l'abdication des souverains, en d'autres termes, le changement de gouvernement, est une des principales causes qui mettent fin aux missions diplomatiques. L'agent accrédité peut bien être autorisé officieusement à continuer l'exercice de ses fonctions; mais il a absolument besoin de nouvelles lettres de créance pour régulariser définitivement sa position.

SECTION II. — Privilège d'exterritorialité.

§ **221**. Par une espèce de fiction légale, commandée en quelque sorte par la situation élevée qu'elles occupent, les personnes qui représentent un État au dehors sont généralement regardées comme n'ayant pas quitté le territoire de leur nation et comme devant à ce titre échapper à la juridiction du pays où elles se trouvent, pour rester exclusivement soumises aux lois de leur propre pays. Cette immunité, reconnue par le droit international avec toutes les conséquences juridiques et les prérogatives qui en découlent, constitue ce qu'on appelle l'*exterritorialité*.

Le privilège désigné sous ce nom a pour effet direct l'inviolabilité personnelle, c'est-à-dire l'exemption de ceux à qui il appartient de toute espèce de juridiction territoriale, de toute action judiciaire ou de police impliquant contrainte ou mesure d'exécution. Cette immunité n'est cependant pas absolue ; elle cesse naturellement d'exister, et les lois du pays de la résidence reprennent leur empire pour tous les actes que la personne privilégiée accomplit comme simple particulier, et non plus en vertu de son caractère représentatif. Dans ce dernier cas, il y a bien toujours lieu à certains égards exceptionnels, à une certaine déférence personnelle ; mais l'agent étranger ne peut point décliner l'action des lois locales dès qu'il veut acquérir ou exercer dans le pays où il réside des droits qui n'appartiennent qu'aux nationaux, tels, par exemple, que celui de faire le commerce, d'exercer une industrie, de possèder des immeubles, etc.

Les personnes qui jouissent du privilège de l'exterritorialité sont les souverains, quand ils voyagent ou séjournent temporairement sur le territoire d'une autre puissance ; les ambassadeurs, les ministres plénipotentiaires, en un mot les agents revêtus d'un caractère diplomatique, c'est-à-dire qui sont censés représenter un souverain ou une nation ; dans une mesure plus restreinte, les consuls, les vice-consuls, les agents consulaires ; enfin les chefs de forces militaires ou navales, lorsqu'ils sont admis sur un territoire étranger.

L'immunité acquise à la personne privilégiée s'étend à la suite, ainsi qu'aux effets et aux biens meubles qui lui appartiennent.

§ **222**. L'honneur et l'indépendance des nations sont

affectés par la manière dont on traite leurs souverains. Aussi le souverain a-t-il droit aux prérogatives internationales inhérentes à son caractère public, soit qu'il réside dans ses États, soit qu'il se transporte à l'étranger.

En principe, le souverain qui voyage ou séjourne hors de son territoire est exempt de la juridiction criminelle du pays où il se trouve. Cependant il peut se présenter des cas où cette règle devient inapplicable. Ainsi, lorsqu'il y a rupture des relations d'amitié et de bonne intelligence entre deux pays, il n'est pas défendu à l'un des souverains de s'opposer à l'arrivée ou au séjour de l'autre sur son territoire. On peut également supposer qu'un prince abuse de l'hospitalité qu'il a reçue pour fomenter des troubles, nouer des intrigues ou satisfaire son ambition ; il est évident que, dans de pareilles conditions, comme lorsqu'il s'agit d'atteintes portées à la tranquillité ou à la prospérité du pays, le droit des gens autorise pleinement le gouvernement territorial à faire sentir l'empire de ses lois au souverain étranger qui aurait le premier méconnu le devoir de sa haute position et les obligations internationales.

Un usage non moins général et invariable étend le bénéfice de l'exterritorialité aux souverains en matière civile, sauf dans les affaires et les contrats qui n'affectent en rien leur capacité publique ou politique, et dans lesquels ils agissent comme personne à titre tout à fait privé.

Il est diverses circonstances qui peuvent faire cesser pour un souverain étranger les prérogatives auxquelles son rang lui donne droit.

Nous mentionnerons d'abord l'*incognito*, qui peut être considéré comme l'indice de la volonté expresse du souverain qui voyage, de se soustraire aux obligations de son titre et de renoncer en même temps aux honneurs, ainsi qu'au cérémonial exceptionnel qui y sont attachés.

Il est évident aussi que le souverain étranger qui pénètre clandestinement dans un pays pour y troubler la sûreté publique ou s'y livrer à des actes hostiles contre le gouvernement établi ou contre d'autres puissances perd tout droit aux égards personnels et aux prérogatives de l'hospitalité.

De même encore tout souverain qui a abdiqué ou a été dépouillé de l'autorité suprême, n'a plus aucun titre légal aux faveurs et aux droits internationaux. Toutefois les autres souverains restent libres, au gré de leurs convenances, de lui accorder les distinctions et les honneurs personnels auxquels il avait droit avant son abdication ou sa déchéance, alors surtout que cette dernière peut n'être pas irrévocable.

§ **223**. L'inviolabilité est un caractère qui place au dessus de toute atteinte, de toute poursuite, la personne qui en est investie. Le droit des ministres publics de jouir de ce privilège est fondé non sur une simple convenance, mais sur la nécessité.

En effet, sans une inviolabilité personnelle absolue, illimitée, les agents seraient complètement à la merci du pays où ils résident, et leur caractère serait altéré au point de compromettre l'exercice même de leurs fonctions.

L'inviolabilité due à la personne de l'agent étranger ne commence que du moment où son caractère public a été suffisamment constaté et reconnu comme tel par le gouvernement auprès duquel il doit résider, c'est-à-dire après sa réception officielle et la remise de ses lettres de créance.

Le ministre public ne jouit du privilège de l'inviolabilité que sur le territoire du souverain près lequel il est accrédité ; si, pour affaires se rattachant à ses fonctions, il est obligé de traverser d'autres pays, ceux-ci ne lui doivent que des égards personnels et ces actes de courtoisie dont l'oubli pourrait offenser le souverain représenté.

L'inviolabilité est accordée non seulement à tout agent diplomatique régulièrement accrédité, mais aussi aux personnes qui sont attachées à sa mission, ainsi qu'à son épouse, à ses enfants et aux gens composant sa suite. Elle s'applique en outre aux choses qui se rapportent directement à sa personne et à sa dignité, notamment à son hôtel, en tant qu'il l'occupe avec sa famille, au mobilier qui le garnit, à ses voitures et à ses équipages, etc., dont l'ensemble ne peut faire l'objet d'aucune poursuite de la part du gouvernement ou des particuliers.

Les agents spéciaux dont un usage récent autorise l'adjonction aux légations diplomatiques, sous la désignation d'attachés militaires et techniques, font également partie de ces légations, et participent en conséquence aux privilèges qui découlent de ce fait.

Dans ses effets le privilège dont nous nous occupons ici s'étend à tous les actes de l'agent étranger, et principalement à ceux qui dérivent de ses fonctions et sont nécessaires à leur accomplissement. Ainsi l'agent a la liberté absolue de correspondre avec son gouvernement, d'envoyer et de recevoir des lettres et des dépêches, soit par des courriers particuliers pourvus de papiers justifiant de leur qualité, soit par l'intermédiaire des postes et des télégraphes du pays; il faut seulement dans ce cas que les lettres ou les dépêches remises par lui à l'administration des postes ou des télégraphes portent un cachet diplomatique notoirement connu. Il s'ensuit qu'en temps de paix l'ouverture des dépêches originaires ou à destination des missions diplomatiques est une violation manifeste du droit des gens, surtout quand elle est pratiquée par ordre du gouvernement.

Le représentant étranger n'a pas le droit d'invoquer le bénéfice de l'inviolabilité dans les circonstances tout à fait étrangères à son caractère public; du moins, en pareil cas, les atteintes portées à son inviolabilité ne sauraient donner lieu à des réclamations diplomatiques.

Par exemple, un ministre public qui se produit comme auteur, n'est pas protégé par son caractère officiel contre les attaques de la critique. Pourvu qu'elle respecte ce caractère, la critique n'est responsable que des injures personnelles ou des faits de diffamation.

L'inviolabilité n'entraîne pas l'impunité. Lors donc qu'un ministre public oublie sa dignité, se permet des empiètements ou des actes arbitraires, trouble l'ordre public, manque au souverain, aux habitants ou aux fonctionnaires du pays de sa résidence, conspire, se rend odieux, suspect ou coupable, sa conduite tombe sous l'action des lois pénales ; mais cette répression n'incombe qu'au gouvernement qui l'a nommé. Quant au souverain près lequel l'agent réside, il peut seulement prendre à son égard les mesures conseillées par la sûreté publique, interrompre ses rapports avec lui, le renvoyer de ses États et, en cas de résistance, recourir à la force pour le contraindre à en sortir, car alors l'agent devient lui-même l'auteur de la violence qui lui est faite.

§ **224.** Le principe de l'inviolabilité entraîne comme conséquence, si même il ne la présuppose, l'*indépendance absolue*, c'est-à-dire que l'agent diplomatique ne doit relever que de son souverain : il ne peut à aucun prix accepter, encore moins solliciter aucun emploi ni aucune pension publique ou secrète de la cour où il réside ; car toute faveur de ce genre le placerait moralement dans une sujétion incompatible avec les devoirs de sa charge. Il ne doit pas non plus, sans l'autorisation expresse de son propre gouvernement, accepter aucune dignité, aucun titre, aucune décoration, aucune grâce quelconque du souverain auprès duquel il est accrédité, ni de tout autre prince.

§ **225.** L'exterritorialité, comme nous l'avons déjà expliqué, est l'ensemble des immunités dont jouissent au dehors les représentants d'une souveraineté nationale étrangère, au nombre desquels doivent naturellement être classés les agents diplomatiques.

Par suite cette fiction qui suppose que, quoique résidant dans un autre pays, il demeure sur le territoire de son propre souverain, l'agent ou le ministre public reste toujours soumis aux lois de sa patrie, lesquelles continuent de régir l'état de sa personne et ses droits de propriété ; conséquemment il est exempt de la juridiction locale du pays où il est envoyé ; aucune action ne peut être formée contre lui devant les tribunaux du lieu de sa résidence, aucune contrainte par corps, aucune saisie de ses biens ne peut y être exercée contre lui : sa maison, considérée comme étant hors du territoire aussi bien que sa personne, n'est pas accessible aux officiers de justice du pays. Le personnel de la maison, l'épouse et la famille de l'agent participent à ces prérogatives, et ses enfants, bien que nés à l'étranger, sont regardés comme originaires du pays de leur père.

§ **226**. La juridiction accordée au ministre public à l'égard de sa suite est celle qu'on désigne sous le nom de *volontaire* ou *gracieuse*. Ainsi il peut recevoir des testaments, légaliser les contrats et les actes de l'état civil, faire apposer les scellés, etc. Le ministre public peut également exercer cette juridiction gracieuse par rapport aux sujets de son gouvernement dans le pays où il réside ; mais alors il faut qu'il ait reçu un mandat spécial.

Toutefois le gouvernement auprès duquel le ministre est accrédité, n'est pas plus obligé de reconnaître ces actes comme valables qu'il ne l'est de reconnaître tous autres actes émanant des autorités de l'État que représente le ministre ; tous ces actes de juridiction gracieuse ne peuvent avoir de valeur auprès des tribunaux locaux que dans les limites prévues par des traités ou consacrés par les règles générales sur les contrats faits en pays étranger; et le gouvernement territorial peut n'en pas admettre la validité, toutes les fois que le litige est regardé par lui comme étant du ressort de ses tribunaux.

Dans aucun cas les ministres étrangers n'ont le droit de statuer sur des contestations entre leurs nationaux, ni même entre les personnes de leur suite.

Une autre faculté qui est encore laissée au ministre public, est celle de délivrer des passeports à ses nationaux ou aux étrangers qui veulent se rendre dans le pays qu'il représente; mais, dans ce dernier cas, le ministre doit se mettre d'accord avec les autorités du pays auquel le sujet appartient.

Les agents diplomatiques sont exempts du paiement des droits de douane ainsi que du paiement des impôts personnels et directs.

§ 227. Les navires de guerre étant regardés comme une partie du territoire de la nation dont ils portent le pavillon, tout bâtiment de la marine militaire et l'ensemble du personnel qu'il renferme, sont couverts par la fiction de l'exterritorialité, avec toutes les prérogatives et les immunités qui s'y rattachent.

Du principe qui en toute circonstance exempte les navires de guerre de l'action des autorités comme de la juridiction civile et criminelle des tribunaux du pays étranger où ils mouillent, il résulte que pénétrer à leur bord par force est une violation de pavillon, qui peut entraîner les plus graves conséquences et justifierait pleinement une rupture de relations entre deux États.

Au-desous de l'immunité juridictionnelle dont nous venons de parler, se placent cependant le droit de propre conservation et le droit d'indépendance souveraine. Tout gouvernement est donc autorisé soit à interdire l'accès de ses ports aux bâtiments de guerre étrangers, s'il a des motifs sérieux pour ne pas suivre à leur égard les règles ordinaires du droit des gens, soit à prendre des moyens de surveillance et de sûreté, s'il croit leur présence dangereuse ; il n'outrepasserait même pas son droit, s'il venait dans ce cas à sommer ces navires de quitter le port ou la mer territoriale, sauf naturellement à assumer la responsabilité d'actes qui, suivant les circonstances, pourraient perdre leur caractère défensif pour revêtir celui de véritable offense et constitueraient, ainsi, une légitime cause de guerre.

La seule exception, si toutefois c'est en une, apportée au principe d'immunité juridictionnelle, est celle qui a trait à l'obligation d'observer les règlements sanitaires du pays où le bâtiment de guerre veut aborder.

L'immunité découlant de l'exterritorialité couvre les embarcations, les canots, les chaloupes et les autres accessoires ou dépendances du bâtiment de guerre ; mais elle ne s'étend ni aux marchandises, ni aux navires capturés en violation de la neutralité du pays où les prises sont amenées.

§ 228. Lorsqu'un État indépendant accorde à une armée étrangère la permission de passer ou de séjourner sur son territoire, les personnes qui composent cette armée ou se trouvent dans ses rangs, ont droit aux prérogatives de l'exterritorialité.

Pour que dans l'espèce il y ait matière à immunité, le passage ou le séjour de ces troupes doit avoir été régulièrement sollicité et accordé; s'il n'en avait pas été ainsi, ce serait un cas de violation de territoire, un acte d'hostilité, que ne saurait créer aucun droit, aucun privilège en dehors de ceux que confère à l'ennemi une guerre ouvertement déclarée. Lorsque le passage de la frontière est le résultat de circonstances de force majeure et conserve un caractère innocent, l'État offensé rentre aussitôt dans le plein exercice de sa souveraineté et de sa juridiction ; il ne manquerait donc à aucun devoir international en faisant arrêter et désarmer les troupes étrangères qui foulent indûment son sol, et en réclamant du chef de cet envahissement une légitime réparation.

Les gouvernements sont d'accord aujourd'hui pour accorder certaines immunités aux objets qui figurent aux expositions universelles. Ces objets sont, entre autres, exempts des droits de douane et d'octroi.

SECTION III. — Consulats.

§ 229. L'établissement des consulats proprement dits remonte à l'époque des croisades, mais les Grecs possédaient déjà une institution à peu près identique à celle des consulats, celles des proxénètes chargés de protéger les marchands étrangers. On sait que quelques villes maritimes de l'Italie, notamment Gênes et Venise, monopolisèrent le transport des vivres et des autres approvisionnements nécessaires aux Croisés ; pour faciliter leurs opératinos et leur trafic, elles fondèrent dans l'Asie mineure des comptoirs commerciaux. L'institution de ces vastes entrepôts rendit de tels services et fut si favorablement accueillie sur certains points, que l'on déclara exempts de tous droits les articles que l'on y importait ou en exportait ; et même, pour en accroître le développement, on assigna des quartiers entiers comme résidence aux employés des comptoirs, qui obtinrent en même temps le privilège de vider leurs différends d'après leurs propres lois et devant des juges choisis par eux, auxquels on donna le nom de *consuls*.

Par la suite l'établissement de ces factoreries dans les mêmes conditions privilégiées s'étendit en Espagne et en France.

Toutefois l'institution des consulats ne se généralisa qu'au XVIe siècle, à partir duquel la faculté accordée à certaines villes de choisir les agents commerciaux des factoreries et les juges consulaires chargés d'y rendre la justice fut revendiquée par les États comme un droit inhérent à la souveraineté ; cessant d'être les simples délégués d'un groupe plus ou moins considérable de commerçants, ces agents devinrent les représentants directs du pays auquel ils appartenaient.

Un siècle plus tard, c'est-à-dire à la paix de Westphalie, l'institution consulaire subit une nouvelle transformation non moins radicale.

Les consuls ont été dépouillés de leur caractère de juges et même de celui d'agents ou de facteurs de leurs nationaux, et appelés exclusivement à veiller comme agents officiels de leur gouvernement aux intérêts généraux du commerce maritime de leur patrie.

§ **230**. Les consulats ont pour attributions essentielles mais non exclusives :

1° De protéger le commerce et la navigation des nationaux en pays étranger ; de défendre leurs droits et leurs privilèges : de veiller à l'exécution des traités et des conventions, ainsi qu'à l'accomplissement des décisions de leur souverain en matière de commerce et de navigation ; de prêter secours et appui à leurs compatriotes ;

2° D'exercer une certaine juridiction sur les sujets de leur propre pays pendant tout le temps de leur résidence en pays étranger ;

3° De faciliter et de fournir à leur gouvernement les informations et les renseignements nécessaires pour assurer la prospérité de l'industrie, du commerce et de la navigation.

A côté de ces attributions générales, qui sont en quelque sorte inhérentes à la charge de consul, il en est d'autres qui sont accidentelles et dépendent soit des circonstances, soit d'instructions spéciales ou d'un mandat délégué *ad hoc*. Ainsi, bien qu'en principe les affaires contentieuses et les questions politiques ne soient pas à proprement dire du ressort des agents commerciaux à la catégorie desquels appartiennent les consuls, il est évident que tout gouvernement a le droit absolu de régler comme bon lui semble les attributions des agents qu'il charge au dehors de traiter en son nom les questions internationales.

§ **231**. Tous les consulats d'une nation institués dans une même contrée étrangère forment ce qu'on appelle un *établissement consulaire*, placé sous l'autorité supérieure de l'agent diplomatique qui s'y trouve accrédité, ou, à défaut de légation permanente, sous les ordres immédiats d'un consul général, voir même d'un simple consul chargé de centraliser le service et les affaires d'intérêt général de son pays.

Cet établissement se subdivise d'ordinaire en arrondissements, à chacun desquels est attribuée une étendue de territoire calculée de manière qu'aucune partie du pays ne soit privée de la surveillance et de la protection d'un agent commercial.

Dans la plupart des États la hiérarchie consulaire comporte les grades suivants :

Consuls généraux, consuls, vice-consuls et agents consulaires ou commerciaux. Cette classification n'a du reste qu'une valeur hiérarchique absolument relative; la seule chose qui importe à chaque gouvernement, c'est que le consul ou agent consulaire étranger qui arrive sur son territoire, justifie en due forme de la légitimité de sa nomination et de l'étendue de ses pouvoirs, abstraction faite du titre sous lequel on le désigne. En Allemagne, et dans plusieurs autres pays, on distingue entre les *consules missi* ou consuls de carrière, fonctionnaires rétribués envoyés par les États qu'ils représentent, et les *consules electi* ou consuls d'élection, choisis parmi les notables du pays où ils résident, et parfois ressortissants de ce pays.

Le consul général est le chef de l'établissement consulaire.

Quand il n'y a pas de consul général placé à la tête des établissements consulaires du pays, la légation accréditée auprès du souverain territorial en remplit les fonctions. Les consuls de première et de seconde classe sont les chefs des départements ou arrondissements. Ils sont subordonnés au consul général, mais dans des limites assez restreintes, conformément à des instructions ministérielles.

Le vice-consul est préposé à un arrondissement ; il est subordonné au consul, chef du département duquel dépend son arrondissement, comme le consul l'est au consul général ; il peut être suspendu de ses fonctions par le consul ; mais sa révocation et son remplacement ne peuvent avoir lieu qu'avec l'autorisation du ministre. Les consuls sont autorisés à nommer des délégués dans les lieux de leur arrondissement où il le jugent utile au service ; ces délégués ont le titre d'agents consulaires ; celui de vice-consul peut leur être conféré, lorsque leur position sociale, l'importance de la localité ou un autre motif l'exige. Ils n'ont point de caractère public et agissent sous la responsabilité du chef qui les a nommés et aux recommandations duquel ils doivent entièrement se conformer.

Les vice-consuls et les agents consulaires ne correspondent avec le ministre que quand il les y a spécialement autorisés ; ils n'ont point de chancellerie, n'exercent aucune juridiction, et ne peuvent nommer des sous-agents ni déléguer leurs pouvoirs sous quelque titre que ce soit.

§ **232**. La chancellerie est le lieu où sont reçus les actes qui sont de la compétence consulaire, et où sont déposées et conservées les minutes de ces actes, ainsi que la caisse, les registres et les archives du consulat

En matière politique, administrative et commerciale les chanceliers remplissent les fonctions de secrétaires, d'archivistes, d'agents comptables, et de greffiers ou d'huissiers, etc., quand le consul exerce les fonctions judiciaires, dans les contrées du Levant et de l'extrême Orient, par exemple.

La nomination des chanceliers n'est pas soumise

à des règles uniformes; dans certains pays, comme en France, elle est faite par le gouvernement lui-même; dans d'autres elle est, sous réserve d'approbation ministérielle, abandonnée au libre arbitre des consuls.

Lorsque l'importance du poste le comporte, par exemple dans les missions diplomatiques et dans certains consulats généraux, les chanceliers reçoivent le titre de vice-consuls honoraires ou de directeurs de chancellerie, qualifications qui les font plus ou moins directement rentrer dans le cadre consulaire.

Dans les pays musulmans les chancelleries consulaires sont le plus souvent confiées à des drogmans ou interprètes officiels.

A défaut de fonctionnaire d'un grade plus élevé et présent sur les lieux, le chancelier supplée le consul absent ou empêché et agit auprès des autorités locales comme gérant intérimaire du poste auquel il est attaché.

§ **233**. Il est d'usage général que les consuls soient nommés par le souverain ou par le chef du pouvoir exécutif.

Dans quelques pays les consuls dépendent du ministère des affaires étrangères; dans d'autres ils relèvent directement du ministère du commerce; or, suivant cette différence, ils sont par rapport à leurs instructions et à leurs correspondances sous la direction du chef du département auquel ils se rattachent.

§ **234**. Aucun gouvernement n'a l'obligation absolue de recevoir des consuls étrangers.

Tandis que quelques États admettent chez eux autant de consuls qu'il plaît aux gouvernements étrangers d'en instituer, d'autres refusent d'admettre des consuls généraux dans des localités où ils reçoivent sans difficulté de simples consuls.

En général les États s'assurent le droit de créer des consulats soit par des traités formels, soit par des conventions verbales; mais en tout état de cause l'exercice de ce droit demeure subordonné à l'agrément du gouvernement local en ce qui regarde la personne de l'agent désigné.

La commission ou la patente d'un consul est le document officiel signé par le chef suprême de l'État auquel l'agent appartient, et qui exprime le titre et les attributions qui lui sont conférés. L'original de cette patente doit être communiqué par la voie diplomatique au gouvernement du pays sur le territoire duquel le consul est appelé à résider, pour que ce gouvernement le revête de l'*exequatur* : on nomme ainsi l'acte qui reconnaît l'agent en sa qualité officielle, l'admet au libre exercice de ses fonctions, lui garantit les prérogatives et les droits inhérents à sa charge, en prescrivant au autorités judiciaires et administratives territoriales de lui prêter en tout l'aide et l'assistance dont il pourra avoir besoin. Dès qu'il a obtenu son *exequatur* et qu'il s'est fait reconnaître par les autorités compétentes de sa résidence, le consul a le droit d'entrer en fonctions et de revendiquer les prérogatives et les immunités correspondantes à son emploi. Sa révocation, son rappel ou son remplacement le dépouille naturellement de tout caractère officiel.

Tout gouvernement est maître de désigner les lieux où il lui convient de recevoir des consuls étrangers, par conséquent d'excepter certaines localités, comme par exemple, des forteresses ou des arsenaux.

Par cela même que l'admission des consuls est subordonnée à une demande d'*exequatur*, il est évident que le souverain territorial est absolument maître de refuser cet *exequatur*, si la présence dans le pays ou les antécédents de l'agent pour lequel il est sollicité, lui paraissent offrir certains inconvénients.

Le droit de retirer l'*exequatur* n'est pas moins illimité lorsque le consul, manquant aux devoirs de sa charge, a compromis sa position en s'immiscant indûment dans les affaires du pays, en prenant part aux intrigues des partis politiques, en un mot en sortant du rôle qui lui est prescrit.

§ **235**. En Angleterre et aux États-Unis les règles générales de la législation dénient absolument tout caractère représentatif à l'institution consulaire; mais les autres législations ne sont pas aussi explicites. C'est pourquoi nous sommes d'avis, qu'à défaut de stipulations conventionnelles nettement définies, il faut renoncer à chercher dans les principes généraux des privilèges que le droit des gens n'a pas consacrés.

En général les consuls n'entretiennent de correspondance régulière et suivie qu'avec les autorités administives et judiciaires de leur arrondissement. Cependant, lorsque ces autorités refusent de faire droit à leurs justes réclamations et que l'absence d'une légation permanente de leur pays rend impossible le recours à la voie diplomatique, les consuls sont pleinement autorisés à s'adresser directement au gouvernement central de la contrée dans laquelle ils résident.

Le rang des consuls entre eux se détermine dans la pratique d'après le grade dont ils sont revêtus, et à égalité de grade, d'après l'antériorité de date de leur *exequatur*.

§ **236**. En règle générale, les consuls ne jouissent pas de l'immunité personnelle ; ils sont soumis à la juridiction civile et criminelle de l'État où ils résident, et leurs biens peuvent être saisis et vendus par leurs créanciers en vertu de sentences judiciaires.

§ **237**. Les consuls, quoiqu'ils ne jouissent pas des prérogatives accordées par le droit des gens aux agents diplomatiques, ont droit, en raison de leurs fonctions et de leur caractère d'agents dûment nommés et reconnus d'un État étranger, à certains égards de courtoisie, à certaines exemptions d'obligations locales et politiques, auxquels ne peuvent prétendre les particuliers.

Ces prérogatives et ces immunités varient suivant

l'usage et les stipulations conventionnelles, indépendamment des principes du droit public général.

La France, sauf stipulation contraire dans les traités, attribue à ses consuls et reconnaît par réciprocité aux agents étrangers un caractère public qui tend à élargir le cercle de leurs immunités. De cette attribution elle fait résulter pour eux le droit à l'immunité personnelle, excepté dans le cas de crime, et l'exemption des charges nationales et municipales, quand ils ne possèdent pas de biens-fonds et n'exercent pas de commerce.

En tout état de choses, qu'on leur reconnaisse ou non un caractère public et diplomatique, il est positif que les consuls ont un droit absolu à certains privilèges, à certaines immunités, sans lesquels il leur serait très difficile de remplir leur mandat. Ces privilèges ne touchent pas seulement à leurs personnes ; ils s'étendent encore au local occupé par leur chancellerie et aux effets, aux papiers, aux documents officiels confiés à leur garde.

Tous les consuls étrangers qui résident dans un pays ont droit au même respect, à la même considération et à une égalité parfaite de traitement, à moins que les traités ne renferment à cet égard des dispositions spéciales fondées sur le principe de la réciprocité.

§ **238**. Lorsqu'un citoyen est nommé dans son pays même consul d'une puissance étrangère, son gouvernement est libre de lui refuser l'autorisation d'exercer ces fonctions ou d'en subordonner l'exercice à certaines obligations spéciales ; mais une fois que le consul nommé dans de pareilles circonstances a reçu son *exequatur* et a été reconnu sans condition en sa qualité officielle, il est placé sur la même ligne que tous les autres consuls.

§. **239**. Les consuls n'ont dans le pays de leur résidence aucun des caractères du juge proprement dit ; par contre les principes généraux du droit des gens, même en dehors de toute stipulation conventionnelle expresse, leur reconnaissent à l'égard de leurs nationaux quelques-uns des attributs du véritable magistrat. Ainsi ils ont compétence pour régler à l'amiable, administrativement ou par la voie d'arbitrage volontaire, les différends qui surviennent entre négociants, navigateurs ou autres particuliers appartenant à leur pays, et les démêlés entre capitaine et subrécargue ou entre capitaine et matelots pour raison de salaires, de nourritures ou autres ; ils ont encore un droit de police intérieures sur les navires et les gens de mer de leur nation. En vue du libre exercice de ce dernier droit, un usage devenu assez général pour pouvoir être considéré comme une règle internationale les autorise même à faire arrêter par les agents territoriaux compétents les capitaines ou les matelots délinquants, à réclamer les marins déserteurs et à faire séquestrer les navires, à moins que quelque sujet du pays de leur résidence ne s'y trouve intéressé.

§ **240**. Les consuls ont le droit d'élever des réclamations et même d'intenter une action dans les cas où il est porté atteinte aux intérêts de leurs nationaux, et sans qu'ils aient besoin d'en être sollicités spécialement par les personnes pour le bénéfice desquelles ils agissent ; mais ils ne peuvent recevoir aucune restitution sans une autorisation expresse des parties intéressées. Parfois ils sont chargés par les tribunaux du pays qu'ils représentent, de recueillir les témoignages de personnes qui se trouvent à l'étranger ; puis de célébrer les mariages civils, quand les conjoints n'appartiennent pas au pays où le consul exerce des fonctions.

§ **241**. Tous les Etats ne permettent pas à leurs consuls de faire du commerce, et, en droit rigoureux, on ne devrait jamais leur accorder cette faveur, contre laquelle tous les publicistes s'élèvent avec juste raison.

En effet le consul commerçant entre forcément en lutte plus ou moins ouverte, avec les négociants de sa résidence comme avec ceux de son propre pays, qui peuvent ainsi être conduits à suspecter la loyauté, la justice et l'impartialité de l'agent chargé de les protéger. Quelque honorable que le consul puisse être, il est bien difficile que son influence personnelle et son prestige moral n'en souffrent pas de sérieuses atteintes et qu'il parvienne invariablement à concilier dans une juste mesure ses devoirs officiels avec le soin de ses intérêts privés.

§ **242**. Les prérogatives et les immunités des consuls étrangers en Orient sont beaucoup plus importantes et plus étendues que celles des agents établis dans les pays chrétiens; elles constituent un régime tout à fait exceptionnel, qui repose à la fois sur des stipulations conventionnelles et sur des usages ayant acquis force de lois : ce qui s'explique par le système politique et religieux des contrées musulmanes, par la position particulière qu'y font aux chrétiens, rayas (sujets ottomans) ou autres, les lois du Coran et la différence des mœurs.

Pour caractériser la situation, il suffit de dire que les capitulations conclues à diverses époques avec la Porte ottomane conservent aux consuls un droit absolu de juridiction sur leurs nationaux, qui, au civil comme au criminel, restent soumis aux lois de leur pays.

La situation exceptionnelle que les traités ou les usages ont créée aux consuls du Levant et de l'extrême Orient, ne concerne pas seulement leurs pouvoirs administratifs et judiciaires; elle embrasse encore un ensemble d'immunités personnelles analogue à celui dont le principe de l'exterritorialité couvre ailleurs, c'est-à-dire en pays de chrétienté, les agents diplomatiques. Ainsi leur personne est aussi inviolable que leur domicile; ils ont pour les protéger des hommes armés (cawas ou janissaires) ; ils sont absolument à l'abri de l'action de la justice territoriale, et exempts de toute espèce de taxe, d'impôt ou de contribution. Les mêmes immunités sont acquises à tous les agents et les serviteurs placés sous leur dépendance immédiate.

§ **243**. Les drogmans ou interprètes des ambassades et des consulats du Levant forment un corps spécial d'employés diplomatiques et consulaires, choisis par leur gouvernement parmi les personnes familiarisées avec les langues orientales. Leur situation essentiellement subordonnée et le caractère tout spécial de leurs fonctions les obligent à rendre exactement compte à leurs supérieurs hiérarchiques de toutes les affaires qu'ils ont traitées, ainsi que des propositions et des réponses qui leur ont été faites. Il leur est interdit de faire aucun commerce, de visiter les autorités du pays sans la permission de leurs chefs, de prêter leur ministère dans les affaires des particuliers avant d'en avoir été requis et sans y avoir été spécialement autorisés.

§ **244**. Lorsqu'une insurrection ou la guerre civile éclate dans le pays où ils résident, les consuls sont souvent dans la nécessité de faire, et dans la plupart des cas de concert avec leur collègues, certaines démonstrations politiques, comme, par exemple, d'arborer le pavillon de leur nation, afin d'indiquer leur demeure et d'en écarter la violence et l'outrage, ou de transmettre aux autorités supérieures de leur résidence les protestations de leurs nationaux contre les pertes ou les dommages que leur fait éprouver la prolongation des troubles, etc. ; mais l'intervention consulaire doit se borner à ces mesures préventives.

§ **245**. En cas de changemens du gouvernement d'un pays, même de sa conquête, les consuls en place continuent d'exercer leurs fonctions, sans avoir besoin d'une nouvelle nomination ni d'un nouvel *exequatur*.

Si la guerre ou des complications politiques surviennent entre le pays auquel appartient le consul et celui où il réside, ou si une cause quelconque vient à rompre les relations officielles entre les deux pays, comme cette rupture n'entraîne pas nécessairement celle des rapports commerciaux, les consuls, qui sont chargés plus spécialement de protéger ces rapports, demeurent à leur poste et continuent d'exercer leurs fonctions, même après le départ du personnel de la légation de leur pays, à moins d'une décision des autorités locales ou d'ordres exprès reçus de leur propre gouvernement.

Lorsque dans ces circonstances ils se trouvent dans l'impossibilité d'accomplir les devoirs de leur charge, ils doivent faire appel, pour eux et leurs nationaux, à la protection d'un de leurs collègues étrangers, ou même se retirer après avoir assuré, autant que possible, le départ de ceux de leurs compatriotes qui ne pourraient prolonger leur séjour dans le pays.

Il est d'usage que, en se retirant, le consul confie à celui d'une nation amie le soin des intérêts qu'il avait mission de surveiller et de protéger.

Il en est de même quand un consul s'absente en vertu d'un congé réglementaire ou de force majeure ; à défaut de vice-consul ou de chancelier attaché à son arrondissement, il peut confier la gestion intérimaire de son poste à un consul étranger. Ce dernier est du reste tenu, pour accepter ou conserver un mandat officieux de ce genre, de solliciter l'autorisation de son propre gouvernement, qui lui trace alors les limites dans lesquelles il doit en renfermer l'exercice.

§ **246**. Les fonctions consulaires sont suspendues par l'absence ou l'empêchement du consul, en cas de congé ou de maladie ; elles cessent par décès, changement de résidence, destitution, mise à la retraite ou retrait de l'*exequatur*.

En cas d'absence du titulaire, le consulat est géré, à

titre intérimaire, par le vice-consul, et à défaut de celui-ci, soit par le chancelier, soit par l'agent spécialement désigné à cet effet.

Le consul qui quitte définitivement son poste, n'a aucune lettre de rappel à remettre ; le gouvernement territorial est prévenu de son changement par l'agent diplomatique du pays auquel il appartient et au moment où il réclame l'*exequatur* de son successeur. Toutefois il est d'usage que le consul donne lui-même avis de son départ aux autorités supérieures de sa résidence.

CHAPITRE VII

ACCORDS INTERNATIONAUX

§ **247**. Les traités sont des actes écrits qui lient entre elles deux ou plusieurs nations, soit en confirmant les obligations et les droits respectifs dérivant de la loi naturelle ou des usages, soit en y apportant des additions ou des restrictions, mais, dans tous les cas, en leur donnant un caractère de devoir strictement obligatoire.

Dans la pratique on emploie indistinctement le terme de *traité* ou celui de *convention*. De fait ces deux termes ne comportent aucune différence essentielle. Pourtant le dernier indique un engagement ayant une valeur et une portée moins grandes, et s'appliquant à un seul objet nettement déterminé. C'ést ainsi, par exemple, qu'on dit une convention de poste, une convention télégraphique ou littéraire.

Quelquefois les accords intervenus entre les États prennent la forme d'une simple déclaration par laquelle les parties contractantes constatent qu'elles se sont entendues sur certains faits, sur certains points généraux ou particuliers, ou sur certains principes, et par laquelle elles déterminent la ligne de conduite que chacune d'elles a résolu de suivre.

On se sert aussi du mot *cartel* pour désigner les accords internationaux revêtus d'un caractère moins solennel, tels que les pactes entre belligérants concernant la rançon ou l'échange des prisonniers et des déserteurs militaires, certains accords relatifs au service des douanes ou des postes.

§ **248**. Considérés dans leur forme, leur nature et leurs effets, les traités peuvent se diviser en *transitoires* et *permanents*, en *personnels* et *réels*, en *égaux* et *inégaux*.

Les traités *transitoires* ont pour objet des affaires déterminées s'accomplissant par un acte unique et une fois pour toutes ; le traité *permanent* implique une exécution continue et successive pendant un certain laps de temps, dont la limite extrême n'a pas forcément besoin d'être terminée à l'avance et peut aboutir à la perpétuité.

Les traités *personnels* se rapportent à la personne même des souverains qui les contractent et expirent à leur mort ou à la fin de leur règne. Les traités *réels* embrassent la matière qui en fait l'objet, abstraction faite des personnes appelées à concourir à leur négociation ; liant l'État tout entier, ils conservent leur force obligatoire, malgré les changements qui peuvent survenir dans la forme du gouvernement, et ils subsistent aussi longtemps que le fait qui leur a donné naissance, à moins que la durée n'en ait été expressément ment limitée.

Pour qu'un traité soit considéré comme *égal*, il faut que les engagements pris et les avantages stipulés soient équivalents de part et d'autre, ou absolument ou proportionnellement à la puissance de chacun des contractants ; l'égalité disparaît, si l'une des parties s'engage à faire plus que l'autre, ou si l'une des parties, par les obligations qu'elle contracte, est mise d'une façon quelconque sous la dépendance de l'autre.

Les traités peuvent encore être *purs* et *simples* ou *conditionnels*, et les conditions sont tantôt suspensives ou résolutoires, tantôt expresses ou tacites.

§ **249**. Au point de vue des objets qu'ils embrassent, les traités offrent une diversité infinie.

Ils peuvent être divisés en traités *généraux*, lorsqu'ils embrassent l'ensemble des relations entre les États ;

et en traités *spéciaux*, lorsqu'ils n'affectent qu'une partie déterminée de ces relations.

On peut encore qualifier de *politiques* ceux qui règlent les rapports de gouvernement entre les États, et d'*économiques* ceux qui règlent les rapports de production et d'échange.

On range généralement sous le titre de traités internationaux tous ceux qui sont conclus entre deux ou plusieurs États relativement à des questions de droit public, ou bien entre les autorités ou les services administratifs de deux ou de plusieurs États relativement à des matières concernant l'exercice de leurs fonctions.

Une des formes les plus usitées dans l'état actuel des relations internationales est le *traité de garantie*, par lequel un État promet à un autre de lui porter secours chaque fois qu'il sera lésé ou menacé par une tierce puissance dans son indépendance ou dans l'exercice d'un de ses droits souverains.

Lorsque la garantie est destinée à assurer la sécurité d'un pays en tout état de choses sans réserve d'aucune sorte, l'engagement souscrit acquiert une portée beaucoup plus grande et devient un véritable *traité de sûreté*.

A ce genre de traités on pourrait rattacher le *traité de protection*, par lequel un État assume l'obligation d'en défendre, d'en *protéger* un autre plus faible en toute éventualité et contre tous ses ennemis, quels qu'ils puissent être.

Dans les temps modernes, les traités de protection ne portent plus atteinte à l'indépendance nationale, à l'autonomie de l'État protégé, quoique dans la plupart des cas la puissance protectrice exerce le droit de garnison sur le territoire qu'elle a mandat de défendre.

Nous avons dit que la garantie peut avoir pour objet de créer à une nation une situation exceptionnelle à l'égard de toutes les autres ; il en est de même de la *neutralité.* On nomme *traité de neutralité* celui par lequel plusieurs puissances réunies reconnaissent et garantissent la neutralité d'une autre nation, fixent les droits du neutre et précisent pour elles-mêmes l'obligation qu'elles contractent de respecter et de faire respecter cette neutralité. Telle est, par exemple, la situation dans laquelle sont aujourd'hui placés la Confédération Helvétique, le royaume de Belgique et le royaume de Grèce, dont la neutralité absolue a été assurée par des traités auxquels ont participé toutes les grandes puissances de l'Europe.

Une autre espèce de neutralité est celle qui se rattache à l'état de guerre entre différentes nations, et qui trace une ligne de démarcation entre les droits et les obligations des belligérants et ceux des peuples qui ne veulent point prendre part aux hostilités. Les conditions particulières de cette neutralité sont généralement réglées par des accords internationaux, dont la forme et l'étendue varient suivant les circonstances de temps et de lieu, quand elles ne résultent pas d'engagements généraux antérieurs, tels que des traités de limites, de navigation, de commerce, etc., ou de notifications diplomatiques faites au moment où les hostilités vont éclater.

On appelle traités d'*alliance* ceux par lesquels deux ou plusieurs nations s'unissent entre elles, soit dans l'intention de se soutenir mutuellement contre un péril qui les menace, soit pour attaquer un ennemi commun. Ces alliances se subdivisent naturellement en *offensives* ou en *défensives.*

Les alliances offensives ont pour objet tantôt de faire la guerre en commun à une nation déterminée ; tantôt d'obliger les contractants à participer à toutes les guerres que l'une ou l'autre pourra entreprendre. Les alliances défensives sont destinées à protéger la conservation et l'indépendance de ceux qui les contractent. Le plus souvent les alliances sont à la fois défensives et offensives.

Les *traités d'amitié* diffèrent des traités d'alliance en ce qu'ils ne sont qu'un témoignage de la bonne intelligence qui règne entre deux peuples, et qu'ils ne les obligent pas, comme dans le cas d'alliance, à se prêter mutuellement un appui effectif à un moment donné.

Les traités *de subsides* sont ceux par lesquels une puissance, sans prendre directement part à une guerre comme partie principale, s'engage à y concourir indirectement en fournissant à l'un des belligérants soit un subside pécuniaire, soit un secours limité en troupes ou en bâtiments de guerre, moyennant une indemnité en espèces.

Deux ou plusieurs États peuvent encore s'allier en vue d'atteindre en commun un but déterminé d'une nature toute pacifique, comme d'établir entre eux des règles uniformes pour l'exploitation d'un service public, tel que des postes et des télégraphes; de simplifier la perception des impôts; de confondre leurs lois économiques, leurs systèmes de poids, de mesures et de monnaies, etc. Dans ces divers cas, l'alliance prend à proprement parler le caractère d'une véritable association. Le *Zollverein*, ou union douanière allemande, offre l'exemple le plus remarquable d'un semblable traité d'association.

L'alliance ou l'union peut être resserrée par les liens les plus étroits, devenir intime entre les parties qui la contractent, s'étendre non seulement à leurs relations extérieures, mais aussi à leurs affaires intérieures, embrasser le domaine tout entier de leurs intérêts moraux et internationaux; elle est alors cimentée par des institutions communes et permanentes, basées sur l'égalité des obligations et des droits entre les contractants, et dont l'ensemble constitue le traité d'union fédérale ou *confédération*. C'est ainsi que se sont formés la Fédération Helvétique, les États-Unis d'Amérique. la Fédération Argentine, et la Confédération germanique à laquelle s'est substituée l'Empire d'Allemagne, le *Dominion of Canada*, qui, à l'exception des territoires bordés par l'Océan Pacifique, réunit en un seul groupe compacte presque toutes les possessions anglaises au nord du continent américain.

La démarcation des frontières qui séparent les États fait l'objet de conventions spéciales, communément désignées sous la domination de *traités de limites*.

Les cessions qu'un État fait au profit d'un autre d'un territoire tout entier ou d'une portion de territoire, s'opèrent tantôt par un traité spécial de *cession*, tantôt par une des clauses d'un traité général de paix.

Quelquefois, pour arrondir ou rectifier leurs frontières, prévenir des conflits ou simplifier l'action administrative, les États conviennent de se céder mutuellement des portions équivalentes de territoire ; l'acte qui cimente ces concessions prend alors le nom de *traité d'échange*.

Les *traités de juridiction* sont ceux qui pourvoient au jugement de certaines affaires d'une nature spéciale ou mixtes par la nationalité différente des personnes qu'elles intéressent, et qui créent des tribunaux spéciaux pour le règlement des litiges entre les négociants étrangers ou entre ceux-ci et les sujets du pays sur le territoire duquel s'opèrent les échanges commerciaux. On a fréquemment recours à ces sortes de traités pour assurer la stricte observation de règlements internationaux sur la police de la navigation dans les fleuves traversant plusieurs États, ainsi que cela a lieu pour le Rhin et le Danube.

Les traités qui règlent les droits. les privilèges et les immunités des consuls ont reçu la dénomination générique de *traités consulaires*. Ces traités par plusieurs de leurs clauses, se rapprochent des traités de juridiction, puisqu'ils définissent également le pouvoir juridictionnel des consuls à l'égard de leurs nationaux, commerçants, marins ou autres, établis ou de passage dans le pays où ils exercent leurs fonctions.

Les *traités de navigation et de commerce* ont pour objet principal d'assurer la sécurité et la facilité des transactions commerciales et du transit maritime.

Les traités de commerce et de navigation contiennent d'ordinaire une clause par laquelle les parties contractantes se confèrent mutuellement le régime de la nation la plus favorisée, c'est-à-dire la participation aux avantages les plus considérables qu'elles ont déjà ou qu'elles viendraient par la suite à accorder à une tierce puissance.

Les *traités d'extradition* sont ceux qui ont pour objet de replacer sous la juridiction du pays dont ils ont enfreint les lois pénales ou correctionnelles, les sujets de ce même pays prévenus de crimes ou de délits, qui sont parvenus à se réfugier dans un autre État; en d'autres termes, ce sont des conventions internationales en vertu desquelles des États s'engagent à se livrer réciproquement, dans certains cas spécifiés, les individus qui se sont soustraits par la fuite à l'atteinte des lois répressives du pays qu'ils habitaient.

La dénomination de *recès* empruntée aux registres ou aux cahiers de délibérations des anciennes diètes de Pologne et de l'Empire Germanique, s'est conservée en Allemagne pour désigner des actes passés entre plusieurs cours pour régler à l'amiable des questions de domanialité ou des intérêts locaux et particuliers, tenant à la possession du sol ou à l'exercice de certains droits réguliers ou juridictionnels.

Les *conventions relatives à la propriété littéraire et artistique* ont pour but d'assurer, dans une certaine mesure, aux écrivains, aux compositeurs de musique, aux peintres, aux sculpteurs et aux graveurs, la propriété personnelle de leurs œuvres dans les pays étrangers, en en empêchant la reproduction ou la traduction sans le consentement ou l'intervention des auteurs ou de leurs ayants cause.

Les *conventions relatives à la propriété industrielle* consacrent tantôt les droits des inventeurs ou des importateurs d'une découverte faite à l'étranger, en reconnaissant à ceux-ci des privilèges particuliers; tantôt la propriété exclusive et réciproque des dessins et des marques de fabrique, dont elles assimilent la reproduction non autorisée à une véritable contrefaçon.

Les *conventions* dites *postales* et *télégraphiques* sont celles qui règlent entre deux ou plusieurs États le transport des lettres et des correspondances, fixent les taxes d'affranchissement ou de transit à prélever de part et d'autre, organisent le service de paquebots poste et des câbles électriques, etc.

L'établissement et l'exploitation des voies ferrées qui relient deux pays, l'organisation du transit international pour les voyageurs et les marchandises dans ses rapports avec les douanes, la construction de ponts et de gares dans les zones frontières constituent le cadre ordinaire des *conventions relatives aux chemins de fer*.

Dans l'acception propre du mot, le *traité de paix* est celui qui intervient entre deux ou plusieurs parties belligérantes pour faire cesser l'état de guerre et rétablir des relations mutuelles de bonne harmonie et d'amitié.

Il ne faut pas confondre la *trêve* ou l'*armistice* avec le traité de paix : ce dernier met un terme aux hostilités, tandis que l'armistice ne fait que les suspendre pour un temps déterminé, à l'expiration duquel elles peuvent être reprises.

On désigne sous le nom de *concordats* les traités par lesquels le Saint Siège règle avec les gouvernements étrangers les rapports de l'Église catholique et de l'État, et détermine les attributions ou les droits de l'une et de l'autre en ce qui concerne non pas les questions de foi, qui ne peuvent devenir l'objet d'un compromis, mais seulement les questions de discipline ecclésiastique, l'organisation du clergé, les circonscriptions diocésaines et la nomination aux sièges épiscopaux.

§ **250.** Le droit de négocier et de conclure des traités et des conventions est un des attributs essentiels de la souveraineté nationale.

Les États dépendants, à quelque titre que ce soit, vassaux, mi-souverains ou privés d'une portion quelconque de leur souveraineté extérieure, ne sont aptes à se lier conventionnellement envers d'autres nations qu'autant qu'ils y sont autorisés par l'État dont ils relèvent.

Le paiement d'un tribut et l'allégeance accidentelle ne sont pas en général, à moins de stipulations contraires, considérés comme détruisant la souveraineté et interdisant l'exercice du droit de négociation.

Quant aux États qui vivent sous le protectorat d'un autre, et quant à ceux qui font partie d'une confédération ou d'une union, leur pouvoir de conclure des traités est plus ou moins étendu et dépend nécessairement pour eux du caractère des lois fondamendales qui les régissent.

Les représentants ou les détenteurs *actuels* du pouvoir souverain possèdent seuls la capacité nécessaire pour conclure des traités proprement dits. Ainsi, dans les monarchies, l'exercice en est concentré entre les mains du souverain, sauf des restrictions plus ou moins grandes ; dans les républiques, il appartient au chef du pouvoir exécutif, assisté de ses ministres ou des grands corps de l'État.

De nos jours il est rare que les souverains traitent directement entre eux et signent personnellement les accords internationaux par lesquels ils entendent se lier ; le plus habituellement ils confient à leurs ministres et, à défaut de ceux-ci, à des délégués spéciaux, appartenant à la carrière diplomatique ou à un service public quelconque, le soin de les représenter, de négocier et de débattre en leur nom les causes des traités qu'ils veulent conclure. Cette délégation fait l'objet d'une sorte de procuration appelée *pleins pouvoirs :* de là le nom de *plénipotentiaires* donné à ceux qui sont munis de ces pouvoirs.

§ **251**. Les délibérations des négociations sont constatées par des documents officiels; le plus en usage est un procès-verbal de chaque séance, auquel on donne le nom de protocole, et qui rapporte les opinions exposées par chacun des négociateurs dans la séance du jour et formule, s'il y a lieu, les résolutions qui y ont été arrêtées. Le protocole, pour être valable, doit être adopté officiellement par les négociateurs : ce qu'ils font en le revêtant de leurs signatures. Cette dernière formalité est surtout de rigueur pour le protocole de clôture des négociations.

§ **252**. Quelquefois un État tiers s'interpose entre deux pays ou se joint à eux soit pour faciliter l'issue de négociations pendantes, soit pour s'associer dans une certaine mesure à l'accord qu'elles ont conclu : c'est ce qu'on appelle la *tierce intervention*, qui est tantôt purement bénévole et officieuse, tantôt formelle et nettement caractérisée.

L'intervention bénévole se manisfeste par des bons offices ou par une véritable médiation.

On entend par *bons offices* les démarches et les actes au moyen desquels une tierce puissance tâche d'aplanir la voie des négociations ou de renouer les pourparlers interrompus.

Il y a lieu à *médiation*, lorsque la puissance tierce, avec le consentement des parties intéressées, participe d'une manière régulière et continue à la négociation engagée.

Le médiateur n'a ni le pouvoir ni l'obligation de

garantir l'exécution du traité à la négociation duquel il a pris part.

L'intervention formelle se produit quand un État, par acte spécial et explicite, donne, soit spontanément, soit sur l'invitation des parties contractantes, son adhésion à un traité conclu sans sa participation.

Une dernière forme d'intervention est celle qui, amenée par des raisons de pure convenance, conduit les parties contractantes, pour donner plus d'éclat et de solennité à leur accord, à réclamer l'approbation d'un État plus puissant ou envers lequel l'une ou l'autre, sinon toutes les deux, sont tenues à des égards particuliers.

Un mode d'intervention beaucoup plus directe et plus étendue par les conséquences pratiques qu'elle entraîne, est l'*accession*, en d'autres termes l'acte par lequel un État s'approprie les stipulations arrêtées entre deux ou plusieurs autres États avec ou sans son concours direct, et en assume à la fois le bénéfice et les charges. L'accession place le pays qui la donne sur la même ligne que les parties principales qui ont conclu et signé le traité, et lui confère les mêmes droits, comme elle lui impose les mêmes obligations réciproques envers tous les États intéressés.

§ **253**. La ratification est l'acte qui donne à un traité sa consécration et transporte du négociateur à l'autorité suprême de chaque État le devoir d'en assurer l'exécution ; c'est, en d'autres termes, l'acte par lequel le chef d'un gouvernement approuve et confirme ce qui a été convenu et stipulé en son nom par l'agent diplomatique qu'il avait muni à cet effet de pleins pouvoirs spéciaux.

Le droit de ratifier appartient, dans les monarchies, au souverain seul ou assisté de délégués de la représentation nationale ; et, dans les républiques, au chef du pouvoir exécutif avec le concours direct ou indirect d'un des grands pouvoirs de l'État.

Il est de principe que les instruments de ratification soient produits et échangés dans le délai convenu au moment de la signature des traités. Lorsque des circonstances de force majeure imposent des retards sous ce rapport et font dépasser le terme stipulé, les engagements pris ne se trouvent pas annulés de plein droit ; ils conservent au contraire toute leur force, toute leur valeur ; seulement, quand on peut préciser les limites de l'ajournement, d'ordinaire, afin d'aller au devant des difficultés, on a recours soit à un échange de notes ou de déclarations spécifiant les causes du retard et la volonté de maintenir l'accord intervenu entre les parties, soit à une convention *ad hoc* prorogeant les délais de ratification.

Le moment venu, les instruments se produisent de part et d'autre ; ils sont minutieusement collationnés ; et s'ils sont reconnus exacts, on procède à leur échange en dressant procès-verbal de l'accomplissement de cette formalité.

Ce n'est qu'à dater de l'accomplissement de cette formalité que le traité entre véritablement en vigueur et que courent les délais assignés à sa durée.

§ **254**. Lorsque, pour une raison ou une autre, des doutes s'élèvent sur la validité ou la *durée du traité*, il est d'usage de le confirmer par une nouvelle déclaration.

§ **255**. Une fois ratifiés et sanctionnés par les divers pouvoirs dont l'intervention est exigée par le droit public interne de chaque État, les traités sont parfaits et définitivement obligatoires pour les parties contractantes. Toutefois, étant assimilés à des lois d'ordre public, ils demandent comme celles-ci à être rendus publics, en d'autres termes à être *promulgués*.

Une exception existe forcément à cet égard pour certains traités ou certaines clauses qui, dans la volonté même des parties contractantes et à cause de leur caractère tout particulièrement politique, doivent demeurer *secrets* temporairement ou à titre perpétuel. Pour ces sortes d'engagements, leur force obligatoire découle de la ratification seule ; ils lient *ipso facto* les gouvernements qui les ont souscrits ; mais, faute de promulgation, les effets ne s'en étendent pas aux citoyens, à qui ils demeurent inconnus.

§ **256**. Les traités doivent avant tout s'interpréter dans le sens de l'équité et du droit strict.

Dans tous les cas d'amphibologie ou d'équivoque, les mots doivent en général être pris dans leur acception ordinaire, dans leur signification usuelle, et non dans celle que leur donnent les savants ou les grammairiens ; toutefois les mots empruntés aux arts et aux sciences doivent s'interpréter suivant leur sens technique et conformément aux définitions données par les hommes compétents.

§ **257**. L'ensemble des articles d'un traité forme un tout indivisible, qui perd sa consistance et sa valeur, si l'on altère une de ses parties ; on ne saurait séparer les clauses ni envisager une d'elles en particulier, intrinsèquement, sans tenir aucun compte de sa corrélation avec celles qui la suivent ou la précèdent. Une stipulation peut paraître douteuse, ambiguë, quand on prend chacune de ses expressions isolément, qui apparait claire, précise, tout à fait justifiée lorqu'on la rapproche de l'ensemble des engagements dont elle fait partie.

§ **258**. Les traités comme les lois ont trois effets : l'ordre, la défense et la permission : en d'autres termes, ils imposent, prohibent ou autorisent. Lorsqu'une stipulation purement *permissoire* est en conflit avec une stipulation *impérative* ou *prohibitive*, la question est facile à résoudre : la raison et la logique veulent que la simple permission s'efface et cède devant la precription ou la défense.

Mais comment résoudre la difficulté quand les deux obligations en présence sont également péremptoires et résultent l'une d'une clause impérative, l'autre d'une stipulation prohibitive? Nous pensons, avec Vattel et Phillimore, que, toutes les fois que les parties contractantes n'ont pas elles-mêmes fait des réserves ou énoncé des conditions, il faut se guider d'après le principe que la prohibition ou la défense est de sa nature absolue, tandis que l'injonction ou l'ordre est nécessairement conditionnel et suppose le pouvoir et l'opportunité de faire ce qui est prescrit ; or quand l'obligation imposée ne peut s'accomplir sans contrevenir à une clause prohibitive, il y a évidemment opportunité et impossibilité morale d'agir.

Si l'on se trouve en présence de plusieurs dispositions prohibitives, la préférence appartient forcément à celle qui, par un libellé plus explicite, par sa date ou par l'adjonction d'une pénalité plus forte, peut être considérée comme traduisant le mieux la pensée véritable de ceux qui l'ont adoptée.

Dans le cas où, de deux obligations contractées envers le même État, une seule peut être accomplie, le choix de l'engagement est en général laissé à la partie au profit de laquelle les obligations ont été souscrites ; et s'il y a doute sur ses intentions ou sa volonté à cet égard, l'obligé est tenu de remplir l'engagement le plus important, comme étant celui dont vraisemblablement l'autre partie aura le plus d'intérêt à réclamer l'accomplissement.

Lorque deux stipulations d'égale valeur sous certains rapports sont en conflit l'une avec l'autre, celle qui est le plus nettement précisée, qui a un caractère plus spécial, doit l'emporter sur celle qui ne particularise pas et qui conserve une portée plus générale. En effet, quand le législateur s'exprime dans un sens particulier, on doit présumer qu'il a intentionnellement voulu ne pas tenir compte des exemptions, des incidents, des circonstances purement fortuites.

§ **259**. La date des traités est souvent un critérium

utile. De deux traités avec un peuple, c'est le plus récent qui l'emporte ; entre des peuples différents, c'est le plus ancien. La contradiction que semble au premier abord impliquer cette antithèse, n'est qu'apparente ; en effet, dans le premier cas, les parties contractantes restant les mêmes, le traité signé en dernier lieu abroge virtuellement celui dont la conclusion est antérieure ; il n'en peut être de même dans le second cas, c'est-à-dire à l'égard d'une puissance tierce, parce que les principes du droit des gens s'opposent à ce que deux États fassent entre eux des traités qui rendraient impossible l'exécution de ceux qui les lient envers d'autres États ; ces derniers conservent donc intacts les droits que leur ont conférés des conventions de date plus reculée.

§ 260. Les difficultés pratiques que soulève l'application des traités ne se laissent pas toujours résoudre par la voie d'entente purement verbale ; leur importance peut exiger que, pour en prévenir le retour ou pour empêcher des complications plus graves, il faille recourir à une modification des textes et à la réduction de clauses nouvelles qui fixent nettement et irrévocablement l'interprétation sur laquelle les parties sont parvenues à se mettre d'accord

§ 261. Les traités prennent fin, soit naturellement, quand ils arrivent à leur terme ou quand leur but est atteint ; soit violemment, quand ils sont rompus ou dénoncés avant leur échéance.

Il y a lieu à résiliation amiable et mutuelle dans les circonstances qui justifient un refus de ratification. La résiliation surgit encore lorsque l'une des parties à été lésée, que sa bonne foi a été surprise, qu'on a usé à son égard de violences ou de manœuvres illicites pour capter son consentement, enfin dans tous les cas de rescision prévus en matière de droit civil.

Un traité est annulé de plein droit et perd jusqu'à son existence légale : 1° lorsqu'il est reconnu reposer sur une erreur matérielle quant à la substance même de l'affaire ou de l'objet en vue duquel il a été conclu ; 2° lorsque son maintien ou sa mise à exécution rencontre une imposibilité, absolue ou relative, que les parties devaient ou pouvaient prévoir au moment où elles ont souscrit leurs engagements.

Un traité peut finir avant le terme fixé pour sa durée, lorsqu'en dehors des motifs de modification et d'annulation que nous venons d'indiquer, l'une des parties refuse de tenir ses engagements et donne ainsi implicitement à l'autre partie le droit de s'en affranchir également.

§ **262**. Deux États souverains sont absolument libres d'assigner la durée qui leur convient aux engagements qu'ils souscrivent. Les avantages mutuels que leur a procurés un traité dès les premières années de sa mise en vigueur, peuvent avoir fait ressortir l'utilité d'en prolonger les effets sans attendre son échéance ; ou bien la certitude morale du bénéfice qui résultera d'un échange de concessions réciproques conduit les parties à décider qu'elles se considèreront comme liées tant que l'une d'elles n'aura pas manifesté l'intention contraire ou pour une seconde période de temps nettement déterminée à l'avance. Dans le premier cas il y a *prorogation* : c'est un acte qu'il est d'usage de consacrer par écrit avant l'expiration normale du traité auquel la prorogation s'applique.

Le second cas embrasse ce qu'on appelle le principe de *tacite reconduction*. Il se produit lorsqu'au moment même de la signature d'un traité conclu pour une période fixe, les parties sont expressément convenues par une clause *ad hoc* que si, dans l'année ou les six mois qui précèdent l'échéance de ce terme, ni l'une ni l'autre n'a déclaré vouloir en faire cesser les effets, la convention continuera d'être obligatoire pour toutes deux pendant un nouveau laps de temps plus ou moins prolongé.

§ **263**. L'extension de plein droit de la durée du traité, étant ainsi explicitement prévue et déterminée, produit ses effets à l'infini sans qu'il y ait recours à une entente nouvelle. Par contre, lorsque les circontances se sont modifiées et que les parties cessent d'être d'accord, celui des contractants dont les intérêts sont en souffrance ou qui veut définitivement rompre ses liens conventionnels, est tenu de notifier à l'autre, par écrit ou verbalement, mais d'une manière expresse, son intention de laisser expirer le traité. Cette notification prend le nom de *dénonciation*.

§ **264**. Un traité éteint ou expiré peut être renouvelé, revivre et redevenir obligatoire dans toutes ses parties, du commun accord des contractants, soit tacitement, soit par un engagement exprès.

Le renouvellement tacite ne se laisse toutefois induire que d'actes formels et réciproques, caractérisant nettement, d'une manière incontestable, l'intention des parties de revalider leurs engagements antérieurs. Le fait d'une observation partielle du traité par les deux parties ou par l'une d'elles ne suffirait évidemment pas pour en impliquer le renouvellement tacite.

A défaut de renouvellement exprès ou tacite, les traités expirent de plein droit purement et simplement avec l'échéance du terme pour lequel ils ont été conclus, et alors les relations mutuelles des contractants se trouvent respectivement replacées sur le pied où elles étaient avant la signature des engagements qui les ont unis.

CHAPITRE VIII

RÈGLEMENTS INTERNATIONAUX CONCERNANT LES INTÉRÊTS SOCIAUX ET ÉCONOMIQUES DES PEUPLES

SECTION I. — PROPRIÉTÉ LITTÉRAIRE ET ARTISTIQUE.

§ 265. On entend par *propriété littéraire* et *artistique* le droit reconnu à l'auteur d'un ouvrage de littérature ou de sciences, d'une composition musicale, d'un dessin, d'une peinture, d'une sculpture ou de tout autre travail d'art, de disposer privativement de son œuvre, de la publier, de la vendre, en un mot de profiter des bénéfices de sa publication.

La propriété littéraire a pour objet les écrits, les livres imprimés et les pièces de théâtre.

La qualification d'auteur s'applique à la fois à celui qui crée un ouvrage et à celui qui fait composer un écrit et en prend la composition à son compte.

Tout auteur d'une œuvre littéraire ou artistique a la faculté d'en aliéner la propriété au profit de tiers, éditeurs ou autres, et les cessionnaires se trouvent alors substitués à l'exercice de ses droits, intégralement ou en partie, selon la teneur des conventions intervenues entre eux.

L'éditeur est censé l'auteur d'un ouvrage anonyme ou pseudonyme, et peut seul exercer les droits de propriété littéraire aussi longtemps que l'auteur véritable ne s'est pas fait connaître.

§ **266**. La propriété des œuvres dramatiques et des œuvres musicales a deux modes d'exercice : l'impression et la représentation ou l'exécution.

La propriété artistique s'applique aux compositions musicales et aux arts du dessin, tels que la peinture, la sculpture, la gravure, la photographie et l'architecture.

Les objets d'art, tableaux, statues, dessins, etc., peuvent être reproduits à la main, par la gravure, par la lithographie ou par la photographie ; le droit de les reproduire ou d'en autoriser la reproduction appartient exclusivement à leurs auteurs ; mais le droit d'exhibition, tenant non au droit de l'auteur, mais au droit de propriété mobilière du corps matériel de l'œuvre, appartient au propriétaire de l'objet.

§ **267**. Toute violation des lois et des règlements sur la propriété littéraire ou artistique, toute atteinte portée aux droits de l'auteur sur son invention, de l'écrivain sur son écrit, du musicien sur sa composition, du peintre sur sa peinture, du dessinateur sur son dessin, constitue une contrefaçon.

D'une manière générale on peut définir la contrefaçon l'action de copier, de rééditer, d'imiter ou de fabriquer une chose sans l'autorisation de celui qui a le droit exclusif de la faire ou de la fabriquer.

Les caractères constitutifs de la contrefaçon rentrent dans le domaine de la législation intérieure de chaque État, par conséquent dans l'appréciation souveraine des tribunaux.

Il ne faut pas confondre avec la contrefaçon proprement dite la simple imitation, même servile, en d'autres termes le plagiat, qui n'est qu'un larcin, dont la critique littéraire et l'opinion publique sont seules juges ; toutefois, s'il en résulte un préjudice pour l'auteur, celui-ci peut toujours en faire l'objet d'une action en dommages et intérêts.

Il en de même de la parodie, qui est une critique

permise, à moins que sous le titre de parodie ne se cache un véritable plagiat.

§ **268**. Ainsi que nous l'avons fait remarquer plus haut, les compositions théâtrales et musicales donnent lieu à l'exercice d'un double droit : le droit de production ou d'impression, et le droit d'exécution ou de représentation. L'usurpation de ce second droit ne constitue pas, à vrai dire, une contrefaçon, mais seulement une atteinte à la propriété intellectuelle, atteinte passible de poursuites.

La traduction n'est pas non plus une contrefaçon dans l'acception propre du mot : elle constitue en quelque sorte un droit exceptionnel, subordonné à l'accomplissement de certaines formalités et entouré, par les traités internationaux, de certaines garanties dont la violation peut éventuellement donner lieu à une action en justice.

Les notes ajoutées à un ouvrage constituent une propriété particulière. Une convention spéciale peut intervenir entre l'auteur de ces notes et l'éditeur ou le propriétaire du livre ; mais lorsque une pareille convention n'a pas été conclue, les travaux d'annotation confèrent un droit exécutif à celui qui les a exécutés.

§ **269**. C'est la France qui, la première, en 1793, a décrété des lois spéciales pour sanctionner la propriété littéraire et artistique, substituant ainsi, tout en le limitant, le *droit* des auteurs et de leurs héritiers au *privilège*, qui dans le domaine intellectuel avait jusqu'alors constitué la seule garantie des écrivains et la rémunération précaire de leurs labeurs, puisqu'elle dépendait du bon plaisir des princes appelés à l'octroyer. En 1815, le congrès de Vienne adopta des mesures propres à garantir de la contrefaçon la propriété littéraire et artistique, en accordant réciproquement aux auteurs et aux artistes des pays compris dans la Confédération Germanique la même protection que celle garantie par la loi aux auteurs et aux artistes de chaque État particulier.

Le Danemark en 1828, l'Angleterre en 1838, la Suède en 1844, l'Autriche en 1846 se déclarèrent prêtes à reconnaître et à protéger la propriété intellectuelle des pays qui reconnaitraient et protégeraient celle de leurs nationaux.

Enfin la France, en 1852, proclama solennellement le principe absolu, illimité, du respect international de la propriété intellectuelle, et assimila à un délit toute contrefaçon sur son territoire d'ouvrages publiés à l'étranger.

§ **270**. Depuis, des congrès internationaux tenus à Bruxelles en 1858, à Anvers en 1861, à Vienne en 1873, à La Haye en 1875, à Brême en 1876 et à Paris en 1878, à Berne en 1886 et en 1889 ont fait consacrer les règles qui suivent :

1° Le principe de la reconnaissance de la propriété des œuvres littéraires et artistiques en faveur de leurs auteurs doit prendre place dans la législation de tous les peuples civilisés ;

2° Ce principe doit être admis de pays à pays, même en l'absence de réciprocité ;

3° L'assimilation des auteurs étrangers aux auteurs nationaux doit être absolue et complète ;

4° Il n'y a pas lieu d'astreindre les auteurs étrangers à des formaliiés particulières, afin qu'ils soient admis à invoquer et à poursuivre le droit de propriété. Il doit suffire, pour que ce droit leur appartienne, qu'ils aient rempli les formalités requises par la loi du pays où la publication originale a vu le jour ;

5° Il est désirable que tous les pays adoptent pour la propriété des ouvrages de littérature et d'art une législation reposant sur des bases uniformes.

Depuis cette époque la plupart des États européens se sont liés par de nombreuses conventions qui assurent dans une plus large mesure à la propriété littéraire et artistique les garanties auxquelles elle a droit et qu'elle ne trouvait que d'une manière insuffisante ou inefficace dans les anciennes stipulations internationales.

§ **271.** Le principe qui sert de base à toutes les conventions littéraires est celui de la réciprocité.

Le second principe consacré par le droit conventionnel concerne la durée de la propriété littéraire ; quelques traités n'ont établi à cet égard aucune restriction ; mais le plus grand nombre contiennent la réserve « que les avantages stipulés ne sont réciproquement assurés aux auteurs que pendant l'existence de leurs droits dans le pays où la publication originale a été faite, et que la durée de leur jouissance dans l'autre pays ne pourra excéder celle fixée par la loi pour les auteurs nationaux. »

En général les traités comprennent non seulement la publication et la reproduction des œuvres d'esprit et d'art, mais encore la représentation des œuvres dramatiques et musicales.

Les traductions d'ouvrages nationaux ou étrangers sont assimilées aux ouvrages originaux, et jouissent à ce titre de la même protection en ce qui concerne leur reproduction non autorisée dans l'un ou dans l'autre État.

La généralité des traités accordent aux écrivains le privilège exclusif de faire traduire leurs ouvrages ; mais le plus habituellement ce privilège n'est que temporaire et ne subsiste que pendant cinq années.

Pour les œuvres dramatiques, le délai n'est d'ordinaire que de trois ans après l'enregistrement de l'ouvrage original.

Les articles extraits de journaux ou de recueils périodiques peuvent être librement reproduits ou traduits, pourvu que l'on spécifie la source à laquelle ils ont été puisés et que les auteurs n'aient pas formellement déclaré, dans le journal ou le recueil où ils ont fait paraître ces articles, qu'ils en interdisent la reproduction.

Un grand nombre de conventions autorisent expressément la publication des *chrestomathies*, c'est-à-dire de fragments, d'extraits ou de choix de morceaux entiers d'ouvrages parus dans l'un ou dans l'autre pays, pourvu que ces recueils soient spécialement appropriés et adaptés à l'enseignement ou à l'étude.

La propriété des œuvres musicales s'étend aux morceaux dits *arrangements*, c'est-à-dire composés sur des motifs extraits de ces œuvres.

Il est généralement entendu que la protection stipulée en faveur des auteurs d'œuvres dramatiques n'a pas pour objet de prohiber les imitations faites de bonne foi ou les appropriations aux scènes respectives, mais seulement d'empêcher les traductions en contrefaçon.

La durée des conventions varie habituellement de six à douze ans ; quelques-unes ne vont pas au delà de quatre à cinq ; mais toutes portent la mention que, le terme originel expiré, les engagements souscrits continueront d'être en vigueur d'année en année jusqu'à due dénonciation par l'un ou l'autre des deux États.

Comme complément de garantie en faveur de la propriété littéraire et artistique, la plupart des traités consacrent des mesures spéciales pour empêcher et punir réciproquement l'introduction, l'exportation, la circulation, la vente et l'exposition d'ouvrages ou d'objets de reproduction non autorisée, que les reproductions proviennent de l'un ou des deux pays ou d'un tiers pays quelconque.

Le commerce des œuvres d'esprit et d'art est généralement favorisé, soit par une exemption complète de taxes douanières, soit par des droits d'entrée extrêmement modérés ; mais on comprend que, dans un intérêt de haute police et pour la sauvegarde des mœurs ou de la sécurité publique, chaque État se soit réservé le droit de permettre, de surveiller ou d'interdire par des mesures de législation ou de police intérieure la circulation, la représentation ou l'exposition de tout ouvrage considéré comme dangereux ou nuisible.

Comme les traités de commerce, les conventions littéraires et artistiques se terminent d'ordinaire par la clause générale du traitement réciproque de la nation la plus favorisée, laquelle permet aux deux parties contractantes de revendiquer éventuellement à leur profit les avantages plus considérables et les facilités nouvelles que l'une ou l'autre accorderait à un autre pays.

A moins de stipulations expresses en sens contraire, les traités sur la propriété des œuvres d'esprit et d'art s'étendent de plein droit aux possessions, aux dépendances, aux territoires ou aux colonies des puissances contractantes.

SECTION II. — Propriété industrielle.

Marques de fabrique. — Brevets d'invention.

§ **272**. La propriété industrielle embrasse la propriété des marques et des dessins de fabrique, des noms, des enseignes ou des autres signes distinctifs adoptés par les fabricants ou les marchands pour différencier leurs produits de ceux des autres et les signaler plus particulièrement à l'attention des consommateurs, ainsi que la propriété des inventions et des découvertes dans tous les genres d'industrie.

On désigne sous le nom de *marques de fabrique* les signes extérieurs qu'un fabricant applique sur ses produits pour les distinguer de ceux des autres fabricants de la même industrie.

En général la représentation d'un animal, par exemple d'un bœuf ou d'un mouton, ou le nom désignant communément le produit ne sont point considérés en soi comme marques de fabrique et comme susceptibles d'appropriation privée. La loi et les tribunaux ne protègent que les mentions indiquant l'origine et le fabricant du produit.

Selon certaines jurisprudences, la contrefaçon est étendue jusqu'à l'emprunt du nom d'un inventeur sans son autorisation, alors même que le produit est tombé dans le domaine public; et dans ce cas il y a lieu d'interdire l'emploi de ce nom aux tiers, quand même ils sont de bonne foi.

Quant au nom de l'inventeur ou du producteur, il ne tombe dans le domaine public qu'autant qu'il en a été fait abandon; or un tel abandon ne peut se présumer. A l'expiration du brevet le nom continue d'appartenir à l'inventeur, qui peut en interdire l'usage aux tiers.

Il est généralement admis que la propriété d'un nom de localité n'appartient pas exclusivement au producteur qui a le premier donné ce nom à ses produits.

§ **273**. La législation qui régit les marques de commerce varie suivant l'organisation du commerce et de l'industrie qui prévaut dans chaque pays; en général cependant le droit exclusif d'exploiter une marque de fabrique ou de commerce est limité à une durée fixe susceptible d'être prorogée moyennant l'accomplissement de certaines formalités.

§ **274**. La plupart des États ont conclu des stipulations internationales pour la protection des marques de fabrique et de commerce, tantôt par voie de traités spéciaux, tantôt à l'aide de clauses ajoutées à leurs traités de commerce ou à leurs conventions littéraires et artistiques: mais, quelle qu'en soit la forme, ces stipulations se bornent toutes à garantir aux sujets respectifs la même protection que celle acquise aux nationaux, à imposer aux uns et aux autres l'accomplissement des mêmes formalités réglementaires et à exiger que la marque ne soit pas tombée dans le domaine public dans le pays d'origine. Dans la plupart des cas la reproduction de marques d'un pays dans l'autre est assimilée à la contrefaçon des œuvres d'art, et les dispositions relatives à la répression de ce délit y sont déclarées applicables.

§ **275**. On entend par *dessins de fabrique* ceux qui sont destinés à être appliqués sur des étoffes, des papiers de tenture, même des cartes à jouer, toute sorte de matière, au moyen du tissage, de l'impression ou d'autres procédés industriels. Dans cette catégorie on range également les dessins en relief, qui par le fait se rapportent plus à la sculpture qu'au dessin proprement dit et qu'on désigne plus spécialement sous le nom de *modèles industriels*. Tous ces dessins et ces modèles constituent une propriété artistique assimilée aux marques de fabrique et placée, comme celles ci, sous la double garantie de la loi intérieure et des stipulations internationales.

§ **276**. Un congrès international de la propriété industrielle s'est tenu à Paris en 1878, sous le patronage du gouvernement français. Ses travaux ont embrassé toutes les matières relatives à la propriété industrielle : brevets d'invention, marques de commerce, dessin et modèles industriels, œuvres photographiques, nom commercial, récompenses industrielles ; ils avaient surtout pour but de recommander aux gouvernements d'ouvrir des négociations afin d'arriver à une législation uniforme chez les diverses nations sur la propriété industrielle. D'autres conférences ont eu lieu à Paris en 1880, et en 1883, pour compléter l'œuvre de 1878. Elles ont abouti à la rédaction d'un projet d'Union internationale de la propriété industrielle. Cette Union est entrée en vigueur peu après, bien que plusieurs puissances n'y aient pas adhéré.

Les principes suggérés pour servir de bases à cette législation uniforme sont, sauf les modifications de détail et de terminologie requises par la différence du sujet, les mêmes que ceux soutenus pour assurer la protection de la propriété littéraire et artistique.

§ **277**. On considère comme inventions ou découvertes nouvelles l'invention de nouveaux produits industriels ou de nouveaux moyens de production ou de fabrication, ainsi que l'application nouvelle de moyens déjà connus pour l'obtentien d'un résultat ou la fabrication d'un produit industriel.

Une fois établi, le droit de propriété de l'inventeur se constate à l'aide d'un titre, qui, en attestant le fait et la date de l'invention, fournit le moyen de décider entre les prétentions adverses de ceux qui aspiraient à l'avantage ou à la priorité de la même découverte. Ce titre consiste dans le brevet d'*invention*, acte par lequel l'autorité publique garantit à celui qui se dit l'auteur d'une découverte ou d'une invention nouvelle, le droit privatif de faire usage de cette découverte pendant un temps déterminé.

Indépendamment des brevets d'*invention*, la loi reconnait des certificats d'*addition* ou de *perfectionnement* pour les changements, les additions ou les perfectionnements apportés à une convention déjà brevetée.

L'inventeur ou ses ayants droit peuvent, pendant toute la durée du brevet d'invention, se réserver le droit exclusif d'exploiter les changements, les perfectionnements ou les additions qu'ils auraient apportés à l'invention principale, à la charge d'obtenir un certificat d'addition, qui devient partie intégrante du brevet primitif. L'inventeur, ou ses ayants droit, peut seul obtenir un pareil certificat pendant la première année de son brevet.

Dans certains pays on délivre aussi des brevets d'*importation* pour les inventions introduites des autres pays ; mais cette dernière catégorie a pour ainsi dire disparu, la législation de la majorité des États exigeant que l'inventeur exploite son brevet dans le pays où il est protégé.

Toutes inventions, tous procédés et tous produits sont brevetables, à l'exception des inventions contraires à l'ordre public et aux bonnes mœurs, des combi-naisons ou plans de finances et de crédit.

Dans certains pays des brevets ne sont point non plus accordés aux produits chimiques, alimentaires ou pharmaceutiques, qui, dans ce cas, sont soumis à une législation spéciale.

§ **278**. Tous les pays, à l'exception des Pays-Bas et de la Grèce, protègent les inventeurs et reconnaissent la valeur des brevets d'invention ; mais la législation qui régit cette matiere varie suivant chaque pays et repose sur des principes différents.

Ces principes peuvent se résumer en trois systèmes, savoir : celui du dépôt pur et simple, celui de l'examen préalable et celui de la publicité préalable. Le premier est usité en France, en Belgique, en Autriche, en Italie, en Portugal, en Espagne, en Suisse et en Russie ; le second, en Allemagne, dans les pays scandinaves et aux États-Unis ; le troisième, en Angleterre et dans les colonies anglaises.

La législation française relative au brevets d'invention repose sur la loi du 5 juillet 1844. En France, le brevet est délivré à quiconque le demande et paie les taxes, mais les brevetés sont obligés d'inscrire sur leurs produits : Breveté sans garantie du gouvernement (S G.D.G.)

On reconnait généralement aux gouvernements le droit d'utiliser à leur profit les inventions pour lesquelles ils délivrent des brevets ; toutefois ce droit est limité : il ne peut être exercé que par les employés directs du gouvernement et ne doit pas s'étendre aux manufacturiers qui travaillent pour le compte de l'État.

SECTION III. — Service des postes.

§ **279**. Depuis le commencement de notre siècle de nombreuses conventions ont été conclues entre divers États pour la transmission des lettres ou des correspondances d'un pays à un autre ; mais pendant ces trente dernières années surtout ce genre d'arrangement s'est généralisé et a pris un développement considérable ; c'est que la tâche des gouvernements a été grandement facilitée et simplifiée par la substitution de la taxe uniforme dans l'intérieur de l'État au système compliqué et onéreux du port gradué d'après la distance à parcourir du lieu d'envoi à celui de la destination.

Aujourd'hui presque tous les États sont liés entre eux par des conventions postales, qui assurent et régularisent l'échange quotidien ou périodique des correspondances.

Ces conventions différent peu les unes des autres ; toutes ont pour but de régler le mode de transmission, la nature et le poids des objets envoyés, d'établir les tarifs des droits à percevoir de part et d'autre, ainsi que le partage du produit de ces droits entre les parties contractantes, enfin d'arrêter les mesures administratives nécessaires pour assurer la marche du service des postes.

Les échanges de correspondance comprennent les lettres, les imprimés de toute nature et les échantillons de marchandises n'ayant aucune valeur vénale.

La taxe toujours uniforme, abstraction faite de la distance parcourue, est généralement graduée d'après l'échelle ascendante du poids.

Dans la plupart des cas le port des lettres ordinaires, quel qu'en soit le poids, peut être acquitté d'avance par l'envoyeur ou laissé intégralement à la charge du destinataire ; les lettres chargées ou recommandées doivent seules être affranchies au bureau de départ. Il en est de même des journaux, des prospectus, des catalogues, des papiers de musique, des livres, des brochures et des échantillons de marchandises.

Les correspondances exclusivement relatives aux différents services publics, qui sont adressées d'un pays dans l'autre et dont la circulation en franchise est autorisée sur le territoire de l'État auquel appartient le fonctionnaire ou l'autorité de qui elles émanent, sont exemptes de tout prix de port.

Les lettres ou les paquets contenant soit des bijoux ou des effets précieux ou tout autre objet passible de droits de douane, sont parfois exclus des transports postaux.

Indépendamment des échanges directs d'un pays à l'autre, les États s'expédient encore réciproquement, par l'entremise des pays tiers, des correspeudances qui constituent ce qu'on appelle le transit international ou les dépêches closes.

Les lettres, les échantillons et les imprimés mal adressés, mal dirigés ou tombés au rebut pour une cause quelconque, sont renvoyés dans le pays de provenance par l'entremise des bureaux d'échange respectivement établis à cet effet. Le délai fixé pour ces sortes de renvois est ordinairement d'un mois.

Les indemnités pour perte de lettres ou de valeurs sont à la charge de l'État par la faute duquel l'objet a été perdu ou égaré.

En dehors des correspondances proprement dites, les postes se chargent aussi de la transmission de *valeurs papier*, c'est-à-dire de lettres déclarées contenir des titres ou des valeurs payables au porteur.

Dans l'intérêt du commerce, les bureaux de poste ont depuis quelques années prêté leur entremise à des envois au moyen de *mandats de poste* ou d'*articles d'argent sur l'étranger*, qui sont tirés par les bureaux d'une des administrations de l'autre pays et réciproquement; bien plus, des arrangements intervenus entre certains gouvernements autorisent les bureaux de poste respectifs à opérer le recouvrement d'un pays dans l'autre des factures et des effets de commerce, moyennant une commission pour le facteur et le receveur chargés de l'encaissement. Les sommes ainsi transmises ne doivent pas excéder certaines limites.

Enfin plusieurs gouvernements sont convenus d'emprunter aussi l'intermédiaire des postes pour faciliter à leurs ressortissants l'abonnement aux journaux et aux publications périodiques de toute nature paraissant dans l'un et l'autre pays.

§ **280**. Une réforme importante a été enfin réalisée dans le règlement des relations postales des diverses nations entre elles : à la suite de plusieurs conférences, tenues à Berne en 1874 et en 1876 et à Paris en 1878, il a été formé une Union postale universelle, qui a établi des règles et un tarif uniforme pour le service des correspondances dans le monde entier, comprenant le transport des objets que nous avons énumérés; tous les États civilisés, à une ou deux exceptions près, y ont aujourd'hui adhéré.

Le Congrès postal a tenu ses assises suivantes, à Lisbonne en 1885, et à Vienne en 1891. On a pu constater, à cette dernière réunion, que toutes les colonies anglaises ont adhéré aujourd'hui à l'Union postale universelle.

SECTION IV. — TÉLÉGRAPHES.

§ **281**. Depuis que la télégraphie électrique a fourni à la pensée humaine les moyens de se transmettre d'une extrémité du globe à l'autre avec la rapidité de l'éclair, les divers États ont établi un échange régulier et non interrompu de communications télégraphiques.

De nombreux arrangements ont été conclus entre les principaux États pour régler cette matière; les uns ont pour objet la jonction des lignes, la transmission et la distribution réciproques des dépêches, la fixation des taxes à percevoir de part et d'autre; d'autres règlent plus spécialement la création de lignes internationales, la taxe des télégrammes échangés dans la zone frontière ou les tarifs pour le transit réciproque des dépêches à transmettre au delà du territoire respectif des parties contractantes; il existe enfin un certain nombre de conventions pour la pose des câbles sous-marins, la concession du privilège de leur exploitation et la détermination des points d'atterrissement.

§ **282**. Après être restée pendant nombre d'années circonscrite dans la limite d'accords particuliers entre deux et au plus quatre États contigus, la correspondance télégraphique a fini par donner naissance à une « Union télégraphique », organisée définitivement depuis le 1er avril 1880, qui comprend tous les États européens, la Perse, l'Egypte, l'Algérie, l'empire anglo-indien, les possessions turques et russes en Asie, et qui peut s'augmenter par l'adhésion de nouveaux États.

§ **283**. Voici les dispositions essentielles du contrat synallagmatique qui régit aujourd'hui cette matière :

1° Des fils spéciaux en nombre suffisant sont affectés à la rapide transmission des dépêches internationales;

2° Le service est, autant que possible, permanent le jour et la nuit;

3° Les appareils Morse et Hughes sont adoptés concurremment jusqu'à une nouvelle entente sur l'introduction d'autres appareils;

4° Le secret des correspondances est garanti;

5° Les télégrammes sont divisés en trois catégories, rigoureusement observées pour l'ordre de transmission : 1ent *télégrammes d'État*, c'est-à-dire qui émanent du chef de l'État, des ministres, des commandants en chef des forces de terre ou de mer, et des agents diplomatiques ou consulaires; 2ent *télégrammes de service*, c'est-à-dire ceux qui émanent des administrations télégraphiques respectives; 3ent *télégrammes privés*. Pour la transmission, les télégrammes, d'État jouissent de la priorité sur les autres.

Les télégrammes peuvent être rédigés soit en chiffres ou en lettres secrètes, soit dans une des langues usitées sur les territoires des États contractants, et en langue latine; ils peuvent d'ailleurs être adressés à domicile, poste restante, ou bureau télégraphique restant, et ils sont remis ou expédiés à destination. Chaque État se réserve la faculté d'arrêter la transmission de toute dépêche privée qui paraîtrait dangereuse pour la sécurité ou contraire aux lois du pays, à l'ordre public, à la morale, mais à la charge d'en avertir sans retard l'administration de laquelle dépend le bureau d'origine ;

6° La taxe est établie par mot sur tout le parcours ;

7° Le franc est l'unité monétaire servant à la composition des tarifs internationaux ; il sert également d'unité monétaire dans l'établissement des comptes que les différents États se doivent réciproquement des taxes perçues par chacun d'eux ;

8° Les États contractants n'acceptent à raison du service de la télégraphie internationale aucune responsabilité. Ainsi les retards ou les inexactitudes dans les transmissions ne peuvent fonder une action en dommages et intérêts contre l'administration qui en est coupable ; elle peut tout au plus donner lieu au remboursement de la taxe perdue ;

9° Dans l'intérêt commun il est créé à Berne un « bureau international des administrations télégraphiques », chargé de centraliser les renseignements de toute nature relatifs à la télégraphie, de rédiger les tarifs, etc.

10° Les États contractants se sont respectivement réservé le droit de prendre séparément entre eux des arrangements particuliers sur les points de service qui n'intéressent pas la généralité des États ;

11° Enfin les parties contractantes ont la faculté d'affecter à l'usage de la presse un système d'abonnement à prix réduit pour l'emploi pendant la nuit, à des heures déterminées, des fils inoccupés, sans préjudice pour le service général.

SECTION V. — Chemins de fer

§ **284.** La construction de chemins de fer reliant

entre eux deux ou plusieurs États voisins et aboutissant à leurs frontières respectives sans solution de continuité a eu pour résultat de créer de nouveaux intérêts, des besoins de tous les instants exigeant une satisfaction urgente et immédiate, que les anciens règlements fiscaux sur le transit des voyageurs et des marchandises par les routes de terre ordinaires ne pouvaient que paralyser.

C'est pourquoi les principales puissances du continent européen en sont arrivées à réglementer, par des accords internationaux, tout ce qui se rapporte à la construction et à l'exploitation des voies ferrées qui aboutissent à leurs frontières respectives.

Voici les arrangements qui sont généralement adoptés à cet égard :

Le raccordement du chemin de fer nouveau à ceux existants est combiné de manière que les locomotives, les voitures et les wagons des deux pays puissent circuler sans entraves sur les différentes lignes.

On confie, autant que possible, à une seule compagnie ou administration l'exploitation de la section comprise entre les stations frontières des deux territoires d'un pays et partie sur le territoire de l'autre.

Sur tout le parcours du chemin de fer il n'est point fait de différence entre les sujets des deux États quant au mode et au prix de transport et au temps de l'expédition.

Les deux gouvernements se confèrent respectivement le droit de faire escorter par leurs employés de douane les convois circulant entre les stations frontières des deux pays.

Les administrations des postes des deux États s'entendent entre elles relativement à l'emploi du chemin de fer pour le service postal entre les stations frontières.

Enfin, il est établi pour le service du chemin de fer des télégraphes électro-magnétiques, qui peuvent également être installés le long du chemin de fer par les soins des gouvernements, chacun sur son territoire.

Le raccordement des chemins de fer internationaux exige parfois des travaux particuliers, notamment la construction de ponts sur des rivières qui marquent ou traversent la zone frontière ; suivant les circonstances, les conventions se bornent alors à mentionner l'engagement pris de part et d'autre pour l'accomplissement de l'œuvre d'après un devis arrêté entre les compagnies intéressées ; ou bien elles règlent immédiatement tous les détails de construction, d'exploitation et de péage.

Une des clauses les plus essentielles de ces sortes de conventions réglemente, tant pour les voyageurs que pour les marchandises, la visite et le service de la douane au passage des trains dans la zone frontière, de jour ou de nuit.

Toutefois une conférence, réunie à Berne en 1881, a élaboré trois conventions internationales sur le régime international des chemins de fer. La première a trait au transport des marchandises, la seconde à l'établissement d'un bureau central des chemins de fer, semblable à ceux des télégraphes et de la propriété industrielle ; la troisième enfin renferme les mesures exécutoires de la première. L'article 1° de celle-ci porte que la convention est applicable à tous les envois partant dès le territoire d'un État contractant dans le territoire d'un autre.

En vertu de la convention de Santiago de 1887, l'Argentine et le Chili ont pris des dispositions toutes semblables pour la voie de Buenos-Aires à Santiago.

Il va sans dire que ces diverses conventions laissent subsister intactes les lois de chaque pays sur les pénalités encourues dans les cas de fraude ou de contravention, ainsi que les règlements généraux sur les prohibitions ou les restrictions en matière d'importation, d'exportation ou de transit. Ces accords ont été codifiés en 1890 dans une convention signée par l'Allemagne, l'Autriche-Hongrie, la Belgique, la France, l'Italie, le Luxembourg, la Russie et la Suisse. Cette convention énumère les objets dont les voies ferrées doivent accepter le transport, règle la forme de la lettre de voiture, puis la question de la livraison, les indemnités en cas de perte, enfin le cas des actions résultant des transports. Elle institue à Berne un office central des transports internationaux.

SECTION VI. — Uniformité monétaire.

§ **285**. L'adoption d'un système monétaire uniforme est devenue en quelque sorte le corollaire inévitable de la multiplicité des relations internationales, sur lesquelles la facilité et la rapidité des nouveaux moyens de transport et de correspondance ont exercé une si heureuse influence.

Le but à atteindre sous ce rapport présente d'assez graves difficultés, chaque pays ayant, suivant ses convenances propres et les nécessités de son commerce ou de son système de poids et de mesures, adopté des bases différentes pour le titre, la valeur, la subdivision et le mode de fabrication de ses monnaies ; d'un autre côté, la préférence accordée tantôt à l'étalon d'or, tantôt à l'étalon d'argent, et l'adoption simultanée par certaines contrées des deux étalons ajoutent encore aux complications du problème à résoudre et aux embarras qu'en ressentent les transactions commerciales et financières; aussi le but désiré n'a-t-il été atteint que partiellement et imparfaitement.

L'Italie, la Suisse et la Belgique, qui ont depuis longtemps déjà adopté pour leurs poids, leurs mesures et leurs monnaies un système métrique analogue à celui de la France, se sont entendues avec ce dernier pays pour former, en 1865, une union monétaire ayant pour objet d'uniformiser entre elles le titre, le module et le cours de leurs espèces d'or et d'argent ; les quatre États ont en même temps adopté des poids et des diamètres communs, ainsi qu'une échelle de tolérance au dessous de laquelle les pièces doivent être refondues. Ce pacte d'union, après avoir, en 1868, reçu l'accession de la Grèce, a été renouvelé en 1878 pour une durée de six années et prolongé depuis tacitement.

§ 286. Des conférences internationales ont eu lieu à Paris en 1867, en 1878, en 1881 et en 1889, afin d'examiner la possibilité de généraliser le principe et l'unification des monnaies ; mais elles n'ont encore abouti à aucun résultat pratique.

SECTION VII. — Délits forestiers, ruraux, de chasse et de pêche dans la zone frontière. — Contravention aux règlements de douane.

§ 287. Il est toute une catégorie de délits dont la contiguité des frontières garantirait l'impunité, et qui partant tendraient à devenir de plus en plus graves et fréquents, si des mesures spéciales et exceptionnelles n'étaient prises pour en assurer la répression. De ce nombre sont les délits et les contraventions en matière forestière, rurale, de classe et de pêche, dont des accords particuliers entre États limitrophes, souvent désignés sous le nom de *cartels*, sont destinés à faciliter la poursuite commune et réciproque.

Les stipulations usitées peuvent se résumer ainsi qu'il suit :

Les parties contractantes s'engagent à poursuivre ceux de leurs ressortissants qui auraient commis des délits ruraux, forestiers ou autres de même espèce sur le territoire de l'État limitrophe, en leur appliquant les mêmes lois que s'ils s'en étaient rendus coupables dans le pays auquel ils appartiennent.

Les poursuites sont intentées sur le vu des procès-verbaux dressés par les gardes forestiers, les gardespêche, les gardes champêtres ou les gendarmes du pays où l'infraction a été commise, ces pièces devant faire foi jusqu'à preuve contraire devant les tribunaux étrangers.

Les agents de chaque pays qui constatent un délit ou une contravention dans la circonscription confiée à leur surveillance peuvent suivre les objets enlevés, même de l'autre côté de la frontière, sur le territoire de l'État voisin, jusque dans les lieux où ils auraient été transportés, et en opérer la saisie ; toutefois, pour s'introduire dans les maisons, les cours ou les enclos, ils doivent être assistés d'un fonctionnaire public désigné à cet effet par les lois du pays où la perquisition a lieu.

Le montant des amendes et des frais est perçu par l'État où la condamnation est prononcée ; mais les dommages et intérêts civils sont versés dans les caisses de l'État où l'infraction a été commise.

La loi française du 27 juin 1866 est très explicite à cet égard. Elle porte que tout Français qui s'est rendu coupable de délit et de contraventions en matière forestière, rurale, de pêche, de douane ou de contributions indirectes sur le territoire d'un État limitrophe, peut être poursuivi et jugé en France, d'après la loi française, si cet État autorise la poursuite de ses régnicoles pour les mêmes faits commis en France.

§ **288.** Il existe des conventions analogues pour la répression de la contrebande et pour les autres contraventions en matière de douanes.

Les divers arrangements dont nous venons de parler, ne doivent pas être confondus avec les traités d'extradition, car la remise des coupables fugitifs n'y est pas ordinairement comprise : ce sont, à proprement parler, de simples règlements internationaux sur la police de frontières, ayant pour base le double principe de la réciprocité et de l'assimilation ou de la substitution mutuelle des législations respectives entre

États contigus au sujet des crimes, contraventions et délits commis à l'étranger.

SECTION VIII. — MESURES SANITAIRES INTERNATIONALES.

§ **289**. Sur le terrain purement économique des circonstances nombreuses et imprévues amènent les États à conclure des conventions ou de simples arrangements de réciprocité entre eux, et même dans quelques cas des conventions internationales, où plusieurs sont parties contractantes.

§ **290**. Nous citerons comme exemple récent de ce dernier genre la convention internationale signée à Berne le 17 septembre 1878 par les représentants des pays vinicoles de l'Europe, savoir : la France, l'Allemagne, l'Autriche-Hongrie, l'Espagne, l'Italie, le Portugal et la Suisse, dans le but d'organiser une action commune pour enrayer autant que possible la marche du phylloxera vastatrix dans les pays envahis, et pour tenter d'en préserver les contrées jusqu'à ce jour épargnées.

CHAPITRE IX

DIFFÉRENDS ENTRE LES ÉTATS ET MOYENS DE LES RÉGLER

SECTION I. — Négociations directes. — Médiation.

§ **291**. Dans l'état actuel des sociétés et du droit, les nations ne peuvent trouver sur terre de tribunal suprême devant lequel il leur soit donné de comparaître pour faire vider leurs différends; elles n'ont donc que deux moyens de les aplanir et de les résoudre : les négociations amiables et les voies de fait, des actes plus ou moins violents.

Dans la première catégorie on range généralement les arrangements verbaux, les transactions écrites, les médiations, les arbitrages et les conférences; dans la seconde, les rétorsions, les représailles, les séquestres et les embargos : telle est du moins la division qui a reçu une sorte de consécration internationale.

§ **292**. Par l'arrangement amiable l'une des parties, pour éviter les discussions ou un conflit plus sérieux, abandonne ses prétentions ou renonce à la chose à laquelle elle croit avoir droit.

La transaction implique toujours une renonciation simultanée et réciproque à tout ou partie des prétentions mises en avant de part et d'autre; c'est une entente sur un terme moyen qui résout la difficulté pendante, tandis que, dans l'arrangement amiable, c'est en général l'un des contendants qui facilite l'accord en abandonnant isolément le droit ou l'objet dont la revendication formait la matière du débat.

§ **293**. La médiation se produit quand un État ami prête ses bons offices pour résoudre et régler des questions internationales pendantes entre deux ou plusieurs autres États.

La médiation peut être offerte spontanément ; alors c'est aux parties intéressées à décider si et dans quelles conditions il leur convient de l'accepter. Quand elle est précédée d'un accord, d'une sorte de compromis, elle ne peut plus être repoussée sans qu'on manque à la bonne foi.

Le but de la médiation est de concilier les intérêts divergents et de suggérer les bases d'une entente amiable, mais en laissant aux parties directement en cause toute liberté pour se rallier ou non à la transaction proposée. C'est ce caractère suspensif et non absolument obligatoire de ses effets qui distingue avant tout la médiation de l'arbitrage, dont nous aurons à parler plus loin.

Lorsque le médiateur a consciencieusement fait tous ses efforts pour rétablir la bonne harmonie, sa mission pacifique est remplie. Il n'a pas plus le droit d'imposer ce qu'il croit juste dans la situation respective des parties au milieu desquelles il s'est interposé, qu'il n'est tenu de garantir l'exécution du pacte dû à ses bons offices, sauf, bien entendu, le cas où son concours a été formellement réclamé, ou le cas de stipulations expresses.

Le droit de médiation repose tantôt sur des conventions expresses, tantôt sur des traités de garantie. La médiation peut aussi se produire sous forme d'arbitrage librement sollicité ou accepté par la partie intéressée.

En principe, la médiation n'est qu'un moyen de conciliation, un acheminement vers l'entente amiable des parties; mais l'acceptation de ses résultats n'est pas obligatoire et ne se laisse pas imposer. On peut dire seulement que, quand les bons offices du médiateur ont été acceptés et ont fait entrevoir la possibilité d'une transaction équitable, les deux parties, à moins de s'exposer au soupçon de mauvaise foi ou au reproche de persévérer dans des prétentions exagérées contraires à la justice, sont dans l'obligation morale de faire taire leurs ressentiments et d'accepter ce qu'un ami commun leur présente comme conciliant et sauvegardant tous les droits.

SECTION II. — Congrès et conférences.

§ **294**. Lorsque les États ne veulent pas déférer à des tiers la décision de leurs différends, ils se concertent entre eux pour discuter leurs prétentions et déterminer d'un commun accord leurs droits respectifs. Les conférences et les congrès sont un des moyens auxquels on a fréquemment recours pour concilier pacifiquement les désaccords qui portent sur des questions d'intérêts complexes.

Voici les dates des congrès les plus célèbres :

1641-1648, congrès tenus simultanément à Munster et à Osnabruck, lesquels amenèrent la paix de Westphalie ; **1659**, congrès des Pyrénées ; **1663**, Aix-la-Chapelle ; **1676-1679**, Nimègue ; **1681**, Francfort ; **1697**, Riswick, **1712-1713**, Utrecht ; **1748**, Aix-la Chapelle ; **1779**, Teschen ; **1782-1783**, Paris ; **1797**, Rastadt ; **1802**, Amiens : **1808**, Erfurt (le premier qui ait eu lieu directement entre plusieurs souverains) ; **1813**, Prague ; **1814**, Châtillon-sur-Seine et Gand ; **1814-1815**, Vienne (réunion de souverains et de plénipotentiaires) ; **1818**, Aix-la-Chapelle ; **1819**, Carlsbad : **1820**, Troppau ; **1821**, Laybach ; **1822**, Vérone ; **1826**, Panama ; **1847**, Lima ; **1856**, Paris ; **1878**, Berlin.

§ **295**. Les *conférences* ont également pour objet d'aplanir des difficultés internationales et de faciliter la conclusion de certains traités. Par leur mode de délibération et la nature des questions qui leur sont déférées, les conférences se rapprochent beaucoup des congrès, dont elles ne se distinguent au fond que par la situation des personnes qui y prennent part. Tandis que souvent dans les congrès on voit figurer les chefs mêmes des États ou leurs ministres des affaires étrangères, les conférences sont exclusivement composées d'ambassadeurs ou d'agents diplomatiques délégués *ad hoc*. Cependant un souverain peut occasionnellement prendre part à une conférence de diplomates, sans que la conférence devienne pour cela un congrès.

Mais c'est surtout par la nature des matières qui doivent y être discutées que les conférences diffèrent des congrès, et par la manière dont elles y sont traitées. Dans la plupart des cas, les conférences ne font que préparer la solution des questions sans les décider, et alors elles sont seulement les préliminaires des congrès ; souvent aussi des conférences de ce genre ont lieu dans le même temps et à l'endroit même où se tient le congrès proprement dit.

§ **296**. Un dernier moyen auquel on a parfois recours pour aplanir les difficultés par la voie amiable et ramener la bonne entente entre les nations consiste dans les entrevues personnelles des souverains avec ou sans la présence de leurs ministres et d'autres agents officiels. Ces entrevues prennent le nom de congrès lorsque leurs délibérations sont attachées à des traités ou à des stipulations écrites.

§ **297**. Les travaux des conférences ne se traduisent pas toujours sous la forme solennelle de traités ou de conventions signés entre tous les États qui y ont pris part ; suivant l'importance relative des questions débattues, on se contente assez souvent de consigner par écrit les principes ou les points de détail sur lesquels l'accord s'est établi dans les documents diplomatiques, qui prennent tantôt le nom de *protocole*, tantôt celui de *déclaration*, et donnent ensuite lieu à un échange de notes ministérielles.

SECTION III. — ARBITRAGE.

§ **298**. Un autre mode de règlement pacifique ou amiable des différends entre nations, c'est *l'arbitrage*.

Il y a *arbitrage* lorsque deux États, ne pouvant s'entendre entre eux pour vider un différend, délèguent d'un commun accord à une ou à plusieurs autres puissances le soin de décider et de statuer comme juges en dernier ressort, par analogie à ce qui se fait entre particuliers pour affaires d'un caractère civil ou commercial.

§ **299**. Le cas d'arbitrage le plus considérable que nous ayons à citer, est sans contredit celui qui a mis fin en 1872 au différend soulevé entre l'Angleterre et les États-Unis au sujet des réclamations de ces derniers connues généralement sous le titre de « *réclamations de l'Alabama* (*Alabama claims*). « Par la solennité apportée à la formation et aux procédures du tribunal arbitral, par la valeur des intérêts en jeu et surtout par l'importance des questions de droit qui y ont été traitées et décidées, cet exemple, donné aux autres nations par deux des plus grandes puissances, a ajouté une force nouvelle, une consécration irréfragable à ce mode de régler les litiges internationaux.

Pendant la guerre civile qui de 1861 à 1865 désola les États-Unis, la marine américaine éprouva des pertes considérables du fait des corsaires équipés par les confédérés du Sud, qui passaient pour recevoir de l'aide dans certains ports de l'Angleterre, où ils réussissaient à faire construire ou à acheter clandestinement des navires et à se procurer des provisions et des munitions de guerre. Au nombre de ces corsaires se signala surtout la canonnière l'*Alabama*, sortie du port de Liverpool le 20 juillet 1862. Le gouvernement des États-Unis prétendit faire remonter la responsabilité des pertes subies par ses nationaux jusqu'aux autorités anglaises, qu'il accusait d'avoir négligé d'exercer la surveillance et de prendre les mesures que le droit des gens et les devoirs de la neutralité leur imposaient pour empêcher les manœuvres des corsaires confédérés dans les ports de l'Angleterre et de ses colonies. Après plusieurs années de discussion qui n'avaient abouti à aucun résultat quant au fond, les deux gouvernements conclurent le traité de Washington du 8 mai 1871, par lequel ils convinrent de déférer les réclamations qui les divisaient à un tribunal d'arbitrage, composé de cinq arbitres, nommés par le président des États-Unis, la reine d'Angleterre, le roi d'Italie, le président de la Confédération Suisse et l'empereur du Brésil. Ce tribunal se réunit à Genève le 15 décembre suivant et fit connaître sa décision le 14 septembre 1872 ; les arbitres, après avoir déclaré que le gouvernement anglais n'avait pas mis la diligence suffisante à remplir les devoirs des neutres en ce qui concernait quelques-uns des corsaires en cause, adjugèrent aux États-Unis, à la majorité de quatre voix contre une, la somme en bloc de quinze millions cinq cent mille dollars en or, à titre d'indemnité que le Grande-Bretagne devait payer pour toutes les réclamations déférées au tribunal et demeurant dès lors « définitivement réglées, annulées et désormais inadmissibles », conformément aux stipulations du traité de Washington. Il est bon de faire observer que la seule voix dissidente était celle de l'arbitre choisi par la reine d'Angleterre.

§ 300. Dans l'arbitrage, comme dans la médiation, a lieu l'intervention pacifique d'une tierce puissance dans le but de régler une contestation survenue entre deux ou plusieurs États ; mais il y a cette différence entre l'arbitre et le médiateur que ce dernier se borne à proposer le mode de régler amiablement le litige, laissant aux parties la faculté d'accepter ou de repousser sa proposition, tandis que l'arbitre décide la question soumise à son examen, et son jugement est obligatoire pour ceux qui l'ont invoqué.

§ 301. Pour constituer l'arbitrage il est essentiel que les États qui ont un sujet de contestation entre eux s'accordent préalablement à en déférer la décision à un tribunal étranger formé d'après le mode convenu par leur accord même et au jugement duquel ils s'engagent à se conformer. Il est nécessaire en outre que les personnes ou les États choisis pour former ce tribunal donnent leur consentement à en faire partie, à procéder à l'instruction du litige et à rendre jugement.

Aussi, avant de recourir à l'arbitrage et pour mieux assurer le but définitif que l'on poursuit, est-il d'usage que les parties en présence signent ce qu'en langage de droit on appelle un *compromis*, c'est-à-dire une convention spéciale, précisant nettement la question à débattre, exposant l'ensemble des points de fait ou de droit qui s'y rattachent, traçant les limites du rôle dévolu à l'arbitre et, sauf les cas d'erreur matérielle ou d'injustice flagrante, impliquant l'engagement de se sonmettre de bonne foi à la décision qui pourra intervenir.

§ 302. Les parties ont le droit de choisir librement celui ou ceux auxquels elles veulent confier les fonctions d'arbitre, car on peut appeler un seul arbitre ou plusieurs.

Parfois le compromis désigne la personne de l'arbitre ou des arbitres, ou prescrit tout au moins le mode de leur élection.

Le règlement des différends internationaux peut être aussi bien déféré à des princes ou à des gouvernements souverains qu'à de simples particuliers, publicistes, jurisconsultes ou autres. Ces derniers, recevant une marque personnelle de confiance qu'inspirent leurs lumières et leur intégrité, ne peuvent jamais déléguer leur mandat ; les premiers, au contraire, ont coutume de procéder dans la forme administrative et de n'intervenir directement que pour sanctionner par leur signature la sentence définitive, dont ils ont confié à l'autre le soin d'élaborer les bases.

Le plus fréquemment l'arbitrage est confié au chef ou à des particuliers d'une tierce nation ; cela n'empêche pas qu'il puisse l'être à des sujets ou citoyens de l'un ou de l'autre des États contestants.

§ **303**. Si les parties ne peuvent s'accorder sur le choix des arbitres, chacune d'elles en choisira un nombre égal, et comme alors l'éventualité peut se présenter qu'il y ait partage égal de voix des arbitres sur la sentence à prononcer, il est opportun de nommer un sur-arbitre, ayant vote prépondérant, qu'elles désignent elles-mêmes ou dont elles remettent le choix à un tiers.

La nomination d'un sur-arbitre n'a pas toujours pour objet unique d'obtenir une majorité dans le cas où les arbitres viendraient à se diviser en deux camps égaux ; elle peut avoir pour but de donner au tribunal arbitral un président chargé de diriger les discussions et d'imprimer plus d'unité à la procédure.

§ **304**. Le choix de l'endroit où doit siéger le tribunal arbitral est fixé ordinairement dans le compromis ou par convention ultérieure entre les parties.

§ **305**. Les arbitres, une fois nommés, forment, bien qu'ils ne tiennent leurs pouvoirs que des parties, un corps indépendant, un véritable tribunal judiciaire. Ils ont le droit d'interpréter le compromis préalable intervenu entre les parties et par conséquent de prononcer sur leur propre compétence.

A défaut d'obligations nettement tracées dans l'acte de compromis, les arbitres, pour l'exécution de leur mandat, se guident d'après les règles tracées par le droit civil. Ainsi ils ne peuvent procéder séparément ; ils doivent discuter et délibérer en commun, décider à la majorité ; en cas de partage égal des voix, le sur-arbitre, s'il y en a un de nommé, a le vote prépondérant.

Les arbitres constitués ont seuls le droit de prononcer, sauf toutefois le cas où un souverain ou chef d'État a été choisi pour arbitre.

Le tribunal arbitral peut, avant de rendre sa sentence et lorsqu'il le croit utile, faire aux parties des propositions équitables dans le but d'arriver à une transaction; mais il est bien entendu qu'il agit en dehors de ses fonctions proprement dites, les transactions rentrant dans le domaine des solutions libres, tandis que les arbitrages ont un caractère essentiellement judiciaire. Si les parties repoussent ces propositions, le tribunal doit se prononcer sur la contestation soumise à son jugement, en faisant application des principes de droit.

L'arbitrage prend fin soit à l'expiration du délai stipulé dans le compromis, soit par le décès ou l'empêchement de l'arbitre ou d'un des arbitres, quand il y en a plusieurs, soit par la conclusion entre les parties en causes d'un arrangement direct, soit enfin par le prononcé de la sentence.

Le jugement doit être rendu à la majorité des voix s'il n'y avait pas de majorité, il n'y aurait pas de décision valable, et l'arbitrage demeurerait sans résultat; c'est ce à quoi l'on obvie, lorsque les voix sont également divisées, par la nomination d'un sur-arbitre ayant vote prépondérant et faisant pencher la balance du côté où il se range.

La majorité, quelle qu'elle soit, du moment qu'elle est formée, lie le tribunal tout entier et revêt la sentence qu'il prononce de son caractère obligatoire pour les parties, dont l'acte même de la soumission à l'arbitrage a créé la juridiction sur elles-mêmes.

Toutefois, quoique la sentence soit sans appel, les arbitres ne peuvent disposer d'aucun moyen pour contraindre les parties à s'y conformer; car il ne leur appartient pas d'ajouter à la sentence une clause pénale en cas de non-exécution.

La décision des arbitres a pour les parties les effets d'une transaction régulière ; elle les oblige par les mêmes raisons et aux mêmes conditions que les traités ; elles sont tenues de l'exécuter comme elles feraient d'un traité par lequel elles régleraient leurs droits respectifs comme l'ont fait les arbitres.

§ **306**. De ce que la sentence arbitrale est obligatoire sans appel il ne faudrait pas tirer la conséquence absolue que les parties ne peuvent la combattre ; il est, au contraire, certains cas dans lesquelles elles sont pleinement autorisées à refuser de l'accepter et de l'exécuter. Ces cas peuvent se résumer ainsi :

1° Si la sentence a été prononcée sans que les arbitres y aient été suffisamment autorisés, ou lorsqu'elle a statué en dehors ou au delà des termes du compromis ;

2° Lorsqu'il est prouvé que ceux qui ont rendu la sentence, se trouvaient dans une situation d'incapacité légale ou morale, absolue ou relative, par exemple s'ils étaient liés par des engagements antérieurs ou avaient, dans les conclusions formulées, un intérêt direct ignoré des parties qui les avaient choisis;

3° Lorsque les arbitres ou l'une des parties adverses n'ont pas agi de bonne foi : si l'on peut prouver, par exemple, que les arbitres se sont laissé corrompre ou acheter par l'une des parties;

4° Lorsque l'un ou l'autre des États intéressés dans la question n'a pas été entendu ou mis à même de justifier de ses droits ;

5° Lorsque la sentence porte sur des questions non pertinentes, c'est-à-dire n'ayant pas trait au litige, ou sur des choses qui n'ont pas été demandées ;

6° Lorsque la teneur de la sentence est absolument contraire aux règles de la justice et ne peut dès lors faire l'objet d'une transaction.

Il convient de faire observer que la décision des arbitres ne saurait être attaquée pour un simple vice de forme, sous le prétexte qu'elle est erronée, ou contraire à l'équité, ou préjudiciable aux intérêts de l'une des parties. Néanmoins les erreurs de calcul et toutes les erreurs de fait constatées peuvent toujours être rectifiées.

SECTION IV — Solutions violentes. — Rétorsion — Représailles. — Embargo.

§ **307**. Lorsqu'on a fait en vain un sérieux appel aux moyens de conciliation, lorsque tous les efforts louables sont demeurés infructueux et qu'on ne veut cependant pas encore recourir au sort des armes, à une guerre ouverte pour vider le différend, il ne reste au gouvernement qu'à se placer sur le terrain des voies de fait, parmi lesquelles se présente tout d'abord la *rétorsion*, qui est la moins violente.

La rétorsion consiste en ce qu'un pays pratique à l'égard d'un autre les mêmes procédés, les mêmes règles de droit dont celui-ci use envers lui. Ainsi, quand un État cesse de respecter les usages établis, qu'il augmente démesurément les droits d'entrée ou de transit sur les produits d'un autre État, de manière à en diminuer injustement les débouchés naturels, le recours à la rétorsion se justifie de lui-même.

La saisie à titre de représailles de la chose objet du différend constitue sans doute un acte d'hostilité, mais n'entraîne pas nécessairement déclaration de guerre; tant que subsiste l'espoir d'un accommodement, les sujets des États en présence ne sauraient se considérer comme ennemis.

§ **308**. Il se produit parfois dans les rapports internationaux des actes qu'une simple mesure de rétorsion ne saurait combattre efficacement, ou qui ne comportent même pas ce mode de redressement indirect. Par exemple, il peut arriver qu'une nation, méconnaissant les devoirs moraux qui incombent aux États comme aux particuliers, s'empare indûment de ce qui appartient à une autre, dénie le paiement d'une dette reconnue, suspende sans motif l'exécution d'un engagement conventionnel, refuse la réparation d'une injure ou d'un déni de justice évident, ou une indemnité équitable pour les pertes causées par sa faute, lorsque sa responsabilité se trouve directement engagée. Dans toutes ces circonstances, après avoir épuisé les moyens de conciliation pour se faire rendre justice, le pays offensé ou lésé a le droit incontestable, avant d'en appeler aux armes, de recourir à des mesures de contrainte plus ou moins rigoureuses, plus ou moins étendues, généralement désignées sous le nom de *représailles*. User de représailles, le mot l'indique assez, c'est reprendre son bien où il se trouve, s'emparer d'un gage pour sauvegarder ses droits, imposer par la force ce que le sentiment de l'équité n'a pas suffi à conquérir, en d'autres termes se faire justice soi-même.

Les représailles sont ou *négatives* ou *positives*. Elles prennent le premier nom lorsqu'un État, n'ayant pu réussir à se faire rendre justice par les voies amiables, dénonce les traités en vigueur ou déclare retirer temporairement au pays qui l'a offensé ou lésé dans ses droits, le bénéfice des avantages dont il s'était conventionnellement obligé à le faire jouir.

On qualifie communément les représailles de positives, lorsqu'elles impliquent embargo, saisie de gages matériels, détention de territoires, ou captures de biens meubles, de navires ou d'autres propriétés.

§ 309. L'embargo consiste dans la mainmise, à titre de gage ou comme mesure de précaution, sur les propriétés publiques ou privées d'une autre nation, notamment sur les navires marchands qui portent son pavillon et se trouvent mouillés dans les ports, les rades ou les baies de la juridiction territoriale.

L'embargo n'a d'autre caractère que celui d'un moyen de coaction pour amener le redressement de griefs sérieux, un changement d'attitude politique ou la réparation de violation flagrante du droit des gens.

§ **310**. Il ne faut pas confondre l'embargo avec ce qu'on appelle l'*arrêt de prince*, c'est-à-dire la défense faite aux navires marchands ancrés dans un port bloqué ou placés par suite de circonstances politiques dans une position exceptionnelle, de quitter momentanément leur mouillage.

Quant aux personnes, marins ou autres, embarquées sur les navires frappés d'embargo pacifique, la justice et l'humanité font aux gouvernements un devoir de les considérer comme des hôtes et de subvenir libéralement à leurs besoins, pendant tout le temps que dure la paralysation de leur industrie.

§ **311**. Lorsqu'il ne produit pas un réglement pacifique de la question, l'emploi des moyens violents pour obtenir justice aboutit forcément à des actes d'hostilité plus caractérisés encore et engendre les conséquences inhérentes à la guerre proprement dite.

Quant aux représailles, leurs effets varient suivant les circonstances ; mais, en thèse générale, on peut dire que la saisie ou la capture de l'objet en litige n'entraîne pas invariablement et de plein droit la confiscation.

En raison de leur caractère et de leurs conséquences, les représailles et les embargos ne peuvent être décrétés que par l'autorité que la constitution de chaque État investit du droit de déclarer la guerre.

§ **312**. Dans les temps modernes le blocus est devenu en temps de paix tantôt une mesure de représailles, tantôt un moyen de contrainte pour prévenir de nouvelles violations du droit des gens ou pour arriver au redressement de griefs et de difficultés internationales dont la réparation n'avait pu être obtenue à l'amiable par la voie diplomatique.

DEUXIÈME PARTIE

ÉTAT DE GUERRE

CHAPITRE PREMIER

DU BUT ET DES CAUSES JUSTIFICATIVES DE LA GUERRE

§ **313**. D'après l'étymologie (le mot allemand *wehr* signifie *défense*), la guerre serait la défense d'une nation contre ses ennemis ; mais l'emploi de la force n'a pas été limité au seul cas de défense ; c'est pourquoi nous définirons la guerre l'état d'hostilité qui se substitue aux relations de bonne harmonie de nation à nation ou entre concitoyens appartenant à des partis politiques différents, et qui a pour objet d'obtenir par la force des armes ce qu'on n'a pu par les voies pacifiques et amiables.

§ **314**. Les guerres comportent des subdivisions et des classifications aussi nombreuses que variées. Les publicistes les divisent en *guerres offensives*, *défensives* et *auxiliaires ;* en guerres *parfaites* et *imparfaites*, et en guerres *légales* et *illégales*.

§ **315**. Comme le dit Vattel, celui qui prend les armes pour repousser un ennemi qui l'attaque, fait une guerre *défensive* ; celui qui prend les armes le premier et attaque une nation qui vivait en paix avec lui, fait une guerre *offensive*. La guerre est dite *auxiliaire* par rapport à un allié qui prend fait et cause pour l'un des belligérants, auquel il fournit des secours ou qu'il aide secrètement en participant lui-même aux hostilités.

La dénomination de *parfaites* s'applique aux guerres dans lesquelles, dans tous les cas et selon toutes les circonstances prévues par les lois générales de la guerre, tous les membres d'une nation sont autorisés à se livrer à des actes d'hostilité contre tous les membres d'une autre nation, tandis que la guerre *imparfaite* est circonscrite dans des bornes déterminées quand aux lieux, aux personnes et aux choses qui doivent en être l'objet.

La division des guerres en *légales* et en *illégales*, imaginée par Vattel, a conduit certains publicistes à confondre les guerres illégales avec les guerres injustes, quand en réalité il peut arriver qu'une guerre illégale soit juste et qu'une guerre injuste soit légale. Cette confusion vient de ce qu'on ne distingue pas assez nettement la notion de la loi écrite d'avec celle du droit naturel.

Lorsqu'une nation est placée sous la domination d'une autre et qu'elle veut s'en affranchir, la lutte armée qu'elle engage pour secouer le joug, prend le nom de *guerre d'indépendance*.

Les guerres qu'entraînent à leur suite les insurrections et les révolutions des peuples, se désignent assez souvent par les mêmes termes. Les insurrections, ayant généralement pour objet d'amener l'indépendance d'une partie d'un État, peuvent jusqu'à un certain point se confondre avec les guerres d'indépendance.

Les guerres de révolutions tendant d'ordinaire à un changement radical dans la forme du gouvernement établi, elles sont assimilées aux guerres civiles et régies par les mêmes règles.

Les guerres entreprises pour la défense d'une religion ou d'un culte particulier quelconque, telles que les Croisades et les guerres qui suivirent la Réforme jusqu'à la paix de Westphalie, ont reçu le nom de *guerres religieuses*.

On désigne sous le nom de guerres *politiques* celles qui ont pour but de faire dominer ou d'étendre un système ou une forme de gouvernement.

Les guerres qu'une nation entreprend pour acquérir de nouveaux territoires ou pour étendre sa puissance matérielle, s'appellent *guerre de conquête*.

Il y a des guerres dans lesquelles la plus grande partie d'une nation prend les armes pour s'associer à la lutte ; les publicistes et les historiens donnent le nom de *nationales* à ces guerres ; mais pour qu'une guerre revête le caractère de *nationale* et que, suivant les principes du droit des gens, ceux qui s'y engagent soient fondés à réclamer toutes les prérogatives des belligérants, il est indispensable que le soulèvement soit général et se régularise par la constitution d'un gouvernement ou d'un pouvoir suprême.

Les *guerres d'intervention* sont celles dans lesquelles un État intervient contre un autre État ou d'autres États en faveur d'un État particulier ou en faveur d'un parti, d'un souverain ou d'une famille dans un État. Cette intervention se divise en deux catégories, selon qu'elle affecte les affaires extérieures d'une nation.

Les guerres *civiles* sont celles qui surgissent entre concitoyens dans l'intérieur même d'un État.

Les guerres civiles proprement dites donnent à chacune des parties engagées le caractère et les droits de belligérants, non seulement à l'égard de son ennemi, mais encore à l'égard des États tiers qui veulent rester neutres. Seulement, pour qu'il en soit ainsi, il faut que ces guerres ne puissent se confondre avec de simples rébellions, dont les fauteurs sont accusés avec raison de violer les lois intérieures du pays, en même temps que leurs actes sont regardés et punis comme des crimes ou des délits de droit commun.

§ 316. Tous les auteurs s'accordent à reconnaître que toute guerre doit être juste, qu'on ne doit y recourir sans de fortes raisons.

En thèse générale, on peut dire que, pour qu'une guerre soit juste, il faut qu'il existe une offense ou la crainte raisonnablement fondée d'en recevoir une.

Le châtiment d'une agression, bien que les publicistes reconnaissent que les nations ne peuvent être châtiées dans le sens technique du mot, justifie la guerre, si les maux que l'agression a causée sont irréparables, ou si l'état agresseur refuse une indemnité ou une satisfaction. Seulement l'équité et les principes exigent que les mesures de rigueur exercées dans ce cas se limitent exclusivement au but qu on poursuit, et qu'elles cessent dès qu'il a été atteint.

On ne saurait nier qu'une nation n'ait le droit d'en appeler aux armes pour conserver ce qui lui appartient ou pour recouvrer ce qui lui est dû. Tout acte portant atteinte à l'indépendance d'une nation ou à la libre jouissance de ses droits acquis peut donc être une raison justificative de guerre de la part de la nation lésée, surtout lorsqu'elle n'en vient à cette extrémité qu'après avoir tenté en vain des voies plus douces pour obtenir réparation.

Les États ne sortent pas de leur sphère légitime d'action lorsque, pour se prémunir contre un danger imminent, ils exercent des hostilités contre leurs agresseurs; mais, comme dans les cas précédents, il faut que le recours à la force repose sur une cause suffisamment fondée.

La différence de religion ne peut autoriser la guerre; l'agrandissement d'un État limitrophe ne suffit pas non plus pour légitimer la rupture de la paix, à moins que l'État qui s'agrandit ne manifeste l'intention de s'étendre à l'infini aux dépens et au préjudice des autres.

CHAPITRE II

DE LA DÉCLARATION DE GUERRE ET DE SES EFFETS IMMÉDIATS

§ **317.** Il fut un temps où une déclaration formelle de guerre était considérée comme absolument nécessaire pour légitimer les hostilités de peuple à peuple. Ainsi, lorsque des Romains se disposaient à entrer en lutte contre une autre nation, ils lui envoyaient le *Pater patratus,* chef des féciaux ou hérauts d'armes, qui avait pour mission de demander réparation de l'injure commise. Si après trois jours l'offenseur n'accordait point cette réparation, le héraut invoquait le témoignage des dieux et s'en retournait en déclarant que Rome allait prendre les mesures nécessaires pour obtenir justice. La question était alors soumise au Sénat; et si la guerre était résolue, on envoyait de nouveau un héraut à la frontière pour en faire la déclaration en due forme, selon l'usage consacré.

§ **318.** L'usage d'une déclaration préalable avant l'ouverture des hostilités s'était transmis chez les peuples modernes de l'Europe, où il a été pratiqué sous différentes formes; mais depuis la paix de Paris de 1763 les États de l'Europe n'ont plus reconnu comme indispensable la signification préalable d'une déclaration formelle de guerre.

On se borne à rompre les relations diplomatiques avec le gouvernement que l'on veut combattre, en rappelant les agents que l'on avait accrédités auprès de lui, et à notifier aux puissances neutres par un manifeste l'intention de faire la guerre. Il est rare d'ailleurs que cette intention n'ait pas été révélée explicitement ou implicitement par des actes antérieurs au recours aux hostilités, notamment par la signification de conditions de l'accomplissement desquelles dépend ou la continuation ou la rupture des relations pacifiques : ces conditions suprêmes constituent ce qu'on appelle un *ultimatum*.

§ **319.** L'*ultimatum* est le dernier mot (*l'ultimatum verbum*) d'une négociation, celui par lequel on en résume la substance, par lequel on pose finalement, en exprimant l'intention de ne point s'en désister, les conditions auxquelles on entend régler un litige.

L'ultimatum n'est pas une simple intimation verbale ; il prend généralement la forme d'une note ou d'un mémoire, présenté ou signifié à un souverain par le ministre ou l'agent diplomatique d'un autre souverain. Ce document doit énoncer nettement et clairement les propositions extrêmes auxquelles on demande une réponse également nette et sans équivoque. Dans la plupart des cas il fixe le délai dans lequel cette réponse sera considérée comme une preuve que l'État auquel l'ultimatum est adressé désire la guerre.

§ **320.** Le rappel ou le renvoi des envoyés que les États accréditent les uns auprès des autres, est considéré généralement comme équivalant à une déclaration de guerre, et même dans certains traités de commerce figure une clause portant qu'une rupture des rapports pacifiques ne sera regardée comme consommée qu'après le rappel ou le renvoi des envoyés ou des ministres respectifs des parties contractantes.

§ **321.** Le droit de faire la guerre appartient chez les nations civilisées au chef du pouvoir exécutif, agissant tantôt seul, tantôt avec le concours ou l'agrément des autres corps de l'État.

Le chef de l'État doit publier ou proclamer dans l'intérieur de son propre pays la déclaration de guerre pour l'instruction et la direction de ses sujets, pour fixer la date à partir de laquelle ils ont à exercer les droits particuliers que l'état de guerre confère aux sujets d'une puissance belligérante par rapport à l'ennemi, et pour leur communiquer les ordres qu'il croit devoir leur donner relativement à ce même état

Comme les effets de la guerre peuvent ne pas se limiter aux puissances qui y sont engagées directement, mais affecter des intérêts internationaux, il importe que les nations qui sont sur le point de devenir belligérantes, notifient leur intention aux autres nations, afin que celles-ci sachent à partir de quelle époque elles sont tenues d'observer les devoirs de la neutralité.

De là l'origine des *manifestes*, par lesquels les belligérants au commencement de la guerre annoncent aux autres puissances qu'ils ont pris les armes.

Après que le manifeste a été remis par les agents diplomatiques des puissances belligérantes aux gouvernements des diverses puissances neutres, les sujets de ces gouvernements ne sauraient être admis à prétexter l'ignorance de l'état de guerre entre les parties intéressées.

§ **322**. La déclaration de guerre produit sur les traités, qui liaient les parties belligérantes au moment de la rupture des relations pacifiques, certains effets, qui dépendent du caractère particulier des engagements contractés. Ainsi on s'accorde à admettre la rupture définitive des liens conventionnels conclus expressément en vue de l'état de paix de ceux qui ont pour objet de favoriser les rapports de bonne harmonie de nation à nation, tels que les traités d'amitié, d'alliance, et les autres actes de même nature ayant un caractère politique. Quant aux arrangements douaniers, postaux. aux conventions de navigation ou de commerce, aux accords relatifs, à des intérêts privés, on les considère généralement comme suspendus jusqu'à la cessation des hostilités.

Une conséquence logique et immédiate de la déclaration de la guerre est celle qui autorise la détention comme prisonniers de guerre des étrangers résidant dans le pays avec lequel leur patrie est en hostilité. Toutefois l'usage a généralement prévalu d'accorder aux sujets de l'un des belligérants un délai moralement suffisant pour leur permettre de sortir du territoire de l'autre, liquider leurs affaires et en retirer leurs biens.

En se plaçant sur le terrain de l'absolu, on peut soutenir que, suivant les cas et les circonstances, un État a le droit de confisquer toutes les propriétés ennemies sur son territoire au moment de l'ouverture des hostilités. Mais, dans la pratique, les tendances du siècle ont fait aboutir cette doctrine au même résultat que le principe qui a prévalu en faveur des personnes, c'est-à-dire qu'en fait de nos jours les propriétés ennemies qui se trouvent sur le territoire d'un État belligérant au moment où la guerre éclate, sont exemptées de confiscation et considérées comme devant échapper à l'application des lois de la guerre.

Une des conséquences immédiates et les plus importantes des hostilités, c'est l'interdiction de toutes relations commerciales entre les sujets des Etats qui sont en guerre, à moins d'exceptions spécialement autorisées ; il s'ensuit comme corollaire que tout contrat privé fait avec les sujets de cet ennemi pendant la guerre est illégal. Cette règle est surtout applicable aux assurances sur la propriété et le commerce de l'ennemi, à la négociation de lettres de change entre les sujets des belligérants, à l'envoi de fonds dans le pays ennemi, à la souscription aux emprunts de guerre émis par l'ennemi, aux associations commerciales formées entre les sujets des deux nations avant ou après la déclaration de guerre, etc. Les autres contrats civils et de nature privée sont seulement suspendus ; ils recouvrent leur force obligatoire dès que la paix est rétablie.

§ 323. Certains belligérants sont dans l'usage d'accorder à leurs nationaux, aux ennemis ou aux neutres des *licences de commerce*, qui ne sont autre chose en réalité qu'un sauf-conduit pour continuer licitement et sans crainte de capture des opérations mercantiles prohibées par les lois générales de la guerre. Sans force ni valeur à l'égard de la partie adverse, ces licences ne lient que les autorités constituées et les tribunaux de l'État qui les a délivrées; quant aux personnes qui en font usage, elles s'exposeraient à de sévères pénalités, si elles s'écartaient le moins du monde de la teneur du privilège qu'elles ont obtenu, c'est-à-dire si elles franchissaient les limites de temps et de lieu de leurs licences, ou s'adonnaient à un trafic autre que celui qu'on a entendu leur permettre, soit pour la quantité, soit pour l'espèce et la qualité des marchandises embarquées.

Dans certains pays on accorde parfois des *licences générales*, qui équivalent alors à une suspension complète ou partielle de l'exercice du droit de guerre. Ces licences émanent soit du souverain même de l'État, soit d'une personne — gouverneur général d'armée, ou chef d'escadre — investie de pouvoirs spéciaux à cet effet.

En dehors de ces permissions générales, il est aussi d'usage de délivrer des *licences spéciales*, individuelles, soit pour voyager, soit pour importer ou exporter certaines marchandises déterminées. La forme de ces actes varie à l'infini et dépend autant des limites dans lesquelles se renferme leur emploi, que des pouvoirs de l'autorité appelée à en faire la délivrance.

Il ne suffit pas, pour qu'une licence soit valable, qu'elle ait été expédiée en due forme ; il faut encore que la personne à qui elle a été accordée, ne l'invalide ou ne l'annule pas par des actes antérieurs ou postérieurs à sa délivrance. En effet, si l'ayant droit franchit les limites qui lui ont été tracées ; si pour l'obtenir il a dissimulé sa véritable situation ou s'est attribué une qualité qu'il n'a pas, le titre peut être frappé de nullité, voire même confisqué, sans préjudice des pénalités auxquelles sa fraude l'exposerait légalement.

Toutes les fois que la licence est rigoureusement individuelle et nominative, sans réserve d'endossement ou de partage avec des tiers, celui qui l'a obtenue est sans droit pour en faire profiter ses commettants ou ceux pour le compte de qui il agit d'habitude; il ne pourrait lui donner une semblable extension qu'autant que la licence porterait la mention : « un tel ès-noms », ou « un tel et compagnie ».

Du moment qu'une licence est accordée à un ennemi, toutes les incapacités personnelles de celui-ci cessent, et il est, *ipso facto*, de plein droit, placé sur la même ligne que le sujet de l'État qui la lui accorde : il peut notamment, comme tel, soutenir, le cas échéant, des procès devant les tribunaux de cet État et introduire toute instance pour la défense de ses droits.

En principe la licence a pour effet de mettre à l'abri de capture la marchandise et le navire affecté à son transport; mais on comprend qn'il n'y ait pas corrélation absolue et nécessaire entre cette double exemption. S'il était prouvé, par exemple, à l'encontre des énonciations de la licence, que le navire est la propriété d'une personne autre que celle que l'on avait en vue, il pourrait être saisi et déclaré de bonne prise, sans que sa condamnation entraînât forcément celle de sa cargaison, surtout si les chargeurs étaient reconnus avoir agi de bonne foi.

On exige rigoureusement que le navire muni d'une licence n'accomplisse que le voyage autorisé et ne s'écarte en rien de la route qui lui a été tracée. Les relâches ou les escales prévues doivent, à moins de circonstances de force majeure, fortune de mer ou autres, être faites, sous peine de voir annuler le bénéfice du privilège obtenu.

La protection qui résulte de la licence couvre le navire pendant son voyage entier, c'est-à-dire pendant l'aller et l'entrée au point du départ, pourvu qu'il revienne sur lest ; autrement, et si au retour il embarquait une nouvelle cargaison, celle-ci et le navire lui-même deviendraient passibles de confiscation.

Une licence n'a de valeur que pour la période de temps et pour l'objet spécial qui y sont mentionnés ; à plus forte raison faut-il admettre qu'elle ne peut produire d'effet rétroactif. Son but est de rendre licite une opération projetée en vue d'une situation donnée, et non de légitimer après coup une spéculation en cours, condamnable et illégitime en vertu des lois générales de la guerre.

Quand même la réserve expresse n'en aurait pas été faite, les licences pour trafiquer avec les ports ennemis ne confèrent jamais le droit de violer des blocus régulièrement établis ou de transporter des articles dits de contrebande de guerre. Les défenses générales qui existent à cet égard sont considérées comme étant d'ordre public, comme maintenues de plein droit et comme ne pouvant devenir l'objet de dérogations tacites.

CHAPITRE III

ALLIANCES, SECOURS ET SUBSIDES

§ **324**. Souvent deux ou plusieurs nations s'associent pour la poursuite d'un but politique commun : on donne à cette association le nom d'*alliance*.

On désigne aussi sous cette dénomination le traité par lequel ces nations cimentent leur alliance, en règlent l'objet et les conditions, stipulent leurs engagements respectifs et réciproques.

Il peut se faire que des États s'allient entre eux pour accomplir une œuvre essentiellement pacifique; mais en général les alliances ont en vue la guerre, soit éventuelle, soit déjà déclarée : elles tendent donc à la participation aux hostilités contre de tierces puissances, ou à la prestation de secours à une puissance belligérante.

§ **325**. Les alliances sont ou offensives ou défensives, ou bien elles ont ce double caractère à la fois.

Dans les alliances offensives conclues avant la rupture des hostilités, les nations signataires s'engagent en général à se prêter mutuellement secours et assistance pour agir hostilement soit contre toute nation quelconque, soit contre un pays nettement déterminé d'avance.

Les alliances défensives sont celles dans lesquelles l'allié promet sa protection et son appui matériel contre toute agression injuste dirigée coutre son co-associé ou co-contractant.

Les alliances défensives s'étendent assez souvent jusqu'à la garantie des possessions territoriales de l'un des contractants. Il est clair que dans ce cas le *casus fœderis*, ou la condition obligatoire d'alliance, surgit seulement lorsque ces possessions sont tombées au pouvoir de l'ennemi ou exposées à un péril imminent.

Il existe une troisième classe d'alliance, qui réunit en elle les conditions des deux autres et que l'on désigne en conséquence sous le nom d'alliance *offensive et défensive*. Elle se produit le plus habituellement à titre permanent entre États souverains attachés les uns aux autres par des liens fédératifs, comme les États-Unis de l'Amérique et l'Empire d'Allemagne.

Entre autres États que n'unissent pas de semblables liens, l'alliance peut également avoir un caractère de généralité et de perpétuité. Ainsi dans l'alliance qu'elle contracta avec la France le 21 février 1798, la République Cisalpine s'engageait à prendre part à *toutes les guerres* que la République Française pourrait avoir, et à mettre toutes ses forces sur pied et tous ses moyens en activité, lorsque la réquisition lui en aurait été faite par le Directoire.

D'autres fois l'alliance n'a qu'un caractère transitoire et surgit à propos d'une guerre déterminée. Comme alliances de ce dernier genre dans les temps modernes, nous citerons celle de l'Europe coalisée en 1813, en 1814 et en 1815 contre la France ; celle de l'Autriche, de l'Angleterre, de la France et de la Sardaigne dans la guerre d'Orient en 1854 ; celle de la France et de l'Italie dans la guerre de 1859 contre l'Autriche, et celle du Brésil, de la République Argentine et de l'Uruguay contre le Paraguay.

L'alliance, quelle qu'en soit la nature, constitue une obligation de droit étroit, à laquelle celui qui l'a volontairement contractée ne peut se soustraire à moins de se trouver en face d'un empêchement de force majeure, de l'impossibilité matérielle d'y demeurer fidèle. D'un autre côté la bonne foi exige que, si l'alliance est devenue trop onéreuse, par exemple si elle ne peut plus se concilier avec l'intérêt de l'État qui l'a acceptée, on la dénonce à l'amiable avant l'heure à laquelle se produit le *casus fœderis*.

§ **326**. Les traités de secours et de subsides ont une grande analogie avec les alliances offensives et défensives. Quoique impliquant un lien moins étroit, une protection moins étendue, un engagement mieux défini, ils n'en sont pas moins régis par les mêmes principes et entraînent le même degré de responsabilité morale.

§ **327**. La forme des traités d'alliance varie autant que les objets qu'ils peuvent avoir en vue et les causes qui en amènent la conclusion. Les stipulations qu'on y rencontre le plus habituellement, peuvent cependant se résumer ainsi :

Les hostilités ne pourront commencer que de concert et à l'époque convenue ;

Les contingents de subsides, de troupes et de matériel devront être fournis en temps voulu et maintenus au complet ;

Les armées alliées se prêteront mutuellement aide et assistance pour préserver les territoires respectifs et combattre l'ennemi commun :

Les prisonniers, le butin et les trophées seront partagés proportionnellement aux troupes engagées ;

Chaque partie s'interdit de conclure la paix séparément, et s'oblige à faire en sorte qu'à la fin de la guerre les intérêts des alliés soient tous équitablement sauvegardés, en raison des sacrifices faits et des dommages supportés par chacun d'eux.

Une clause spéciale précise d'ordinaire la durée de l'alliance et spécifie parfois ses conditions de rupture ou de dénonciation. Lorsque le terme n'en est pas autrement indiqué, l'alliance devient permanente ou cesse de plein droit avec la guerre qui l'a provoquée.

§ 328. Les membres d'une confédération ne sont pas toujours tenus de participer à la guerre dans laquelle l'un d'eux vient d'être engagé.

Si un État confédéré ou allié s'abstient de prêter à l'un des belligérants l'aide à laquelle il s'est obligé, et notifie sa résolution à l'autre belligérant, il a droit à ce que celui-ci respecte sa neutralité. La question de savoir si cet État a failli à son devoir d'allié ou de confédéré doit se régler entre lui et son allié; mais elle ne regarde pas l'adversaire.

CHAPITRE IV.

DES ENNEMIS, ET DES MOYENS LICITES ET ILLICITES D'ATTAQUE ET DE DÉFENSE.

§ **329**. Les droits qu'un belligérant possède contre son ennemi, les actes d'hostilité et d'agression auxquels l'emploi de la force lui permet de recourir, dérivent naturellement du but qu'il poursuit en faisant la guerre. De là Bynkershoek et Wolff infèrent que, tant que le but n'est pas atteint, les belligérants ont la faculté illimitée d'user de tous les moyens pour nuire à leur ennemi et l'amener à composition. Cette thèse absolue, qui conduit à justifier les iniquités les plus révoltantes, est en opposition directe avec l'opinion plus humaine, plus libérale, proclamée dès la fin du XVIIe siècle par Grotius, et à laquelle se sont ralliés depuis lors Vattel et presque tous les publicistes modernes.

En cette matière la théorie toutefois est loin d'être d'accord avec la pratique. Par suite de l'imperfection des choses humaines, on fait trop souvent encore ce que la saine morale réprouve, ce que les nécessités de la défense personnelle ne justifient même pas. Il nous faut donc examiner séparément les diverses situations dans lesquelles l'état de guerre peut placer la personne de l'ennemi par rapport au belligérant.

§ **330**. Les ennemis se divisent en *forcés*, en *volontaires* et en *passifs* ou innocents. Les premiers sont ceux qui appartiennent aux troupes régulières de terre et de mer, et que les prescriptions impératives de la loi nationale obligent à prendre les armes pour défendre le territoire ou l'honneur et les intérêts de la patrie, ils sont complètement soumis aux lois de la guerre.

Par ennemis volontaires il faut entendre ceux qui, n'étant pas légalement astreints au service militaire, s'enrôlent de leur plein gré dans des corps irréguliers, ou agissent isolément les armes à la main, en dehors de la direction du gouvernement, pour seconder l'objet général de la guerre. L'adoucissement des mœurs, les progrès de la civilisation ont eu pour conséquence d'assurer aux ennemis volontaires qui sont faits prisonniers, les mêmes droits qu'aux ennemis forcés, c'est-à-dire aux troupes régulières.

Enfin, sous la dénomination de passifs ou innocents, on désigne tous les ennemis qui n'appartiennent pas aux deux autres classes et qui, sans se désintéresser de l'issue de la lutte dans laquelle leur patrie est engagée, n'y prennent cependant aucune part active et armée. Indépendamment des employés civils, des commerçants, des hommes de lettres, etc., on range dans cette catégorie les aumôniers et les médecins militaires, ainsi que les personnes qui accompagnent les armées en qualité d'auxiliaires passifs sans prendre aucune part aux combats, tels que domestiques, cantiniers et agents administratifs. Il va de soi que, pour conserver ce caractère, ces personnes doivent s'abstenir avec soin de tout acte agressif quelconque.

Chaque jour crée entre les nations des rapports plus intimes, et il en résulte nécessairement que le caractère de l'inimitié entre belligérants varie à l'infini et se modifie sans cesse. C'est donc vainement qu'en cette matière on se flatterait de poser des principes généraux. Il suffit de reconnaître que chaque époque de l'histoire qui s'écoule, chaque progrès qui se réalise cimente de nouveaux liens, de nouveaux points de contact libres et indépendants entre les nations.

§ 331. En partant du principe indiscutable que l'emploi de la force cesse d'être licite dès qu'il n'y a pas nécessité absolue, indispensable, d'y recourir, on est logiquement conduit à reconnaître qu'aucun État n'a le droit de priver de la vie des sujets ennemis qui n'opposent pas de résistance, ou ne se défendent pas les armes à la main.

Malgré la tendance de plus en plus prononcée des peuples modernes à interpréter dans le sens le plus libéral et le plus humain, en faveur de la personne de l'ennemi, l'ensemble des lois de la guerre, il faut reconnaître que les gouvernements comme les chefs militaires sont strictement en droit d'adapter leur conduite aux règles de réciprocité, qui admettent les représailles et la rétorsion de fait, pour imposer le respect des principes du droit naturel au belligérant qui y a manqué. Cependant le système des représailles n'est pas aussi absolu qu'on pourrait croire. Si la règle de réciprocité, ou plutôt la loi du talion, existe théoriquement, dans la pratique elle rencontre une double limite dans les préceptes du droit naturel et dans les principes généraux du droit des gens.

§ **332**. Dans l'antiquité la charge du service militaire était inhérente au droit de cité : tout homme valide entrait *de plano* dans les cadres de l'armée, dès que la patrie était proclamée en danger ou déclarait la guerre à ses voisins.

Au moyen âge la guerre constituait un métier souvent lucratif; les armées, perdant le caractère national, se recrutaient, surtout à l'aide d'embauchages, de mercenaires rassemblés plus ou moins au hasard, vendant leurs services à qui les payait le mieux. Le système des armées permanentes ne remonte guère au delà du XVIe siècle; mais en réalité les armées européennes n'ont acquis la constitution solide, vraiment nationale, qui fait aujourd'hui leur force, que par suite des réformes inaugurées par le grand Frédéric et portées à un haut degré de perfection durant les guerres de la République Française et du premier

Empire. S'il est certain que l'état actuel des relations internationales exige le maintien d'armées permanentes, on ne saurait méconnaître cependant que les intérêts sociaux ont dans une large mesure à souffrir d'une semblable organisation militaire.

Quelque rigoureux et absolu que soit le devoir de défendre le sol de la patrie, il existe nécessairement un certain nombre d'exceptions. Ainsi les femmes, les enfants et les vieillards sont frappés d'incapacité quant au service militaire.

Le clergé est également affranchi en général de l'impôt du sang, parce que l'on considère son ministère sacré comme incompatible avec les exigences de la guerre.

Un privilège analogue a été créé dans certains pays, en France notamment, en faveur des membres du corps enseignant.

Le droit de décréter des conscriptions, des levées d'hommes et des enrôlements volontaires appartient naturellement au pouvoir qui a la faculté de déclarer la guerre. Ce droit est rangé en principe parmi les prérogatives du souverain ; mais l'étendue et l'exercice en sont également régis par la constitution de chaque État, dont les dispositions présentent sous ce rapport d'assez nombreuses divergences.

Chaque État a le droit de prendre à sa solde des troupes étrangères, et celles-ci sont complètement assimilées aux troupes nationales ; par le fait de leur incorporation dans l'armée, elles reçoivent tous les droits et contractent toutes les obligations que les lois de la guerre accordent et imposent aux soldats des armées belligérantes.

Les contrées où se rencontrent encore des troupes mercenaires sont du reste en petit nombre : on ne peut guère citer que la France et la Hollande ; encore ces deux pays n'emploient-ils que pour le service de leurs colonies les étrangers enrôlés sous leurs drapeaux.

Le droit international interdit aux nations civilisées d'enrôler dans leurs armées des sauvages auxquels les lois de la guerre sont inconnues, ou d'employer comme auxiliaires des troupes qui ne connaissent ni ne respectent le droit et les mœurs des peuples civilisés.

§ **333**. La formation des bandes de partisans et des guerrillas est admise, à condition qu'une délégation de l'autorité publique ou de ses agents directs légitime cette intervention des particuliers dans les hostilités.

Dans la pratique ordinaire les corps francs ne doivent agir que sur leur propre territoire, le motif de leur création provenant surtout des nécessités de la défense.

Le cas d'invasion d'un pays est celui qui favorise et justifie le mieux l'emploi des corps francs et des individus prenant part isolément aux hostilités.

§ **334**. Quelques auteurs ont prétendu placer sur la même ligne que la formation de guerrillas la levée en masse d'une nation pour s'opposer à une invasion étrangère : c'est là une erreur ; en effet, lorsqu'un peuple court aux armes afin de repousser l'ennemi qui envahit son territoire, ce sont en général les autorités elles-mêmes qui dirigent le mouvement et engagent par là la responsabilité du pays tout entier, qui peut fort bien demeurer étranger aux actes de partisans qu'il n'a pas appelés sous les drapeaux.

Le fait de la levée en masse transforme tout citoyen valide d'ennemi passif en ennemi actif et confère à la population qui y a recours, le caractère de belligérant et la place en cas de défaite sous le régime réservé aux prisonniers de guerre,

§ **335**. Comme principe général on peut établir que l'état actuel de la civilisation condamne l'emploi de tout moyen, de tout instrument de guerre propre à produire une effusion inutile de sang. Il y a abus, violation du droit, toutes les fois que les instruments de guerre sont dirigés contre des personnes inoffensives ou contre des villes ouvertes et non fortifiées.

Les lois de la guerre interdisent le recours aux armes dont les saines notions d'humanité et de charité chrétienne ne sanctionnent pas l'emploi. Par un accord conclu à Saint-Pétersbourg le 11 décembre 1868, toutes les puissances européennes se sont engagées à renoncer mutuellement, en cas de guerre entre elles, à l'emploi par leurs troupes de terre et de mer de tout projectile d'un poids inférieur à 400 grammes, qui serait exposible ou chargé de matières fulminantes ou inflammables.

L'emploi de boulets rouges ou de couronnes foudroyantes dans les guerres maritimes est généralement interdit.

Pour n'être écrite nulle part, la prohibition des armes empoisonnées n'en est pas moins absolue et universellement acceptée.

Il nous semble superflu d'ajouter qu'empoisonner les eaux ou les vivres de l'ennemi constitue un crime non moins odieux et également réprouvé par les principes du droit naturel.

Les lois de l'humanité proscrivent aussi l'usage des moyens de destruction qui, d'un seul coup et par un moyen mécanique, abattent des masses entières de troupes, et qui, en réduisant l'homme au rôle dun être inerte, augmentent inutilement l'effusion du sang.

Elles autorisent néanmoins l'usage des torpilles, des mines sous-marines et des projectiles chargés d'explosifs tels que la mélinite, la dynamite, le fulmicoton.

§ 336. Le bombardement des places de guerre ou des autres lieux fortifiés est une mesure extrême de rigueur, justifiable seulement dans le cas où il y a impossibilité absolue d'atteindre par d'autres moyens le but qu'on poursuit, c'est-à-dire la reddition du point attaqué et l'expulsion ou la capture des soldats ennemis préposés à la défense de ses fortifications.

Mais dans aucun cas, sous aucun prétexte, il n'est

permis de bombarder les villes ouvertes non fortifiées et qui ne sont pas militairement défendues.

On pourrait cependant admettre une exception à cette règle pour le cas où l'armée que l'on combat, se renferme dans une ville ouverte, et pour celui où à l'approche de l'ennemi les habitants d'un endroit se rassemblent en armes et se retranchent au moyen d'ouvrages ou de barricades. L'ennemi, qui les considère comme combattants, cesse de regarder la place comme une ville ouverte et prend les mesures militaires qui lui semblent nécessaires pour vaincre la résistance qu'on lui opposse.

Il est d'usage que le commandant des assiégeants, toutes les fois qu'il le peut, informe les assiégés de son intention de bombarder la place : c'est une mesure dictée par l'humanité et qui a pour but de mettre les non-combattants, surtout les femmes et les enfants, à même de s'éloigner ou de pourvoir à leur sûreté.

§ **337**. Le dernier conflit entre la France et l'Allemagne a offert un acte particulier, qui ne s'était encore produit dans aucune guerre précédente : nous voulons parler du nouvel emploi qui a été fait des aérostats. Ce n'est pas que jusqu'ici ont n'eût point tenté de tirer parti des ballons pour des usages militaires ; ainsi à la bataille de Fleurus, le 27 juin 1794, des officiers français, montés dans un ballon retenu captif au moyen de longues cordes que manœuvraient des personnes restées à terre, observèrent pendant plus de neuf heures les mouvements de l'armée autrichienne. En 1812 les Russes essayèrent de se servir d'aérostats pour jeter des projectiles incendiaires sur l'armée française ; mais ces tentatives n'ayant donné que des résultats insignifiants, ce moyen avait été abandonné.

§ **338**. Dans les temps barbares qui ont précédé l'établissement du christianisme l'assassinat d'un souverain ennemi ou du chef de ses troupes a été parfois pratiqué comme un moyen avouable de mettre fin à la guerre.

De notre temps les gouvernements se croiraient déshonorés de prêter la main à un attentat de ce genre.

Il n'en est pas de même à l'égard des surprises, dont la pratique de toutes les nations sanctionne l'emploi ; les soldats qui, à l'aide d'un stratagème quelconque, réussissent à pénétrer dans le camp ennemi et à s'emparer de la personne du général en chef, ont donc le droit, en cas de résistance, de faire usage de leurs armes et même de donner la mort sans pouvoir être accusés de crime. On peut en dire autant des embuscades et de la capture d'une place forte ou d'une forteresse par surprise, dût-on sacrifier un plus ou moins grand nombre de victimes.

La ruse est permise en guerre dans certaines mesures ; par exemple, il n'est pas contraire au droit international de tromper l'ennemi en faisant usage de ses uniformes, de son drapeau ou de son pavillon. Cependant chaque corps d'armée ou chaque navire doit, avant d'en venir aux mains, arborer ses couleurs réelles et déclarer sa nationalité.

Les capitaines les plus illustres n'ont pas hésité à recourir à la propagation de fausses nouvelles pour tromper l'ennemi et préparer sa déroute. Ce but se poursuit tantôt au moyen de dépêches supposées que l'on fait tomber entre les mains de l'ennemi, tantôt par l'entremise d'une ou de plusieurs personnes qui, feignant d'être des transfuges, entretiennent ce qu'on appelle des *intelligences doubles*.

D'autres n'ont pas regardé comme un moyen illégitime d'employer la corruption, afin de séduire les officiers ou d'autres sujets ennemis et de les engager soit à révéler un secret, soit à rendre une place, soit même à la révolte ; c'est à chaque État à s'en garantir par le choix de ses employés et par la sévérité des peines dont il punit de tels crimes.

A l'égard des intrigues de ce genre il y a lieu de distinguer entre celles qui se font de propos délibéré et celles que provoque l'ennemi lui-même : les premières sont justement considérées comme dégradantes pour celui qui s'y prête, tandis que le concours des dernières peut s'accepter sans déshonneur. Ainsi, par exemple, lorsqu'un chef d'armée apprend que l'on tente de suborner un de ses subordonnés, il est libre de seconder des manœuvres qui doivent l'aider à tromper l'ennemi, à mieux déjouer ses plans.

§ **339**. Les chefs militaires des belligérants ont besoin de se renseigner le mieux possible sur les forces et les mouvements de l'ennemi ; par contre il leur importe de réprimer énergiquement les efforts faits par l'ennemi pour se renseigner sur leurs forces et leurs mouvements. De là résulte pour eux la nécessité d'avoir des espions.

Il faut entendre par espions ceux qui, à leurs risques et périls, moyennant salaire, s'introduisent dans les rangs de l'ennemi pour surprendre ses plans et ses mouvements, s'informer de ses ressources, s'assurer de ses forces numériques, etc., etc.

Il n'est pas contraire aux lois de la guerre de se servir de ces gens ; mais aussi il importe de se garantir contre ceux qu'emploie l'ennemi ; c'est pourquoi les lois de la guerre autorisent à sévir contre eux par les peines les plus sévères, à infliger même la peine de mort aux espions découverts et arrêtés en flagrant délit.

Lorsqu'un espion est retourné sans encombre auprès de l'armée qui l'avait envoyé et que plus tard il vient à être fait prisonnier, il ne peut pas être puni pour ses actes antérieurs. Les lois de l'État ennemi ne sauraient avoir d'effet rétroactif; elles ne sont applicables qu'aux actes d'espionnage actuels ou qui viendraient à être commis ultérieurement. Les antécédents du prisonnier sont seulement un motif pour le soumettre à une surveillance plus rigoureuse.

D'autres actes sont encore jugés criminels et punissables d'après les lois de la guerre : ce sont ceux qui portent le caractère de perfidie ou de trahison.

Toute correspondance non autorisée ou secrète avec l'ennemi, du reste toute intelligence avec lui sont regardées comme trahison.

La trahison est toujours punie sévèrement, et même dans certains cas de la peine de mort.

§ **340**. Il ne faut pas confondre avec les espions ou les traîtres les courriers porteurs de dépêches et les messagers chargés de commissions verbales. Les uns comme les autres, s'ils tombent au pouvoir de l'ennemi, peuvent être traités selon les circonstances qui accompagnent leur capture. Ils sont traités comme prisonniers de guerre, s'ils sont soldats et n'ont pas dépouillé l'uniforme, ou si, n'étant pas militaires, ils voyagent ouvertement en leur qualité. Mais s'ils cherchent à se glisser secrètement et sans être reconnaissables comme soldats, bien qu'on ne doive pas les considérer comme espions, ils peuvent être punis pour infraction au droit de la guerre. Le secret ou le déguisement est donc l'élément principal dont il y ait à tenir compte pour déterminer le mode d'agir dans ces cas. Il est de toute évidence que l'exception est favorable aux messagers par voie de ballons ; car alors le caractère de la mission n'est ni dissimulé, ni contestable.

Les armées ont besoin d'hommes pour les guider ; et lorsqu'elles ne le peuvent faire autrement, elles usent de menaces ou de contrainte pour se procurer des guides.

Celui qui est contraint par les troupes ennemies à leur montrer le chemin, n'est pas punissable d'après les lois de la guerre.

Les guides en général doivent être traités comme le seraient les autres combattants dans les mêmes circonstances ; si l'ennemi juge qu'un guide ait fait acte d'hostilité envers lui, il ne peut que le faire prisonnier de guerre. Ainsi, si les guides trompent intentionnellement les troupes qu'ils sont chargés de conduire, ils sont responsables de leur conduite et peuvent encourir une condamnation à mort.

Le droit des gens autorise en temps de guerre, pour le soustraire aux poursuites de l'ennemi, l'emploi d'un pavillon supposé, mais il l'interdit comme moyen d'attaque ou de surprise.

L'usage autorise certains stratagèmes pour tromper l'ennemi, tels que démarches simulées, fausses attaques.

CHAPITRE V

DROITS ET DEVOIRS DE LA GUERRE PAR RAPPORT A LA PERSONNE DE L'ENNEMI

SECTION I. — PRISONNIERS DE GUERRE, OTAGES ET BLESSÉS.

§ **341**. Dans la règle tous les ennemis peuvent être faits prisonniers; mais on considère plus spécialement comme prisonnier de guerre l'ennemi armé ou attaché à l'armée adverse par un service actif, après qu'il est tombé au pouvoir de l'autre armée soit en combattant, soit blessé, soit en se rendant personnellement, soit à la suite d'une capitulation collective.

Le prisonnier de guerre est un ennemi public; par conséquent il est prisonnier du gouvernement et non de la personne qui l'a capturé. Aucune rançon ne peut être payée par un prisonnier soit à l'individu qui l'a arrêté, soit au commandant du corps auquel celui-ci appartient; le gouvernement seul relâche les captifs, d'après les règles qu'il a prescrites.

Les effets de la captivité commencent à courir pour les prisonniers de guerre dès le moment où, réduits à l'impossibilité d'opposer de la résistance, ils se sont rendus volontairement, conditionnellement ou sans conditions, et ont obtenu la vie sauve.

Depuis plusieurs siècles déjà, grâce à l'adoucissement général des mœurs, à un sentiment plus profond des principes du droit naturel, ceux que le sort des armes fait tomher au pouvoir de l'ennemi, sont couverts d'une protection spéciale.

De notre temps les prisonniers de guerre ne sont passibles d'aucune peine en raison de leur caractère d'ennemis. On ne doit leur infliger, volontairement ou dans une intention de représailles, aucun mauvais traitement, aucun outrage; il peuvent être tout au plus emprisonnés ou internés, s'il est jugé nécessaire, pour empêcher leur évasion. Toutefois leur internement et la manière de les traiter peuvent varier pendant leur captivité selon que le réclament les mesures de sûreté à prendre contre eux.

Le droit des gens n'exempte pas la personne des chefs des États des périls et des violences de la guerre, surtout lorsqu'ils portent eux-mêmes les armes; mais les souverains des puissances belligérantes ne se regardent point comme ennemis personnels, du moins quant aux dehors; c'est pourquoi malgré l'état de guerre ils continuent d'observer réciproquement les règles d'une généreuse et courtoise déférence : si un d'eux est fait prisonnier, ou son adversaire lui rend sa liberté sur parole, ou bien, s'il le détient en captivité, il le traite avec des égards particuliers.

Les déserteurs et les transfuges nationaux capturés au milieu des rangs ennemis, s'étant rendus coupables du crime de porter les armes contre leur patrie, perdent tout droit d'être traités comme prisonniers et d'invoquer le bénéfice des lois de la guerre. Un usage universellement consacré les exclut de tout échange, et les rend justement passibles des pénalités dont la législation de leur pays frappent le crime odieux qu'ils ont commis.

§ **342**. En 1870 Paris, investi de toute part et si étroitement qu'aucun courrier ne pouvait se frayer un passage à travers les lignes compactes des légions allemandes, Paris, privé de nouvelles, eut recours aux aérostats pour se mettre en communication avec la province, dont il était complètement isolé; et le 25 septembre a commencé une série d'ascensions, qui n'ont pas employé moins de soixante-quatre ballons, enlevant avec eux cent cinquante cinq personnes; malheureusement tous n'ont pas réussi; plusieurs sont tombés entre les mains des ennemis, qui tiraient dessus et avaient même combiné un canon de forme spéciale pour les atteindre et les arrêter au passage.

La plupart des personnes prises avec les ballons naufragés ont été internées dans les forteresses allemandes, en attendant qu'elles fussent jugées par des conseils de guerre.

Peut-être eût-il été plus équitable de mettre le voyageur aérien sur le même rang que le messager qui tente de franchir les lignes ennemies, et de le traiter comme prisonnier de guerre.

§ **343**. Le droit de refuser quartier est, dans notre opinion, une question que le publiciste, comme le moraliste, n'a pas à discuter, Arracher la vie à un ennemi vaincu est un crime qu'aucune loi divine ou humaine ne peut expliquer, dont rien ne saurait atténuer l'odieux. L'ennemi qui a manqué aux lois de la guerre, c'est-à-dire qui, au milieu de la lutte, a commis un acte qualifié crime par le droit commun, tombe seul sous l'application des lois pénales ordinaires ; mais même dans ce cas ce n'est pas une mesure générale de vengeance ou de représailles sanglantes qui doit l'atteindre : il faut lui faire subir un jugement individuel et ne faire peser sur lui, s'il est reconnu coupable, que la responsabilité des crimes qui peuvent lui être imputés personnellement.

§ **344**. L'entretien des prisonniers de guerre est à la charge du belligérant qui les retient en son pouvoir ; celui-ci doit même leur faire donner les soins que réclame leur santé. Ce sont là des obligations strictes que les lois de l'humanité et les usages universellement consacrés imposent aux belligérants au même titre que le respect de la vie des captifs. Les lois ou les usages du pays déterminent le genre de nourriture à donner aux prisonniers. Heffter est d'avis que le gouvernement qui les détient peut, lors de la conclusion de la paix, exiger le remboursement ou la compensation des frais que lui a coûtés leur entretien.

Les prisonniers ne peuvent être contraints à prendre les armes contre leur patrie, ni à donner des renseignements qui pourraient compromettre les intérêts de leur gouvernement. Cependant on peut les employer à construire les fortifications sur quelque point éloigné du théâtre de la lutte, ces travaux ne constituant pas une participation directe et immédiate aux hostilités.

On peut faire feu sur un prisonnier de guerre qui s'évade, ou le tuer de toute autre manière dans sa fuite; s'il est repris, aucune peine ne saurait lui être infligée pour le seul fait de sa tentative d'évasion, car les lois de la guerre ne considèrent pas un pareil acte comme un crime; il pourra être pris à son égard des mesures plus rigoureuses pour l'empêcher de renouveler sa tentative.

Mais si une conspiration ayant pour but une évasion générale est découverte, les conspirateurs peuvent être punis sévèrement et même mis à mort.

Les prisonniers évadés qui se réfugient sur le territoire d'un État neutre, ne peuvent être arrêtés par les autorités de cet État, car ce serait violer la neutralité.

Il arrive parfois que des prisonniers soient relâchés sur l'engagment solennel de ne plus prendre part aux hostilités jusqu'à la conclusion de la paix, ou sous réserve d'être décomptés en cas d'échange ultérieur.

L'engagement pris ainsi par le prisonnier ne se rapporte qu'au service actif en campagne; mais il ne s'étend pas au service intérieur. Ainsi les prisonniers relâchés sur parole peuvent, par exemple, être employés à lever et à instruire les recrues, à travailler aux fortifications des places non assiégées, à comprimer des soulèvements civils, à combattre des ennemis qui ne sont pas alliés du belligérant auquel ils ont donné leur parole, à remplir des fonctions civiles ou des missions diplomatiques.

Le prisonnier qui en dehors de ces exceptions reprend les armes contre l'État qui l'a libéré, est considéré comme ayant violé sa parole, et peut, s'il est capturé de nouveau, être puni militairement et même condamné à mort.

§ **345**. Un véritable progrès réalisé dans la pratique internationale en ce qui concerne les prisonniers de guerre consiste dans l'échange réciproque des militaires et des marins respectivement capturés.

Le plus habituellement l'échange s'opère homme pour homme et grade pour grade. On met généralement pour condition à l'échange des prisonniers que les hommes échangés ne participeront plus comme soldats à la guerre engagée, ou bien on fixe un délai pendant lequel ils ne devront pas prendre part aux hostilités.

L'échange des prisonniers pendant le cours des hostilités se règle par des conventions spéciales appelées cartels. Quant aux prisonniers qui n'ont pas encore pu recouvrer leur liberté au moment où la lutte cesse, leur sort est habituellement réglé et ils acquièrent le droit de rentrer dans leur patrie en vertu d'un article exprès du traité de paix qui met fin à la guerre.

§ **346**. Jusqu'à une époque relativement moderne des officiers ou d'autres personnes de marque étaient livrés à l'ennemi, à titre d'otages, en garantie de l'exécution de certains engagements, par exemple des rançons en cas de prise maritime, des capitulations de places fortes, des armistices, des échanges de prisonniers, des traités de paix, des cessions, des évacuations de territoires, du paiement de contributions de guerre, etc. De nos jours ce barbare système a fini par disparaître devant la réprobation universelle qui a frappé les actes de cruauté et d'injustice dont son emploi avait été si souvent marqué.

§ **347**. Sur l'initiative de la Suisse une conférence internationale s'est réunie à Genève pour régler le sort des militaires blessés sur les champs de bataille et neutraliser les établissements, hôpitaux ou ambulances dans lesquels ils sont recueillis. Elle a eu pour résultat la conclusion, le 22 août 1864, par le grand-duché de Bade, la Belgique, le Danemark, l'Espagne, la France, la Hesse, l'Italie, les Pays-Bas, le Portugal, la Prusse, la Suisse et le Wurtemberg d'une convention, complétée en 1868 par des articles additionnels qui en étendent les clauses aux bâtiments de la flotte et aux guerres maritimes. Depuis 1864 quinze autres États y ont adhéré, et aujourd'hui la convention régit toute l'Europe, plus la Perse et la République de Salvador.

Les effets de la convention de Genève ne sont pas demeurés circonscrits aux seules périodes d'hostilité flagrantes ; il s'est créé des sociétés locales de secours aux blessés militaires, qui ont un caractère permanent. En temps de paix leur tâche est de former des infirmiers et des infirmières, de se tenir au courant des progrès accomplis en fait de transport des blessés, des soins à leur donner, et à rechercher elles-mêmes de meilleurs procédés, etc. Dès qu'une guerre éclate, elles sont sur pied, et leur matériel personnel ne tarde pas à arriver sur les champs de bataille, sans compter les sommes d'argent considérables, les secours de tout genre qu'elles y font parvenir sans relâche.

SECTION II. — Effets de l'occupation militaire sur la personne de l'ennemi.

§ **348**. L'occupation implique jusqu'à un certain point la possession du territoire, mais seulement en ce sens que l'occupant peut y faire exécuter ses volontés, soit par l'emploi de la force, soit avec l'acquiescement des habitants, et cela aussi longtemps que l'état de guerre continue et que les péripéties de la lutte engagée ne l'ont pas dépouillé des prérogatives de l'occupation.

L'occupation d'un territoire par l'ennemi a pour effet de suspendre dans ses limites le pouvoir de l'État souverain. A partir du moment de l'occupation, les lois que rend cet État n'y entrent plus en vigueur; l'autorité de tous les corps constitués, de toutes les administrations dont le siège n'est pas sur le territoire occupé, est suspendue; le gouvernement national ne peut exiger des habitants l'exécution de ses ordres.

Quant au pouvoir de l'ennemi qui occupe le territoire, il est bien entendu qu'il ne remplace pas celui de l'État vaincu, lequel n'est que suspendu et ne saurait passer dans toute son étendue à l'envahisseur, qui n'est nullement investi de la souveraineté.

§ **349**. Dans les temps anciens l'envahisseur, en pénétrant sur le territoire ennemi, avait l'habitude d'égorger tous les habitants du sexe masculin en état de porter les armes. De nos jours, les vainqueurs ne peuvent se dispenser de laisser aux habitants du territoire dont ils sont devenus les maitres, la faculté de vaquer librement et paisiblement à leurs occupations ordinaires. Du moment qu'il y a soumission, la personne du vaincu devient sacrée; il ne peut plus être porté atteinte à sa vie ni à ses biens, et la situation qui en résulte pour lui se rapproche de celle du prisonnier de guerre qui conserve sa liberté sur parole.

§ **350**. Généralement la simple occupation n'a pas pour effet de paralyser et de faire suspendre l'action des lois municipales, les intérêts sociaux et individuels qu'elles régissent pouvant difficilement se trouver en conflit ou en contradiction avec les intérêts stratégiques du vainqueur.

Le droit international ne reconnait pas à l'occupant

la faculté de changer les lois civiles et criminelles des territoires sur lesquels se trouvent ses troupes, ni d'y faire administrer la justice en son nom. Ce pouvoir tient en effet à l'exercice de la souveraineté, laquelle ne dérive que des droits inhérents à une conquête devenue complète, définitive et irrévocable.

§ 351. L'occupation ne cesse pas toujours avec la fin des hostilités ; quelquefois elles est prolongée après la conclusion de la paix comme une garantie jugée nécessaire pour assurer l'exécution de certaines dispositions du traité qui a mis un terme à la guerre, et le plus souvent de celles concernant le paiement des indemnités qui y sont stipulées : les territoires alors occupés demeurant en quelque sorte comme un gage entre les mains du vainqueur jusqu'à l'accomplissement de ces conditions en tout ou en partie, selon les conventions.

Dans ces cas cette occupation militaire en temps de paix perd naturellement des rigueurs qu'elle avait en temps de guerre, d'autant plus que l'État vaincu a récupéré intégralement, en vertu du traité de paix, ses droits de propriété et de souveraineté sur le territoire ainsi occupé ; aussi intervient-il ordinairement des arragements spéciaux entre les États pour régler les rapports des troupes étrangères avec les autorités nationales et les habitants pendant la durée de l'occupation.

Les effets immédiats de l'occupation, c'est-à-dire ceux découlant directement du fait même de l'exercice des droit de la guerre, de l'usurpation temporaire du gouvernement du pays, par conséquent les mesures militaires ou ayant un caractère politique, cessent du moment que les troupes ennemies se retirent du territoire occupé. Les habitants rentrent sous l'autorité du gouvernement national, qui recouvre sa souveraineté dans sa plénitude et peut déclarer nuls les actes du gouvernement intérimaire, sauf toutefois les actes administratifs et judiciaires, qui n'ont d'importance qu'en droit privé et demeurent valables.

CHAPITRE VI.

DROITS ET DEVOIRS DE LA GUERRE PAR RAPPORT A LA PROPRIÉTÉ DE L'ENNEMI.

SECTION I. — De la propriété ennemie sur terre.

§ **352.** De même que pour déterminer les droits de la guerre relativement aux personnes nous avons dû établir une distinction entre les combattants et les non-combattants, entre les prisonniers et les individus à la liberté desquels il ne peut être porté atteinte, de même nous sommes obligés, pour dégager les règles concernant la propriété ennemie, d'avoir égard à la diversité des biens meubles ou immeubles, et à la qualité publique ou privée des personnes qui les possèdent soit à terre, soit sur mer.

Suivant sur ce point la méthode adoptée par la généralité des auteurs, nous traiterons d'abord des droits du belligérant sur la propriété ennemie dans les guerres de terre,

§ **353.** L'unique droit que l'occupation confère à l'occupant, consiste à se substituer provisoirement au souverain dépossédé et à disposer à titre provisoire des fruits et des revenus qu'il a fait saisir : de là le droit de continuer l'exploitation régulière du domaine national situé sur le territoire occupé, mais en aucun cas cette exploitation ne doit dégénérer en des exactions ou des déprédations abusives.

Jusqu'à une époque récente, pour que le belligérant qui s'empare des biens meubles de l'ennemi pût acquérir un titre sérieux et réel de propriété sur ces biens, il était indispensable qu'il les retînt en son pouvoir pendant plus de vingt-quatre heures, temps généralement considéré comme suffisant pour mettre ce butin en sûreté.

De nos jours la translation de la propriété des meubles est considérée comme découlant instantanément du fait de la prise, et le principe des vingt-quatre heures n'est plus en usage que dans les guerres maritimes.

Un usage universellement reconnu affranchit de capture et de confiscation les archives publiques, qui figurent au premier rang des biens meubles possédés par un État; on admet seulement que l'envahisseur est autorisé à faire usage des papiers ou des documents qu'elles contiennent pour la bonne administration du territoire qu'il occupe.

Quelques publicistes ont appliqué les mêmes principes aux bibliothèques publiques et aux œuvres d'art conservées dans les musées; d'autres, au contraire, voient dans ces objets des éléments de butin et de trophée; mais ils reconnaissent en même temps que la destruction en serait injustifiable. Le respect absolu des édifices et des monuments publics s'impose moralement aux belligérants.

§ 354. L'exemption de capture ou de confiscation que les codes modernes de la guerre ont consacrée en faveur de la propriété privée, constitue un progrès d'une haute importance. Toutefois on n'en fait pas profiter l'ennemi qui enfreint les prescriptions des lois militaires, et on ne l'étend pas non plus aux objets recueillis sur le champ de bataille. On peut également considérer comme une dérogation indirecte aux principes d'exception les contributions forcées que, pour leur entretien, les armées envahissantes ont coutume de lever sur les habitants.

Le pillage était fort en usage dans les temps anciens : mais les guerres modernes n'en offrent, Dieu merci, que de rares exemples.

§ **355**. On entend par butin l'ensemble des objets, meubles ou corporels, arrachés à l'armée ennemie ou aux non combattants, soit sur le champ de bataille, soit lors du sac d'une ville prise d'assaut. D'après les usages le plus généralement suivis, on sépare les choses ayant une valeur courante immédiate, telles que l'argent monnayé, les vêtements, les ustensiles, et celles qui font partie du matériel et des approvisionnements de guerre. Les premières reviennent de droit au capteur, tandis que les secondes appartiennent à l'État, sauf gratification ou indemnité en faveur des soldats qui s'en sont emparés.

En résumé, on peut considérer comme virtuellement abrogé le droit de faire du butin, à part quelques rares exceptions, dont les principales consistent dans la fortune de l'État avec lequel on est en guerre, les armes et les équipements des soldats vaincus, la contrebande de guerre, le droit de prises maritimes.

§ **356**. Lorsqu'une armée envahit une contrée, il faut qu'elle y subsiste ; or, comme elle ne peut être tenue de payer les frais de la guerre ou d'en faire l'avance, la loi de nécessité permet d'imposer des *contributions* ou des *réquisitions* en nature ou en argent, et d'appliquer à l'entretien des troupes le produit d'une portion de l'usufruit des terres dont la libre jouissance et l'exploitation sont laissées aux habitants du pays.

La *contribution* consiste dans ce que les habitants d'un pays occupé sont contraints de payer ou de donner pour se garantir du pillage ; la *réquisition* est la demande faite par l'autorité de mettre à sa disposition des choses, même des personnes. Or, comme le pillage ou la dévastation non seulement ne sont plus considérés comme un droit de la guerre, mais sont même réprouvés par la pratique générale des nations, il ne saurait plus être question de racheter ce prétendu droit ; l'imposition des contributions de guerre n'a donc plus de raison d'être.

Quant aux réquisitions, elles doivent être limitées aux choses absolument indispensables, et proportionnelles aux ressources du pays occupé ; la plupart des auteurs sont même d'avis que les livraisons des objets requis, même lorsqu'elles ont eu lieu par suite de contrainte, ne doivent se faire que contre payement en argent, ou en bons de réquisition.

Les réquisitions en argent ne sont légitimes que si elles ont pour but de substituer le paiement d'une certaine somme aux livraisons en nature, ou de garantir le vainqueur contre le refus de ces livraisons, pourvu que la somme imposée n'excède pas les besoins de la guerre et les ressources du pays occupé.

§ 357. Malgré ce qu'il a de contraire à l'honnêteté et à la délicatesse, ce procédé des exigences purement pécuniaires, au lieu d'être généralement réprouvé comme il le mérite, est remis en faveur dans les temps modernes précisément par celles d'entre les puissances qui se flattent d'être à la tête de la civilisation et de donner l'exemple aux autres. On dirait même qu'il a été érigé en système. La plupart des traités qui, depuis la fin du siècle dernier, ont eu pour objet de suspendre ou de faire cesser les hostilités en portent un témoignage trop manifeste : on ne se contente pas d'avoir pratiqué ce mode d'exactions pendant la guerre ; on le fait en quelque sorte survivre aux hostilités, et alors les charges n'en pèsent pas seulement sur des populations particulières ou isolées, mais sur l'État, sur la nation tout entière.

Parmi les questions les plus importantes qu'ont fait surgir les guerres de la seconde moitié du XIXe siècle, figure celle de la mise sous séquestre des chemins de fer du pays envahi par l'ennemi. Il faut distinguer ici entre les voies ferrées appartenant à l'État et celles qui sont la propriété de compagnies. On est d'acord aujourd'hui que, les premières constituant une partie importante de la fortune publique et un puissant moyen de guerre, l'ennemi a le droit de s'emparer du matériel roulant, et que, lors de la cession d'un territoire, les voies ferrées de l'État qui s'y trouvent deviennent la propriété du vainqueur. En revanche le vainqueur n'a que le droit d'occupation à l'égard des lignes privées et de leur matériel.

En revanche les postes sont regardées comme hors du droit de la guerre, au contraire des télégaraphes qui doivent être assimilés aux chemins de fer.

§ 358. L'occupation militaire ne produit d'effet sur la propriété privée que dans les cas exceptionnels qui donnent ouverture au droit de confiscation ; elle laisse subsister intact le droit de transfert par voie de ventes, d'échanges, de successions, etc. C'est là un principe reconnu par la loi universelle des nations civilisées, lequel soustrait aux conséquences de l'état de guerre les actes, les obligations et les contrats civils étrangers au négoce proprement dit Or ce qui est vrai pour les particuliers ne l'est pas moins pour une municipalité ou toute autre corporation du même genre.

SECTION II. — De la propriété ennemie sur mer.

§ 359. Nous venons de voir qu'on peut établir comme règle générale dans les guerres terrestres le respect de la propriété privée, laquelle n'est sujette à capture ou à destruction que dans des cas extraordinaires et exceptionnels. Dans les guerres maritimes, c'est le principe contraire qui a prévalu et prévaut encore : par suite les navires marchands, ainsi que leurs cargaisons, quoique constituant essentiellement une propriété particulière, sont passibles de capture et de confiscation, et leurs équipages en cas de prise considérés et traités comme prisonniers de guerre ; mais on peut dire que la pratique qui s'est jusqu'ici exercée au détriment de la propriété des nons-combattants sur mer, c'est-à-dire de la marine marchande, tend aujourd'hui à faire place à une doctrine plus libérale dans le sens notamment de la limitation de la guerre maritime à la propriété de l'État et à la personne des combattants effectifs.

§ **360**. En principe la saisie et la confiscation ne doivent sans doute affecter que les navires et la propriété des belligérants. De fait cependant un navire non ennemi peut, pendant la paix comme en temps de guerre, devenir légalement passible de capture, lorsqu'il commet certaines fraudes fiscales, viole les blocus, manque aux lois de la neutralité ou se livre sciemment à des actes ayant un caractère hostile.

§ **361**. Nous avons fait ressortir plus haut les traités particuliers qui servent dans certains pays, tels que l'Angleterre et les Etats-Unis, à déterminer le caractère hostile des personnes ne relevant pas absolument des belligérants en qualité de sujets ou de citoyens. De ce nombre sont la possession de biens-fonds sur le territoire ennemi, le domicile commercial et le domicile personnel. A ces trois circonstances il faut en ajouter deux autres pour les navires et les cargaisons, savoir : le pavillon et les papiers de mer, dont la sincérité absolue et la parfaite régularité ou la production en temps utile peuvent seules mettre les propriétaires à l'abri de la capture.

§ **362**. Tout bâtiment qui navigue sur mer doit être muni d'un certain nombre de documents destinés à régulariser sa situation, à faciliter l'exercice de la police maritime et à justifier en due forme sa nationalité, sa provenance, sa destination et la propriété de tout ce qui se trouve à bord.

Les principales pièces de bord sont le passeport ou congé, l'acte de propriété du navire, le rôle d'équipage, le journal de mer, la patente de santé, le contrat d'affrètement et d'assurances, le manifeste de cargaison, les connaissements et les factures, les déclarations de douanes, et les certificats d'origine ou les visas consulaires.

§ **363**. On considère comme *soupçonnés* les navires, aussi bien les ennemis que les neutres, dans les circonstances suivantes :

Lorsqu'ils ont des papiers doubles : ce qui fait naître la présomption que ces papiers sont faux ou falsifiés ;

Lorsqu'ils n'ont pas de papiers, ou lorsqu'ils ont détruit ceux qu'ils avaient, surtout si la destruction a eu lieu lorsqu'était déjà en vue le navire de guerre qui s'approche pour la visite ;

Lorsqu'ils ne mettent pas en panne ou ne s'arrêtent pas après en avoir reçu l'invitation, ou bien lorqu'ils résistent aux recherches faites à leur bord pour s'enquérir de la contrebande de guerre ou des papiers ;

Lorsqu'il existe contre eux des soupçons justifiés de transport de contrebande de guerre ou de tentative de rupture de blocus.

On a aussi rangé parmi les motifs de soupçon le fait par les navires arrêtés de jeter leurs papiers à la mer. Les gouvernements ont publié des défenses à cet égard et en ont fait des stipulations expresses dans les traités.

Dans tous les cas, pour justifier la saisie des navires, on doit spécifier exactement les motifs de soupçon.

§ **364**. Malgré les rigueurs que les guerres maritimes font peser sur la propriété privée, malgré l'étendue des droits reconnus aux belligérants, on exempte généralement de saisie ou de confiscation les bateaux pêcheurs, les navires affectés à des missions scientifiques, et ceux qui, par suite de naufrage ou dans l'ignorance de l'état de guerre, relâchent sur les côtes et dans les ports ennemis.

Il en est de même, naturellement, des embarcations qui, pendant et après le combat, recueillent des naufragés ou des blessés, ainsi que des navires chargés de blessés. Ces bâtiments sont assimilés aux ambulances à la condition de porter le pavillon blanc à croix rouge à côté du pavillon national. Quant aux paquebots-poste, ils jouissent de certaines immunités en vertu de conventions spéciales.

Mais le privilège d'exemption de capture, qui est généralement acquis aux bateaux pêcheurs exploitant leur industrie à proximité des côtes, n'est dans aucun pays étendu aux navires qui se livrent en haute mer à ce qu'on appelle la grande pêche, telle que celle de la morue, du cachalot, de la baleine, du phoque, et du veau marin.

Il n'est pas à notre connaissance qu'aucune nation belligérante ait refusé d'exempter de capture et de couvrir même de sauf-conduits en règle des bâtiments ennemis, de guerre ou marchands, chargés de missions pacifiques, telles que voyages d'exploration et de découvertes scientifiques.

§ **365**. On a donné le nom de corsaires aux navires armés par des particuliers en temps de guerre et destinés, avec *l'autorisation* du gouvernement dont ils portent le pavillon, à courir sus aux bâtiments ennemis.

Le droit de tout belligérant de capturer les navires de son ennemi étant reconnu légitime, il faut admettre également l'exercice qu'en font ses forces navales, qu'il s'agisse de bâtiments de guerre ou de corsaires créés comme *auxiliaires* de la marine militaire. C'est du reste ce caractère d'auxiliaires qui, joint aux effets légaux de l'autorisation gouvernementale, légitime le rôle actif des corsaires, empêche d'assimiler leur conduite à des faits de guerre privée et leur a valu de tout temps une considération publique, et par conséquent internationale, supérieure à celle acquise aux corps francs qui figurent dans les luttes sur terre.

Les armements de corsaires ont été l'objet de nombreuses stipulations conventionelles. Quelques-unes prescrivent l'abandon complet de l'emploi des corsaires en cas de guerre entre les parties contractantes ; d'autres ne s'appliquent qu'aux cas de neutralité.

§ **366**. Si, malgré les textes législatifs et les stipulations du droit conventionnel, les auteurs n'ont pas encore réussi à se mettre d'accord sur le caractère véritable des corsaires armés dans telle ou telle condition ; si les uns persistent à ne voir en eux que des pirates et à en proscrire absolument l'emploi, tandis que les autres les considèrent toujours comme des auxiliaires précieux, indispensables même, de la marine militaire, surtout pour les États secondaires, tous les États sont forcés cependant de reconnaître les graves abus, les dangers sérieux auxquels l'usage des corsaires expose le commerce ; aussi des tentatives nouvelles ont-elles été faites à diversss reprises pour le réprimer, sinon pour l'abolir entièrement ; malheureusement le manque d'accord des puissances maritimes en a arrêté jusqu'à présent les résultats pratiques. On peut dire toutefois que le congrès réuni à Paris dans les premiers mois de 1856, pour rétablir la paix entre la Russie, la Turquie et les puissances occidentales à la suite de la guerre de Crimée, a fait faire un pas immense à la réforme en sanctionnant par sa déclaration du 15 avril, les quatre principes suivants :

1° La course est abolie ;

2° La propriété ennemie embarquée sous pavillon neutre doit être respectée, sauf la seule exception des articles de contrebande de guerre ;

3° La marchandise neutre est insaisissable, même sous pavillon ennemi ;

4° Les blocus ne sont obligatoires qu'autant qu'ils sont effectifs.

Cette déclaration, notifiée de concert par les cabinets de Paris et de Londres aux puissances maritimes de l'Europe et de l'Amérique, a obtenu chez le plus grand nombre l'accueil le plus empressé, et est ainsi entrée dans le domaine du droit public des États modernes. Seuls, l'Espagne, le Mexique et les États-Unis refusèrent d'y adhérer. La non-adhésion de ces derniers ne provient pas de ce qu'ils désapprouvent les principes de la déclaration ; c'est qu'ils ne les trouvent ni suffisants ni assez étendus ; ils réclament en effet l'abandon absolu et sans réserve du droit de capture des propriétés privées en mer, en d'autres termes l'adoption du principe de l'inviolabilité.

CHAPITRE VII

RAPPORTS ENTRE BELLIGÉRANTS. — SUSPENSION DES HOSTILITÉS — SAUF-CONDUITS. — CAPITULATIONS.

§ **367**. La civilisation, qui, dans sa marche progressive, a graduellement adouci les mœurs et épargné tant de calamités à l'humanité, n'a pas eu des effets moins bienfaisants pour l'exercice du droit de guerre, en rétrécissant de plus en plus le cercle des hostilités et en autorisant entre les sujets des belligérants et les neutres la continuation de certains rapports ou échanges commerciaux désignés sous le terme technique de *commercia belli*.

De toutes les conditions morales qui doivent présider à la guerre, celle qui s'impose tout d'abord aux peuples civilisés entrant en lutte l'un contre l'autre, c'est, avec un sentiment profond et vrai des droits de l'humanité, une entière bonne foi.

§ **368**. Les différences qui existent entre les passeports et les sauf-conduits sont très nettement tracées. Ces derniers, qui ne se délivrent qu'en temps de guerre, s'appliquent exclusivement à des choses et à des lieux déterminés ; ils permettent aux porteurs de marchandises ainsi favorisées de traverser sans encombre les lignes des armées ; ils n'ont par conséquent rien d'individuel. Les passeports, au contraire, sont essentiellement personnels et ne peuvent servir qu'au porteur, à sa suite et à ses bagages.

Le sauf-conduit n'est valable que pour la personne qui y est désignée : mais les licences accordées pour les marchandises sont transmissibles, pourvu qu'il n'y ait pas d'objection particulière contre la personne du porteur ou du voiturier.

Le sauf-conduit n'a de valeur que sur le territoire occupé par l'armée qui l'a accordé ; il n'a aucun effet hors de ce territoire.

S'il est accordé pour un délai déterminé, il perd sa valeur à l'expiration de ce délai.

Le droit d'annuler ou de révoquer les passeports et les sauf-conduits appartient dans l'ordre hiérarchique aux mêmes autorités qui ont pouvoir de les délivrer, et qui sont seules en mesure d'apprécier quand l'intérêt de l'État commande d'en faire cesser l'effet.

§ **369**. Lorsqu'un général ou un officier investi d'un commandement veut protéger des personnes ou des propriétés placées dans une situation exceptionnelle, il délivre, de son chef ou à la sollicitation des habitants, un ordre spécial de protection connu sous le nom de *sauvegarde*. Ce document s'applique le plus souvent à des archives, à des bibliothèques ou à d'autres édifices publics, à des propriétés amies ou neutres, et quelquefois, mais plus rarement, à des biens ennemis.

Les *sauvegardes* sont surtout usitées au moment de l'assaut d'une place ou après une bataille, afin de prévenir les excès de la soldatesque.

La sauvegarde, n'étant au fond qu'une espèce particulière de passeport ou de sauf-conduit, est soumis aux mêmes règles que ceux-ci pour l'interprétation des droits et des prérogatives qui y sont attachés.

§ **370**. Sous le nom de *navire de cartel* on désigne le bâtiment qui, muni d'un pavillon parlementaire ou de trêve, est chargé d'effectuer un échange des prisonniers ou de porter à l'ennemi des propositions ayant un caractère pacifique. Ces navires et leurs équipages ont droit à des égards particuliers et sont considérés comme neutres, à la condition de n'avoir à bord ni marchandises, ni munitions, ni autres armes qu'un canon pour faire les signaux.

§ **371**. On entend par *rachat* ou *rançon* le prix convenu entre le capteur et le propriétaire des biens saisis pour la restitution de ces biens.

La législation des divers États offre à ce sujet des divergences assez marquées.

La Grande-Bretagne prohibe le rachat en pleine mer des navires capturés, en se fondant sur ce qu'il constitue une entrave pour l'exercice du droit de guerre et expose éventuellement les croiseurs à perdre le bénéfice de la recousse.

La légitimité du rachat est également repoussée par la France, les Pays-Bas, la Suède, la Russie, et le Danemark.

L'Espagne permet le rançonnement seulement aux corsaires qui ont déjà fait trois autres prises; elle l'interdit dans tous les autres cas.

La pratique française a beaucoup varié en cette matière. Aujourd'hui c'est l'arrêté du 2 prairial an XI qui est en vigueur. Par l'article 39 « il est expressément défendu à tous capitaines de bâtiments armés en course ou en guerre et marchandises de rançonner aucun bâtiment muni d'un passeport émané d'une puissance neutre, lors même que ce passeport serait suspecté de simulation ou pourrait être considéré comme illégal ou expiré... Ils ne pourront même rançonner un bâtiment évidemment ennemi sans l'autorisation de leurs armateurs et sans l'accomplissement d'autres formalités préalables ».

Les Etats-Unis d'Amérique permettent la rançon sans aucune réserve. L'autorisation accordée par le belligérant à un ou à plusieurs de ses navires pour capturer la propriété ennemie implique le droit de faire des contrats de rachat.

Le contrat de rachat garantit le navire rançonné contre les cas de capture, mais non contre les fortunes de mer. Lors donc que le rachat est suivi de naufrage ou d'échouement avec bris, les propriétaires ou les cautions du navire ne se trouvent pas, à moins de conventions contraires, libérés des engagements qu'ils ont pris et du paiement du prix stipulé.

Le contrat de rachat perd toute valeur légale pour le capteur, lorsqu'il est lui-même capturé par un navire de guerre ou un corsaire appartenant au pays dont le navire rançonné portait le pavillon.

§ **372**. Les parlementaires, c'est-à-dire les officiers envoyés en mission vers une place ou un corps de troupes ennemies dans le but de négocier avec le chef de ces dernières, sont considérés comme personnes inviolables et sacrées, tant qu'il n'abusent pas de leur position privilégiée pour espionner ou pour provoquer des trahisons ou autres menées dangereuses; mais dans ces cas il faut que la culpabilité soit démontrée d'une manière incontestable. Ils sont d'ordinaire accompagnés jusqu'aux avant-postes par un trompette ou un tambour portant un drapeau blanc en signe de reconnaissance. Quiconque blesse ou tue volontairement un parlementaire porteur des insignes de sa mission se rend coupable d'une flagrante violation des lois de la guerre.

Il est parfois d'usage de bander les yeux aux parlementaires à l'aller comme au retour, et aussi longtemps qu'ils se trouvent en dedans des lignes ennemies; mais, sauf cette précaution, toute facilité doit leur être accordée pour l'entier accomplissement de leur mandat. Ainsi ils ne peuvent être faits prisonniers, et l'on doit leur fournir le moyen de s'en retourner librement et sans danger.

§ **373**. On désigne sous le nom de *suspension d'armes* la cessation des hostilités pendant un espace de temps limité sur des points déterminés et pour un objet spécial, par exemple pour relever les blessés, enterrer les morts après une bataille, ou avoir le temps de recevoir des ordres afin d'évacuer une place assiégée.

La conclusion de ces sortes d'arrangements appartient soit aux chefs d'armée, soit aux officiers commandant un ou plusieurs détachements de troupes : mais ils ne sont obligatoires que pour les forces placées immédiatement sous l'autorité de ceux qui les ont conclus.

Lorsque la suspension d'armes a un caractère plus étendu et doit avoir une durée plus prolongée, elle reçoit le nom de *trève* ou *d'armistice.*

L'armistice est conclu soit pour une durée déterminée, un certain nombre de semaines, de mois ou d'années, ou jusqu'à un terme fixé, soit pour une durée indéterminée jusqu'à dénonciation de la trève.

La trève ou l'armistice peut être partiel ou général. Dans le premier cas il est limité aux lieux et aux troupes qui y sont spécifiés ; dans le second il s'étend à l'ensemble des forces des belligérants, sans affecter en rien la cause de ce qui a motivé la lutte.

La suspension générale des hostilités ne peut être ordonnée que par le souverain de l'État, soit directement, soit par l'entremise d'un délégué choisi *ad hoc.*

Pendant la durée d'une trève générale, les belligérants ont le droit de faire tout ce qu'ils auraient pu exécuter, si la guerre n'était pas suspendue, comme, par exemple, lancer des navires à l'eau et les armer, recruter et instruire des troupes, fondre des canons, fabriquer des armes, recevoir des vivres et des munitions.

Mais ce serait un acte de mauvaise foi de profiter de la trève pour exécuter des travaux, opérer des mouvements et des approvisionnements que l'ennemi aurait été en mesure d'empêcher, prendre quelque avantage, par exemple occuper un poste important, s'avancer dans le pays ennemi.

Recevoir des déserteurs dans les camps respectifs est également regardé comme un acte hostile et par conséquent comme une violation des engagements contractés.

§ **374**. Le délai assigné à la trêve une fois expiré, il n'est pas nécessaire, à moins de stipulation contraire, de faire précéder la reprise des hostilités d'une déclaration formelle. Mais lorsque la trêve est indéterminée, la bonne foi et la saine logique exigent qu'elle ne soit rompue qu'après dénonciation.

§ **375**. On entend par capitulation l'arrangement qui a pour objet la reddition ou la soumission entre les mains de l'ennemi soit d'un corps de troupes, soit d'une ville, d'une forteresse ou d'un district, afin d'éviter l'effusion du sang lorsque la résistance est devenue inutile.

On indique à l'ennemi l'intention de capituler en arborant un drapeau blanc ; les négociations commencent aussitôt par l'entremise de parlementaires.

Dans ces sortes de conventions on stipule généralement des garanties pour la sécurité des personnes, la sauvegarde des habitants, des lieux et des objets matériels auxquels elles s'appliquent, ainsi que pour le respect du culte, des usages et des coutumes du pays. La capitulation, même sans conditions, ne donne pas au vainqueur le droit de mettre à mort ceux qui ont capitulé ; il doit se borner à faire les soldats prisonniers.

La faculté de conclure des capitulations appartient en principe aux chefs d'armées et d'escadres, aux commandants de places et de corps isolés, ou aux autres personnes ayant pouvoir de s'engager par voie de trêve ou d'armistice.

Le commandant des troupes qui menacent ou assiègent une ville a le droit de faire insérer dans la capitulation des conditions concernant les opérations militaires, la persoune ou les biens des soldats de la garnison ou des habitants, mais aucune stipulation se rapportant à la constitution politique et à l'administration de la place qui capitule.

Les capitulations doivent être considérées comme de simples conventions particulières, nées de circonstances individuelles où se trouve l'ennemi. Elles diffèrent des traités, d'abord par la forme dans laquelle elles se concluent, ensuite en ce qu'elles sont obligatoires sans ratification ultérieure des souverains, à moins que l'accomplissement de cette formalité n'ait été expressément réservé, ou que celui qui les a signées n'ait outrepassé les bornes du pouvoir qui lui était confié.

CHAPITRE VIII

DE LA CONQUÊTE

§ **376**. Dans la pratique comme d'après les lois de la guerre, *l'occupation* diffère essentiellement de la *conquête*. Dans le langage usuel on se sert du mot *conquête* pour désigner le territoire enlevé à l'ennemi ; mais quand on veut s'en tenir strictement à la portée technique du mot, on ne doit l'employer que dans le cas où le territoire occupé passe définitivement aux mains du vainqueur, c'est-à-dire lorsque le titre de possession du vainqueur est devenu complet par l'abandon formel de la part du vaincu. Tant que ce dernier fait n'est pas consommé, il existe seulement une occupation militaire.

§ **377**. La prise de possession n'est que provisoire tant que dure la guerre ; la paix seule donne la sanction du droit à la conquête ou à l'annexion violente. Ce résultat s'obtient ordinairement par l'acte international qui constitue la conquête en mettant fin à la guerre. Tantôt ce traité ramène les choses au *statu quo ante bellum ;* tantôt il consacre définitivement l'*uti possidetis* ; tantôt il prescrit la restitution de certains territoires ou l'absorption de certains autres par le vainqueur, dont le titre, revêtant alors la forme d'acquisition par droit de conquête, devient parfait, définitif et complet.

Lorsque la conquête est ainsi, par une cession régulière, devenue complète et définitive, le territoire occupé passe au mains du vainqueur avec un titre exactement égal à celui de l'ancien propriétaire. Personne autre ne peut revendiquer le moindre droit sur ces terres cédées ou transférées par le vaincu, et le bénéfice de ce nouveau droit remonte au jour de la prise de possession par l'occupant.

§ **378**. La conquête exerce nécessairement une influence, souvent considérable, sur la condition politique du territoire dont le vaincu est dépouillé. Un des effets les plus ordinaires et les plus rationnels, c'est d'identifier ce territoire avec l'État aux possessions duquel il vient s'ajouter par incorporation, et de le soumettre dès lors aux mêmes lois et aux mêmes principes de gouvernement.

Cependant le souverain qui acquiert une nouvelle possession, reste libre de placer sa conquête pendant un temps plus ou moins long sous le régime militaire, ou de lui octroyer tout de suite une administration civile ; il peut également, dans la mesure qu'il juge convenable et que les circonstances comportent, accorder aux habitants des institutions, des droits, des privilèges différents de ceux dont jouissent ses autres sujets.

§ **379**. La consécration définitive donnée à la conquête agit rétroactivement sur le droit de propriété en ce qu'elle imprime au titre du conquérant la valeur légale dont il était dépositaire, et rend définitifs et parfaits les contrats et les actes translatifs de propriété accomplis pendant l'occupation militaire. Ainsi, par exemple, le paiement des impôts effectués avant que la conquête ait revêtu son caractère définitif, libère le contribuable ; il ne peut plus être recherché ni frappé de nouveau du même chef.

§ **380.** Il est de droit naturel que la conquête ou la cession régulière d'un territoire délie les habitants de tout serment de soumission envers l'ancien souverain, et entraîne fidélité absolue de leur part envers le nouveau.

Dans les temps les plus reculés, lorsque le principe monarchique dominait exclusivement, les publicistes s'en tenaient à la règle que la souveraineté, avec les devoirs de fidélité qui en découlent, se transmet d'une manière absolue et sans réserve aucune. La politique généralement observée de nos jours est plus conforme à l'équité. La guerre seule n'attribue pas au vainqueur un droit illimité et perpétuel de souveraineté sur le pays conquis : pour que ce droit prenne naissance, il faut le *consentement exprès* ou *tacite* du vaincu. Autrement il n'existe qu'un fait matériel, subordonné quant à sa durée au temps pendant lequel le vaincu est dans l'impuissance de secouer le joug.

L'usage, d'accord avec la saine raison, veut qu'en cas de conquête le sujet qui entend conserver sa nationalité d'origine et rester fidèle à son ancien souverain, ait le droit d'abandonner le territoire sur lequel ce souverain a cessé de régner.

Par contre, les habitants ayant eu le choix de quitter le pays ou d'y continuer leur demeure, il n'est que juste d'induire de la permanence de leur séjour un consentement tacite de fidélité à l'égard du conquérant.

§ **381**. Un des effets de la conquête est de donnner au vainqueur, sur la portion de territoire qu'il s'incorpore, l'intégralité des droits qui appartenaient à l'ancien possesseur.

Il est de stricte équité que les habitants du territoire conquis soient placés sous un régime politique identiquement semblable à celui dont jouissent leurs nouveaux concitoyens. Cette règle est toutefois susceptible de restrictions commandées par les circonstances, par les différences de mœurs, de coutumes, de législation existant entre les deux peuples; aussi l'application en a-t-elle été presque toujours subordonnée aux conditions de l'incorporation des peuples conquis et au caractère particulier des institutions et des lois municipales du conquérant.

§ **382**. La conquête change les droits politiques des habitants du territoire et transfère au nouveau souverain la propriété du domaine public de son cédant.

Il n'en est pas de même de la propriété privée qui demeure incommutable entre les mains de ses légitimes possesseurs. Ce principe de droit international a été sanctionné par tous les tribunaux qui ont été appelés à en faire l'application. Le conquérant n'a pas seulement le devoir strict de respecter les droits acquis; il est encore moralement tenu de chercher, par tous les moyens en son pouvoir, à en garantir le maintien et à en améliorer ou à en faciliter l'exercice.

Il a également reçu la consécration des traités, qui ne se bornent plus à assurer aux citoyens des provinces détachées un temps suffisant pour réaliser leur fortune immobilière et la convertir en valeurs qu'ils peuvent emporter avec eux dans le pays où ils préfèrent aller se fixer; ils les autorisent à conserver tous leurs biens et couvrent d'une protection égale leurs propriétés situées dans le pays passé sous la domination étrangère.

§ **383**. Comme on le voit d'après l'ensemble des principes que nous venons de développer, la conquête, une fois qu'elle a revêtu son caractère complet et définitif, absorbe l'intégralité des droits du souverain qu'elle dépossède. Le conquérant entre donc en pleine jouissance, pour user et en disposer en toute liberté et sans réserve aucune, non seulement de la propriété corporelle, c'est à-dire des biens meubles et immeubles de l'État conquis, mais encore de ses propriétés incorporelles, contrats, obligations, dettes actives, etc.

§ **384**. Les dettes d'État ou publiques et les dettes hypothécaires sont considérées comme inhérentes au sol et non comme personnelles au souverain sous le règne duquel elles ont été contractées. C'est là un principe reconnu de droit international, que les divers traités politiques conclus depuis le commencement du siècle ont invariablement sanctionné. Tous ces actes établissent qu'en cas de conquête, d'annexion ou d'érection en États souverain d'un territoire quelconque, une part proportionnelle, sinon l'intégralité des dettes publiques, demeure à la charge du conquérant ou de la nouvelle souveraineté.

§ **385**. La souveraineté de fait sur un territoire conquis devient une souveraineté de droit à l'égard des États étrangers, lorsque ces États jugent que cette souveraineté est suffisamment établie, que la frontière nouvelle est respectée, que l'ordre est maintenu à l'intérieur du territoire conquis et que la réunion de ce territoire à l'État conquérant ne paraît présenter aucun danger pour la sécurité générale.

La reconnaissance de la conquête s'opère comme celle des États nouveaux.

TROISIÈME PARTIE

ÉTAT DE NEUTRALITÉ

CHAPITRE PREMIER

DE LA NEUTRALITÉ

SECTION I. — PRINCIPES GÉNÉRAUX.

§ **386**. Il n'existait anciennement dans le droit international aucune notion de l'état de neutralité. La langue grecque, pas plus que la latine, n'avait même aucun mot pour en exprimer directement l'idée. Les peuples de l'antiquité se disaient amis ou ennemis, et ne concevaient pas qu'une nation dont les États limitrophes étaient en guerre, pût elle-même conserver les bienfaits de la paix.

Depuis la fin du XVIIIe siècle, il n'est pas un seul publiciste qui ne se soit efforcé consciencieusement de donner une définition de la neutralité. Quels que soient les termes dont les uns et les autres se sont servis, tous sont d'accord pour poser la non-participation à la guerre comme condition essentielle de la neutralité.

La neutralité, dans l'acceptation la plus large du mot, est *la non-participation à une lutte engagée entre deux ou plusieurs autres nations*. La situation que cette abstention crée à la nation neutre a son caractère propre, ses circonstances particulières, ses responsabilités, qui en sont les conséquences naturelles et rationnelles, mais qui n'en sont ni l'essence ni les éléments constitutifs.

§ **387**. Il ressort de l'étude de l'histoire de la neutralité maritime depuis le XVe siècle, où le principe paraît avoir commencé à être adopté, que les règles et les principes aujourd'hui définitivement reconnus sont les suivants :

1° L'inviolabilité de la propriété neutre à bord des navires ennemis et réciproquement ;

2° L'abolition des armements en course ;

3° La répudiation des blocus dits « sur le papier » ou par simple proclamation officielle du gouvernement qui veut les établir ;

4° La détermination plus précise des articles qui constituent la contrebande de guerre ;

5° L'accomplissement plus strict des devoirs qu'impose la neutralité ;

6° Le respect absolu de la propriété privée sur mer, réclamé par tous les organes du commerce et mis en pratique à trois reprises différentes par l'Autriche et la Prusse.

§ **388**. On peut admettre deux sortes de neutralité : celle qui est naturelle ou parfaite, et celle qui découle d'engagements conventionnels.

Sous le premier nom nous désignons la neutralité qu'un État doit observer dans les guerres qui éclatent entre deux ou un plus grand nombre d'États indépendants et souverains.

La neutralité *parfaite*, stricte ou complète, exige qu'un État se tienne tout à fait à l'écart des opérations militaires de la guerre, et ne donne aide et appui à aucun des belligérants, du moins en ce qui peut leur être utile ou nécessaire en vue de la guerre ; tant qu'un État reste fidèle à ses devoirs, il a le droit de demander d'être traité comme ami par chacun des belligérants.

Dès que, au contraire, un État neutre s'écarte de ses devoirs en un point quelconque, même en observant encore les autres, sa neutralité n'est qu'imparfaite, et dès lors il ne peut plus réclamer que le traitement qui correspond à une neutralité limitée.

La neutralité *imparfaite* peut être de deux sortes : elle peut être *impartiale*, en tant que les deux belligérants ont liberté égale de poursuivre les opérations de la guerre ou certaines opérations, telles que le passage de troupes, l'achat de provisions militaires, l'enrôlement de soldats ou de marins sur le territoire du neutre; ou elle peut être *modifiée* par un engagement antérieur envers l'une des parties, celui, par exemple, de lui fournir un contingent de troupes ou de mettre un certain nombre de navires à sa disposition. Or, des accords de ce genre participent évidemment de la nature de l'alliance, de sorte que l'autre belligérant est donc libre de décider s'il regarde l'État qui se trouve dans cette situation, comme neutre ou comme l'allié de son ennemi.

La neutralité *conventionnelle* est celle dont les termes, les conditions et les limites sont spécifiées dans des engagements internationaux synallagmatiques. Ces engagements varient dans leur portée suivant qu'ils ont été conclus à titre éventuel en pleine paix, à titre transitoire pendant le cours d'une guerre, ou à titre permanent, pour placer, par exemple, la sûreté d'un État faible sous la garantie collective d'une ou de plusieurs grandes puissances, en cas de luttes auxquelles cet État entendrait demeurer étranger.

La neutralité d'un État peut aussi reposer sur la configuration topographique de son territoire et être la conséquence durable permanente de ses relations avec les autres puissances : cette neutralité est dite *perpétuelle*. On peut en citer comme exemple la neutralité de la Suisse, de la Belgique et du grand-duché de Luxembourg, des îles Ioniennes, du bassin du Congo et, en certaine mesure, du bassin du Niger, consacrée par des actes auxquels ont pris part les autres États de l'Europe.

§ **389**. Il peut arriver aussi que certaines portions du territoire appartenant à l'un ou à l'autre des belligérants soient à l'abri des actes de guerre en vertu de traités préexistants.

Ce genre de neutralité est parfois établi, au moment même de la déclaration de guerre, par des accords spéciaux que les belligérants arrêtent entre eux, afin de localiser pour ainsi dire les hostilités en en limitant l'action à certaines zones et en excluant d'autres régions du champ de leurs opérations et de leurs conséquences. Ainsi, par exemple, des puissances possédant des colonies peuvent convenir que celles-ci n'auront point à souffrir d'une guerre dont le théâtre serait en Europe, ou bien, au contraire, que les possessions transocéaniques seront seules attaquées.

Parfois cette localisation des hostilités n'est établie par aucun stipulation formelle ; elle découle des circonstances mêmes de la guerre et repose sur l'accord tacite des parties : c'est ce qui eu lieu notamment lors de la guerre de 1863-64 entre l'Allemagne et le Danemark, où les hostilités furent renfermées dans les limites du Jutland et du Sleswig.

§ **390**. Pour rester neutre il n'est pas besoin d'une déclaration spéciale ; la neutralité va de soi ; elle est la règle en tant que les actes d'un État n'impliquent pas une participation à la guerre.

Cependant, depuis le commencement du siècle, la guerre a rarement éclaté sans être précédée et accompagnée d'une déclaration. Cette déclaration est de deux sortes : l'une émanant des belligérants et indiquant aux neutres les immunités ou les faveurs qui leur seront réservées, ainsi que les devoirs qu'ils auront à remplir pour en recueillir le bénéfice ; l'autre provenant des neutres eux-mêmes et faisant connaître le rôle qu'ils entendent jouer au milieu de la lutte et les droits qu'ils sont décidés à revendiquer. Strictement obligatoires toutes les deux pour ceux qui les font et dans la mesure des forces capables d'en imposer le respect, ces déclarations fixent et déterminent en droit la position des uns et des autres, en traçant avec plus ou moins de rigueur les limites dans lesquelles chacun peut se mouvoir sans compromettre son caractère de belligérant ou de neutre.

SECTION II. — Devoirs des neutres.

§ **391**. Parmi les droits primordiaux appartenant aux nations indépendantes, on ne saurait contester celui de demeurer en paix entre elles comme avec les États qui se font la guerre ; mais à ce droit correspondent des devoirs que l'État neutre doit remplir pour continuer de jouir des bienfaits de la paix.

D'après les principes le plus généralement admis, ces devoirs se réduisent à ne pas se mêler aux hostilités ; à ne fournir ni armes, ni munitions, ni effets militaires, ni subsides à aucune des parties belligérantes ; à respecter les ports et les villes qui sont le théâtre d'opérations stratégiques ; à interdire à leurs sujets de prendre aucune part directe à la lutte, et à empêcher qu'on ne reçoive ou ne vende dans leurs eaux juridictionnelles les prises opérées par les belligérants. Cette dernière règle ne souffre d'exception que pour les relâches forcées et temporaires en cas d'avaries ou de manque de vivres.

Les premier devoir imposé à l'État neutre est celui d'observer une complète impartialité dans ses relations avec les belligérants, de s'abstenir de tout acte ayant le caractère d'une faveur, d'un secours accordé à l'un pour nuire à l'autre.

§ **392**. L'État neutre non seulement ne doit ni envoyer des troupes à l'un des belligérants ni mettre de vaisseaux de guerre à sa disposition ; il doit aussi empêcher que ses sujets ne prennent part aux hostilités en s'enrôlant dans l'une ou l'autre armée, ou en acceptant des lettres de marque des belligérants, en un mot en coopérant à l'armement ou à l'accroissement des forces de l'un deux.

Mais lorsque des citoyens d'un État neutre entrent de leur propre initiative, sans autorisation de leur gouvernement, au service de l'un des belligérants, ces citoyens perdent dès lors les droits de sujets neutres et s'exposent à être traités comme ennemis. Ce fait cependant n'engage en rien l'État auquel ils appartiennent par leur origine, et partant ne constitue pas de sa part une violation des devoirs de la neutralité, car les citoyens isolés ne représentent pas l'État. Toutefois il pourrait encourir le reproche fondé d'enfreindre la neutralité, s'il tolérait sciemment sur son territoire la formation de corps francs ou de volontaires destinés à seconder l'un des belligérants au détriment de l'autre.

Aucun État, et, à plus forte raison, aucun belligérant n'a le droit de lever de force des troupes sur le territoire d'un neutre ; ces levées ne sauraient donc se faire sans le consentement de l'État sur le territoire duquel elles ont lieu; mais celui-ci, en autorisant l'un des belligérants à recruter des troupes chez lui, prend indirectement part à la guerre et viole les devoirs de la neutralité.

§ **393**. Ce que nous venons de dire de la levée de troupes doit s'appliquer également à la construction ou à l'équipement dans un port neutre de vaisseaux armés en guerre par les soins ou pour le compte de l'un des belligérants. L'État neutre est moralement tenu d'exercer à ce sujet une surveillance des plus rigoureuses, et d'empêcher par tous les moyens en son pouvoir des actes éminemment hostiles.

Pour constituer le délit il n'est d'ailleurs pas nécessaire que l'armement du navire de guerre ou du corsaire soit complet; il suffit qu'il soit commencé ou préparé, voire même que l'intention d'armer le navire en guerre soit dûment constatée.

Les neutres doivent s'abstenir de fournir à l'un des belligérants aucun secours propre à accroître ses forces. C'est pourquoi le fait de procurer des armes ou du matériel de guerre à l'un des adversaires en présence est considéré comme une infraction aux devoirs de la neutralité, toutes les fois que le gouvernement ou le souverain de l'État neutre a concouru à la fourniture ; mais l'État ne saurait être rendu responsable des envois d'armes, de munitions ou de matériel de guerre faits par de simples particuliers à leurs risques et périls et à titre de spéculation privée. Les expéditionnaires sont sans doute exposés à la confiscation de leur marchandise comme contrebande de guerre ; mais le devoir de l'État neutre ne vas pas au delà de l'obligation de s'opposer autant que possible à des envois faits sur une grande échelle et exclusivement en faveur d'une seule des parties belligérantes, en un mot dans des conditions qui masqueraient, sous forme de transactions commerciales, l'intention réelle de seconder une cause plutôt que l'autre.

En général l'État ne peut, sans sortir de la neutralité, fournir en aucun cas à l'un des belligérants des articles qui lui servent à faire la guerre.

§ **394**. L'État neutre ne doit point fournir de subsides pécuniaires à l'un des belligérants. Toutefois un gouvernement, étant hors d'état de contrôler certains actes individuels et de mettre matériellement obstacle à certaines opérations commerciales, ne saurait être rendu responsable ni se trouver compromis parce que quelques-uns de ses sujets feraient pour leur compte privé des prêts ou expédieraient des valeurs à l'un des belligérants.

La fourniture de vivres aux belligérants ou l'autorisation d'en acheter sur le territoire neutre pour leur approvisionnement n'est pas non plus regardée comme un acte illicite, pourvu qu'elle s'étende aux deux adversaires indistinctement; mais elle pourrait revêtir le caractère d'une participation indirecte à la guerre, si elle se transformait en faveur accordée à l'un des belligérants seulement.

§ **395**. Un des principes constants du droit international est qu'une nation neutre ne saurait permettre à un corps de troupes belligérantes de trouver chez elle une base d'attaque, un point de rassemblement qui lui facilite la poursuite de ses opérations militaires. Mais à côté de ce devoir général l'humanité conserve ses droits, et les soldats qui pénètrent en pays neutre, s'ils sont dès ce moment obligés de renoncer à la continuation des mouvements stratégiques qu'ils opéraient, doivent être accueillis et traités individuellement avec bienveillance et charité. L'État neutre ne compromet pas sa situation en les accueillant, en leur donnant les vivres, les secours et les soins dont ils peuvent avoir besoin. La première précaution qu'il ait à prendre à l'égard de ces réfugiés, c'est de les désarmer, afin de leur retirer en quelque sorte tout caractère militaire. Il doit ensuite, par prudence, les interner, c'est-à-dire les éloigner le plus possible du théâtre des hostilités.

On s'exposerait à perdre la qualité de neutre en permettant, en tolérant même le passage de corps d'armée sur le territoire neutre; car si ce passage profite seulement à l'un des belligérants sans pouvoir profiter à l'autre, ce dernier peut exiger que le neutre le refuse à son adversaire.

Il faut toutefois faire une exception pour l'admission et le transport sur le territoire neutre de blessés et de malades appartenant aux armées belligérantes. C'est une règle d'humanité qui s'impose d'elle-même, d'autant plus qu'aujourd'hui les soins à donner aux blessés et aux malades sont neutralisés entre les belligérants eux-mêmes.

La même raison d'humanité ne rend pas incompatibles avec la neutralité la réception et la protection dans les ports neutres des navires de guerre belligérants en détresse.

§ **396**. Lorsque la neutralité vient à être violée et qu'il est constaté que la violation est imputable à l'État neutre lui-même, le belligérant dont les droits ou les intérêts se trouvent lésés peut, soit exiger des dédommagements ou une satisfaction quelconque, et même, dans des circonstances données, en faire un *casus belli*, soit se borner à déclarer qu'à l'avenir il ne respectera plus la neutralité de l'État qui y a le premier porté atteinte.

§ **397**. Quoique les obligations imposées par la neutralité atteignent tous les sujets du souverain qui a proclamé vouloir rester neutre, il est incontestable que les actes illicites imputables à un individu ne revêtent jamais le caractère de ceux qui engagent directement le gouvernement, et dont nous venons de nous occuper sommairement. Les particuliers peuvent en effet se livrer à de nombreux actes plus ou moins hostiles, mais essentiellement privés, n'ayant pas le caractère d'atteintes à la neutralité. Ainsi, en principe, aucun gouvernement ne saurait être rendu responsable de ce qu'une ou plusieurs personnes placées sous sa juridiction enfreignent les lois et prennent une part active à la guerre, à moins toutefois qu'elles n'y aient participé avec son assentiment, ou qu'il ne s'agisse d'un enrôlement en masse, que l'autorité souveraine a toujours le pouvoir d'empêcher.

§ **398**. L'État neutre a pour devoir non seulement d'observer la neutralité, mais encore de faire respecter cette situation par les tiers et de prendre à cet effet toutes les mesures nécessaires. Il peut au besoin mettre sur pied des forces de terre ou de mer, afin de sauvegarder ses droits contre toute attaque et d'empêcher les belligérants de pénétrer sur son territoire : c'est ce qu'on appelle une neutralité armée. La neutralité, lorsque l'État qui la proclame n'est pas en mesure de la faire respecter par un recours éventuel à l'emploi de la force, est sans doute une garantie tant soit peu précaire. Il est donc admis que le neutre qui ne se sent pas assez fort pour se défendre seul, est en droit de s'allier à d'autres pour combiner une action et des secours contre les atteintes que les belligérants pourraient porter à leur commune neutralité.

L'impuissance de l'État neutre de protéger ses droits ne saurait légitimer une violation de son territoire par les belligérants. L'entrée ou le passage de leurs troupes sur le sol de la contrée neutre, en un mot l'usage de cette contrée en vue d'opérations stratégiques, constitue en tout état de cause un acte illicite, une infraction à la neutralité, un abus de la force, contre lequel toutes les nations ont le devoir de protester et de réclamer.

SECTION III. — Droits des neutres.

§ **399.** Les droits des neutres ne constituent pas, à proprement parler, une classification particulière, les neutres n'en ayant pas d'autres que ceux que toutes les nations tiennent du droit primitif ; mais ces droits sont limités par les devoirs spéciaux de la neutralité. Ils se rattachent à l'inviolabilité du territoire, au droit d'asile et à la liberté de commerce.

§ **400.** On entend par *territoire* d'une nation tous les lieux sur lesquels le souverain ou l'autorité suprême de cette nation exerce sa juridiction, et dont les habitants obéissent à ses lois. Le territoire national comprend non seulement le sol sur lequel habitent les sujets, les possessions que la nation a outre mer sous le nom de colonies, de comptoirs de commerce, ou sous toute autre dénomination, mais encore leurs dépendances, telles que la partie de la mer qui les baigne, les lacs, les rivières, les plages, les golfes, etc.

§ **401**. Tous les publicistes sont d'accord pour admettre que le territoire d'une nation constitue une véritable propriété, qui doit à ce titre être absolument inviolable et sur laquelle personne ne peut pénétrer sans le consentement tacite ou exprès de son propriétaire légitime. En un mot, le territoire neutre doit être à l'abri de toutes les entreprises des belligérants de quelque nature qu'elles soient ; les neutres ont le droit incontestable de s'opposer par tous les moyens en leur pouvoir, même par la force des armes, à toutes les tentatives qu'un belligérant pourrait faire pour user de leur territoire.

§ **402**. L'État neutre a le droit de s'opposer au passage de troupes de l'un des belligérants sur son territoire, à moins qu'une servitude d'ordre public ou une convention conclue avant que la guerre fût prévue lui impose l'obligation de le tolérer.

Le droit international ne permet pas davantage qu'on conduise ou fasse passer des prisonniers sur un pays neutre voisin ou limitrophe, ni qu'en pareil cas ce pays accorde le passage.

§ **403**. Le transit maritime est régi par des principes analogues, sauf les modifications que comporte naturellement le caractère distinct de l'élément sur lequel ils reçoivent alors leur application. Ainsi une escadre, un navire de guerre qui se dirige vers les côtes ennemies, peut traverser les eaux neutres sans en violer la neutralité. Cette différence se fonde sur ce que les nations ne peuvent protéger matériellement, c'est-à-dire au moyen de navires et de forts, toute l'étendue de leurs mers juridictionnelles; que le fait de naviguer ne constitue pas intrinsèquement un acte dommageable ; qu'enfin il est difficile d'interdire un simple passage aux vaisseaux belligérants, qu'il est d'usage d'admettre dans l'intérieur des ports et des rades militaires. Il va sans dire toutefois que cette liberté de passage accordée aux bâtiments de guerre implique pour eux la stricte obligation de ne commettre, dans les eaux neutres, aucun acte hostile de nature à porter atteinte au respect de la souveraineté territoriale.

§ **404.** La liberté accordée aux navires des belligérants de traverser les mers territoriales ne s'étend pas jusqu'à l'accès dans l'intérieur des ports, des rades et des baies, duquel chaque État fixe les conditions au gré de ses convenances; or c'est de là que procède le droit d'asile, qu'il faut distinguer d'avec le simple refuge. Le refuge n'est au fond qu'un devoir d'humanité, tandis que l'asile est une manifestation de l'indépendance et de la souveraineté nationale. Ainsi c'est en pratique du principe du refuge que les navires de guerre chassés par la tempête ou autre fortune de mer et courant un danger imminent de naufrage ou d'échouement sont, comme les navires marchands, reçus et secourus dans les ports neutres aussi bien que dans les ports ennemis.

§ **405.** Tous les auteurs sont d'accord sur la différence radicale à établir entre l'asile accordé aux forces navales et celui qui l'est aux troupes de terre. En effet, lorsqu'une armée en fuite ou en déroute franchit les frontières d'une nation neutre, celle-ci doit aussitôt la désarmer, l'interner et l'éloigner le plus possible du théâtre des hostilités. Les mêmes mesures ne sont évidemment pas praticables à l'égard des navires qui entrent dans les ports et qu'un usage universellement établi autorise, au contraire, à s'approvisionner, à se réparer et à faire soigner leurs blessés, sauf à remettre en mer dès qu'ils ont pourvu à leurs besoins.

L'admission dans les ports d'un État neutre d'une forte escadre belligérante n'est jamais un fait indifférent; car elle peut susciter des dangers et des difficultés de plus d'une sorte. Aussi certaines nations ont-elles limité par des traités le nombre des bâtiments de guerre appartenant à une même escadre qu'elles consentent à admettre à la fois dans leurs eaux; mais si ces arrangements déterminent le nombre maximum des bâtiments de guerre qui peuvent être admis sur la même rade ou dans le même port, aucun ne spécifie ni la portée ni l'armement de ces navires : d'où l'on peut inférer que c'est là un point laissé à l'appréciation des autorités territoriales et subordonné aux circonstances de temps et de lieu.

L'usage impose certaines conditions aux bâtiments de guerre mouillés dans des ports étrangers sans arrière-pensée hostile. Voici celles qui sont habituellement exigées :

1° Ces bâtiments doivent entretenir des relations amicales et pacifiques non seulement avec tous les autres navires mouillés dans le même port, mais surtout avec les bâtiments armés appartenant à leurs ennemis;

2° Ils ne peuvent augmenter le nombre et le calibre de leurs canons, ni acheter et embarquer des armes ou des munitions de guerre;

3° Il leur est défendu de renforcer leur équipage et de faire des enrôlements volontaires, même parmi leurs nationaux;

4° Ils doivent s'abstenir de toute enquête sur les forces, l'emplacement ou les ressources de leurs ennemis, et ne pas mettre brusquement à la voile pour poursuivre ceux qui leur seraient signalés;

5° Il leur est également défendu de sortir du port moins de vingt-quatre heures après le navire qui l'a quitté avant eux;

6° Ils ne peuvent employer ni la force ni la ruse pour recousser les prises faites sur leurs concitoyens, ou pour délivrer des prisonniers de leur nation;

7° Il leur est interdit de procéder à la vente des prises qu'ils ont pu faire, tant qu'il n'est pas intervenu un jugement de condamnation et avant d'en avoir l'autotorisation du souverain territorial.

§ **406**. En général les navires armés en course ne jouissent pas de la considération et des égards ou des immunités accordés aux bâtiments de guerre. Certains États leur refusent la jouissance du droit d'asile proprement dit et ne leur accordent qu'un simple refuge en cas de force majeure ou de fortune de mer.

§ **407**. La libre admission des navires de commerce ennemis est pour les États neutres un de ces droits de souveraineté et d'indépendance qui ne comportent ni gêne ni exception d'aucune espèce; mais à la sortie de ses ports, alors surtout qu'il s'agit de cargaisons, telles qu'armes et munitions destinées pour le théâtre des hostilités, chaque gouvernement est libre d'édicter les restrictions qu'il croit les plus propres à sauvegarder le maintien de ses rapports de bonne intelligence avec les belligérants.

§ **408**. Le débarquement de prisonniers de guerre dans un port neutre n'est autorisé qu'à la condition que les prisonniers recouvrent leur liberté. Ce principe n'a été, que nous sachions, consacré dans aucun traité; mais il est tellement conforme aux préceptes du droit naturel, et son inobservation serait en opposition si directe avec les devoirs qu'impose la neutralité, que toutes les nations civilisées l'ont adopté dans la pratique.

§ **409**. Les hostilités survenues entre deux nations ne peuvent avoir d'influence sur la liberté de commerce et de la navigation des peuples restés neutres, laquelle doit être respectée par ceux qui ont les armes à la main. Les neutres peuvent librement commercer en temps de guerre comme ils le faisaient en temps de paix, et même avec l'une ou l'autre des parties belligérantes, ou avec toutes les deux; mais, comme il n'existe pas de droit sans devoir corrélatif, la liberté de commerce du neutre en temps de guerre repose sur trois conditions essentielles, savoir : 1° l'abstention de prendre aucune part aux hostilités et partant de rien porter aux belligérants qui puisse avoir un rapport direct et immédiat avec la guerre ; 2° l'observation à l'égard des belligérants d'une entière impartialité, sans chercher à favoriser l'un ou l'autre par son commerce ; 3° le respect des blocus en ne forçant point l'entrée dans les lieux bloqués.

La question n'offre aucune difficulté lorsque le commerce est limité au territoire neutre. Comme les droits de la guerre ne sauraient s'exercer sur ce territoire, le belligérant ne peut, en se prévalant de ces droits, entraver aucune branche de commerce qui se pratique dans la juridiction d'un État neutre ; et l'État neutre, en protégeant le commerce de son pays et en permettant à ses nationaux de continuer leur commerce comme avant la guerre, ne fait qu'user de droits imprescriptibles, qui ne peuvent être limités que par des conventions spéciales, expresses ou tacites.

Le commerce ne devient contrebande que lorsque la marchandise est transportée au delà de la juridiction de l'État neutre et dirigée vers les ports d'un ennemi ou vers ses navires sur la haute mer. Toutefois ce genre de commerce ne saurait être qualifié d'illicite d'une façon absolue ; le droit de l'intercepter ne résulte pas d'obligations inhérentes à la nature même de la neutralité ; c'est un droit purement conventionnel, une sorte de transaction entre la force des belligérants et le droit des neutres ; ceux-ci peuvent s'y livrer, mais ils s'exposent pendant le transport à la saisie et à la confiscation de la marchandise, dont le droit est réservé au belligérant en pleine mer.

Quant à l'État neutre, dans ces circonstances rien ne lui fait un devoir d'empêcher aux négociants qui viennent dans ses ports d'en emporter les marchandises qu'ils y ont achetées, par la raison qu'elles peuvent être destinées à l'usage d'un belligérant. C'est aux puissances belligérantes qu'il appartient de faire respecter les droits de la guerre, si elles le jugent à propos, en pleine mer ou sur le territoire ennemi.

En résumé on peut dire que le droit public externe tel que le consacrent les traités a été favorable à la règle que le pavillon neutre protège et couvre la marchandise ennemie.

§ **410**. Nous avons déjà dit ailleurs qu'habituellement et en temps de paix le commerce de cabotage ne peut être exercé par les étrangers ; or si un souverain a le droit de prohiber un trafic quelconque dans l'intérieur de ses limites juridictionnelles, il a également le droit d'autoriser tout trafic qu'il juge convenable, sans se préoccuper des circonstances extérieures qui accompagnent l'une ou l'autre de ces décisions. Il s'ensuit que, si l'un des belligérants donne aux neutres pour la durée de la guerre l'autorisation de faire le cabotage ou du commerce entre ses différents ports, les navires neutres qui profitent de cette autorisation ne violent pas les devoirs de la neutralité et ne peuvent être capturés sous le prétexte qu'ils se livrent à un commerce interdit.

Il en est de même du droit des neutres de faire du commerce avec les colonies d'un État. Une fois que les neutres ont la permission de la métropole de faire le commerce avec des colonies d'une puissance belligérante, ce commerce ne peut être soumis à d'autres restrictions que celles généralement établies par le droit international. On ne peut donc interdire aux neutres que le commeree des articles de contrebande.

CHAPITRE II.

DE LA CONTREBANDE DE GUERRE.

§ **411**. On désigne en général sous la dénomination de contrebande de guerre les choses qui sont d'un usage particulier pour la guerre, pouvant servir directement à l'attaque ou à la défense, et dont par conséquent le transport à l'un des belligérants par les neutres est considéré comme un acte illicite. Il est d'usage général qu'au commencement d'une guerre les belligérants et les neutres déclarent les marchandises qu'ils considèrent comme constituant la contrebande de guerre. Nous verrons plus loin la nomenclature des objets qu'on fait communément entrer dans cette catégorie.

§ **412**. Il existe deux sortes de contrebande : la contrebande *absolue*, c'est-à-dire généralement reconnue en principe comme telle par l'accord public ou tacite des puissances, partout établie sur des bases à peu près immuables et dans des limites constantes, et la contrebande *conventionnelle* ou celle qui est dénoncée par des conventions ou des déclarations particulières, des règlements spéciaux, variables par conséquent suivant les circonstances, les besoins, les engagements mutuels des parties.

Cette distinction a été sanctionnée par la pratique et par des traités entre différentes nations.

§ **413**. Dans l'impossibilité de déterminer avec précision et comme règle générale de droit les marchandises dont le trafic comporte des restrictions absolues en temps de guerre, nous essaierons du moins d'énumérer ici celles qui sont habituellement classées parmi les articles de contrebande.

En commençant par les marchandises d'un usage douteux, *usus anticipis*, nous remarquons que, se fondant toujours sur la prétendue nécessité de faire à l'ennemi le plus de mal possible, on a regardé comme trafic illicite celui du blé, de la farine et en général de toutes les denrées alimentaires. Toutefois nous nous croyons fondés à poser en principe que, sauf l'exception de blocus ou de siège, le commerce des denrées alimentaires reste essentiellement libre en temps de guerre.

Presque toutes les nations prohibent en temps de guerre comme illicite le trafic des objets rangés dans la catégorie des munitions navales, telles que bois de construction, chanvre, laine, goudron, fer, cuivre en feuilles, poix, résines, etc.

Il est aussi peu de traités qui n'excluent nommément du trafic licite le salpêtre, le soufre, le charbon, et même le coton, lorsqu'une action chimique lui a donné les propriétés d'une matière explosible pouvant remplacer la poudre à canon.

A défaut de stipulations conventionnelles expresses, on peut invoquer plus d'un règlement particulier qui, au point de vue du commerce illicite, place les machines à vapeur sur la même ligne que les armes et les munitions.

Quant au charbon de terre, tandis que quelques puissances ne le font pas rentrer parmi les articles qualifiés de contrebande de guerre, d'autres le prohibent comme contrebande *accidentelle*, mais seulement lorsqu'elles sont elles-mêmes engagées dans une guerre.

La prohibition qui pèse sur le commerce des bêtes de trait et de somme ne comprenait à l'origine que la race chevaline à cause de son utilité exceptionnelle pour la cavalerie et l'artillerie ; mais de nos jours on l'a étendue aux ânes et surtout aux mulets, si fréquemment employés pour les besoins des ambulances et des transports dans les pays de montagnes.

Les armes et les munitions de guerre ont toujours été regardées comme étant de commerce illicite. Cette prohibition s'étend à tous les articles de la pyrotechnie militaire.

§ **414**. D'après quel critérium peut-on au point de vue du droit de saisie déterminer le véritable caractère des produits bruts ou manufacturés susceptibles d'être à volonté utilisés dans un but pacifique ou appropriés aux besoins de la guerre ? A défaut de règle précise et absolue, on a été amené à prendre en considération les circonstances dans lesquelles le produit atteint le territoire ennemi, en d'autres termes son point de destination. Lorsque, par exemple, l'objet est transporté dans un port marchand, on admet volontiers la présomption qu'il conservera une destination purement pacifique et civile. Au contraire, la supposition qu'il sera affecté aux besoins de la guerre et employé à des usages hostiles s'impose naturellement à l'esprit, lorsqu'on voit ce même produit dirigé sur un port militaire, sur un arsenal maritime principalement adonné aux armements de la marine militaire.

Il est évident, en résumé, que le droit international n'est pas encore parvenu à établir de règle générale, universellement acceptée et respectée, en ce qui concerne le caractère distinctif de la contrebande de guerre. La difficulté à cet égard provient à la fois de ce que les rigueurs qui frappent ce genre de trafic portent atteinte à la liberté des transactions commerciales, cet irrésistible besoin des peuples modernes, et de ce que la qualification d'articles illicites pour le temps de guerre semble plutôt rentrer dans le domaine de la loi municipale que dans celui du droit des gens.

§ **415**. Le droit de capturer la contrebande de

guerre une fois admis, il reste à préciser les conditions de son exercice.

Il ne suffit pas, en effet, que les objets saisis aient clairement et positivement un caractère illicite ; il faut encore que les États engagés dans la lutte, à laquelle ces objets sont supposés devoir servir d'aliment, aient légalement le droit de les appréhender, c'est-à-dire qu'il y ait un lien commun entre le fournisseur neutre et le destinataire belligérant, avec préméditation de nuire aux intérêts de l'autre belligérant ; sans cette condition essentielle le fait de contrebande n'existe pas.

D'après la jurisprudence généralement admise le fait de contrebande remonte au moment même où le navire neutre entreprend son voyage pour transporter des articles illicites à destination d'un port belligérant, la présomption légale étant que l'offense est consommée et que sa réalisation finale, c'est-à-dire le débarquement de la cargaison, n'a été empêchée que par une circonstance indépendante de la volonté du coupable.

Plusieurs publicistes soutiennent que les marchandises peuvent en cours de voyage perdre le caractère d'illicites et de confiscables, lorsque le lieu de destination a changé de caractère et n'est plus occupé militairement, ou lorsque le navire vient, *bona fide*, à changer sa route pour se rendre non plus dans un port ennemi, mais dans un port neutre. Il nous paraît plus équitable de faire dériver la confiscation des preuves de propriété et de destination ennemies fournies par les pièces trouvées à bord de la prise au moment de la capture.

§ **416.** Les transports illicites que le neutre opère par cabotage entre deux ou plusieurs ports de l'un des belligérants, sont considérés comme favorisant indûment les intérêts ennemis, et placés à ce titre sur la même ligne que les expéditions de contrebande de guerre sorties directement du port neutre.

§ **417**. Les articles de contrebande de guerre exportés d'un port neutre à destination d'un autre port également neutre sont saisissables dans les cas où il est prouvé que les navires ou les marchandises ne sont expédiés à destination d'un port neutre que pour mieux venir en aide à l'ennemi.

§ **418**. La répression de la contrebande de guerre soulève dans la pratique de nombreuses difficultés. D'une part, le belligérant n'a aucun moyen de s'opposer aux spéculations préparées ou combinées sur territoire neutre, et ne peut sévir que contre les contrebandiers que ses croiseurs font tomber entre ses mains; d'autre part, si le caractère illicite de ce trafic est partout proclamé eu principe, il règne un désaccord complet dans la législation interne des divers pays et dans la jurisprudence des cours de prises non seulement sur la nomenclature des articles illicites, mais encore sur la portée pratique de l'action répressive,dont personne ne conteste la légitimité.

Ainsi, jusqu'aux premiers temps de l'ère moderne, il était de règle constante de confisquer à la fois la totalité de la cargaison et le navire chargé de son transport.

Phillimore reconnaît que, si l'on s'en tient à l'esprit des règles internationales modernes, la confiscation limitée aux seules marchandises illicites est fondée en droit : mais il avoue en même temps qu'il y a certains cas où l'application stricte des dispositions plus rigoureuses de l'ancienne législation peut se justifier.

A ses yeux, le navire neutre se rend passible de confiscation :

1° Lorsqu'il appartient au propriétaire de la cargaison ;

2° Lorque le chargeur a cherché à dissimuler le lieu réel de la destination ;

3° Lorqu'il s'est efforcé de cacher le nom du propriétaire, ou lorsque le transport qu'il opère viole les stipulations des traités ou le texte des lois en vigueur;

4° La confiscation est permise pendant le cours du voyage de retour, lorsque dans la traversée d'aller l'opération de contrebande a été dissimulée;

5° Peut également être saisi ou vendu le navire dont le capitaine conducteur institué par un tribunal de prises s'est livré à une opération de commerce illicite.

Enfin cet auteur approuve la confiscation de la totalité de la cargaison lorsqu'elle appartient à un seul et même propriétaire.

De plus Ortolan admet que le navire et sa cargaison entières sont confiscables dans les cas suivants :

« Si les marchandises de contrebande composent les trois quarts de la valeur du chargement;

« Si le navire et les marchandises innocentes appartiennent au propriétaire de la contrebande;

« Si le transport de la contrebande est fait avec les circonstances frauduleuses de faux papiers et de fausse destination;

« Enfin, si le navire servant au transport de la contrebande appartient à un propriétaire expressément obligé par les traités existant entre son pays et le pays capteur à s'abstenir de fournir de pareils articles à l'ennemi. »

Deux principes paraissent guider la pratique des nations maritimes : les unes limitent la confiscation à la portion illicite de chargement du navire neutre, tandis que d'autres l'étendent au chargement tout entier et au navire même, lorsque la contrebande forme la partie principale de la cargaison.

§ **419**. Le degré de perfection auquel sont arrivés certains chantiers de construction et les ateliers pour la fabrication des machines à vapeur ont valu à quelques États neutres le privilège d'attirer chez eux des commandes pour la fabrication ou l'armement de bâtiments de guerre destinés aux belligérants.

Au premier abord et en principe on peut dire que le

droit absolu de capturer et de confisquer les bâtiments construits ou armés dans ces conditions ne saurait faire l'ombre d'un doute; c'est même à cause de cela que peu de traités ou de lois particulières renferment à ce sujet de stipulation formelle. Mais quand on se place sur le terrain des faits, quand on tient compte des circonstances multiples qui se rattachent à un armement naval, la question change de face et l'on reconnaît qu'il y a des distinctions à faire.

Le doute peut s'élever, par exemple, selon les circonstances, relativement à des navires qui se rendent dans un port ennemi pour y être vendus, et dont la construction est telle qu'ils pourraient être facilement adaptés à des usages de guerre.

Quand il est prouvé que l'armateur neutre sait que son navire est particulièrement propre aux fins de la guerre et qu'il se rend ouvertement avec lui dans le pays ennemi, dans l'intention ou l'espoir de le vendre à l'ennemi pour qu'il soit employé comme vaisseau de guerre, les juges anglais n'hésitent pas à condamner le navire comme contrebande de guerre.

§ **420**. La pratique de la plupart des nations maritimes substitue parfois à la confiscation une simple *préemption* ou préférence d'achat, c'est-à-dire que les capteurs retiennent par devers eux les articles de commerce illicite en en payant la valeur aux neutres. C'est là une pratique qui constitue une atteinte assez sérieuse à la liberté des transactions commerciales et au respect de la propriété privée. Cependant plusieurs traités ont consacré le principe de la préemption.

§ **421**. Le transport sur des navires neutres de militaires ou de marins engagés au service d'un belligérant est assimilé au transport de matériel de guerre et considéré comme contrebande. Le transport, indépendamment même des circonstances particulières qui peuvent l'accompagner, est un acte d'hostilité réellement caractérisé.

La défense faite aux neutres de se livrer à un pareil transport a été l'objet de nombreuses stipulations conventionnelles. Il est de règle générale que le navire qui y est employé est passible de saisie et de confiscation, et que les hommes qu'il transporte sont exposés à être faits prisonniers; mais il est aussi généralement admis que le navire redevient neutre aussitôt que le transport a été effectué, et qu'il ne peut plus être capturé après que le débarquement a eu lieu.

§ **422.** On range aussi parmi les objets de contrebande de guerre les dépêches adressées aux belligérants et relatives à la guerre. Mais, pour que la confiscation puisse équitablement être prononcée, il ne suffit pas que les dépêches ennemies soient trouvées à bord; il faut encore que leur transport constitue réellement un acte hostile, et pour cela; 1° que la dépêche soit relative à la guerre; 2° que le navire ait été expressément affrété dans ce but.

L'usage a établi une exception particulière en faveur des correspondances ayant un caractère purement diplomatique, des dépêches des agents d'une puissance belligérante au gouvernement de cette puissance; les intérêts et les droits des neutres exigent que leurs relations diplomatiques et consulaires avec les belligérants ne soient interrompues ni altérées par la guerre.

L'interdiction ne s'applique pas non plus aux paquebots-poste, auxquels des conventions internationales confient spécialement l'échange des correspondances officielles et privées. Le capitaine ignore naturellement le contenu des lettres et des paquets dont il est chargé; on ne peut par conséquent lui supposer des intentions frauduleuses, La même exception s'étend aux navires marchands ordinaires qui dans certains pays sont tenus de se prêter aux transports de la poste.

§ **423.** Enfin, on ne saurait assimiler au transport de contrebande le cas d'un navire neutre ayant à son bord des citoyens paisibles ou des envoyés diplomatiques de l'État ennemi.

Les États neutres ont le droit d'entretenir des relations diplomatiques avec l'un comme avec l'autre des belligérants ; mais ceux-ci ont le droit d'empêcher qu'un envoyé de leur adversaire traverse leur territoire ; ils peuvent donc l'arrêter, s'il entreprend ce voyage sans leur autorisation, en raison de l'importance de sa mission ; cependant ils n'ont pas le droit d'attaquer en pleine mer ou dans les eaux neutres le navire qui le porterait à son bord.

CHAPITRE III

DES SIÈGES ET DES BLOCUS.

§ **424**. Les sièges et les blocus sont des opérations de guerre qui, par l'emploi de forces de terre ou de mer, sont destinées à empêcher l'accès et la sortie ou à amener la reddition d'une ville, d'une forteresse ou d'un port.

Le siège se dit plus particulièrement de l'ensemble des opérations que fait une armée dans le but d'attaquer une place et de la prendre, à l'aide de travaux de terrassement combinés avec l'usage des armes.

Le blocus se limite à entourer la place de manière à couper entièrement, autant que peuvent le faire les forces humaines, les relations et la correspondance au dehors, afin que l'ennemi qui y est renfermé ne puisse recevoir des secours d'aucune sorte, soit en renforts d'homme, soit en munitions, soit en vivres.

Le siège a généralement pour objet les villes, les places, forteresses des frontières terrestres ou de l'intérieur dont leur position rend praticable l'investissement de toutes parts, tandis que le blocus s'applique surtout aux ports, qui ne sont alors investis que du côté de la mer ou du fleuve qui y donne accès.

On conçoit aussi qu'une même place soit en même temps assiégée par terre et bloquée par mer.

En tout cas le siège et le blocus ont un objet commun, celui d'amener l'ennemi à se rendre, en cédant, dans le premier cas, à la force ; dans l'autre, aux privations, sinon à la famine.

§ **425**. La déclaration d'un siège ou d'un blocus étant un acte du pouvoir souverain, il est clair qu'elle doit émaner du gouvernement lui-même ou de l'autorité à laquelle cette faculté a été expressément déléguée. Le commandant d'une escadre ou le chef supérieur d'une armée n'ont pas, généralement parlant, le pouvoir d'établir un siège ou un blocus, ni d'étendre à une place voisine celui qui existe déjà contre un autre et a été régulièrement déclaré; mais s'il s'agit d'un général ou d'un chef d'escadre opérant dans des régions lointaines, il faut admettre qu'ils sont investis virtuellement de tous les pouvoirs nécessaires pour la réussite de l'entreprise militaire dont ils sont chargés.

§ **426**. Bien qu'en règle générale les neutres aient la faculté de continuer leur commerce et leurs autres relations avec les belligérants, il existe à cette règle certaines exceptions établies par le droit des gens, au nombre desquelles figure en première ligne l'interdiction aux neutres d'entretenir des communications ou de faire du commerce avec une place assiégée ou bloquée.

Grotius considère le transport des provisions à une ville assiégée ou à un port bloqué comme une offense grave et injuste. Bynkershoek et Vattel sont d'avis qu'on doit punir comme un ennemi public celui qui s'en rend coupable.

L'opinion de ces anciens auteurs à cet égard est entièrement partagée par les publicistes modernes, ainsi que par les tribunaux de prise de tous les pays.

§ **427**. En droit l'accès comme la sortie d'un port bloqué sont interdits aussi bien aux bâtiments de guerre qu'aux navires de commerce. Cependant les belligérants, en considération tant des égards qu'ils doivent aux autres gouvernements que du caractère dont sont revêtus les bâtiments de guerre et des privilèges dont ils jouissent, laissent souvent, toutes les fois que cette concession peut se concilier avec l'objet de la guerre, l'entrée et la sortie des ports qu'ils bloquent, libres aux navires de guerre neutres.

§ **428**. Il existe aussi certains cas particuliers dans lesquels l'accès d'un port bloqué devient absolument licite aux navires marchands : par exemple, lorsqu'il a été l'objet d'une autorisation spéciale donnée par l'État bloquant. Il va sans dire que ceux qui obtiennent de semblables faveurs sont tenus d'observer une grande circonspection et de se soumettre à toutes les formalités ou à toutes les restrictions qu'il plaît au belligérant de leur imposer.

§ **429**. Pour que le blocus puisse produire ses effets, pour qu'il soit obligatoire à l'égard des neutres, il est nécessaire qu'il soit effectif ou réel, c'est-à-dire que le belligérant qui veut déclarer le blocus, ait une force suffisante pour le faire respecter et dispose ses forces de mer à l'entrée du détroit ou du port bloqué de manière à devenir le maître de la mer territoriale qu'il occupe, et à pouvoir en interdire l'accès à tout navire étranger. Cette force suffisante consiste ordinairement soit dans des batteries dressées sur la côte, soit dans un certain nombre de navires de guerre stationnés devant le port; mais le nombre de bâtiments nécessaire pour un investissement complet dépend évidemment de la nature du lieu bloqué.

Dans la pratique les nations maritimes paraissent avoir adopté un terme moyen. La capture accidentelle d'un navire neutre par un croiseur ne suffit pas pour rendre un blocus effectif ; il faut qu'il y ait évidence, réalité d'un danger à essayer de forcer les croisières. Par contre, le blocus ne cesse pas d'être effectif parce qu'exceptionnellement un ou deux navires sont parvenus à éluder la vigilance des forces bloquantes et à en franchir la ligne sans encombre.

§ **430**. Les diverses garanties habituellement exigées pour donner aux blocus un caractère sérieux de légitimité ne suffisent cependant pas encore, malgré la valeur intrinsèque qu'elles peuvent offrir soit isolément, soit même réunies, pour protéger efficacement les intérêts et les droits des neutres. Il reste à remplir une dernière condition : nous voulons parler de la publicité donnée par voie de notification à la résolution prise de bloquer un port.

Il y a trois espèces de notifications. La première est celle que le commandant des forces bloquantes, afin de marquer le commencement du blocus et d'en circonscrire l'action, signifie aux autorités des lieux dont il est chargé d'intercepter les communications avec le dehors par la voie de mer : c'est un préliminaire rigoureusement exigé et dont l'omission rendrait les captures à la sortie du port absolument nulles. La seconde est celle que l'on qualifie de *générale* ou *diplomatique*, et qui est communiquée aux gouvernements neutres. La troisième qui prend le nom de *spéciale*, est celle que le commandant croiseur fait aux navires qui se dirigent sur la ligne de blocus ou qui s'y trouvent.

Comme il s'agit ici de rapports internationaux, le belligérant qui établit un blocus a recours à l'entremise diplomatique pour notifier le fait aux gouvernements étrangers, qui le portent ensuite à la connaissance de leurs sujets, afin que ceux-ci soient prévenus des conséquences fâcheuses que pourrait avoir pour eux la continuation de leur commerce avec les lieux bloqués. Toutefois cette notification générale, pas plus que celle que le commandant des forces bloquantes adresse aux autorités du lieu bloqué, ne constitue en principe une condition de la validité du blocus.

Ces notifications peuvent bien faire connaître le fait existant au moment même où elle a lieu ; mais ce fait peut changer ou cesser d'un instant à l'autre, de sorte qu'on ne saurait nier aux neutres le droit de vérifier personnellement si l'investissement, bien que notifié, n'a pas cessé, et si le blocus n'est pas levé.

Le navire pacifique venant donc vérifier s'il y a blocus, le belligérant doit lui faire connaître le véritable état des choses. Cette notification toute particulière, personnelle, doit être faite par un des officiers des bâtiments de guerre chargés de maintenir l'investissement à chaque navire neutre qui se présente pour entrer dans le port bloqué.

La notification diplomatique ou générale s'opère soit par une communication écrite que le belligérant adresse aux Etats neutres, soit par un avis officiel relatant la date du commencement du blocus et précisant la zone nautique qu'il doit embrasser. Dans certaines circonstances on a aussi recours à des publications, exprimant l'intention d'établir le blocus, annonçant le départ de l'escadre qui sera chargée de le maintenir, fixant le commencement des opérations hostiles ; nous avons à peine besoin d'ajouter qu'un mode de notification si minutieux, impliquant d'ailleurs une très grande courtoisie internationale, est peu usité.

Les traités ne vont pas jusqu'à fixer les termes dans lesquels la notification spéciale doit être faite.

§ **431**. La majorité des auteurs sont d'opinion que le droit de blocus peut s'appliquer non seulement aux places et aux ports fortifiés, mais encore aux villes et aux ports de commerce non fortifiés.

Le droit de blocus peut s'appliquer aussi à l'embouchure d'une rivière et à un détroit. Seulement il est une restriction, fondée en équité comme en fait, à l'exercice de ce droit dans les cas pareil. Le blocus rigoureux de l'embouchure d'une rivière ne peut être établi légalement que lorsque le cours de cette rivière est tout entier dans le pays ennemi ; mais si la rivière conduit à des pays avec lesquels le belligérant n'est pas en guerre, celui-ci ne peut en interdire le passage aux navires neutres en destination pour ces pays. Lorsque les deux rivages de la rivière ou du détroit n'appartiennent pas à l'ennemi, un blocus effectif devient presque impraticable ; car si le bloquant peut empêcher le passage du côté de l'ennemi, il est tenu de le laisser libre de l'autre.

Quant à la question de savoir si l'on peut bloquer non pas seulement un point isolé, déterminé, mais toute une étendue de côtes ennemies : si le blocus peut s'étendre à la fois à tous les ports, à toutes les villes, à tous les territoires de l'ennemi, les faits, l'histoire, le silence même des traités spéciaux semblent concourir à consacrer le caractère limité du blocus.

§ **432**. Comme le blocus n'existe qu'autant qu'il est effectif, il cesse conséquemment du moment qu'il ne l'est plus ; en d'autres termes, le blocus commence avec l'investissement de la place bloquée, dure tout le temps que cet investissement est maintenu, et cesse avec lui.

Mais ici se présente cette question : quand et comment l'investissement ou le blocus, qui en est la conséquence, commence et cesse-t-il d'être effectif ? L'investissement commence du moment où devant la place bloquée, des vaisseaux de guerre sont stationnés en assez grand nombre pour empêcher toute communication ; il cesse du moment où ces vaisseux abandonnent la station ou n'y sont plus en force suffisante.

L'éloignement des forces bloquantes peut être ou temporaire ou définitif. Dans ce dernier cas la question se tranche d'elle-même, car il est évident que le blocus cesse de fait ; mais relativement au premier cas les opinions sont très partagées ; certains auteurs admettent que le blocus n'est pas levé par le seul fait que les navires chargés de le maintenir sont momentanément dispersés ; selon eux, les neutres sont libres, il est vrai, de profiter de ce moment pour entrer dans le port bloqué ou en sortir ; mais si le blocus est rétabli dans un bref délai, il n'y a pas un nouveau blocus : c'est la continuation de l'ancien, qui n'avait pas cessé d'exister. Pour d'autres publicistes l'éloignement des forces bloquantes, quelles qu'en soient la durée et la cause, suffit pour faire cesser le blocus; et s'il est repris plus tard ou même immédiatement, il y a nouveau blocus.

Lorsque l'escadre qui maintient le blocus vient à être délogée de son mouillage par une escadre ennemie, il est évident qu'un semblable fait a pour conséquence immédiate et directe, non plus une simple suspension, mais la cessation entière, la fin du blocus, et que l'investissement rétabli par les mêmes forces navales ou par d'autres appartenant à la même nation doit être considéré comme un blocus nouveau et non comme la suite du précédent. En pareil cas ni la notification diplomatique, ni la notoriété du fait de la mise en état de blocus, ni même une notification individuelle ne sauraient avoir pour effet d'empêcher la communication des neutres avec le lieu bloqué.

Tous les publicistes sont d'accord pour admettre que le blocus cesse du moment que les navires bloquants se retirent pour remplir une autre mission, et sans laisser dans les eaux qu'ils occupaient un nombre suffisant de navires pour continuer l'opération à laquelle ils étaient employés.

Il ne faudrait cependant pas déduire de cette règle des conséquences extrêmes et croire que le blocus serait rompu ou terminé parce que certains points de la ligne d'investissement se trouveraient dégarnis pendant que tel ou tel croiseur aurait quitté son mouillage pour se lancer à la poursuite d'un navire suspect : en agissant ainsi le croiseur ne ferait en réalité que s'acquitter d'un des devoirs de sa mission spéciale. La bonne foi exige seulement que l'absence ne se prolonge pas de manière à autoriser le soupçon que le bâtiment détaché en croisière ait reçu une autre destination ; car dans ce dernier cas, le blocus serait également considéré comme suspendu.

Les mêmes conséquences se produisent lorsqu'il y a

irrégularité, intermittence ou partialité notoire dans l'observation du blocus, comme, par exemple, si l'on permettait arbitrairement l'entrée ou la sortie à certains navires, tandis qu'on l'interdirait à d'autres. Pour qu'on puisse induire légitimement de pareils faits une rupture de blocus, il faut naturellement qu'ils ne soient ni isolés, ni exceptionnels, ni fortuits, mais qu'ils se répètent avec fréquence, de manière à constituer en quelque sorte un parti pris, une règle permanente de conduite.

§ **433.** En résumé, il semble généralement admis que la cessation de l'investissement réel fait cesser le blocus avec tous ses effets ; que l'éloignement même temporaire de l'escadre bloquante, pour une cause provenant de son propre fait ou par l'intervention d'une escadre ennemie, entraine d'ordinaire cette conséquence ; mais qu'on regarde comme une exception à la règle générale l'absence des forces bloquantes occasionnées par le vent, l'état de la mer ou d'autres accidents de navigation, et lorsqu'elle est de très peu de durée ; c'est-à-dire qu'on considère que le blocus n'a pas pour cela cessé d'exister. Cette exception ne saurait toutefois incriminer le neutre qui a profité de l'absence du bloquant pour franchir l'ancienne ligne du blocus.

En cas de reprise d'un blocus réellement interrompu, les mêmes mesures requises pour la première mise en état de blocus sont nécessaires pour le rétablir, attendu que les neutres ne sont pas obligés d'agir en vertu d'aucune présomption de son rétablissement *de facto*.

Enfin, lorsqu'un blocus est levé, il est sans doute, pour que la cessation en soit réelle, du devoir de la puissance bloquante de porter le fait de la levée à la connaissance des autres puissances ; mais une notification en pareil cas n'est ni obligatoire ni indispensable : le fait matériel établit suffisamment le changement survenu dans l'état de choses ; de sorte que la négligence volontaire de la notification ne saurait prolonger les droits de la puissance bloquante à l'égard du commerce neutre au delà du moment où ses forces ont été retirées de leur poste, où par conséquent il n'y aurait plus qu'un blocus fictif et dérisoire.

§ **434**. Dès qu'une place, un port, un lieu quelconque est bloqué, tout navire neutre qui tente d'enfreindre la prohibition du commerce avec ce lieu commet une infraction au droit des gens.

A partir du moment où il a reçu la notification spéciale de l'existence du blocus, le capitaine neutre est tenu de changer de route, pour peu que l'état de la mer le lui permette. Cette règle impérative découle du caractère intrinsèque de l'avertissement et demande à être observée d'autant plus strictement que le refus de s'y soumettre, ainsi que la prolongation du séjour dans les alentours des lieux investis, ferait aussitôt surgir la présomption légale de tentative frauduleuse.

En règle générale tout navire neutre sortant d'un port bloqué est censé violer le blocus et devient passible de capture.

Halleck blâme ce que ce système a d'excessif dans son application, et trouve équitable d'y apporter certains tempéraments ; il propose donc de l'écarter absolument dans les cas suivants : quand il est prouvé que le navire était déjà mouillé dans le port bloqué lorsque le blocus a été notifié : — quand le navire est entré dans le port en relâche forcée pour cause de mauvais temps, d'avarie ou de manque de vivres : — quand son entrée avec une cargaison a été autorisée par une permission spéciale.

§ **435**. Aujourd'hui que les peines corporelles ne figurent plus dans la pénalité relative aux violations de blocus, tout au plus retient-on comme prisonnières les personnes qu'on rencontre à bord des navires arrêtés en tentative manifeste de forcer le blocus, selon les conditions dans lesquelles ces personnes se trouvent sur ces navires.

Le navire neutre peut être capturé et confisqué pendant qu'il cherche à forcer le blocus ; mais aucune peine ne peut être infligée à l'équipage, qui ne peut être fait prisonnier, par la raison qu'il n'a point prêté aide et assistance à l'ennemi.

§ **436**. Ici se présente une question qui n'a pas encore été tranchée d'une manière précise et sur laquelle les publicistes émettent des opinions différentes : c'est celle de savoir si la propriété capturée consiste dans le navire seul, ou si l'on doit y comprendre les marchandises qui sont à bord.

Dans les cas où le navire et le chargement appartiennent aux mêmes personnes, il est évident qu'il ne peut surgir aucune difficulté ; car l'acte du capitaine, en tant qu'agent légitime de l'armateur du navire, affecte la responsabilité de ce dernier jusqu'à concurrence de la totalité de sa propriété en jeu dans l'affaire. Lors même que le navire et le chargement appartiennent à des personnes différentes, il est encore permis de conclure que le capitaine du navire ne compromet les intérêts de son bâtiment qu'en vue du service du chargement; le propriétaire des marchandises doit par conséquent avoir sa part de responsabilité de la violation du blocus, d'autant plus que dans ce cas-là existe la présomption que la violation se commet à sa connaissance, sinon à son instigation.

Dans tous les cas, ce qui appartient en propre aux passagers ne suit pas nécessairement le sort de la cargaison.

§ **437**. Comme les effets du blocus ne s'étendent pas au delà de l'investissement réel, il est généralement admis qu'il n'y a pas violation d'un blocus maritime lorsqu'on fait parvenir au port investi des marchandises par voie de terre, ou au moyen de canaux et de rivières, de même qu'il n'y a pas violation d'un blocus de terre lorsqu'on introduit les marchandises par mer.

Aussi les pénalités pour violation de blocus ne sont applicables qu'aux navires qui font le commerce avec les ports de la côte bloquée, mais elles ne le sont pas aux navires qui portent les marchandises dans d'autres ports, bien que ceux-ci soient reliés aux ports bloqués par des communications par eau situées dans l'intérieur des terres, non plus qu'aux navires qui portent des chargements dans des ports d'où ces chargements doivent être expédiés par terre aux ports bloqués.

§ **438**. De ce qu'un fait matériel est nécessaire pour constituer la violation de blocus, il s'ensuit logiquement que le navire neutre qui enfreint le blocus ne peut être capturé qu'au moment même où il consomme son délit.

Hautefeuille réduit à trois les positions dans lesquelles un navire coupable puisse être saisi, savoir : 1° au moment où il traverse la mer occupée par la puissance bloquante; 2° dans la rade ou le port bloqué ; 3° au moment où il se présente pour sortir.

Gessner fait cette réserve que « si un vaisseau neutre, au moment où il cherche à violer un blocus, est poursuivi par un vaisseau de l'escadre bloquante et tente de s'y soustraire par la fuite, le vaisseau belligérant aura incontestablement le droit de saisir le vaisseau délinquant, s'il l'atteint avant que celui-ci soit entré dans un port neutre ».

§ **439**. Depuis la chute du premier Empire français, il s'est introduit dans les relations internationales une pratique qui n'a pas encore reçu la sanction du droit conventionnel et n'est pas non plus soumise à des règles uniformes : nous voulons parler des blocus *pacifiques*, de ces actes agressifs, évidemment hostiles, auxquels la plupart des puissances maritimes de l'Europe ont eu recours contre des États secondaires, en appuyant par des forces navales plus ou moins considérables, par l'interdiction temporaire du commerce devant certains ports, des réclamations diplomatiques, des demandes d'indemnités ou de réclamations, le redressement de prétendus dénis de justice, qu'elles n'avaient pu obtenir par les voies amiables. Ce qui caractérise ces sortes de blocus, c'est que, bien qu'ils entraînent pour le commerce maritime et pour ceux qui en sont victimes les mêmes conséquences dommageables et les mêmes effets juridiques, les gouvernements qui les établissent prétendent ne pas rompre l'état général de paix avec la nation bloquée, et n'exercer contre elle qu'une sorte de pression morale destinée à leur épargner le recours aux extrémités de la guerre.

Il n'existe pas un seul traité qui ait donné une sanction formelle aux blocus établis en temps de paix ; le texte même de la déclaration du 16 avril 1856 est sous ce rapport aussi explicite que possible.

CHAPITRE IV

DROIT DE VISITE ET DE RECHERCHE

§ **440**. Dans l'intérêt de la sûreté de la navigation en pleine mer et pour assurer l'efficacité de la police dévolue aux bâtiments de guerre sur la marine marchande, tout navire de commerce doit être en mesure de justifier à première réquisition de la sincérité de son pavillon et de la composition de son chargement. A ce double devoir se rattachent deux droits : celui de *recherche* ou de *perquisition* et celui de *visite* ou d'*inspection*. Ils consistent dans la faculté que les États se sont mutuellement accordée, d'arrêter les navires les uns des autres au passage pour y pratiquer certaines constatations. Le premier s'exerce plus particulièrement en temps de paix, le second en temps de guerre.

Le droit de visite se rattache principalement à l'interdiction du commerce de contrebande et à l'observation des blocus. La visite a en effet pour but de s'assurer si le navire qu'on arrête et son chargement n'appartiennent pas à l'ennemi, si le navire ne porte pas à l'ennemi des objets de contrebande de guerre ou de secours prohibé et ne transporte pas des personnes ennemies ; elle peut tendre aussi à empêcher le navire de communiquer avec les ports bloqués.

La visite se limite le plus souvent à l'examen des papiers de bord. On ne procède à des perquisitions qu'en cas de soupçons de fraude, particulièrement quand on constate que les papiers de bord sont faux ou que le pavillon sous lequel le bâtiment navigue n'est pas celui de l'État duquel il dépend.

Les auteurs peuvent être divisés sur la portée des clauses conventionnelles relatives à la visite des navires en temps de guerre; mais il y a presque unanimité entre eux pour reconnaître et proclamer en principe la parfaite légitimité de ce droit.

§ **441**. Généralement le droit de visite ne peut être exercé que par les belligérants, non par des navires de commerce, mais exclusivement par des bâtiments de guerre, ou par des corsaires ou des navires commissionnés par l'autorité de l'État auxquels ils appartiennent.

Quant aux lieux où doit s'exercer le droit de visite, la plupart des auteurs admettent que le belligérant peut visiter les navires portant pavillon neutre sur son propre territoire, sur le territoire de l'ennemi, c'est-à-dire dans les rades, les ports et les mers ennemis, sans exception même des fleuves, sur la haute mer en un mot, dans les lieux où il y a intérêt à connaître le navire rencontré et où il est permis d'exercer des actes d'hostilité. Mais la visite ne peut se faire dans les lieux où les hostilités sont interdites, dans les eaux territoriales, les ports, les hâvres des neutres, ni dans ceux des puissances alliées ou amies, sans leur consentement exprès ou tacite : car alors elle constituerait une violation de la souveraineté de ces États.

En ce qui concerne le temps où le belligérant a le droit de visite, il est borné à la durée de l'état de guerre par rapport aux nations neutres, depuis le moment où cet état est régulièrement notifié jusqu'à la cessation des hostilités.

§ **442**. Pour les règles de l'exercice du droit de visite, il faut s'en tenir aux usages que la pratique des temps anciens a sanctionnés, lesquels peuvent se résumer ainsi :

Le belligérant doit manifester son intention de procéder à la visite en hissant son pavillon et en tirant un coup de canon à poudre dit de semonce, ou en se servant du porte-voix. Aussitôt après que l'un ou l'autre signal a été fait, le navire neutre est tenu de s'arrêter ou de mettre en panne, s'il ne veut s'exposer à être semoncé à boulets. Dès que le neutre a mis en travers, le croiseur détache un de ses canots armés, placé sous le commandement d'un officier, pour procéder à la visite. On procède quelquefois dans le sens inverse, c'est-à-dire que le capitaine visité est tenu de se rendre lui-même avec ses papiers à bord du croiseur qui l'a semoncé.

§ **443**. Le principe qui interdit absolument toute capture dans l'étendue des eaux neutres ou amies s'applique à *fortiori* à la visite des navires, laquelle, à moins d'autorisations expresses ou tacites consenties par le souverain territorial, ne peut légalement s'exercer qu'en pleine mer ou dans la zone maritime appartenant en propre à l'État belligérant.

Les égards que les gouvernements se doivent entre eux, ainsi que le respect qui entoure partout le pavillon militaire, ont naturellement soustrait les bâtiments de guerre à l'application du droit de visite. C'est pourquoi dans la pratique, lorsque deux navires de la marine militaire se rencontrent en pleine mer, celui qui désire savoir à quelle nation l'autre appartient, arbore son pavillon en l'assurant par un coup de canon à poudre : acte destiné, selon les usages maritimes, à certifier sur l'honneur du commandant la sincérité du pavillon arboré. Le navire interrogé, en répondant par la même manœuvre, affirme ses couleurs et les met à l'abri de tout doute. Le marin qui dissimulerait sa véritable nationalité serait considéré comme déshonoré.

§ **444**. A moins de vouloir rendre illusoires dans la pratique les garanties que le belligérant recherche par l'exercice du droit de visite, il faut admettre qu'en cas de refus ou de résistance opposée par le neutre, le visiteur est pleinement autorisé à faire usage de la force pour atteindre le but qu'il poursuit.

§ **445**. Aussitôt qu'un navire belligérant a fait le signal convenu pour annoncer au bâtiment neutre son intention d'exercer le droit de visite, aussitôt qu'il a tiré son coup de canon de semonce, le navire neutre doit s'arrêter et attendre que le croiseur soit arrivé à une distance convenable pour mettre son embarcation à la mer et procéder aux formalités de la visite.

Le navire neutre ainsi semoncé ne peut se soustraire à la visite par la fuite et encore moins par la résistance de force. La résistance par la force est par elle-même un acte direct d'hostilité, qui fait perdre au neutre son caractère de neutre et le classe parmi les ennemis.

Le navire belligérant est autorisé à tirer à boulets sur le navire neutre qui tente de fuir, sans qu'en cas d'avaries le navire neutre puisse réclamer des dommages et intérêts, alors même qu'il a prouvé sa nationalité et l'innocuité de son chargement. C'est l'unique genre de pénalité indirecte qui s'impose à la tentative de fuir; et lorsque la tentative a échoué et que le navire a été atteint et visité, après qu'ils a justifié de sa nationalité et de sa neutralité, il doit être laissé libre de continuer sa route.

§ **446**. On donne le nom de *convoi* à la réunion d'un nombre plus ou moins considérable de navires marchands voyageant en temps de guerre sous l'escorte et la protection de plusieurs navires de la marine militaire.

L'inviolabilité absolue des navires marchands convoyés est devenue un précepte, une loi indiscutable pour toutes les puissances maritimes, à la seule exception de l'Angleterre, qui n'a pas encore consenti à l'inscrire dans son droit conventionnel. Il est généralement admis que le navire belligérant, que rencontrent des navires marchands convoyés, doit s'en rapporter à la déclaration du commandant du convoi quand celui-ci atteste que les bâtiments placés sous sa protection sont de sa nation et ne portent point de la contrebande à l'ennemi.

§ **447**. L'acte de cacher les papiers de bord, dit Bello, autorise la détention du navire, et bien que cet acte ne suffise pas pour entraîner la condamnation sans plus ample examen, il ferme la porte à toute réclamation de dommages.

Jeter à la mer des pièces de bord, les détruire ou les rendre illisibles sont autant de circonstances aggravantes au plus haut degré.

L'usage de faux papiers n'est pas par lui-même une preuve concluante contre le navire, parce qu'il peut arriver qu'on n'y ait recours que pour se soustraire aux lois municipales d'un pays étranger ou pour échapper aux poursuites de l'ennemi. Les tribunaux n'en tirent une juste cause de condamnation que lorsqu'il peuvent accuser les coupables d'avoir sciemment employé de fausses expéditions pour tromper le belligérant, et le gêner ou le léser dans l'exercice de ses droits légitimes.

§ **448**. Les circonstances et les raisons exceptionnelles qui peuvent justifier le droit de visite de la part des belligérants, n'existant plus après la cessation des hostilités, il s'ensuit comme conséquence naturelle que ce droit ne doit plus s'exercer en temps de paix.

Cependant nous voyons que plusieurs États se sont accordé réciproquement par des conventions expresses le droit de visite en temps de paix, et que ce droit a été exercé en vue de sauvegarder certains intérêts spéciaux, notamment pour empêcher la traite des noirs : mais la fin ne justifie pas les moyens, et ces exceptions ne suffisent pas pour invalider la règle générale, d'autant plus que précisément dans le cas auquel nous faisons allusion, celui de la traite, l'expérience a démontré que non seulement le droit de visite n'était pas nécessaire, mais encore qu'il n'a pas réussi à détruire l'abus qu'on avait en vue de réprimer, et qu'en définitive l'exercice n'en a pas été maintenu.

On peut donc considérer l'exercice du droit de visite en temps de paix comme tombé généralement en désuétude.

CHAPITRE V

DES PRISES MARITIMES

§ 449. Le droit de s'emparer de la propriété ennemie est essentiellement inhérent à l'état de guerre. Les règles qui président à l'exercice de ce droit, comme les obligations morales destinées à en prévenir l'abus ne sont pas dans leur généralité subordonnées à l'élément sur lequel les captures ont lieu, ni aux moyens matériels à l'aide desquels on les réalise. Sous ce rapport on peut dire qu'il y a une complète identité entre les prises faites en mer et les captures opérées sur terre, sauf pourtant cette différence que ces dernières s'attaquent avant tout à la propriété publique, tandis que les premières affectent la propriété privée en raison des ressources de richesse et de force qu'elle crée pour l'État belligérant.

Les principes du droit international sur les circonstances nécessaires pour constituer réellement une capture, sur le délai précis à l'expiration duquel, toute contestation cessant, l'ennemi est dépouillé de sa propriété au profit du capteur, en droit comme de fait (*jure victoriæ*), enfin sur les signes manifestes de la soumission au vainqueur, sont également applicables à toutes les guerres, qu'elles aient lieu sur mer ou sur terre.

Toutefois l'usage et la jurisprudence ont consacré pour les captures maritimes des règles spéciales et distinctes. Sur terre, par exemple, le titre de propriété repose le plus souvent sur le seul fait de la prise de possession effective ; sur mer, au contraire, les captures ont un caractère en quelque sorte précaire, qui ne cesse ou ne se transforme que par la sentence des tribunaux chargés de prononcer sur leur validité. Cette différence tient, suivant nous, au caractère même de la propriété que les guerres terrestres, ont principalement en vue de frapper, et à la complexité des intérêts privés engagés dans les opérations maritimes. Les termes même appliqués aux objets de capture sont différents : les propriétés prises sur terre sont appelées *butin ;* les propriétés saisies sur mer sont appelées *prise.*

Un autre trait caractéristique que présentent les captures opérées sur mer, c'est qu'elles sont surbordonnées à l'action de tribunaux *ad hoc*, qui participent en quelque sorte de la juridiction civile ordinaire, tandis que les litiges se rattachant aux captures faites par les armées ou les soldats en cours de campagne se résolvent en général sur place et sont du ressort exclusif de l'autorité militaire.

§ **450**. Le droit de prise ne peut être exercé sur mer que par des belligérants, soit par des bâtiments de guerre, soit par des navires particuliers armés en course et désignés sous le nom générique de corsaires.

L'exercice du droit de prise est limité au seul temps que dure une guerre ; car sans guerre le droit de prise n'existe pas. Aussi généralement les tribunaux de prises n'entrent-ils en fonctions qu'après le commencement d'une guerre et finissent avec elle, de sorte que souvent les prises faites, mais non jugées avant la fin de la guerre, ont été restituées volontairement par les puissances au nom desquelles elles avaient été opérées.

§ **451**. Dès que la guerre est déclarée, sauf les délais de faveur accordés d'habitude aux navires mouillés dans les ports ou supposés en cours de voyage avant d'avoir pu connaître la rupture de la paix, tous les bâtiments ennemis deviennent passibles de capture. Ils sont même, en droit strict, les seuls que le belligérant ait le droit d'appréhender ; mais certains actes, certains faits, impliquant agression, culpabilité ou complicité indirecte avec l'ennemi, font perdre au navire neutre son caractère pacifique et autorisent à procéder contre lui comme s'il était véritablement la propriété de l'une des parties engagées dans la lutte. Au nombre des circonstances qui légitiment la capture des neutres, on peut citer le transport de troupes, de vivres, de munitions, d'armes, de correspondances pour compte ennemi, la violation des blocus, la simulation de pavillon, l'irrégularité dans les pièces à bord, etc.

§ **452**. En principe le titre suprême à la possession des prises maritimes réside dans l'État, à qui seul appartiennent en conséquence les bénéfices résultant de l'exercice du droit de capture (*bello parta cedunt reipublicæ*). Ce n'est donc que par une concession purement gracieuse de l'État, sous les réserves et dans les conditions qu'il lui plaît d'établir, que les prises peuvent en fin de compte être attribuées en tout ou en partie à celui qui les a opérées. Le mode de partager le produit des captures n'est pas du domaine du droit international ; il est exclusivement régi par la législation interne de chaque nation et présente des divergences très sensibles d'un pays à l'autre.

§ **453**. Tant que la prise n'a pas été jugée, le capteur ne possède sur elle qu'un droit imparfait, en quelque sorte éventuel, qui lui impose des obligations particulières, dont l'oubli engage sa responsabilité de la manière la plus sérieuse, tant à l'égard de son propre gouvernement qu'à l'egard des propriétaires et des chargeurs du navire saisi. Son premier devoir est de rédiger un procès-verbal détaillé des circonstances et des motifs de la prise ; il doit ensuite dresser un inventaire sommaire de tous les objets dont il s'est emparé, puis faire fermer et sceller les écoutilles. Il est de règle que le capitaine du bâtiment capturé assiste à l'opération et revête de sa signature les pièces qui en constatent l'accomplissement, ainsi que le procès-verbal dit de capture. Ce n'est qu'après avoir rempli ces diverses formalités que le capteur amarine la prise, en plaçant à bord un officier et des matelots empruntés à son propre équipage, qui sont chargés de conduire le navire capturé et sa cargaison en lieu sûr pour y être jugés.

§ **454**. En règle générale, il est défendu au capteur de saborder ou d'incendier, de détruire les prises qu'il fait en pleine mer. C'est seulement dans des circonstances de force majeure bien constatée, par exemple quand le capteur est menacé de poursuites par l'ennemi, n'a pas le moyen de fournir un équipage de prise, remplit une mission pressée, ou veut cacher sa marche aux croiseurs belligérants, qu'il peut sous sa propre responsabilité détruire sa prise, au lieu de l'expédier dans un port du pays dont il porte le pavillon. En dehors d'une nécessité impérieuse de guerre, tout capteur est tenu d'expédier sa prise, dans le plus bref délai possible, dans les limites juridictionnelles du pays dont il relève, pour que le tribunal compétent puisse statuer sur la validité de cette prise.

§ **455**. Les captures sont jugées et les prises déterminées par des tribunaux spéciaux appelés cours d'amirauté, tribunaux ou conseils des prises, institués depuis longtemps dans les pays civilisés et commissionnés par les autorités souveraines de ces pays pour prendre connaissance de la plupart des affaires maritimes, notamment de toutes les questions concernant la légitimité des captures, le droit et le mode de disposer des prises et les réclamations qui s'y rattachent.

Chaque État organise ses tribunaux de prises et en règle la jurisprudence selon ses intérêts, ses traditions, sa constitution politique. D'après cette jurisprudence, les tribunaux de prises décident si la capture est conforme à la coutume, si la cargaison constitue en tout ou en partie de la contrebande de guerre, de la marchandise ennemie ou de la marchandise neutre, à qui et dans quelles proportions doit revenir la propriété de la prise.

§ **456**. Le jugement des prises maritimes appartient aux tribunaux du pays de celui qui a fait la capture.

Il est également admis en principe que les tribunaux de prises d'un pays allié sont incompétents pour statuer sur la validité des prises du co-belligérant.

A plus forte raison le tribunal d'un pays neutre ne peut-il prononcer la validité ou la condamnation des captures que les belligérants auraient amenées dans ses limites juridictionnelles.

La théorie qui exclut toute autre juridiction que celle des tribunaux du capteur pour décider de la validité des prises faites en temps de guerre sous l'autorité de son gouvernement, admet toutefois deux exceptions : 1° lorsque la capture a été faite dans les limites d'un territoire neutre; 2° lorsqu'elle a été opérée par des bâtiments de guerre armés en pays neutre. Dans ces deux cas les tribunaux de l'État neutre ont qualité et juridiction pour statuer sur la validité des captures et affirmer la neutralité de leur gouvernement en ordonnant, s'il y a lieu, la restitution à qui de droit de la propriété saisie. Ces exceptions ont même été étendues par les règlements administratifs de certains États à la restitution illimitée et sans réserve des propriétés injustement capturées au préjudice de leurs sujets et fortuitement amenées dans leurs ports.

Lorsque celui qui a fait une prise la conduit dans un port neutre, il faut distinguer si ce port appartient au souverain du navire capturé ou à un État tiers.

D'après les diverses idées émises par les publicistes,

il demeure établi pour nous que le souverain du capteur a le droit de résoudre le différend dans tous les cas où la prise a lieu en pleine mer, pourvu qu'elle ait été faite par un navire dûment autorisé et sans préjudice pour les personnes qui sont restées étrangères aux hostilités; si, au contraire, la capture s'est faite dans les eaux d'une puissance neutre, celle-ci, dont la souveraineté est ainsi violée, a le droit d'exiger l'abandon de la prise.

§ **457**. Il existe une différence très notable entre les tribunaux ordinaires appelés à procéder conformément aux lois civiles ou criminelles de l'État qui les a instituées, et les tribunaux ou cours de prises établis par l'autorité souveraine pour appliquer les règles du droit des gens à la fois aux étrangers et aux nationaux.

De la distinction établie entre les deux classes de tribunaux il découle comme conséquence naturelle qu'aucun tribunal ne possède de compétence en matière de prises qu'autant qu'une décision formelle de l'autorité souveraine de la nation à laquelle il appartient l'a érigé en cour ou conseil de prises. Quant à l'organisation de ce tribunal et à la manière d'exercer sa juridiction, elles dépendent du droit public interne et des lois particulières de chaque nation.

La nécessité de confier à des tribunaux spéciaux le jugement des prises se fonde, suivant Dana, sur ce que le plus grand nombre des captures faites en temps de guerre appartiennent aux neutres, et que les questions touchant à la relaxation aussi bien qu'à la confiscation des navires étrangers ou de leurs cargaisons soulèvent des conflits et des doutes qui ne trouvent pas toujours leur solution dans les règles du droit civil. On peut dire enfin que l'origine de ces tribunaux repose sur la responsabilité que les actes de ses croiseurs imposent au belligérant à l'égard des neutres, et qui implique forcément le droit de s'enquérir si la prise est légitime ou non.

§ **458**. Aucune législation, aucun principe de droit international n'exige que la prise se trouve dans le lieu même ou siège le tribunal appelé à statuer sur sa validité. Cette condition serait d'ailleurs souvent impossible à remplir, puisqu'il y a des pays où les cours de prises ou d'amirauté sont établies dans l'intérieur des terres, au siège du gouvernement, comme en France par exemple. D'un autre côté, le capteur peut, avant qu'une sentence lui en ait adjugé la propriété, avoir été contraint par force majeure à détruire ou à préempter dans un but d'utilité publique les objets dont il s'est emparé *jure belli*.

Les enquêtes relatives à la capture, les actes nécessaires pour sa constatation, pour la description et l'inventaire du navire et du chargement, pour leur conservation ou leur vente éventuelle, l'accomplissement des formalités préliminaires et des dispositions administratives qui les concernent, peuvent avoir lieu dans un autre endroit que celui où siège le tribunal des prises; mais le tribunal a seul le droit de prendre les mesures exigées par ces dispositions, ainsi que pour les interrogatoires ultérieurs qui pourraient devenir nécessaires. Les parties qui ne seront pas présentes pour faire valoir leurs droits, peuvent se faire représenter.

Les tribunaux des prises doivent être guidés dans leurs décisions, par les règles et les principes du droit international. Ils ont donc à consulter de préférence les lois spéciales et les stipulations en vigueur entre l'État du capteur et celui de la prise.

Dans les temps modernes, l'usage a prévalu, pour les belligérants, de faire connaître, au commencement de la guerre, les règles qu'ils entendent imposer, en matière de prises, aux commandants de leurs navires. L'observation de ces prescriptions n'est toutefois obligatoire pour les juges qu'autant qu'elles sont en harmonie avec les principes généraux du droit international.

§ **459**. Sauf pour les pays et dans les cas où la loi municipale ouvre le recours en appel, les jugements de prises sont définitifs en ce qui concerne la validité de la capture et l'attribution de la propriété de la prise à celui qui s'en est emparé ; ils mettent fin à toute controverse, à toute procédure judiciaire entre le capteur et le capturé ; mais ils réservent à celui-ci tous ses droits dans son propre pays, et constituent même un commencement de preuve par écrit pour les actions accessoires ou connexes, telles que celles qui découlent des polices d'assurances contre les risques de guerre.

§ **460**. L'usage a prévalu partout d'adopter comme base de procédure une instruction sommaire confiée à l'autorité judiciaire ou administrative du port où la prise a été conduite, et dont les résultats écrits sont ensuite adressés au tribunal appelé à statuer sur la prise.

Voici généralement comment on procède à cette instruction. Le capteur, dès qu'il arrive au mouillage, est tenu de remettre à l'autorité chargée de faire l'instruction, l'ensemble des documents qu'il a en sa possession, tels que procès-verbal de capture, inventaire de prise, papiers de bord, plis cachetés, interrogatoire des capturés, enfin la confirmation sous serment de déclarations consignées dans ses rapports de mer. Ces premières formalités remplies, un délégué spécial se rend à bord de la prise, lève les scellés, dresse en présence des intéressés un inventaire détaillé tant du navire que de la cargaison, ordonne, s'il y a lieu, la vente des marchandises périssables et fait emmagasiner à terre celles qui doivent être conservées. Aussitôt qu'il se trouve muni du dossier résumant cette instruction préliminaire et des pièces ou des mémoires que les capturés ont pu de leur côté faire dresser pour la défense de leurs droits, le tribunal procède au jugement sur la validité ou l'illégitimité de la capture.

§ **461**. La sentence du tribunal de prises met fin à la responsabilité du capteur en même temps qu'elle donne ouverture à celle de l'État. Mais, si un semblable jugement est tenu pour définitif à l'égard des sujets du pays, quelques réserves sont admises à l'égard des étrangers, dont les gouvernements peuvent, certaines circonstances étant données, exiger que leurs nationaux soient dédommagés des préjudices qu'ils ont soufferts et, en cas de refus, recourir soit à des actes de représailles, soit à une rupture hostile.

Tout capteur est responsable des prises qu'il fait et des préjudices que ces actes ont occasionné à des tiers. Lors donc que la capture n'est pas déclarée bonne et valable par les tribunaux appelés à la juger et que la restitution aux ayants droit en est ordonnée, il peut, suivant les circonstances, être condamné soit à des dommages et intérêts, soit au paiement des frais de procédure; sous ce rapport les tribunaux sont souverains pour apprécier s'il y a lieu ou non à indemnité.

On demande si dans le cas où le capteur est dans l'impossibilité de payer les dommages et intérêts, l'État auquel il appartient doit le faire à sa place.

Il faut ici distinguer entre les vaisseaux de guerre et les corsaires. Dans tous les pays ces derniers doivent fournir un cautionnement destiné, entre autres choses, à assurer aux neutres satisfaction dans le cas où il leur serait porté préjudice. On doit donc rendre responsable le capitaine d'abord, ensuite le propriétaire; dans le cas où le capitaine et le propriétaire ne seraient pas une seule et même personne, leurs ressources privées et le cautionnement doivent être mis à contribution. Ce principe a été reconnu formellement par de nombreux traités.

§ **462**. On appelle captures en commun celles qui sont opérées par deux ou plusieurs navires agissant soit de conserve ou isolément, soit avec le concours ou sous la protection de troupes de terre.

L'usage général est de répartir le produit de la prise entre tous ceux qui ont effectivement et matériellement coopéré à la capture. L'appréciation de la part de coopération nécessaire pour constituer une capture en commun dépend en grande partie du caractère des navires et de leur situation respective au moment où la prise a été faite.

§ **463**. Dans les prises opérées par des vaisseaux de guerre, tous ceux qui sont présents au moment de la capture ont droit au partage de leur produit net. Cette règle est basée sur l'obligation qui incombe à tous les bâtiments de l'État indistinctement d'attaquer l'ennemi partout où il se trouve, et sur la présomption qui en découle que les vaisseaux de cette classe qui étaient présents sur le lieu de la capture, se trouvaient là *animo capiendi*. Quand les circonstances qui ont accompagné la capture, n'établissent pas d'une manière satisfaisante la présomption d'*animus capiendi*, ainsi qu'il arrive, par exemple, lorsque le bâtiment réclamant a dirigé sa route vers un lieu différent de celui où le fait s'est accompli, toute réclamation de sa part aux bénéfices de la prise est mal fondée. Il ne suffit pas non plus que le bâtiment qui prétend avoir concouru à la capture, prouve qu'il était en vue de celui qui l'a définitivement opérée ; il faut encore qu'il ait été vu par le navire capturé. Ce double fait se constate d'abord directement par les dépositions des témoins, ensuite implicitement par une déduction corrélative et incontestable. On entend par *être en vue* le fait d'être aperçu à la fois par le capteur et par le capturé, de sorte que la présence du tiers puisse être considérée comme une cause d'intimidation ou de découragement pour le navire poursuivi et d'appui moral pour le poursuivant.

Les services rendus antérieurement ou postérieurement à l'amarinage d'une prise ne donnent aucun droit aux bénéfices qui en proviennent.

§ **464**. Les navires convoyeurs peuvent être admis

aux bénéfices des prises, pourvu qu'ils soient munis de l'autorisation nécessaire et que la capture n'ait pas lieu à une distance telle qu'elle les empêcherait de remplir le devoir spécial qui leur est imposé, celui de protéger le convoi confié à leur garde. En abandonnant le convoi pour chasser une prise, ils perdent tous les droits attachés à leur caractère militaire.

§ **465**. Lorsque plusieurs navires sont réunis pour opérer sur un même point ou pour mener à fin la même entreprise, et lorsqu'ils sont sous les ordres d'un seul et même chef, l'usage a prévalu d'accorder à tous un droit égal de participation aux bénéfices des prises, quand bien même ils ne se seraient pas trouvés en vue au moment de la capture. Dans ces circonstances l'unique point à résoudre est de savoir si effectivement tous les bâtiments en question faisaient partie de l'escadre au moment de la prise. Par exemple, pour les navires employés au blocus de ports ou de côtes, le service de croisière est considéré comme collectif et solidaire, et tous les bâtiments qui font partie de l'escadre ont droit au partage de toutes les prises faites, bien que quelques-uns d'entre eux n'y aient pas coopéré.

Il ne faut pas croire cependant que le fait de la réunion suffise pour conférer un droit absolu de partage à tous les navires qui composent le groupe : il est encore nécessaire que ces navires soient revêtus d'un caractère militaire et en état de rendre des services de guerre. Par exemple, si un navire faisant partie d'une escadre chargée de maintenir un blocus se trouve désemparé ou avarié au point d'être hors d'état de rendre aucun service au moment de la capture, il est considéré comme exclu du partage, au même titre que le serait tout autre bâtiment resté étranger au fait de la capture. La même règle est appliquée aux bâtiments de transport, qui, en raison de leur destination particulière ne peuvent intervenir dans des actes de cette nature.

§ **466**. Si au moment d'une capture opérée par une

escadre un ou plusieurs des bâtiments qui font partie viennent à se séparer des autres de manière à ne pouvoir concourir à l'opération commune, on considère ces bâtiments comme ayant cessé de faire partie de l'escadre et ne devant plus par suite jouir des avantages qui échoient aux autres. Par contre, le gros de l'escadre ne peut réclamer le partage des prises faites par ces bâtiments qui s'en sont détachés. Il en est même de deux navires faisant route de conserve et qui viennent à se séparer soit pour cause de mauvais temps, soit afin de continuer chacun de son côté la chasse d'un ennemi ; les prises faites par chacun d'eux restent intégralement acquises à celui qui les a opérées et ne sont point partagées avec le gros de la flotte ou de l'escadre dont il fait partie, à moins que celle-ci n'y ait apporté un concours direct. La même chose arrive lorsqu'un navire, temporairement détaché d'une armée navale, rejoint le corps de bataille avant qu'un résultat définitif ait été obtenu. Enfin, lorsque deux navires poursuivent ensemble un navire ennemi et que l'un d'eux reçoit l'ordre de donner la chasse à un autre adversaire, tous les deux sont considérés comme ayant participé à la capture des navires poursuivis, quel que soit celui qui ait amariné la prise.

§ **467.** Certaines opérations militaires faites en commun par des forces navales et des forces de terre conduisent parfois à la capture de navires ou de marchandises ennemis ; lorsque les règlements sur les armées en campagne n'établissent pas à ce sujet des prescriptions différentes, on applique dans ce cas les principes généraux que nous venons de résumer. Seulement, pour qu'il y ait lieu à partage égal du produit des prises, il ne suffit pas, comme pour la marine, que les deux forces soient employées d'une manière générale à la poursuite du même but hostile ; il faut encore que les troupes de terre aient directement et effectivement concouru à l'acte même de la capture ; leur présence passive sur le lieu de l'engagement ou dans le voisinage de l'action ne leur ouvre aucun droit au butin.

§ **468**. On accorde quelquefois des lettres de marque aux bâtiments légers chargés de garder les côtes dans l'intérêt de la pêche ou du service des douanes afin qu'ils puissent croiser en dehors des limites ordinaires de leur circonscription et courir sus aux navires marchands ennemis. Ces bâtiments battent flamme et sont bien la propriété de l'État; mais ce ne sont pas à proprement parler des navires faisant partie de la flotte militaire; partant ils ne sont pas comme ceux-ci obligés de chasser partout les navires ennemis. Par la même raison, ils ne sont pas admis non plus au bénéfice de la présomption de l'*animus capiendi*. D'après ces diverses considérations les cours d'amirauté anglaises leur appliquent relativement aux captures faites en commun la jurisprudence consacrée pour les corsaires.

Les prises opérées conjointement par des embarcations armées se partagent avec les navires dont les embarcations sont détachées, celles-ci constituant une partie intégrante des bâtiments qui les ont équipées. Mais lorsqu'une de ces embarcations a agi séparément du navire auquel elle appartient pour se mettre à la disposition d'un autre bâtiment, ce dernier entre en partage des droits résultant de prises que l'embarcation peut avoir faites.

Les prises faites par des transports sont soumises aux mêmes règles. L'escadre à laquelle ces navires de transport appartiennent participe au produit de leurs prises, quelle que soit la distance à laquelle se trouve la flotte au moment où la capture a eu lieu; mais il faut pour cela que le caractère des navires et leur situation respective soient établis par des preuves suffisamment précises.

§ **469**. Les navires alliés ont droit au partage des

prises. Sous ce rapport on ne distingue point si le produit des prises faites en commun est adjugé aux gouvernements ou attribué aux officiers et aux équipages capteurs.

Lorsque le gouvernement d'un des capteurs alliés décide qu'il y a lieu de restituer la prise et que le gouvernement de l'autre est d'un avis contraire, les juges se bornent à fixer la part qui revient aux deux groupes de capteurs, en laissant chacun libre de disposer de son lot. Une capture faite en commun par plusieurs alliés soulève naturellement la question de savoir quel est le tribunal compétent pour prononcer sur la validité des prises. C'est pour aller au devant de toute difficulté à cet égard que lors de la guerre d'Orient, par convention spéciale du 20 mai 1854, la France et l'Angleterre établirent les règles suivantes :

« 1° Si la capture a été faite par des bâtiments des deux nations agissant en commun, le produit net de la prise, déduction faite des dépenses nécessaires, sera divisé en autant de parts qu'il y aura d'hommes embarqués sur les bâtiments capteurs, sans tenir compte des grades; les parts revenant aux hommes embarqués sur les bâtiments de la nation alliée seront payées et délivrées à la personne dûment autorisée par le gouvernement allié à les recevoir; la répartition des sommes revenant aux navires respectifs sera faite par les soins de chaque gouvernement, suivant les lois et les règlements du pays;

« 2° Si la prise a été faite par des croiseurs de l'une des deux nations alliées en présence et en vue d'un croiseur de l'autre, le partage, le paiement et la répartition du produit net de la prise, déduction faite des dépenses nécessaires, auront lieu également de la manière indiquée ci-dessus;

« 3° Si la prise faite par un croiseur de l'un des deux pays a été jugée par les tribunaux de l'autre, le produit net de la prise, déduction faite des dépenses nécessaires, sera remis de la même manière au gouvernement du capteur pour être distribué conformément à ses lois et règlements. »

§ **470.** Les corsaires, n'étant pas obligés, comme les bâtiments de guerre, d'attaquer l'ennemi partout où ils le rencontre, ne jouissent pas de l'ensemble des droits et des avantages acquis aux navires de la marine militaire, c'est-à-dire qu'on ne leur applique pas la présomption de l'*animus capiendi :* leur intention de procéder ou de coopérer à une capture doit être démontrée par des actes précis, ou établies par des preuves non équivoques; aussi refuse-t-on aux corsaires toute participation aux prises pour le fait seul de s'être trouvés en vue lorsque les captures ont été opérées. On comprend en effet que procéder différemment donnerait lieu à de nombreux abus, un corsaire pouvant, par exemple, être tenté de suivre à distance une escadre ou une division navale pour profiter sans danger et sans peine du butin fait sur l'ennemi.

Dans le cas de prises opérées par un corsaire conjointement avec un bâtiment de guerre, les droits de ce dernier ne priment pas ceux qui appartiennent en propre au corsaire, et il y a lieu à concert entre eux pour la surveillance des intérêts respectifs et la sauvegarde des droits des tiers.

Quand, la poursuite ayant eu lieu en commun, le corsaire se trouve le premier à portée de canon et ouvre son feu, tandis que le navire de guerre s'empare réellement de la prise on les considère tous les deux comme l'ayant faite en commun, et le bénéfice en est partagé entre eux par portions égales. Dans le cas où un des capteurs a eu à supporter des dépenses pour la conservation des intérêts communs, le remboursement s'en effectue sur la totalité de la prise, et le restant net donne seul lieu à la répartition réglementaire.

§ **471.** En l'absence de règlements fixant le mode de partage des prises opérées en commun, la répartition se fait par les voies judiciaires. La règle habituelle des tribunaux est dans ce cas de prendre pour base la force relative des navires capteurs, déterminée d'après le chiffre de l'équipage du bâtiment qui a amariné la prise, et le nombre des hommes placés à bord des navires qui ont coopéré à la capture. Cette même règle s'applique aux prises faites en commun par un bâtiment de l'Etat et un navire privé, national ou allié, qu'il soit ou non muni de lettres de marque.

QUATRIÈME PARTIE

FIN DE LA GUERRE

CHAPITRE PREMIER

DES TRAITÉS DE PAIX

§ **472**. Le but suprême de la guerre est la paix, c'est-à-dire le rétablissement du calme et de la tranquillité, en d'autres termes, des rapports d'amitié et de bonne harmonie entre les nations que les hostilités avaient désunies.

Il y a trois moyens principaux de réaliser la paix : 1° la cessation de fait des hostilités de la part des belligérants et la reprise entre eux des relations qui existaient avant la guerre ; 2° la soumission absolue de l'un des États belligérants à l'autre par suite de conquête et d'absorption ; 3° la conclusion d'un traité général et formel de paix.

§ **473**. L'usage consacré veut que les belligérants, quand ils entendent mettre fin à la guerre, fassent une déclaration expresse pour constater la cessation des hostilités ou stipulent à cet effet des arrangements *ad hoc*. Toutefois, comme il n'existe à cet égard aucune obligation impérative, ils peuvent par une espèce de convention tacite suspendre de fait tout acte de guerre et rétablir immédiatement entre eux des relations d'amitié et de bonne intelligence. Ainsi la guerre entre la Pologne et la Suède se termina en 1716 par une simple suspension des hostilités de part et d'autre, et ce fut seulement dix ans plus tard que l'état de paix entre ces puissances fut reconnu *de jure* par des lettres échangées entre les deux souverains. Dans des temps plus rapprochés de nous on a vu suspendre de fait la guerre déclarée entre l'Espagne et le Chili et se renouer les relations commerciales entre les deux pays, avant qu'un traité formel de paix fût venu mettre un terme au conflit qui avait amené la lutte et la rupture des rapports diplomatiques. Un pareil mode de procéder n'est cependant pas sans inconvénient. Dans cet état de choses le *statu quo* accepté par les belligérants lors de la suspension des hostilités peut sans doute servir de base naturelle au rétablissement des relations pacifiques; mais en l'absence d'une déclaration expresse on ne saurait en inférer que les griefs ou les réclamations qui ont donné naissance à la guerre ou que la guerre a suscités, se trouvent abandonnés; ils doivent plutôt être considérés comme restant à l'état de question ouverte ou comme n'ayant plus de raison d'être.

§ **474**. La soumission du vaincu au vainqueur par suite de conquête ou d'absorption peut être absolue ou conditionnelle. La soumission, même sans condition, doit être interprétée selon les lois de l'humanité, c'est-à-dire que le vainqueur n'a pas le droit d'exiger ce qu'un homme n'a pas le droit d'imposer à un autre. Suivant les lois modernes de la guerre, l'État vainqueur est fondé à dépouiller l'État vaincu de tout ou partie de son domaine souverain; mais il ne peut jamais s'emparer des droits privés de l'ennemi ni enchaîner la liberté des personnes.

§ **475**. Les traités de paix sont des conventions par lesquelles deux ou plusieurs souverains consacrent entre eux d'une manière expresse la fin des hostilités, sans que pour cela l'une des parties tombe pour l'avenir sous la dépendance absolue de l'autre.

§ **476**. En principe on peut établir que l'autorité suprême investie de la faculté de déclarer la guerre possède seule aussi celle de signer la paix ; c'est du moins ce qui a lieu dans les monarchies absolues et même dans la plupart des États représentatifs.

Cependant, si la personne revêtue du plus haut pouvoir et du droit de représenter l'État ne peut, d'après la constitution, conclure la paix sans le consentement des chambres ou de tout autre corps politique, cette restriction doit être respectée en droit international, et le traité ne sera valable et exécutoire que si la ratification est accordée ou si, par suite d'un changement de constitution, elle n'est pas requise.

L'autorité générale de conclure les traités de paix implique nécessairement la faculté d'en stipuler les conditions. Lorsqu'une nation a conféré à son pouvoir exécutif sans réserve le droit de traiter et de contracter des engagements avec les autres États, elle est considérée comme l'ayant investi de toute l'autorité nécessaire pour faire un contrat valable.

Il est telles circonstaces par suite desquelles un souverain ne serait plus capable d'exercer la prérogative qu'il tient de son titre ou de la constitution de ses États, de traiter de la paix.

Lorsque, par exemple, un prince est devenu prisonnier de guerre, il se trouve dans une certaine mesure dépouillé de la liberté de ses actes et de ses décisions, qui peuvent dès lors sembler enchaînées par la force ou dominées par une pression irrésistible. En pareil cas ce sont les corps constitués de la nation, privée temporairement de son souverain qui sont appelés à exercer le pouvoir de négocier et de conclure la paix.

§ **477**. Souvent les belligérants, quoique également las de la guerre, continuent les hostilités, soit par opiniâtreté ou animosité, soit plutôt parce que chacun d'eux craint de faire des avances qu'on pourrait prendre pour un symptôme de faiblesse. Alors des amis communs interposent leurs bons offices en prenant simplement l'initiative d'une démarche qui ménage les amours-propres respectifs, ou en offrant une médiation qui facilite et détermine les négociations finales de la paix.

Nous avons déjà traité ailleurs de la portée et de la forme de cette médiation, des devoirs et des droits des médiateurs.

Mais le cas peut se présenter qu'un État intervenant comme médiateur prétende non seulement donner des conseils, mais les faire prévaloir, en laissant entendre, en déclarant même explicitement, qu'il est décidé à imposer par la force les conditions qu'il propose : c'est ce qu'on appelle le médiation armée.

Du moment que le médiateur armé se déclare prêt à prendre part à la guerre, si les belligérants n'acceptent pas les conditions qu'il prétend leur imposer, il se place de fait en dehors du droit des gens en temps de paix, et les relations entre lui et les belligérants se règlent d'après la raison d'État et la nécessité.

§ **478**. Dans la plupart des cas de nombreux pourparlers et travaux préparatoires retardent la signature du traité de paix définitif; alors, afin d'assurer immédiatement le rétablissement de la paix, on a recours à une convention provisoire, connue généralement sous la dénomination de *préliminaires de paix*.

Ces préliminaires ne sont souvent qu'un sommaire abrégé des stipulations essentielles de la paix définitive : mais souvent aussi ils prennent la forme de véritables traités. Dans l'un et l'autre cas, dès qu'ils ont été signés et ratifiés, ils deviennent obligatoires et produisent dans la limite de leur teneur les mêmes effets que les traités définitifs par lesquels ils doivent être remplacés, indépendamment du sort de ces derniers, à moins qu'on ne soit expressément convenu du contraire : ce qui changerait le traité préliminaire en un simple projet.

La conclusion des préliminaires ne suspend par les négociation pour le traité définitif, lesquelles se continuent dans le même endroit ou dans un autre choisi à cette fin.

§ **479**. Dans les traités de paix il y a lieu de distinguer les articles *généraux* et les articles *particuliers*.

Les articles généraux sont ceux qu'on retrouve dans tous les traités de paix, le plus souvent rédigés dans des termes semblables, et qui comportent généralement le rétablissement de la paix, la cessation des hostilités et de leurs conséquences immédiates, l'échange ou la restitution des prisonniers, l'amnistie, la reprise du commerce, de la correspondance, etc.

Les articles particuliers sont propres à tel ou tel traité pris isolément et n'ont peu ou point de rapports de similitude avec ceux d'autres traités : ils renferment plus spécialemeut les conditions de la paix.

Quelquefois, après que le traité a été rédigé, on y ajoute des articles séparés, mais en les déclarant expressément aussi obligatoires que s'ils étaient insérés dans le traité même. Ces articles ont ordinairement trait aux conditions mêmes de la paix ou à l'exécution du traité. Ils peuvent être publics ou secrets.

§ **480**. Il peut arriver que plus de deux puissances aient pris une part directe à la guerre ; or, toutes ces puissances doivent concourir à la paix. En pareil cas, ou bien on rédige un seul traité auquel toutes les puissances sont parties contractantes principales ; ou bien chaque puissance, signe avec son ennemi un traité séparé, duquel il ne résulte ni droit ni obligation pour les autres puissances, à moins que ces traités conclus séparément ne soient rendus communs par un accord exprès ; ou bien encore une puissance accède à un traité déjà conclu, auquel elle devient dès lors partie principale, en obtenant ainsi tous les droits et en se chargeant de toutes les obligations qu'elle aurait eues, si elle eût signé immédiatement le document principal.

Parfois aussi un traité de paix concerne de différentes manières des puissances qui n'ont pas pris une part directe à la guerre, mais qui étaient des auxiliaires, ou qui du moins avaient quelque intérêt à la guerre ou à la paix. Il se peut alors que l'une des puissances contractantes principales stipule quelque chose en leur faveur, soit en les comprenant dans le traité de manière à étendre sur elles la paix et l'amitié, sans toutefois les rendre par là parties contractantes principales, soit en insérant simplement dans le traité une clause qui leur soit particulière ; or dans ce cas il n'est pas nécessaire qu'elles signifient formellement leur acceptation. Il se peut encore qu'on ajoute au traité des conventions séparées conclues avec ou entre de tels Etats et que ces conventions soient déclarées faire partie du document principal.

§ 481. Enfin des tierces puissances peuvent être invitées à accéder au traité en vue d'obtenir leur assentiment ou de leur faire honneur. Toutes les fois qu'une puissance accède à un traité de paix, soit dans ces dernières conditions, soit comme partie principale contractante, elle dresse un acte d'accession, dans lequel le traité de paix est inséré, et les parties principales rédigent un acte d'acceptation, renfermant le traité de paix et l'acte d'accession.

§ 482. D'autres fois certaines puissances protestent formellement contre un traité de paix ou contre un ou plusieurs de ces articles ; dans ce cas elles adressent un acte de protestation aux principales puissances contractantes.

§ 483. Embrassant tous les effets des accords internationaux et des conventions publiques ordinaires, les traités de paix entraînent en outre avec eux des conséquences qui leur sont propres et particulières. Nous allons en exposer les plus importantes.

Ces pactes établissent tout d'abord de nouvelles relations entre les contractants ; peu importe que la guerre ait été justement ou injustement entreprise par le vainqueur.

La paix termine absolument les différends internationaux et règle d'une manière définitive les contestations qui ont été la cause ou le prétexte des hostilités. Une guerre nouvelle ne peut être provoquée que par des causes nouvelles.

En règle générale les traités de paix mettent fin à toute espèce de désaccord et de réclamations d'Etat à Etat, sauf sur les points découlant de faits accomplis pendant la guerre et pouvant prêter à des règlements particuliers.

Ces mêmes traités renferment toujours une clause générale d'oubli, c'est-à-dire une déclaration portant que les belligérants regardent leurs inimitiés comme entièrement apaisées et promettent réciproquement de ne plus en faire un sujet de guerre. La stipulation est forcément complétée par une amnistie en faveur des personnes et le pardon de tous les délits de trahison dont les sujets des Etats belligérants ont pu se rendre coupables. Lorsque cette clause n'est pas expressément énoncée, elle est virtuellement sous-entendue, car l'amnistie est un des éléments essentiels de la paix.

§ **484.** Une des conséquences nécessaires et logiques de l'amnistie, c'est que, dès que la paix est signée, les prisonniers doivent être remis en liberté. Cette libération est de droit : seulement, comme il pourrait y avoir des inconvénients et même des dangers à relâcher les prisonniers, surtout lorsqu'ils sont en grand nombre, sans les astreindre à une certaine discipline, il est d'usage de les reconduire dans leur pays sous la surveillance des autorités militaires. Quant aux remboursement des frais occasionnés par l'entretien des prisonniers durant leur captivité et par leur transport jusqu'à la frontière, il peut faire l'objet d'arrangements particuliers entre les Etats contractants : mais, que ce remboursement soit exigé ou non, la discussion de cette question ne saurait entraver le rapatriement des prisonniers.

§ **485**. L'état de possession au moment de la conclusion de la paix est considéré, à moins de dispositions contraires, comme la base du nouvel ordre public créé par la paix : chacun conserve la souveraineté du territoire qu'il occupe. Le traité peut cependant établir la paix sur d'autres bases que l'état de possession, ou rétablir souvent les choses telles qu'elles existaient avant la guerre. Lorsque le vaincu ne peut obtenir la paix qu'au prix d'une portion de son territoire, cette cession fait partie intégrante du traité de paix ou d'un acte spécial y annexé, dans lequel les contrées cédées sont énumérées, les nouvelles frontières entre les Etats contractants délimitées, etc. La paix seule donne la sanction du droit à la conquête ou à l'annexion violente.

Quant à la question de la légitimité des cessions de territoire imposées comme condition de paix, Fiore pense que, si elles ne peuvent être considérées comme le but que le vainqueur se propose en faisant la guerre, si elles ne sont pas non plus un droit inhérent au droit de guerre, néanmoins on ne peut dans tous les cas blâmer le vainqueur qui pose une semblable condition de paix.

D'après Fiore, cette exigence extrême n'est légitime que si la cession de territoire est rendue indispensable pour prévenir de nouvelles causes de guerre dans l'avenir. D'où il conclut la règle suivante :

« La conquête d'un territoire ne peut pas être par elle-même une condition suffisante pour exiger la cession du territoire conquis quand le droit du vainqueur n'existe pas. Le vainqueur pourra imposer cette cession, quand elle sera justifiée par des conditions évidentes de moralité et par un intérêt général d'assurer la paix ».

Geffcken n'admet pas, comme Fiore, que, d'après le droit international moderne, la cession de territoire soit juste ou injuste, suivant qu'elle est conforme ou contraire aux tendances des habitants. Il n'admet pas non plus la condition que pose Bluntschli : « La reconnaissance de la cession par les personnes qui, habitant le territoire cédé et y jouissant de leurs droits politiques, passent au nouvel Etat. » Pour lui, l'assentiment de la population n'est que désirable, la puissance qui dans sa souveraineté politique et législative fait la concession, voilà l'autorité dont l'assentiment est seul nécessaire ; exiger la sanction spéciale de la partie cédée, ce serait dans la plupart des cas demander que le vaincu sorte de la guerre la plus injuste qu'il a commencée lui-même, sans éprouver aucune perte de territoire.

Quant à nous, nous abondons dans le sens de Bluntshli et de Fiore, et nous admettons dans la même mesure que ce dernier la nécessité de la sanction donnée par la population conquise.

Ce serait assurément un non sens que de prétendre entacher rétroactivement d'illégitimité toutes les annexions de territoire qui ont été accomplies contrairement à la volonté des populations annexées : il faut le reconnaître, le droit de conquête est un des facteurs qui ont joué le plus grand rôle dans les révolutions de l'histoire.

Mais n'y a-t-il pas une inconséquence plus frappante encore à annuler le libre arbitre d'un peuple en lui imposant une nationalité qu'il renie, alors que d'un autre côté on lui octroie le suffrage universel. C'est donner d'une main pour reprendre de l'autre ; c'est établir en principe ce qu'on détruit en fait.

Le droit seul de la force est impuissant à satisfaire

là-dessus la conscience publique; aussi voit-on les gouvernements qui font de semblables annexions, chercher à les étayer de prétendus droits dérivés de l'histoire, de circonstances ethnographiques, nécessités stratégiques, etc Ce sont là des arguments qui peuvent n'être pas sans valeur pour les érudits, mais ne convainquent pas les peuples; des arguments qu'on pourrait bien avancer pour appuyer les vœux et les revendications d'opprimés, mais qui, à nos yeux, ne sauraient être mis en balance avec des considérations d'une importance si manifestement supérieure.

§ **486**. Toutes les pratiques, tous les actes violents de la guerre cessent avec la signature de la paix. Dès que la paix est conclue les caisses publiques ne peuvent plus être saisies par l'occupant; elles doivent être remises sans retard aux autorités régulières.

Mais lorsque l'armée se trouve en pays ennemi au moment de la conclusion de la paix, le retrait des troupes exige un certain temps; il y a donc des mesures transitoires à prendre pour la sécurité de ces troupes, jusqu'à ce que l'évacuation du pays occupé soit définitivement consommée.

§ **487**. Cependant la conclusion de la paix ne met pas toujours un terme à l'occupation du territoire de l'un des belligérants par l'autre C'est ce qui a lieu lorsque, par les préliminaires ou le traité de paix, a été stipulé le paiement d'une indemnité de guerre d'une telle importance que ce paiement ne peut s'effectuer intégralement que dans un certain délai et par des acomptes successifs, dont la quotité et les époques sont déterminées dans les conventions relatives à la paix. En garantie de l'exécution de ces arrangements et jusqu'à l'acquittement total de l'indemnité stipulée, les troupes victorieuses continuent d'occuper une partie du territoire ennemi, qu'elles doivent évacuer ou entièrement à la fois lors du paiement intégral, ou progressivement à mesure du versement des acomptes.

§ 488. Le traité de paix n'invalide pas les engagements contractés antérieurement à l'état de guerre, notamment ceux qui concernent les territoires occupés par chacun des belligérants ou à eux restitués, pourvu que ces engagements aient établi des rapports permanents et réels inhérents à ces territoires, les choses restituées à chacune des parties étant censées reprendre leur ancien caractère légal.

Il n'altère pas non plus les créances définitives ayant pour objet des prestations déterminées, constatées par des titres non contestés et exigibles déjà avant l'ouverture des hostilités : car la guerre n'est pas une cause destructive des dettes.

Les droits privés des sujets et des souverains belligérants, ainsi que ceux de leurs familles, ne subissent aucun changement, à moins de dispositions particulières.

§ 489. En ce qui concerne les prises maritimes, on conçoit que les navires, avec leurs chargements, dont la capture a été jugée légitime par les tribunaux compétents des pays belligérants avant la paix, ne soient pas rendus ou ne donnent lieu à aucune indemnité ; mais il est d'usage de restituer ceux dont la condamnation n'a pas encore été prononcée au moment de la conclusion de la paix, ou d'en payer la valeur.

§ 490. Les conventions dont la mise en pratique avait été suspendue pendant la guerre, rentrent en vigueur de plein droit à la conclusion de la paix, à moins qu'elles n'aient été modifiées par le traité de paix ou qu'elles ne se rapportent à des choses que la guerre a anéanties ou matériellement modifiées.

§ 491. Les obligations découlant d'un traité de paix doivent être remplies à partir de la date de l'échange des ratifications.

Le traité peut avoir un effet rétroactif, qui remonte jusqu'à la date de sa signature ; mais il faut que cela soit stipulé expressément dans le traité même : La mise en vigueur peut aussi en être différée à une époque postérieure à la ratification, mais également en vertu d'une disposition particulière. Par contre l'acte de ratification peut avoir un effet rétrospectif et confirmer le traité conformément aux termes de ses clauses.

Quoi qu'il en soit, dans la plupart des cas on n'attend pas la ratification du traité pour mettre fin aux hostilités ; elles cessent de fait bien antérieurement, non pas en vertu du traité de paix, puisqu'il n'existe pas, mais en vertu d'un armistice ou de préliminaires de paix, qu'en général les belligérants concluent pour entamer les négociations qui doivent aboutir au traité définitif : cet armistice se prolonge jusqu'à l'issue de ces négociations.

§ **492.** Pour que les traités de paix soient valides, il faut le concours des trois conditions suivantes :

1° Que les parties contractantes soient dûment autorisées à les conclure ;

2° Qu'elles y donnent leur plein assentiment ;

Et 3° que ce consentement soit libre et spontané.

A ces trois conditions on peut en ajouter deux autres, savoir : que l'entente et l'adhésion aux stipulations soient réciproques, et que l'exécution en soit praticable et facile.

§ **493.** La non-exécution ou la violation d'une ou de plusieurs dispositions du traité constitue une infraction de nature à occasionner de nouvelles complications, à entraîner même la nullité du traité; elle affranchit en tout cas la partie adverse de l'obligation de l'accomplir de son côté, ou lui donne le droit de demander un dédommagement, une réparation et des garanties pour l'avenir.

§ **494.** L'expérience nous enseigne que malheureusement tous les Etats n'ont pas également tenu à l'honneur de considérer leurs engagements comme sacrés et inviolables : c'est ce qui a forcé de recourir à des garanties et à des précautions contre la perfidie et la mauvaise foi. On puise le plus souvent ces garanties soit dans le dépôt à titre de gage de valeurs mobilières, soit dans l'occupation temporaire de forteresses, de villes ou de portions de territoire, soit dans l'intervention d'un souverain tiers, qui fortifie de sa propre parole les engagements pris par l'une des parties contractantes.

Lorsque des tierces puissances garantissent ainsi le traité de paix, cette garantie peut être donnée en faveur de toutes les parties contractantes, ou seulement à l'avantage de l'une d'elles ; elle peut s'étendre au traité tout entier ou être limitée à un ou à plusieurs articles particuliers.

Les actes de garantie sont, quant à la forme, dressés comme le sont les actes d'accession, et ils sont acceptés de même.

La garantie oblige le garant à soutenir l'exécution du traité et à prêter sous ce rapport aide et secours, même les armes à la main, à celui pour lequel il s'est porté garant et qui en fait la réquisition ; mais la garantie n'autorise pas à s'opposer aux changements que les parties contractantes voudraient faire au traité ; dans ce cas toutefois la garantie cesse d'être obligatoire, du moins par rapport à ces changements.

Quant aux alliés qui ont participé à la conclusion de la paix, le fait de la garantie fait renaître pour eux le *casus fœderis*.

La durée de ces sortes de garanties est naturellement égale ou proportionnée au temps nécessaire pour l'accomplissement de l'objet en vue duquel elles ont été constituées.

§ **495.** Les traités de paix débutent ordinairement par une déclaration de paix et d'amitié *perpétuelles* entre les Etats contractants : mais on conçoit que la paix ne puisse faire disparaître immédiatement les antipathies nationales et engendrer la confiance dans le nouvelle ordre de choses qu'elle crée. Cette proclamation de perpétuité est donc la plupart du temps purement illusoire. Cette qualification de *perpétuelle* appliquée à la paix « ne doit pas s'entendre, dit Vattel, comme si les contractants promettaient de ne jamais se faire la guerre pour quelque sujet que ce soit. La paix se rapporte à la guerre qu'elle termine, et cette paix est réellement perpétuelle, si elle ne permet pas de réveiller jamais la même guerre, en reprenant les armes pour la cause qui l'avait allumée ».

Un traité de paix peut se rompre de deux manières : soit par une conduite contraire à l'essence de tout pacte pacifique, comme, par exemple, la reprise des hostilités sans motif plausible après le délai convenu pour la fin de la lutte, ou en invoquant de nouveau la cause qui a motivé la guerre, soit par l'infraction à quelqu'une des clauses du traité.

CHAPITRE II

DU DROIT DE POSTLIMINIE ET DU DROIT DE REPRISE

§ **496**. Le droit de *postliminie (jus postliminii)* est une fiction juridique en vertu de laquelle les choses ou les personnes qui sont tombées au pouvoir de l'ennemi, recouvrent leur état primitif, lorsqu'elles rentrent sous la puissance de la nation à laquelle elles appartenaient avant la guerre, et que dans ce cas elles sont censées n'avoir jamais quittée.

La législation internationale moderne ne lui a cependant pas conservé la signification circonscrite que lui donnaient les lois romaines, qui, s'inspirant des conditions historiques et du régime particulier consacré pour la constitution de la société et de la famille, avaient attribué au droit de *postliminie* un caractère privé plutôt que public. C'est pour ne s'être pas arrêté à cette considération que Hallam a été amené à penser que le droit de posliminie est tellement subordonné aux fictions des jurisconsultes romains, qu'on ne saurait l'admettre comme faisant partie du droit des gens universel et que son application. même par analogie, est sans portée dans les temps modernes. Ce qui de nos jours distingue principalement le droit de postliminie de ce qu'il était dans les temps anciens, c'est que, tout en conservant sa portée dans le droit privé, il a un caractère essentiellement public; il n'est point limité aux membres d'une seule nation, mais s'étend à ceux de toutes les nations et se retrouve par conséquent dans les relations des nations entre elles.

§ **497**. Quelques auteurs ont prétendu que le droit de *postliminie* est fondé sur le devoir imposé aux Etats de protéger la personne et les biens de leurs sujets contre les opérations de l'ennemi. Cette raison peut bien entrer pour quelque chose dans la constitution de ce droit; mais elle ne saurait lui servir de base, attendu qu'elle a un caractère purement individuel. Ce droit repose sur le grand principe de la souveraineté des nations.

§ **498**. L'étendue du droit de postliminie n'est point absolue; elle se modifie nécessairement selon la nature particulière des événements auxquels il se rapporte. Toutes les fois que les biens immobiliers appartenant à des particuliers et séquestrés par l'ennemi rentrent dans le domaine éminent de la nation de laquelle des propriétaires dépendent, ces biens bénéficient du droit de retour; si l'ennemi, pendant qu'il les occupait, les a aliénés, pareille aliénation est considérée comme nulle et n'infirme pas la revendication des propriétaires dépossédés. Cependant le traité de paix peut stipuler des dispositions spéciales, voire même contraires, à cet égard.

En ce qui concerne les choses mobilières, le caractère distinct que les législations modernes leur attribuent ne permet plus de les assujettir à l'exercice du droit de postliminie; on en excepte du moins les objets qui, d'après les usages généraux ou les lois intérieures, sont devenus propriétés ennemies à titre de butin de guerre.

Lorsqu'un territoire occupé par l'ennemi rentre sous l'autorité de son souverain légitime avant ou après la fin de la guerre, soit par la force des circonstances, soit par suite d'un traité de paix, on considère que le droit de ce souverain n'a point été interrompu : l'application du *jus postliminii* n'admet dans ce cas ni doute ni discussion.

Lorsque la restitution est stipulée par le traité de

paix, le territoire ou les lieux occupés doivent être rendus dans l'état où ils se trouvaient lors de l'occupation ; toutefois les changements et les détériorations survenus depuis ne peuvent être l'objet d'aucune réclamation ; le détenteur n'est pas tenu non plus à la restitution des fruits perçus par lui : il jouit en outre de la faculté d'enlever les choses à lui appartenant affectées, à l'usage des lieux occupés par lui.

L'État qui n'a pas été occupé par l'ennemi, comme le peuple qui à la suite d'une révolution, secoue le joug de ses anciens maîtres et conquiert une nationalité propre, a aussi bien le droit de rétablir des institutions par lesquelles il était précédemment régi que d'en adopter de nouvelles : mais les publicistes ne sont pas d'accord sur l'exercice du droit de postliminie, lorsque l'Etat a obtenu son indépendance grâce au secours que lui a prêté une autre nation.

Pour résoudre cette question, ils ont établi une distinction entre le cas où l'indépendance est due à l'assistance d'un allié, et celui où elle l'est à l'intervention d'une puissance amie. Vattel et Halleck admettent que dans les deux cas l'Etat rendu libre possède des titres suffisants pour se prévaloir du droit dont nous nous occupons ici.

Heffter et Bluntschli soutiennent, au contraire, que dans le cas (et dans ce cas seulement) où les troupes ennemies ont été repoussées par une puissance étrangère seule, l'ancien état de choses ne pourra être rétabli sans le consentement de celle-ci; toutefois il va sans dire que le libérateur ne pourra disposer de ce pays d'une manière définitive sans tenir compte de la volonté des populations.

§ **499**. Les nations alliées contre un ennemi commun devant être considérées comme un seul Etat, le droit de postliminie est applicable aux choses et aux personnes saisies par l'un ou l'autre des alliés.

Quant au territoire où ce principe peut être mis en

pratique, il convient d'envisager la nature de l'alliance. Ainsi dans le cas d'une alliance générale on en fera respectivement l'application au territoire de chacune des parties contractantes. Lorsque, de deux puissances alliées, l'une est complètement subjuguée et que l'autre ne dépose pas les armes, l'association des belligérants continue de subsister, et par suite le droit de *postliminie* subsiste également. Lors donc que la première de ces deux nations recouvre sa liberté, les anciens propriétaires peuvent *ipso facto* revendiquer leurs biens.

§ **500**. Aucun des actes rétroactifs dérivant du droit de postliminie ne saurait naturellement se produire chez un peuple complètement conquis par le vainqueur, c'est-à-dire ayant perdu son indépendance, attendu que, quand même il parviendrait à recouvrer sa liberté par suite d'une révolte ou d'une intervention étrangère, il ne serait pas en son pouvoir d'annuler les faits qui se sont accomplis pendant la période de conquête et ont assumé un caractère de légalité incontestable et indélébile.

§ **501**. Le droit de postliminie, tenant essentiellement à l'état de guerre, n'a d'effet, à proprement parler, que pendant la durée des hostilités et cesse en général avec le rétablissement de la paix ; toutefois, à moins de stipulation contraire, expresse ou implicite, il est encore susceptible d'être appliqué après la paix dans les espèces qui n'ont pas été résolues par le traité et pour lesquelles la mise en pratique de l'*uti possidetis* n'est pas possible. Ainsi, par exemple, lorsque le traité de paix ne contient pas de dispositions formelles sur les propriétés saisies pendant la guerre, ces propriétés restent dans l'état où le traité les a trouvées, et sont ainsi acquises à ceux qui les détiennent.

§ **502**. L'application du droit de postliminie aux reprises touche à la fois aux intérêts des belligérants et à ceux des neutres.

Lorsque le navire appartient à la nation qui en a opéré la reprise, il est clair que le droit de reprise et de propriété sera régi selon les lois intérieures de cette nation et que la restitution du bâtiment et de sa cargaison s'effectuera conformément à leurs dispositions. Ce qui en semblable matière complique la saine application du droit de postliminie, c'est le caractère variable des conditions auxquelles chaque pays soumet ses captures et les reprises avant de consacrer l'extinction légale des droits du possesseur primitif.

§ **503**. D'après un examen succinct de la législation des principales nations maritimes, on peut regarder comme généralement admis les règles et les principes suivants :

La reprise n'est possible que si la prise n'a pas encore été adjugée ; jusqu'à ce qu'un tribunal ait prononcé, le sort de la prise est incertain : ni le capteur, ni le gouvernement duquel il dépend n'ont de droits sur le navire ou sur son chargement ; et comme la prise ne repose que sur le droit du plus fort, elle peut être annulée par la force : la reprise peut donc, par application spéciale du droit de postliminie, annuler la capture primitive.

Mais une fois qu'un jugement a été prononcé, la prise devient légalement la propriété de celui auquel elle est attribuée ; et si le navire est repris plus tard par l'ennemi, c'est absolument comme s'il s'agissait d'une nouvelle prise. Toutefois la reprise ne confère pas au recapteur les droits du capteur : elle a des effets essentiellement négatifs. Le recapteur est tenu de respecter les biens qu'il a sauvés des mains de l'ennemi, sauf à réclamer pour ses peines et ses sacrifices une rémunération, dont le chiffre varie selon la législation particulière des différents pays en cette matière.

Une condition essentielle pour qu'il y ait lieu à reprise et par suite à l'exercice du droit de recousse, c'est que la prise soit réellement au pouvoir de l'ennemi ou qu'elle soit dans une condition tellement précaire que la capture en soit considérée comme inévitable.

Lorsque le capteur d'un navire ennemi abandonne sa prise, il est entendu qu'il renonce aux droits qu'il pouvait avoir sur elle. Celui qui s'empare ultérieurement du navire abandonné, ne saurait invoquer le bénéfice du droit de recousse, attendu que ce droit ne s'applique légitimement qu'au cas où la propriété a été réellement délivrée des mains d'un capteur.

§ **504**. Quelque différence que nous ayons à signales dans l'application du droit de recousse chez les diverses nations dont nous avons examiné la législation, toutes sont cependant d'accord pour établir une distinction entre la recousse militaire et la recousse civile : la première concerne la reprise de navires ou d'objets tombés au pouvoir de l'ennemi ; la seconde, qui mérite plutôt la qualification de sauvetage et tient du droit de refuge, se produit en cas de reprise d'un navire en détresse qui avait été forcé de relâcher dans un port ennemi pour échapper au naufrage.

Il peut arriver que les deux cas se présentent simultanément, et qu'un tribunal décide que les recapteurs aient, pour exercer leur droit, le choix de l'un ou de l'autre des deux modes de recousse.

§ **505**. Des troupes de terre peuvent participer au bénéfice du droit de recousse pour la reprise, opérée par elles avec ou sans le concours de forces maritimes, de navires mouillés dans un port de mer, lorsque la reprise est le résultat nécessaire et immédiat d'opérations militaires dirigées contre la ville dans le port de laquelle se trouvent les navires.

§ **506**. Il peut également se faire que la reprise soit opérée par les hommes de l'équipage du navire capturé qui sont restés à bord, soit qu'ils se révoltent, soit qu'ils profitent d'un accident favorable. La jurisprudence anglaise accorde à ces marins le bénéfice de la recousse.

On n'a pas encore résolu d'une manière uniforme la question relative aux droits que conserve le propriétaire d'une cargaison ou d'un navire neutre capturé par l'un des belligérants et repris par l'autre avant qu'un tribunal compétent en ait prononcé la confiscation. La plupart des règlements qui régissent les reprises en général ne font pas mention de celles de ce genre ; et lorsqu'ils en parlent, ils les assimilent, comme le fait notamment la loi anglaise, aux reprises de navires nationaux.

§ **507**. Il y a deux siècles c'était encore un principe admis dans toute l'Europe que le navire repris sur des pirates appartenait à ceux qui s'en étaient emparés. Le Parlement de Paris se prononça dans ce sens, le 24 avril 1624, à l'occasion d'une reprise faite sur les pirates d'Alger. Cette décision était conforme aux lois existant alors en Espagne, en Hollande et à Venise.

Grotius et Barbeyrac approuvent cette doctrine : toutefois dans la pratique ils en limitent l'application au cas où le recapteur et le propriétaire du navire seraient sujets de la même nation : mais si le navire appartient à des étrangers, il doit leur être restitué.

On reconnaît généralement de nos jours que le pirate n'a aucun droit à la possession des objets dont il s'empare ; aussi la propriété reprise sur lui retourne-t-elle de droit à son propriétaire primitif.

Presque tous les traités stipulent en cette manière la restitution moyennant le paiement d'un droit de recousse fixé d'une manière analogue au droit exigé pour les reprises ordinaires. La loi anglaise fixe ce droit au huitième de la valeur réelle de la propriété reprise. Quelques traités portent que la restitution doit être entière et complète.

FIN.

SAINT-QUENTIN. — IMPRIMERIE J. MOUREAU ET FILS.

Printed in Dunstable, United Kingdom

91220855R00278